QIAOPI YINXIN DE

KUAYANG JINRONG YANJIU

侨批银信的跨洋金融研究

蒙启宙 著

暨南大学出版社

JINAN UNIVERSITY PRESS

中国·广州

图书在版编目（CIP）数据

侨批银信的跨洋金融研究／蒙启宙著. —广州：暨南大学出版社，2023.8
ISBN 978 - 7 - 5668 - 3613 - 7

Ⅰ.①侨… Ⅱ.①蒙… Ⅲ.①侨务—金融投资—经济史—广东—近代
Ⅳ.①F832.95

中国国家版本馆 CIP 数据核字（2023）第 015045 号

侨批银信的跨洋金融研究
QIAOPI YINXIN DE KUAYANG JINRONG YANJIU
著　者：蒙启宙

出 版 人：张晋升
责任编辑：冯　琳　詹建林
责任校对：孙劭贤
责任印制：周一丹　郑玉婷

出版发行：暨南大学出版社（511443）
电　　话：总编室（8620）37332601
　　　　　营销部（8620）37332680　37332681　37332682　37332683
传　　真：（8620）37332660（办公室）　37332684（营销部）
网　　址：http://www.jnupress.com
排　　版：广州市新晨文化发展有限公司
印　　刷：广州市友盛彩印有限公司
开　　本：787mm×1092mm　1/16
印　　张：15.25
字　　数：295 千
版　　次：2023 年 8 月第 1 版
印　　次：2023 年 8 月第 1 次
定　　价：69.80 元

（暨大版图书如有印装质量问题，请与出版社总编室联系调换）

序

金融视角侨批研究的探索

自2013年"侨批档案——海外华侨银信"列入《世界记忆遗产名录》以来，近十年间，从国家社科基金立项到多学科研究的开展，其文献价值所引发的相关研究方兴未艾，涉及文献学、历史学、经济学、政治学、文化学、艺术学等多个学科领域，广东、福建两省高校学者、文博系统专家和社会收藏家成为侨批银信研究的主要力量，相关著述不断涌现，多形式的文创作品纷呈，侨批银信的学术价值和社会价值被持续挖掘阐释。

同时，现有的侨批银信研究格局很不平衡，有很大的拓展空间，其中金融视角的探索就很薄弱。侨批银信是重要的近现代金融文献，蕴含着大量的金融信息，具有鲜明的金融属性，特别是体现出民间金融与官方金融并行、乡村金融与国际金融交汇、跨洋金融与跨洋贸易结合的特色。从某种意义上讲，金融是侨批研究的核心领域之一，亟待拓展。蒙启宙先生的《侨批银信的跨洋金融研究》，是笔者目前所见第一部金融学角度的研究专著，读后甚为欣喜！

我与蒙先生是在侨批银信学术交流活动中相识的，发现他的论文多侧重于侨批银信金融方面的讨论，带来不少研究启示，因而吸引了我的关注。尤其是他长期在金融系统工作，熟悉金融理论和实操流程，热爱货币收藏，对金融史有涉猎；他出生在侨眷家庭，对华侨生活有直接的感受。蒙先生还喜欢将实际工作、个人爱好与理性思考结合起来，勤于笔耕，早在1993年就在《南方日报》开辟"硬币漫话"专栏。这些工作和生活经历使他具有很多业外人士开展这一领域研究所不具备的有利条件，这部专著就是他多年研究积累的成果。

该著资料丰富翔实，给人留下深刻印象。全书除常规性运用侨批本体文献之外，还大量运用第一手的近现代金融行业资料，为论述的展开提供了扎实的金融文献基础。更难得的是，著者从近现代报刊特别是侨刊侨报以及海外侨团、侨批业会刊中，收集整理了大量的侨批银信金融资料。笔者深知这类文献资料非常零乱，呈现散布状态，爬梳起来十分不易。鉴于其独有的文献价值，著者将其与金融行业文献资料进行互补印证，从而丰富了侨批金融研究的文献资料链，并为分析立论提供了更为广阔的文献视野和更为扎实的文献基础，这无疑是该著一大鲜

1

明特色。

该著将海内外的侨批金融活动视为一个整体进行讨论，"跨洋"视角贯穿于伩纸、水客、批信局、银行、邮局、侨汇买卖等章节中，凸显出侨批金融的国际性，这既符合侨批金融活动的实际，更有助于把握其历史演变规律。再比如侨批银信的金融网络研究，该著对国内侨汇中心广州的专章分析，可以启发我们对海外新加坡、曼谷、旧金山、纽约，与中国香港、汕头、江门、台山、泉州等侨批银信集中地和流转地城镇金融网络的研究。目前有关侨批的研究，受文献本体（以海外侨胞来信为主）的局限，论域场多集中在国内侨乡，而实际完整的侨批银信是由侨胞来信和侨眷回信组成，回信主要流散在海外，目前对其挖掘抢救整理工作几乎还未开展，从而大大限制了侨批银信的"跨洋"研究。该著从金融活动切入，进行侨批银信的"跨洋"研究，既弥补了当今侨批银信研究的短板，也让我们看到在现有的文献条件下进行海内外整体性研究的可行性。

厘正名实，追源溯流，是侨批银信研究的基础性工作。该著第一章"华侨银信"基于大量的第一手资料，对"银信""侨汇业""侨批局"概念的名实流变所作的梳理论证，是目前对这一基础性问题研究值得注意的翔实成果，从中可看到著者朴素、严谨、科学的研究态度和学术追求。当初笔者与同事在撰写"侨批档案——海外华侨银信"申报世界记忆遗产文本时，就关注到"银信"与"侨批"的关系和历史演变，并坚持两个概念并列，以尊重历史，表达这一遗产丰富的内涵及其演变。因此，蒙先生对这一基础性问题的努力探究及其成果，笔者深为赞同，并相信这必将带给业界更多更深的思考，带动更多学界同仁投入对该研究领域基础性问题的探讨。

笔者在欣喜之余，更期望蒙先生充分发挥自己的优势特长，继续深入拓展侨批金融领域的研究。比如基于侨批银信的近现代国际金融研究和乡村金融研究，以丰富完善这一遗产的金融国际性和民间性认识等。相信这也是蒙先生所思所想，今后他还会有新的研究成果奉献给大家，我们期待着。

是为序。

张国雄

2022 年 12 月 11 日于广东江门

（五邑大学原副校长、教授，中国华侨历史学会副会长）

目　录

第一章　华侨银信

　　"中国之海外移民就其发展之地域可分为两个支系：一由山东出发经满洲国至朝鲜，及自西伯利亚赴欧俄。一由闽粤经海道至南洋、澳洲东达美洲而至欧洲，前者多直鲁人，后者多闽粤人。"① 因此，"吾中国之善殖民者莫鲁粤人，若陆行而北经直隶东三省至俄罗斯业商业役劳役者多鲁人，水行而南至南洋群岛西至美洲业商业役劳役者多粤人"②。粤闽两省华侨"下南洋""闯金山"，在侨居地"胼手胝足，披荆斩棘，终日勤劳，日聚月集"，"奠定了坚韧不拔的经济地位"。③ 少数"多年去国之侨胞，挟其血汗锱铢之稷已归"④。而绝大多数却一去不复返，对祖国的情怀、对亲人的思念只能化作少许的银两和薄薄的家信。

　　一封封饱含辛酸、眷恋和思念的华侨银信或委托回国返乡的亲友同乡，或通过从事海上国际贸易的商号、船行、轮船公司，或通过批信局、水客等民间渠道捎带回乡。国家邮政和新型银行的形成与发展，为华侨银信的传递与汇兑注入了近代的气息。一个以血缘与地缘为基础，以精神与物质为纽带，以海洋为媒介，以华侨银信的传递与汇兑为主要对象的国际汇业形成了。

　　这条由传统金融与近代金融相交织、民间金融与官办金融相依托、海内外金融与邮政相融合的国际汇业犹如海上金融丝绸之路，超越了国家与民族的划分、时空与疆域的限制，记录了第一次、第二次世界大战给人类带来的灾难，记录了世界经济大衰退给各国经济所带来的打击，伴随着中国海上移民的发展不断向世界各地延伸，为改善国内侨眷生活，发展近代中国社会经济带来了大量的侨汇。

第一节　海外移民的主要动因

　　海外移民是华侨银信形成的基础，没有海外移民就没有华侨银信；华侨银信是海外移民的动力，没有华侨银信，海外移民就难以持续进行。

---

①　今吾：《中国海外侨民述略》，《侨声》，北京华侨协会侨务科，1939 年创刊号。

②　邹鲁：《发刊辞》，《潮州留省学会年刊》1924 年第 1 期，第 1 页。

③　陈大波：《民信局与侨汇的关系》，《新加坡汇业联谊社特刊》，新加坡汇业联谊社，1947 年，第 87 页。

④　《粤省府黄委员文山上罗主席书》，《粤中侨讯》，广州中国银行侨汇股，1947 年第 3 期。

华侨出洋总是在充满矛盾和纠结中进行，真可谓"远别不归儿女怨，岂甘老死守寒窗？"[①] 从民族情感上看，一个"数千年来靠农为活的民族，'安土重迁'的观念已根深蒂固"，"如果非万不得已，谁愿意背离乡井？"[②] 从家庭观念上看，"我国民族之乡土观念甚强，又以家庭制度之严束。而一朝远离祖国，远涉重洋，实乃一种不可思议之现象"[③]。从个人安危上看，华侨"每视漂洋为畏途，非为了不得已的事，决不肯轻易冒险"[④] 而行。尽管如此，一批又一批的粤闽华侨还是不畏艰辛、前赴后继远渡重洋去往南洋和美洲。究其原因不外乎两种：一种是因贫困被迫出洋求生存，另一种是因富裕而出洋谋发展。

一、因贫困被迫出洋求生存

近代中国"天灾频降，政局紊乱，商者顿于市肆，农者困于畎亩。故人民不得不舍其固有之资财，而向海外另觅生路"[⑤]，以"寻求理想之世界"[⑥]。人多地少、自然灾害频发等恶劣的自然条件，经济动荡、民不聊生等残酷的社会现实，被认为是华人漂洋过海、出洋谋生的主要原因。例如，"韩江流域得天独薄，山多田少，地瘠民贫。因而居民生活困顿颠沛"。当地民众被迫"远涉汹涌重洋，跨过南洋地带的处女群岛，以血和汗去作不歇的工作"。[⑦] "一朝无路，便往搭铁船"成为潮汕民众的一种传统习俗。[⑧] "闽省地瘠，境内多属山地，岗岭杂叠。其耕地面积在中国各省份中仅比贵州省的耕地多一些。"人多地瘠加上社会动荡不安，使闽人"视汪洋巨浸为衽席"而纷纷出洋谋生，闽省华侨人数仅次于粤省，名列第二。因此，"海外移民最基本的动因是找寻食料"。[⑨]

部分华侨经过打拼很快便有银信寄回家中。道光二十年（1840），潮州前溪陈村沟头人陈少林因家贫"过番"来到暹罗。一年后便有"番批"寄回家乡。[⑩]

---

① 司徒献：《少小离乡老大回》，《纽约华侨餐馆工商会游河特刊》，纽约华侨餐馆工商会，1922年。

② 区琼华：《劝导华侨投资几个问题》，《广东省银行季刊》，广东省银行经济研究室，1941年第1卷第2期。

③ 今吾：《中国海外侨民述略》，《侨声》，北京华侨协会侨务科，1939年创刊号。

④ 《南洋侨乡状况》，（新加坡）《琴冈特刊》，1948年。

⑤ 今吾：《中国海外侨民述略》，《侨声》，北京华侨协会侨务科，1939年创刊号。

⑥ 容华绶：《广东侨汇回顾与前瞻》，《广东省银行季刊》，广东省银行经济研究室，1941年第1卷第1期。

⑦ 《水客何娜娜归迟》，《中山日报（梅县版）》，1949年1月16日第3版。

⑧ 《勿坠"客头"骗局》，《南洋报》（第21期），1948年12月15日。

⑨ 区琼华：《劝导华侨投资几个问题》，《广东省银行季刊》，广东省银行经济研究室，1941年第1卷第2期。

⑩ 黄晓坚：《中泰民间关系的演进：以隆都镇为视域的研究》，《北美华工与近代广东侨乡社会》，广东人民出版社，2016年，第94页。

清朝末年，马来亚彭亨邦金矿的矿工大部分是华侨。由于刻苦耐劳，华侨矿工的工资收入有的每天可达七八元马币，一般也有三四元马币。这种工资收入在当地生活相当富裕。[①] 而且海外华侨"善为亿中，以成巨富。乡里见猎心喜，束装渡海谋立事业"[②]。而"华人在本国谋生艰难，每岁所得工资不及外洋一月"。悬殊的收入差距促使华人走上海外移民之路，"遂乃携兄弟，率亲友于于而来"到南洋和美洲。[③]"1830 年代，每年由中国到达马来亚槟榔屿的'新客'约二千至三千人。"[④]

华侨出洋需要一定的财产作支撑，以支付出洋途中的各种费用、入境时所需缴纳的名目繁多的税费，以及登陆后所需要的一切费用。一般而言，移民时间越晚，移民距离越远，入境的税收越高，出洋的费用就越多。

以华侨入境时向当地移民当局缴纳的税赋为例。在大洋洲，在光绪七年（1881），澳大利亚政府规定"每船一百吨，每次准载华工一人，并纳入口税十镑。后增至三百吨许载一人，而入口税增至百镑"。新西兰政府"限制华侨入境。每船十吨许载一人，纳入口税十镑。光绪二十三年（1897）则每船二百吨，始许载华侨一人，入口税一百镑"。在北美洲，加拿大政府"限制华侨登陆。凡船五十吨，许载华侨一名，纳税五百元"。在南洋，"华侨至爪哇（印尼）上岸时，必须纳二十五盾之入口税，且须商家担保其每月有二十五盾入款者，始给予暂居字"。[⑤]

因此，海外移民所需费用之高非一般人所能问津。特别是移民欧美等地，没有足够的财产作保证，即便是满腔热忱也难以成行。

二、因富裕而出洋谋发展

事实上，近代"广东素号首富之省"[⑥]，许多著名侨乡的自然条件优越，民众生活富裕。"中山一县每平方公里之耕地平均人口只有八百四十二人，全年产谷达六百三十五万市担。除供县民消费之外，还有余额推销邻近各县。""许多乡村大耕户的富有程度都是普通华侨所不及的。"[⑦] 富裕安逸的社会生活为中山

---

① 沈太闲：《我所知道的马来亚同盟会》，《文史资料选辑》（第 76 辑），中国文史出版社，1981 年，第 30 页。
② 丘斌存：《华侨之今昔观》，《华侨问题专号》，广州大学社会科学研究社，1937 年。
③ 陈汝舟：《美国华侨年鉴》，中国国民外交协会驻美办事处，1946 年，第 341 页。
④ 郭威白：《马来亚中国人在发展当地经济中的作用》，《中山大学学报》1959 年第 4 期。
⑤ 丹徒、李长傅：《华侨》，中华书局，1927 年，第 119、141、101－102 页。
⑥ 沈琼楼：《广州市濠畔街和打铜街的变迁》，《广州文史资料》1963 年第 1 辑。
⑦ 刘征明：《南洋华侨问题》，国立中山大学社会研究所编辑，金门出版社，1944 年，第 50 页。

人移民海外提供了经济条件。因此，中山县"向国外谋生的邑人相当多，与四邑潮汕等县同为本省最多侨胞的一县"[①]。而"新台开恩四邑位于本省之中南，商业繁盛，一水注入，商埠颇多"，各地"皆市廛繁盛，人烟稠密，经济状况极为充裕"。单"新会一县，年中输出之葵扇柑橙果皮等物不下百余万元"。"邑人除务农外，多向出洋谋生。"[②] 因此，"四邑是华侨之乡，往海外谋生者几占全部壮丁人数的五分之一，有些整条村（的人）都在海外谋生"。"华侨的子弟年龄十五岁至二十五岁间，已办妥出国手续（如领取护照、购置别人出世纸或入口纸等类），准备跟随父兄到海外谋生。"[③]

在珠三角地区，"广州为华南重镇，以与外洋通商最早之故，人民之移出海外为数极众"[④]，是近代中国最大的都市侨乡。广州华侨在海外的经济实力相当雄厚。美洲"檀香山华侨皆广东人，而广州人尤多。多经营商业"[⑤]。越南华侨"分为五大帮，即广州帮、客家帮、福建帮、潮州帮、琼州帮。其中以广州帮势力最大"[⑥]。与广州接壤的"佛山为南海经济中心，地处西江下游。在昔向被称为全国四大镇之一，工商各业发达，尤以手工业著称"，而且华侨众多。[⑦]

粤东的"梅县位居岭东要地，交通发达，人民素称富庶"[⑧]，而且移民海外人数众多。

孤悬南海的"琼崖土地肥沃，人民生活非常安定"[⑨]。"琼崖人民往南洋经商者以文昌琼东等县为多。"[⑩] "嘉积属琼东县管辖，是琼崖东部的物资集散地。以嘉积溪与博鳌港相连，经博鳌港与琼崖各港交易，是琼崖第二大商市。嘉积往南洋谋生的华侨很多。"[⑪]

优越的自然资源、富裕的社会经济、与外洋密切的贸易往来、浓厚的商品意识和契约精神是海外移民的基础。

---

① 朱深：《侨汇与邑民经济的关系》，《中山月刊》，广州市中山同乡会，1946 年第 2 期。
② 《今非昔比之四邑经济状况》，《广州日报》，1934 年 10 月 22 日第 3 张。
③ 《四邑婚姻嫁娶多》，《针报》，1946 年第 100 期第 5 版。
④ 江英志：《广州市立银行的新使命》，1937 年，第 102 页。
⑤ 丹徒、李长傅：《华侨》，中华书局，1927 年，第 124 页。
⑥ 《越南华侨生活之苦况》，《海口市商会月刊》，海口市商会，1936 年第 4 卷第 6 号。
⑦ 人丁：《战后佛山银钱业之厄运》，《商业道报》，广东省商会联合会经济研究委员会，1948 年创刊号。
⑧ 李绍文：《节约与储蓄》，《中山日报（梅县版）》元旦特刊，1939 年 1 月 1 日第 3 版。
⑨ 《琼侨汇业话兴衰》，《新加坡汇业联谊社特刊》，新加坡汇业联谊社，1947 年，第 119 页。
⑩ 黄振彝：《琼崖东北五县实业之概况及其补救办法》，《琼崖实业月刊》，广东建设厅琼崖实业局，1934 年第 1 期，第 7 页。
⑪ 李待琛：《海南岛之现状》，世界书局，1947 年，第 6 页。

第二节　海外移民的实现方式

　　"华侨出国其始多属只身前往，无力携眷同行，故眷属多留家乡。"① 华侨在海外艰难创业，"每有所获辄呼朋引类，举族而来"②，形成了"随父随夫或妇女寻夫"的"新客"③。1900 年，美国旧金山唐人街的男女比例是 12∶1，1910 年的比例为 10∶1，1947 年为 2∶1。④ 大批妇女儿童远渡重洋与家人团聚。1946 年10 月底，一批共有 370 余人的四邑籍"赴美侨胞中女性计八十三人"，其中"新娘四十人"。这些女性中"多数为夫君在美（国），原欲返国，乃阻于（战争）烽火，而函嘱（妻儿）赴美团聚，故携稚儿稚女与共者颇有其人"⑤。

　　民国学者刘征明"曾经在一个南洋华侨侨眷的区域作过一次简单的调查。调查的 131 名华侨中，有 42 名华侨是因为在南洋先有内戚关系而由内戚引带出国的，有 37 名华侨是在南洋有外戚关系而由外戚引带出国的，有 32 名华侨是因为在南洋已有同乡关系而由同乡引带出国的，又有 19 名是由朋友的引带而出国的，只有一名是一点关系都没有而受征聘去当小学教师的"⑥。由此可见，海外移民的分布与血缘、地缘和方言有关。

　　南洋与粤省近在咫尺、关系密切，移民南洋可以通过海外亲友的引导或资助。而移民美洲因路途遥远、文化相隔，所需资金要比南洋多得多，而且受到海上交通工具的制约。因此决定海外移民分布的主要因素，一是华侨出洋资金的筹措，二是海上交通工具的使用。

一、华侨出洋资金的筹措

　　出洋资金的筹措是海外移民的关键。家庭经济富裕的华人可以自由移民的身份进入美洲。家庭经济枯竭的华人则可以通过民间借贷、变卖家产、出卖劳动力成为契约劳工等方式获得出洋资金。

　　光绪二十三年（1897），关如裕在香港向银号借银 312 元前往美国旧金山。

---

　　① 《革新侨务建议》，（广州）革新侨务促进会，1948 年，第 3 页。

　　② 容华绶：《广东侨汇回顾与前瞻》，《广东省银行季刊》，广东省银行经济研究室，1941 年第 1 卷第 1 期。

　　③ 《返国华侨居留证延长有效期》，《中山日报（梅县版）》，1941 年 6 月 18 日第 2 版。

　　④ 《旧金山唐人街女子数量大增》，《前锋日报（六邑版）》，1947 年 1 月 8 日第 2 版。

　　⑤ 《华侨一批明日赴美》，《前锋日报（广州版）》，1946 年 10 月 20 日第 3 版。

　　⑥ 刘征明：《南洋华侨问题》，国立中山大学社会研究所编辑，金门出版社，1944 年，第 50 页。

根据约定，关如裕"限搭花旗公司毡拿火船到金山大埠。上岸拾日即如数附回"所借款项，"不得拖欠。如无银交抑或交不清，照每百元每月加息银叁元算。向担保人取足，无得推诿，立单为据"。① 由此可见，1897 年前后从香港前往旧金山所需费用约为 312 元。借款人须乘坐指定的火船，并在约定的时间内归还借款，否则需要支付 3% 的借款月息。宣统二年（1910）七月，汇丰银行广州分行的存款利率：三个月周息为二厘半，六个月周息为三厘半，十二个月周息为四厘。② 经换算，华侨出洋的借款月息为一年期银行存款月息收入的 1.8 倍，处于相对合理的借贷区间。华人可通过民间借贷出洋谋生。

契约劳工可以说是特殊的借款出洋群体。以契约劳工的身份出洋谋生在珠三角地区由来已久。嘉庆十年（1805），英国驻马来半岛槟榔屿总督下令英属东印度公司驻广州的代表，在广州一带拐骗了 300 名粤人从澳门出发，经过海路抵达特立尼达岛，作为契约劳工充实各行业。嘉庆十五年（1810），南美洲的"巴西试种茶树，继欲经营茶叶，乃招致中国茶工数百人赴巴从事种殖"③。

契约劳工的招募地主要是在香港和澳门。在"香港开埠初期，已有人设机关从事宣传，大量招募粤人出洋的工作。有招募往南洋的，有往澳洲或美洲的"④。"南洋客馆需要工人，即通知香港客馆遣派客头（水客）亲赴内地招聘工人。诱以甘言动以小利，甚至有出以武力的。"招募的新客被"带到客馆，待船南渡。一切食住旅费"由水客代垫。到达南洋后"交新客于雇主"，水客因此而获得每人 20～24 元不等的介绍费。香港开埠之初"能够迅速地繁荣发达，广东人的出洋是一个大原因"⑤。"道光二十六年（1846），西班牙人贩黑奴之故技，至香港澳门等地托言招契约工人，定期八年，运至古巴后发往各烟草糖厂工作。"⑥ 咸丰元年（1851）从香港招募到达美洲及大洋洲的粤籍华侨为 8 000 人，翌年便超过 3 万人。⑦ 1856—1871 年，从澳门贩运到古巴的契约劳工为 946 451 人；贩运到秘鲁的契约劳工为 83 192 人。澳门当地的中介公司因此而获得的商业利润高达 3 100 万～4 000 万元。⑧

因此，相对发达的金融业、完善的履约监督机制，以及合理的借贷成本是海外移民的基础。

---

① 刘进：《五邑银信》，广东人民出版社，2009 年，第 18 页。
② 《汇丰银行广州分行广告》，《广东七十二行商报》，宣统二年八月十八日第一版。
③ 区琮华：《美洲华侨与侨汇》，《广东省银行季刊》，广东省银行经济研究室，1941 年第 1 卷第 1 期。
④ 陈汝舟：《美国华侨年鉴》，中国国民外交协会驻美办事处，1946 年，第 386 页。
⑤ 李景新：《广东人的出洋》，《闽侨月刊》，中南旅运社，1939 年第 2、3 期合刊。
⑥ 丹徒、李长傅：《华侨》，中华书局，1927 年，第 145－146 页。
⑦ 李景新：《广东人的出洋》，《闽侨月刊》，中南旅运社，1939 年第 2、3 期合刊。
⑧ 《澳门曾是"猪仔"中转站》，《广州日报》，1999 年 12 月 20 日第 17 版。

二、海上交通工具的使用

海上交通工具的使用对华侨的海外分布起到间接作用。受造船工艺水平和文化习俗等影响，不同地域的华侨出洋所使用的海上交通工具并不相同。"下南洋"所需要的船只比较简单。"1850 年华侨之由四方帆船及沙艇移往"南洋。[①]由于海上交通工具的落后，"华侨南渡的都只得用帆船，这种出洋的帆船在汕头俗称'红头船'，在闽南俗称'青头船'，在广州香港一带称'大眼鸡'，又称'二枝桅'，又称'桅棒船'。"由于帆船的远航能力差，因此"广东人之多殖南洋者，首推东江区"民众。[②] "侨居南洋一带者多属潮梅籍或琼崖籍"华侨。[③]"闽侨多半集中于南洋，在澳洲美洲的极少。"[④]

1828 年的槟榔屿[⑥]

金山船启碇[⑦]

珠江三角洲地区的造船工艺先进、海洋贸易繁荣，除了有航行于南海的"大眼鸡"外，还有远渡重洋前往美洲的"金山船"。金山船的运载能力和远洋能力是同时期机动帆船所无法比拟的。"金山船"不受海洋洋流和季风等的影响而到达海洋的每一个角落，拓展了粤人海外移民的地域，使"海水到处有华侨"成

---

① 姚蔚生：《英属新加坡历届人口统计中之华侨地位》，《南洋华侨》，商务印书馆，1933 年，第 80 页。

② 刘征明：《南洋华侨问题》，国立中山大学社会研究所编辑，金门出版社，1944 年，第 47－48 页。

③ 容华绶：《广东侨汇回顾与前瞻》，《广东省银行季刊》，广东省银行经济研究室，1941 年第 1 卷第 1 期。

④ 刘征明：《南洋华侨问题》，国立中山大学社会研究所编辑，金门出版社，1944 年，第 224 页。

⑥ 《星洲十年》（星洲日报十周年纪念特刊），星洲日报社，1940 年。

⑦ 《新加坡汇业联谊社特刊》，新加坡汇业联谊社，1947 年，第 7 页。

为现实。①

乘坐金山船移民美洲所需要的时间相当漫长。清道光年间，金山船需"经珠江而过香港"，"从香港出发又经月余，然后抵沪"，"由沪解缆，从兹便出国门"，"扁舟如叶，日夕向西而行，约数旬之久才抵达金门港"。② 而且乘坐"金山船"的手续也相当烦琐，需要集中在广州等候出航通知，"侨胞在穗候轮有时逾两个月者"。需要获得出洋贷款资助的侨胞还需提前到广州"沙面（美国）领事馆候取"出洋贷款金。③ 乘坐"金山船"移民美洲的华侨不但需要准备一些额外的费用，而且要留有充裕的时间，因此，"闯金山"的华侨主要来自广州及珠三角其他城镇。"美洲华侨以本（粤）省之台山、开平、恩平、新会、鹤山、中山六邑为数最多。"④ 由于"美洲的侨民大部分籍属四邑、中山、鹤山及番禺诸县，非洲的侨民大多隶属花县一带"⑤，因此"粤侨比闽侨（在海外）分布的区域更广阔"⑥。"而广东人之侨居美洲的汇款能力又特别大"，"广东的侨汇远非福建的所可及"。⑦

海上交通工具的更新换代使华侨的海外分布日益广泛，也推动了华侨汇业的形成与发展。海上"交通工具开始使用蒸汽机制造轮船（后），（由于航行）速度加快，四季都可以往来。（华侨出洋）再不用'看风驶帆'了"，因此"南来谋生的侨胞日见众多"，"侨胞的银信往来自然激增，于是民信局应运而生"。⑧ 一些船行在货运的同时为华侨免费传递银信。"北海的船行经常有船只往来于安南及北海之间。安南侨民送款至钦（州）廉（州）各地，即将款交船行之安南分号代为拨回。"而"送信款的侨民多属船行的亲友。故船行带款系义务性质，并不收佣"⑨。

三、海外移民的区域分布

民国有学者以"地球上日光照得到的地方都有中国的华侨"⑩ 来形容近代中

---

① 《海水到处有华侨》，《大同日报》，1942 年 2 月 25 日第 2 版。

② 司徒献：《少小离乡老大回》，《纽约华侨餐馆工商会游河特刊》，纽约华侨餐馆工商会，1922 年。

③ 《华侨一批明日赴美》，《前锋日报（广州版）》，1946 年 10 月 20 日第 3 版。

④ 刘佐人：《当前侨汇问题（上）》，《广东省银行月刊》，广东省银行经济研究室，1947 年第 3 卷第 1 期。

⑤ 姚曾荫：《广东省的华侨汇款》，商务印书馆，1943 年，第 2 页。

⑥ 刘征明：《南洋华侨问题》，国立中山大学社会研究所编辑，金门出版社，1944 年，第 224 页。

⑦ 吴承禧：《厦门的华侨汇款与金融组织》，《社会科学》1937 年第 8 卷第 2 期，第 209 页。

⑧ 曾一鸣：《民信局与侨汇的由来》，《新加坡汇业联谊社特刊》，新加坡汇业联谊社，1947 年，第 78 – 79 页。

⑨ 姚曾荫：《广东省的华侨汇款》，商务印书馆，1943 年，第 30 页。

⑩ 龚淑娴：《琼崖改特与华侨》，《琼崖建设》，琼崖建设研究会宣传部，1929 年。

国海外移民区域的广泛法。"吾粤踞交通之冲，握贸易之枢纽"①，在海外移民中具有得天独厚的地缘优势。因此"粤侨胞足迹"遍布"世界上任何角落"②。"粤省侨胞分布海外为数之众，甲于全国各省。"③

由于历史传统不同，加上海上交通工具等因素的制约，粤人出外谋生的地域亦各异"，粤省华侨"以散居在南洋各地者为最多，美洲次之，欧洲及非洲又次之"④。"旅居南洋的侨民各县皆有"⑤，其中"荷属方面以嘉属人为多，暹罗则以潮属人为多"⑥。美洲华侨"以广州附近为多。分为三邑（南海、番禺、顺德），四邑（新会、新宁、恩平、开平）等"帮派。⑦ 在粤省，同一个县不同的乡镇，华侨"出外谋生的地域亦各异"⑧。例如，新会崖西一带华侨"以南洋、澳洲为最多，旅英属加拿大的也不少"。而古井一带"旅外（华侨）的范围多为美属"。⑨ 粤东华侨也有移民非洲的，梅县华侨在南非洲坡埠设有梅县侨商公会。⑩ 1947年，梅县信安庄代理从香港开往"毛哩寺、南斐洲等埠"的船票。⑪

为了叙述上的方便，本书将近代华侨海外移民的区域分为南洋和美洲两大区域。使用引文时尊重原文。

（一）下南洋

"世界各国均有我粤侨足迹，且以聚居南洋一带尤多。"⑫ "南洋真是一个好地方，它真像一连串的珍珠！到处触目是凰尾似的棕榈，点缀在大小的岛屿上，火赤的天空与碧蓝的海面形成一个明显的对照。远处的海滨，稀疏的棕树、椰林嵌在皓白的天版上，构成种种美丽的图案。"⑬ 这是民国时期粤人对美丽富饶的南洋群岛一段精彩描述。"潮梅民众如果要离乡别井的话，南洋是他们理想的目标。"⑭

---

① 云照坤：《发刊词》，《广东省银行季刊》，广东省银行经济研究室，1941年第1卷第2期。

② 容华绶：《广东侨汇回顾与前瞻》，《广东省银行季刊》，广东省银行经济研究室，1941年第1卷第1期。

③ 刘佐人：《当前侨汇问题》，广东省银行经济丛书，1946年，第17页。

④ 姚曾荫：《广东省的华侨汇款》，商务印书馆，1943年，第2页。

⑤ 姚曾荫：《广东省的华侨汇款》，商务印书馆，1943年，第2页。

⑥ 黄枯桐：《侨胞与经济建设》，《粤侨道报》，广东省政府粤侨事业辅导委员会，1946年第1期。

⑦ 丹徒、李长傅：《华侨》，中华书局，1927年，第131页。

⑧ 姚曾荫：《广东省的华侨汇款》，商务印书馆，1943年，第2页。

⑨ 《新会华侨近况》，《民会日报（一周年纪念册）》，1949年。

⑩ 《梅县中国银行交款迟缓》，《中山日报（梅县版）》，1940年5月7日第2版。

⑪ 《南斐洲船期告白》，《中山日报（梅县版）》，1947年1月13日第1版。

⑫ 《广东金融》，广东省政府秘书处编译室，1941年，第20页。

⑬ 黄堃繁：《荷印与华侨》，《中山日报（梅县版）》，1940年6月6日第2版。

⑭ 克功：《谈本省东区移民垦殖》，《汕报（梅县版）》，1943年8月27日第1版。

但"南洋"具体包括哪些岛屿和水域并没有准确的定义。1918年出版的《中国与南洋》杂志认为,南洋"其名称至宽泛也,其范围至广漠也,今欲与我国人研究南洋,不可不先立一确定之解释"。该杂志根据当时的研究成果和习惯给"南洋"下了四种定义:"第一义:亚洲大陆之东南、澳大利亚洲之西北,海洋之上岛屿罗布,凡此岛屿总称南洋。第二义:澳洲之北与东,凡散布太平洋之上各岛屿,东不属美洲,西不属亚洲者,概属南洋。第三义:凡散布太平洋之上各岛屿,东不属美洲,西不属亚洲者,如马来群岛也,马来群岛以东之大小各群岛也,以南之澳大利亚也,新西兰也,皆谓南洋。广义之南洋,今更质言之,则马来群岛与大洋洲合言之谓也。第四义:北自印度支那半岛与马来半岛起,南迄澳洲及新西兰止,中包太平洋上马来群岛内外之无数岛屿,即所谓南洋也。简言之则南洋云者,印度支那半岛与马来半岛马来群岛大洋洲各部之总称也。"①

对南洋的定义"有广义狭义之争论。广义之南洋包括澳大利亚洲以南诸岛,以及缅甸、安南、暹罗、印度、斐济群岛、犹君群岛等,其面积几占全地球四分之一强。狭义之南洋,则为英属马来亚半岛及东印度群岛"②。

也有的将南洋分为里南洋和外南洋两部分,"后印度半岛、马来半岛、马来群岛接近中国,关系较切,可谓之里南洋。澳洲、纽丝伦(即新西兰)、太平洋群岛、印度离中国较远,关系稍疏,可谓之外南洋"③。

日本学者竹并十郎甚至认为:"南洋即太平洋,而太平洋也就是南洋。"④ 因此"南洋"是一个范围相当广泛的地域概念,主要区域为今天的东南亚地区。

粤省与南洋近在咫尺,地域相邻、文化相通、经济相融。数百年来一批又一批的"华侨为生活鞭策,远离故乡,梯山航海,南来拓展"⑤。"华侨之初赴南洋者多为一时之移民。彼由商船至(马来)半岛经商,当一定时间于季风转移时乘船回国。"⑥ 粤人成为"下南洋"海外移民的主要支系。"马来华侨皆闽粤人","上自富商大买,下迄车夫、苦力、乞丐皆有之。故游英属南洋各埠除官史兵警外,熙来熙往皆闽粤人,并不觉得身在海外也"⑦。

"我国人移殖南洋虽渊源甚古,然实盛于十九世纪初期,此时欧人初至南洋,令人开垦,乃广招华工,南来垦植"⑧。"我侨远渡重洋,椰风沐雨,离别乡井,

---

① 赵正平:《南洋之定义》,《中国与南洋》,暨南学校,1918年第1期。
② 朱镜宙:《南洋群岛》,1917年,第2页。
③ 李长傅:《南洋华侨史》,国立暨南大学南洋文化事业部,1929年,第1-2页。
④ [日]竹并十郎:《南洋的重要性与其资源》,《江声报》,1947年4月13日第6版。
⑤ 沈时霖:《编向前言》,《新加坡汇业联谊社特刊》,新加坡汇业联谊社,1947年,第7页。
⑥ 李长傅:《南洋华侨史》,商务印书局,1934年,第45页。
⑦ 丹徒、李长傅:《华侨》,中华书局,1927年,第74页。
⑧ 《星洲十年》(星洲日报十周年纪念特刊),星洲日报社,1940年,第636页。

寸丝粒积"①，"将衣服尽入典当"②，赤手空拳艰苦工作。"南洋群岛之气候长年如夏。土人终日昏睡，白人亦委顿无聊。而华侨独行所无事，作工如恒"③，刻苦耐劳，"虽短褐破衲，汗渍垢污，奇臭迫人，不可向迩"也在所不惜。④

除应对恶劣的自然环境外，南洋华侨还要面对各种文化习俗的冲击。在荷兰殖民地印尼的爪哇岛，"一百人中至少有九十人，其脑海中认为'爪哇以外无天地，荷兰以外无国家'。若与之论爪哇之地与中国之地孰大，则更茫然"。在菲律宾"西领时代，（华侨将）区区一洋布衫且视为非分"。"葛衣布裤，结辫于顶"的华侨"每遭外人之讥笑"⑤。而"我侨南来的动机"，"除求其个人之生活以外，还需要寄银信到家里去"⑥。银信习俗往往不被侨居国官方认可，甚至被课以重税。"越南之欧美人营业甚巨，而纳税反比华商为廉。他国人不纳人头税，而独征于华侨"。当华侨与当局论理时，"法人（越南殖民统治者）藉口拒绝：华人粗衣粗食自甘，所储蓄之金较他国人为多。若不科以身税，殊失公平征收之理"。⑦

"华侨多赤手空拳漂泊至海外，先为人作苦工，稍有积蓄即改为小商贩"，在南洋各地"欧美人为生产者，土人为消费者，华人为贩卖者"⑧。1794年正月二十五日，马来亚"槟城之建立者"赖特大佐致函孟加里总督提到，南来槟城之华侨"操种种职业。如木匠、泥水匠及铁匠等之类。另外则有小商人及种植人"⑨。华侨将国内一些先进的工艺技术带到南洋，在推动当地社会经济发展的同时也改善了自己的生活。在缅甸，"粤人聪慧技巧，长于建筑。在缅甸木工中为首屈一指。无论政府（还是）私人，凡筑造屋宇桥梁，罕不假手于粤人"。粤侨木工匠"大约为包工制，故获利颇厚。散工每日亦须三四盾，（与缅甸商店店员相比较）其工资可谓昂矣"。当地商店"买卖"（即店员）"自晨六时至夜八时或十时，均须鹤立待客，月薪在三十盾与五十盾之间"。而商店"总铺"（即杂工）"月薪少在三十盾多至四十盾"⑩。因此，即便是做散工，粤侨木工匠每月的工资收入也是当地商店店员月工资的三倍。如果能揽到整个屋宇桥梁工程的话，

---

① 《发刊词》，《新加坡汇业联谊社特刊》，新加坡汇业联谊社，1974年。
② 《邹金盛所收信潮汕侨批复印件》（第二部），潮汕历史文化研究中心藏，第8页。
③ 丹徒、李长傅：《华侨》，中华书局，1927年，第14页。
④ 《粤省府黄委员文山上罗主席书》，《粤中侨讯》，广州中国银行侨汇股，1947年第3期。
⑤ 刘继宜、东世微：《中华民族拓殖南洋史》，国立编译馆，1934年，第207－208页。
⑥ 曾一鸣：《民信局与侨汇由来》，《新加坡汇业联谊社特刊》，新加坡汇业联谊社，1947年，第78－79页。
⑦ 丹徒、李长傅：《华侨》，中华书局，1927年，第53页。
⑧ 《禁止叫卖的条例》，《江声报》，1935年5月26日第2张第6版。
⑨ 《槟屿华民护卫司司巴素博士追述若干年槟城华侨状况》，《星华日报》，1937年5月13日第9版。
⑩ 黄泽苍：《英属缅甸华侨之概况》，《南洋华侨》，商务印书馆，1933年，第58页。

其工资收入更加可观。

"华侨在海外的发展可分三个阶段：劳动者之阶段，商人之阶段，产业家资本家之阶段。"① 在南洋，"华侨经济好似一个雪球愈滚愈大。欧美资本则似一个皮球，滚来滚去总是那么大，赚到的钱统统寄回欧美，与本地繁荣没有多大关系。华侨赚到了钱大都扩充营业。本地赚来本地用"②，其"经济上之势力实凌驾于土著人与欧美人之上，商业及大小之事莫不藉此华侨之势力。南洋经济界可谓归华侨"③。1787 年间，马来亚槟城"市中所有规模较大之店铺均为华人所开设"④。清末民初，印尼爪哇全岛乡僻之区均有华侨所设商店。越南"提（堤）岸之米厂、布店、砖瓦厂、石灰厂、木船厂、墨滑店、石匠、木匠、缝衣铺、屠户，以及河内之航行均为广州帮所经营"⑤。

（二）闯金山

"华侨大量移殖美洲实自十九世纪中叶始。"此时开始勃兴于北美洲和大洋洲的淘金热，像一块巨大的磁铁吸引了成千上万的华人穿越茫茫大海，来到美洲和大洋洲等地。由于"华侨之初抵美国，在道光末（年），登陆地为加省（加利福尼亚）之旧金山"⑥，"继始散布（美洲）各岛"⑦，因此"闯金山"成为近代华人大量移民美洲的代名词。

与南洋相似，美洲也是一个相当广泛的地域概念。1941 年底，参加泛美洲会议的国家有 22 个。

"远天连水水连天，愁坐舟中日拟年，回首故乡何处是，洪涛骇浪望无边。"这是清道光年间，一名粤人从珠江口出发，乘坐"金山船"经过香港、上海等地到达美国旧金山后留下的诗句。他所乘坐的"金山船"在茫茫大海中，"扁舟如叶，日夕向西而行，约数旬之久才抵达金门港"⑧。

---

① 梁亚平：《南洋华侨之现在与今后》，《侨声》1942 年第 4 卷第 4 期。

② 吴世璜：《爪哇华侨经济的发展》，《新加坡汇业联谊社特刊》，新加坡汇业联谊社，1947 年，第 123 页。

③ 刘继宜、东世微：《中华民族拓殖南洋史》，国立编译馆，1934 年，第 207 - 208 页。

④ 《追述昔年槟城华侨状况》，《星华日报》，1937 年 5 月 13 日第 9 版。

⑤ 《越南华侨生活之苦况》，《海口市商会月刊》，海口市商会，1936 年第 4 卷第 6 号。

⑥ 丹徒、李长傅：《华侨》，中华书局，1927 年，第 128 页。

⑦ 丹徒、李长傅：《华侨》，中华书局，1927 年，第 145 - 146 页。

⑧ 司徒献：《少小离乡老大回》，《纽约华侨餐馆工商会游河特刊》，纽约华侨餐馆工商会，1922 年。

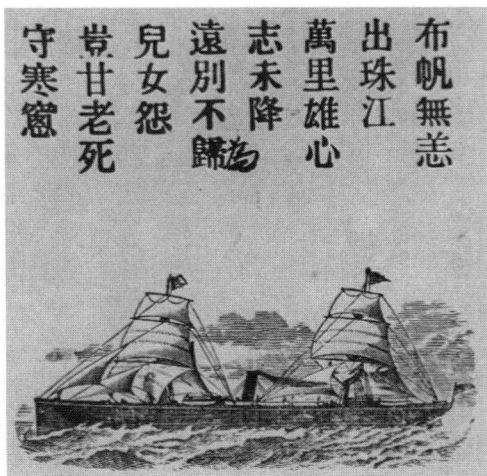

布帆無恙
出珠江
萬里雄心
志未降
遠別不歸
兒女怨
豈甘老死
守寒窗

19 世纪初广府人漂泊美洲时写的一首诗①

根据美国移民局记载，1820 年便有华人来到美国。在此后的 28 年间美国华人只有 40 人左右。② 1849 年"加利福尼亚州发现金矿时"，该处只有 323 名华人，两年后便达到 2 500 余名；美国南北战争结束后，贯通东西的两条铁路大干线开始修筑，美国在华大量招募华工，1880 年留美华侨已达 10 万人。③

"旧金山为美国太平洋海岸之重大商港"，"1769 年（乾隆三十四年）始有第一艘（海轮）驶入。其后逐渐繁荣"。"华侨及留学生赴美者均由旧金山登陆。"④ "华人初来甚罕。""新客"到埠后一般"在埠中华人所设之杂货店当杂工，月薪极微，殊不敷出"。⑤ 但无论是华人餐馆还是杂货店，其"资本取自工人之积蓄，由集腋以成裘。管理基于分工之便宜，是随才而器使。故工也商也同为一体，雇也佣也尤难区别，事无大小均能通力合作"⑥。这种亲密无间的乡里情谊使美洲的华侨商号成为沟通信息、联络感情、传递银信的场所。因此"三藩市（即旧金山）为加利福利亚州华人劳工市场。失业期间美（国）境（内）各地华人俱来三藩市找寻职业。"⑦

---

① 《纽约华侨餐馆工商会游河特刊》，纽约华侨餐馆工商会，1922 年，第 14 页。
② 陈汝舟：《美国华侨年鉴》，中国国民外交协会驻美办事处，1946 年，第 340 页。
③ 区琮华：《美洲华侨与侨汇》，《广东省银行季刊》，广东省银行经济研究室，1941 年第 1 卷第 1 期。
④ 《闲话旧金山》，《广东商报》，1948 年 4 月 17 日第 2 版。
⑤ 司徒献：《少小离乡老大回》，《纽约华侨餐馆工商会游河特刊》，纽约华侨餐馆工商会，1922 年。
⑥ 《发刊词》，《纽约华侨餐馆工商会游河特刊》，纽约华侨餐馆工商会，1922 年。
⑦ 《旧金山唐人街女子数量大增》，《前锋日报（六邑版）》，1947 年 1 月 8 日第 2 版。

当时"墨西哥与我国无直接之船路。华侨前往者,多假道美国之旧金山或罗省技利（即洛杉矶）"。"旅墨（西哥）华侨皆粤人。"[1] 19世纪末20世纪初,数以千计的华人来到墨西哥北部边镇墨西卡利,参加南太平洋铁路的修建。墨西哥政府在墨西卡利修筑科罗拉多河引水工程后,大批华人从美国来到墨西卡利。墨西卡利粤籍华侨人数众多,粤语成为当地的通行语言,粤人在当地进行商品交易可用中文签发票据。[2]

"巴拿马有航路通我国,惟华侨前往者多假道美国",由旧金山前往巴拿马。"华侨初至西印度皆在古巴岛,继始散布各岛。"[3]

华人移民加拿大的时间"较美国稍后,约在同（治）光（绪）之际。其初至地为太平洋彼岸之哥伦比亚"。而华侨移民加拿大的主要原因也与修建铁路有关。由于"哥省太平洋铁路之建筑全恃华工之力",因此,"旅坎（加拿大）华侨多粤人",而且"皆居南部太平洋线路附近"。1803年,第一名华人进入悉尼,移民澳大利亚。1851—1857年移民澳大利亚的华人约45 000人。"澳洲华侨皆广东人,全属昔日金矿工人之后裔,经商者少,做工者多。"[4]

"四邑人得之美洲者,皆类劳苦工资。潮梅人得之南洋各地者,多为经商溢利,且以此而成数千万之富豪其数亦不少。"[5] "美国虽号称黄金之国,但华侨之拥有百万美金资本者,只中山邑人梁某一人而已。彼已算旅美国华侨之首富。"由于"南美侨胞多从事小农业工作,北美（侨胞）多洗衣及餐馆两业,（因此美洲侨胞的）经济力远逊色于南洋侨胞"。某华侨"服役纽约一华人餐馆,四十年还未尝一履第五街（纽约最繁华街市）,汇款则委托他人代理。修发亦自备刀剪,起居饮食委促厨下"[6]。在澳大利亚,华侨"就是有钱的人也是穿着褴褛的衣裳"[7]。但美洲华侨"汇款额则殊巨大"[8],虽然"华侨散居地域以南洋一带最多,但汇归款项则以美洲侨胞为多"[9]。1930年"美洲华侨对港汇款""占全国侨汇总数的百分之五十以上",而当时"美洲侨胞人数只占侨胞总数二十分之一"。[10] 抗日战争期间,南非华侨"对于救国及赈灾各种捐款尤为热烈,按月认

① 丹徒、李长傅:《华侨》,中华书局,1927年,第143页。

② 王骁波,李强:《墨西哥有座华侨城》,《人民日报》,2017年12月10日第7版。

③ 丹徒、李长傅:《华侨》,中华书局,1927年,第145–146页。

④ 丹徒、李长傅:《华侨》,中华书局,1927年,第142–143、148、139、116页。

⑤ 参见《新汕头》,汕头市市政厅编辑股,1928年,第1页。

⑥ 区琮华:《美洲华侨与侨汇》,《广东省银行季刊》,广东省银行经济研究室,1941年第1卷第1期。

⑦ 刘元亨:《澳洲与澳洲华侨》,《南洋华侨》,商务印书馆,1933年,第99页。

⑧ 区琮华:《美洲华侨与侨汇》,《广东省银行季刊》,广东省银行经济研究室,1941年第1卷第1期。

⑨ 区琮华:《英美封存中日资金后对我侨汇的影响》,《广东省银行季刊》,广东省银行经济研究室,1941年第1卷第3期。

⑩ 区琮华:《美洲华侨与侨汇》,《广东省银行季刊》,广东省银行经济研究室,1941年第1卷第1期。

捐"。"捐款总额达七十余万英金镑。"人均捐款数量"为各地华侨之冠"。① 抗日战争胜利后，中国侨汇"便为美洲（侨汇）进居首位"②。"彼等之捐输与汇款全从节衣缩食挪来，住破旧房屋，食粗粝饭菜，穿陈旧衣服。"③

美洲华侨将"节衣缩食挪来"的款项存入当地银行择机寄汇国内接济侨眷。1944 年 1 月"华侨存放于加省美国银行之款"为 872 万余元，到了 7 月增至 960 万余元。1945 年 11 月再增至 1 618 万余元。华侨在当地广东银行的存款也达到 1 000 万余元。④ 经过不断积累，华侨经济日益深厚，檀香山"有所谓米王者，即华侨大米商也"。巴拿马华侨"商业以米商及杂货商为著，亦有丝商及其他营业。在经济上颇占势力。全境大小商店凡千余家"。危地马拉华侨"多经营商业，颇称富裕"。⑤

美洲华侨"好聚居一地，因身处异域、乡土情深，（况且）时受人种歧视，故（华侨）群处之性更烈"。"凡侨胞居留较多之城市，皆有一所谓'唐人街'者，其中以三藩市及纽约两地'唐人街'最著名。"⑥ 由于美洲唐人街的居民主要来自粤省，因此，粤语在当地相当流行。纽约莫特街的纽约中文学校，在其建校的 100 多年间一直以粤语为教学语言。⑦

粤文化随着粤侨的迁移而传播。1975 年，在旧金山萨直曼多街的一处工地中发掘出 700 多张 19 世纪末的粤剧演出剧照。⑧ 直到现在秘鲁人仍称中餐馆为chifa，为粤语"吃饭"的发音。⑨

第三节　银信的称谓

华侨银信是海外华侨华人给国内侨眷汇钱和寄信的综合体，具有"银"和"信"两大经济特征，"接济"与"沟通"两大社会功能。

华侨出洋谋生，"稍有余积，对于家人的怀念、眷属的给养就要通信息，寄

---

① 《叶委员汎抵梅谈南斐洲华侨概况》，《中山日报（梅县版）》，1945 年 6 月 16 日第 3 版。
② 刘佐人：《当期侨汇问题（上）》，《广东省银行月刊》，广东省银行经济研究室，1947 年第 3 卷第 1 期。
③ 区琮华：《美洲华侨与侨汇》，《广东省银行季刊》，广东省银行经济研究室，1941 年第 1 卷第 1 期。
④ 陈汝舟：《美国华侨年鉴》，中国国民外交协会驻美办事处，1946 年，第 357 - 359 页。
⑤ 丹徒、李长傅：《华侨》，中华书局，1927 年，第 124、148、149 页。
⑥ 区琮华：《劝导华侨投资几个问题》，《广东省银行季刊》，广东省银行经济研究室，1941 年第 1 卷第 2 期。
⑦ 孙凤仙：《美国唐人街的黄昏》，《世界博览》2011 年第 23 期。
⑧ 余勇：《明清时期粤剧在海外的传播》，《扎根岭南》，花城出版社，2016 年，第 211 页。
⑨ 王尧：《秘鲁侨胞：从契约华工到文化使者》，《人民日报》，2018 年 4 月 19 日第 21 版。

银钱回去"①。"若不汇款归国者，同乡皆讪笑之。"② 在国内，"祖国侨眷倚闾盼望南洋银信"的到来。③ 华侨银信使侨眷免除了"倚闾"之忧，免受了"断炊"之苦。④ 而当国内通货膨胀的时候，国内侨眷"在接到'银信'后，还要以三十分、四十分的高利去借钱"⑤。定期寄递"银信"无论是对于华侨，还是对于侨眷来说，都十分重要。因此，寄递银信既是一种内生需要，也是一种外在约束。"华侨是通过'侨汇'来完成他们对祖国（和家庭）的贡献。"⑥

1787 年，马来亚槟城的基德大佐在年度报告中写道："彼等由东方而来"，"每年常将所获盈利一部分寄返其祖国，赡养家庭"。⑦ 英国人凯特在对 1760—1860 年在荷印地区拓荒的华侨问题进行研究后指出："中国人克勤节俭，经常把大笔款项汇回中国。"

一、华侨银信的各种称谓

"亚明：你的爸爸自出门后，我们的家费全由金山'和记'托香港'金和栈'转驳。因为他们办理快捷，所以我们不至接济中断。今早喜鹊又频噪子，现在和记转金和栈又交到你爸爸的银信，你们买东西的费用有着落了。"⑧ 1946 年香港"金和栈"在《香港中山侨商会特刊》上刊登的这则商业广告，用明快的语言将华侨银信产生的背景、传递的方式、对侨眷生活的影响以及侨眷收到银信时喜悦的心情描写得淋漓尽致。

华侨银信的称谓相当丰富，不同的移民时期、不同的侨居地以及不同的籍贯的华侨和侨眷对"华侨银信"的称谓并不相同。

（一）民间对银信的称谓

明嘉靖年间（1522—1566），菲律宾华侨称之为"润"。⑨ 1742 年，印尼的吧城（即巴达维亚，今雅加达）华人公馆成立后主要处理华人事务，并于 1772

---

① 曾一鸣：《民信局与侨汇由来》，《新加坡汇业联谊社特刊》，新加坡汇业联谊社，1947 年，第 78 - 79 页。
② 郑觉生：《展望汇业联谊社》，《新加坡汇业联谊社特刊》，新加坡汇业联谊社，1947 年，第 69 页。
③ 苏孝先：《批信局应具之道德》，《新加坡汇业联谊社特刊》，新加坡汇业联谊社，1947 年，第 73 页。
④ 张仲之：《由今天封批谈起》，《新加坡汇业联谊社特刊》，新加坡汇业联谊社，1947 年，第 76 页。
⑤ 《台山漫笔》，《侨通报》1946 年第 21 期。
⑥ 梁晨：《建立三民主义的国防银行制刍议》，《广东省银行季刊》，广东省银行经济研究室，1941 年第 1 卷第 3 期。
⑦ 《追述昔年槟城华侨状况》，《星华日报》，1937 年 5 月 13 日第 9 版。
⑧ 《香港中山侨商会特刊》，1946 年。
⑨ 焦建华：《福建侨批业研究》，厦门大学出版社，2017 年，第 60 页。

年开始将所处理的华人事务记录抄正存档制成《公案簿》。《公案簿》中反复出现"银信"称谓。例如，"晚有胞弟善长，于1786年有交应浩带回银信20余圆，被吞没"。"去年（1788）交汤润章代寄唐山银信，共化去边银75圆。"① 由此可见，18世纪80年代，印尼华侨普遍称之为"银信"。道光二十年（1840），潮州前溪陈村沟头人陈少林因家贫"过番"来到暹罗。一年后即有"番批"寄回家乡。② 因此，1840年的潮州人称之为"番批"。光绪三十年（1904）元月，香港的同益延寿火烛燕梳按揭汇兑积聚有限公司，在汕头设立分局"兼办小吕宋上海新加坡汕头及省港澳汇兑银两"③。因此，在光绪年间"汇兑银两"是汕头人对华侨银信的一种称谓。

民国时期，各地对华侨银信的称谓也五花八门：中山人称之为"金信"④；四邑人称之为"外洋银书"；"广州人呼之为通天仄纸"⑤；潮梅民众"到南洋的辛勤工作，每年换回了大批'番银'"⑥；闽南人一直以"银信"为称谓，闽省华侨"即使探问最普通的朋友，起码也在信封外写上'外附龙洋2元'"⑦。"泉州、安海、石狮等处开办民信局，收发华侨银信。"⑧

（二）侨汇业对银信的称谓

美国旧金山的和记公司"接汇中山全属及港澳银信"。澳大利亚雪梨埠（悉尼）的永生有限公司总行"代理华侨金信"。新加坡郭福成有限公司"兼收福州十县汇兑批信"。⑨ 香港金和栈公司"接汇金银书信"⑩。香港谢福兴潮梅批局"专营潮梅各属家批银两"。港九信亨批局"专营潮汕省港澳湛等埠汇兑侨批银信"⑪。香港恒隆银号"专做四邑各埠汇兑，代客收（购）仄（纸），买卖金条"⑫。香港泰安栈旅店设立汇业部"接汇中山、石岐、南朗各埠信箱银两"⑬。

① 吴凤斌等：《吧城华人档案〈公案簿〉中记载的唐人银信案》，《中国侨批与世界记忆遗产》，鹭江出版社，2014年，第271、273页。
② 黄晓坚：《中泰民间关系的演进：以隆都镇为视域的研究》，《北美华工与近代广东侨乡社会》，广东人民出版社，2016年，第94页。
③ 《香港同益延筹火烛燕梳按揭汇兑积聚有限公司》，《岭东日报》，光绪三十年七月十四日第1版。
④ 《省行石岐办事处改善侨属领款手续》，《中山月刊》，广州市中山同乡会，1946年创刊号。
⑤ 《侨汇逃避恶化》，《中山民国日报》，1946年12月16日第2版。
⑥ 克功：《谈本省东区移民垦殖》，《汕报（梅县版）》，1943年8月27日第1版。
⑦ 《民信局的今昔观（上）》，《江声报》，1948年7月15日第3版。
⑧ 《同床异梦 本市民业对中行附办民信已开会议定对策》，《江声报》，1947年4月13日第6版。
⑨ 《新加坡汇业联谊社特刊》，新加坡汇业联谊社，1947年，第126页。
⑩ 《香港中山侨商会特刊》，1946年。
⑪ 《香港邮工》，香港邮务职工会宣传部，1948年第5期。
⑫ 《香港恒隆银号》，《广东省前锋日报》，1946年2月14日第1版。
⑬ 《香港中环泰安栈旅店》，《香港中山侨商会刊》，1946年。

中国信托有限公司"代理外洋书信银两"①。因此，银信、华侨金信、汇兑批信、金银书信、家批银两、侨批银信、信箱银两、仄纸、外洋书信银两等都是侨汇业广告中对华侨银信的称谓。

二、银信称谓最普遍

尽管华侨银信在民间和侨汇业广告中有各种各样的称谓，但以"银信"的称谓最为普遍。"银信"没有时间和地域上的限制，无论是在南洋、美洲还是国内都有"银信"之称。

（一）信函中的"银信"称谓

民国时期，官方的文件，潮梅汕地区、闽南地区侨汇业公会的章程，以及各种致官方的函件中都有"银信"称谓。1933 年，国民政府交通部邮政总局将批信局定义为"专营国外侨民银信及收寄侨民家属回批者"②。

1931 年，汕头市侨批业同业公会在章程中明确，"本公会以联络同业感情，保障公会侨胞银信及增进同业之公共利益，矫正营业之弊为宗旨"③。1937 年 4 月，厦门市银信业同业公会致函市商会，称"本会所属各批信局，其经营银信不过为便利侨胞，服务国内外起见"，呼吁中国银行泉州支行取消附设民信部的决定。④ 1940 年 11 月，晋江县银信业公会属下的 27 家银信局联名致函当地政府："窃商等均有呈蒙交通部发给执照，专营银信局，办理海外华侨汇寄银信分发送达事宜，实为闽南特种金融机关，与社会经济、地方金融发生绝大关系。"⑤ 1946 年 3 月，新加坡华侨沈佳瑞在寄往福建诏安的信中写道："自去年十月间我汇银行银信一封，至新年二月又汇银信一封，至今未见一回文。"⑥

一些闽南籍侨领在致国民政府的函件中也以"银信"为称谓。1929 年 10 月，陈嘉庚、林义顺代表新加坡中华总商会就"汕（头）邮局近忽不准荷属银信附英属银信总付邮事"致电国民政府，"查零碎银信之寄多属劳动工人，计件

---

① 《中国信托有限公司广告》，《大同日报》，1940 年 1 月 27 日第 1 版。
② 广东邮政管理局档案，"交通部邮政总局通饬第 1205 号"（1933 年 12 月 8 日），广东省档案馆藏；袁丁：《民国政府对侨汇的管制》，广东人民出版社，2014 年，第 55 页。
③ 王炜中等：《潮汕侨批论稿》，天马出版有限公司，2013 年，第 117 页。
④ 《厦门市银信业同业公会昨致函市商会》，《星光报》，1937 年 4 月 20 日第 4 版。
⑤ 《四区专署通令，保护侨信差》，《泉州日报》，1940 年 11 月 24 日。
⑥ 苏通海：《四封侨批信 一段惨痛史》，《中国侨批与世界记忆遗产》，鹭江出版社，2014 年，第 315 页。

征费损失匪浅，逐封付邮尤虞失落"①。

（二）南洋侨汇业特刊上的"银信"称谓

"银信"是南洋侨汇业商业广告最普遍采用的称谓。"新加坡地处东南亚的中心，为欧亚的联络站，南洋各地的吐纳港"②，以及南洋华侨的集散地，而"旅居暹罗的侨胞""以广东省籍的占最大多数"，"其中又以潮州籍人为最多"。③ 美属菲律宾虽然位居南洋却属于美洲的地域，具有南洋和美洲双重特征。特以上述三国侨汇业行业组织编印的纪念特刊为例，对银信称谓进行论述。

1. 《新加坡汇业联谊社特刊》

新加坡汇业联谊社的前身是"星洲潮侨汇职员励志社"，并计划扩展成为"南洋侨汇联谊社"或"海外汇业联谊社"④，最终成为"中华汇业总会"⑤。其社员来源相当广泛，"凡华侨经营汇业事业而赞成本社宗旨者即可加入为社员"⑥。

在该联谊社 1947 年 10 月编印的《新加坡汇业联谊社特刊》上，刊登了 97 家南洋批信局的广告。其中经营"银信"业务的有 65 家，占 67%；经营"侨批"业务的有 2 家，占 2%；经营"银批""民信汇兑""侨汇民信"和"民信"业务的各有 1 家；其他 20 家为经营"汇兑业务"或没有注明具体的侨汇业务。

这 65 家银信业务又细分为银信、保家汇兑银信、侨汇银信、银信汇兑、汇兑银信、保家银信、祖国银信、祖国汇兑银信等 8 种。

2. 《旅暹大埔公会成立二周年纪念特刊》

在泰国，粤东客属的大埔县华侨成立了旅暹大埔公会。凡是"旅暹大埔同乡或同乡后裔"均可申请加入公会。⑦ 在该公会 1948 年 12 月编发的《旅暹大埔公会成立二周年纪念特刊》上，刊登了 11 份南洋水客广告和 3 份侨汇业广告。其中经营"银信"业务的批信局有 2 家，占 67%；经营"侨批"业务的有 1 家，占 33%。

3. 《菲律宾粤侨民锋社成立三周年纪念特刊》

粤籍华侨在菲律宾成立民锋社，并于 1948 年 2 月编发《菲律宾粤侨民锋社成立三周年纪念特刊》。刊登的 5 家侨汇业广告中，经营"银信"业务的有 3 家；

---

① 袁丁：《民国政府对侨汇的管制》，广东人民出版社，2014 年，第 53 页。
② 《汇业联谊社特刊序》，《新加坡汇业联谊社特刊》，新加坡汇业联谊社，1947 年，第 8 页。
③ 《暹罗侨胞生活》，《中山民国日报》，1947 年 5 月 6 日第 2 版。
④ 尤愚石：《本社之回顾与前瞻》，《新加坡汇业联谊社特刊》，新加坡汇业联谊社，1947 年，第 68 页。
⑤ 沈名坚：《我们为什么要组织汇业联谊》，《新加坡汇业联谊社特刊》，新加坡汇业联谊社，1947 年，第 60 页。
⑥ 《新加坡汇业联谊社章程》，《新加坡汇业联谊社特刊》，新加坡汇业联谊社，1947 年，第 153 页。
⑦ 《旅暹大埔公会修正章程》，《旅暹大埔公会成立二周年纪念特刊》，1948 年，第 33 页。

经营"侨汇"业务的有2家。

第四节　银信业务覆盖的地域

银信业务的范围相当广泛，南洋、美洲，以及中国香港和国内其他地区都有银信的交收与传递。通过对第二次世界大战前后南洋和香港报刊的梳理，侨汇业经营的银信业务主要涵括以下几个地域。

一、粤省各地的银信业务

新加坡森源庄"专收潮汕各属银信兼理汇兑"，联合公司"专收潮梅各属银信汇款"，万顺成汇兑信局"专收潮属各地汇兑银信"，鼎盛号"接收潮州各属汇兑银信"。①

香港荣发批局办理"潮汕各属银信"②，万业务③，倪两兴批局"专收潮梅各属银信"，巨源批局"专收潮汕各属银信"，万振合记批局"专营潮汕银信"千祥永记汇兑庄"接驳内地惠（州）属各乡银信汇兑"④，永泰公司"接驳惠（州）属各乡银信汇兑"⑤，诚亨银号"专收潮汕银信、各埠信托汇兑"业务⑥，信亨批局"专营潮汕省港澳湛等埠汇兑侨批银信"⑦。

美国金山大埠（旧金山）的和记公司"兼接中山全属及港澳银信"⑧。

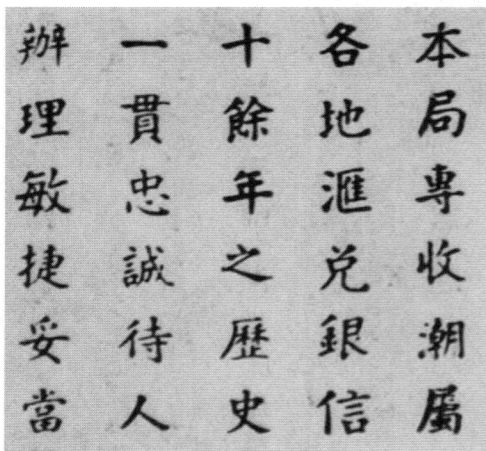

新加坡的万顺成汇兑信局广告（局部）

---

① 《新加坡汇业联谊社特刊》，新加坡汇业联谊社，1947年。
② 《香港邮工》，香港邮务职工工会宣传部，1949年第1期。
③ 《香港洋务》（新二号），香港洋务工会宣传部，1947年。
④ 《香港海员》（新2期），香港海员工会，1946年。
⑤ 《香港海员》（新7期），香港海员工会，1948年。
⑥ 《诚亨银号》，《南洋报》（第二十二期），1949年1月1日第7版。
⑦ 《香港洋务》（新二号），香港洋务工会宣传部，1947年。
⑧ 《香港中山侨商会特刊》，1946年。

菲律宾益兴号"接理省港澳佛广东内地银信"，道生堂参药行附设广胜汇兑局"接汇四邑内地各埠银信"[1]，三益杂货"兼接汇兑省港内地"银信[2]。

香港新生源公司"接收港澳中山各乡银信"。万祥铜铁号附设侨汇部"专代理中山县隆良两都各埠侨梓金银书信"。福和隆金山庄"代理梓友附寄银信及委托金山业务"。新生源公司"代派汇单：接收港澳中山各乡银信汇单，异常快捷，妥交府上，只收最低手续费"[3]。

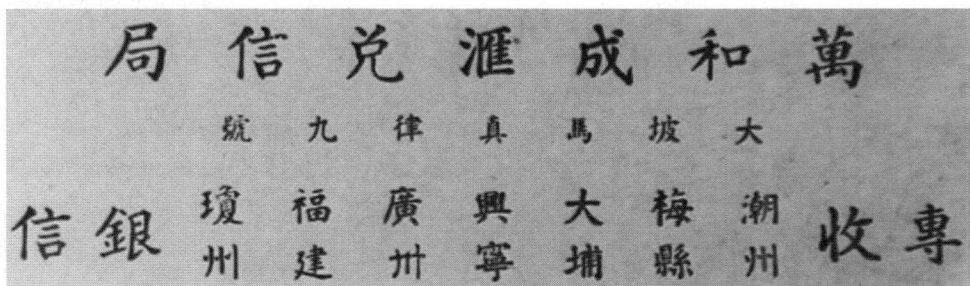

新加坡万和成汇兑信局广告（局部）

二、（粤省）琼崖地区的银信业务

新加坡益和堂药材汇兑庄"汇兑琼崖各属银信"。和记汇兑总局"专收琼崖全属保家汇兑银信"。万合丰信局的"代理处遍及全琼，银信一齐十足派送到乡"。南同利糕饼汇兑庄"专收琼州各县银信汇票"。南安公司"专理琼崖汇兑银信，汇价公平，回文快捷"。恒裕兴汇兑"专收琼崖各属银信汇率公平，回文快捷手续简便"。鸿安号汇兑信局"经营全琼各属银信三十余年"[4]。

三、闽省各地的银信业务

新加坡顺茂合记纸庄在厦门设立顺茂行分行，"专收福建各处汇兑银信"。林和泰茶行汇兑信局"专收福建各属银信"。瑞芳汇兑信局"兼理闽省汇兑银信"。杨协成酱油厂"兼理汇兑信局"，"兼营闽南银信"。庆丰信局"专收闽南

---

[1] 《菲律宾粤侨民锋社成立三周年纪念特刊》，1948 年。
[2] 《菲律宾粤侨各团体联合会复兴纪念》，1946 年。
[3] 《香港中山侨商会特刊》，1946 年。
[4] 《新加坡汇业联谊社特刊》，新加坡汇业联谊社，1947 年。

新加坡顺成隆汇庄旅店广告

新加坡南安公司广告（局部）

杨协成酱油厂广告（局部）

源通号广告（局部）

各地银信"。源通号"汇兑漳（州）泉（州）厦（门）各属银信"。南昌汇兑信局"专收闽南各地银信汇兑"。

四、粤闽两省的银信业务

泰国暹京的永康药行附设民信部"接收大埔梅属永定饶平各县银信"。泰国平平公司设立民信部"接收大埔梅属永定饶平各县银信，兼理国内银行存款"①。

---

① 《旅暹大埔公会成立二周年纪念特刊》，1948年。

　　新加坡裕生汇兑信局"专理潮州诏安汇兑银信"。祥利号设立民信汇兑部"专收潮州诏安各属银信汇兑，担保稳妥快捷"。同记汇兑信局"专营潮属诏安等处汇兑银信，登门派送"。鸿生庄汇兑信局"专收潮梅诏安各属银信"。大信批局"专收潮梅各属诏安等处汇兑银信"。许广利汇兑信局"专收各地银信兼理电汇票汇"。光德栈成记批局绸庄"专收潮州诏安各属汇兑银信"。裕泰汇兑信局"专收潮梅诏安各属银信汇兑"。华益礼记汇兑信局"专收潮州各属以及诏安等处银信兼理汇兑"。利华兴汇兑信局"专收潮州诏安各属保家银信"。吴成兴汇兑信局"专收诏安东山云宵（霄）饶平各属银信"。①

　　香港永吉祥盛记汇兑信局"专收潮州各属诏安银信"②。

　　新加坡孔明斋汇兑信局"专收潮州、诏安各属，广州、香港银信"。万和成汇兑信局"专收潮州、梅县、大埔、兴宁、广州、福建、琼州银信"③。

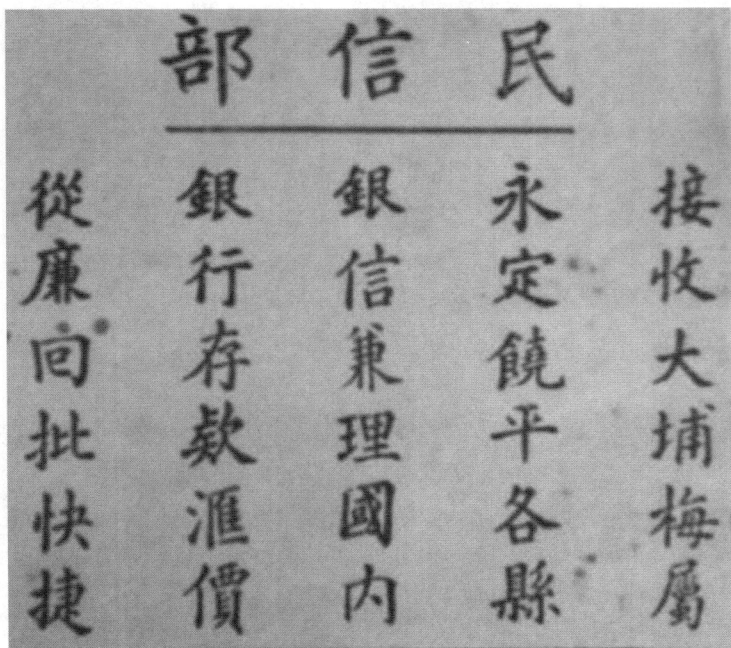

泰国的平平公司广告（局部）

　　①　《新加坡汇业联谊社特刊》，新加坡汇业联谊社，1947 年。
　　②　《香港中山侨商会特刊》，1946 年。
　　③　《新加坡汇业联谊社特刊》，新加坡汇业联谊社，1947 年。

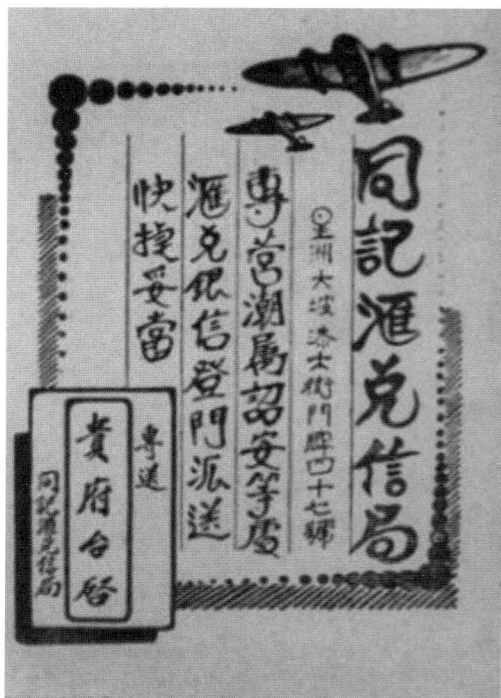

新加坡同记汇兑信局广告

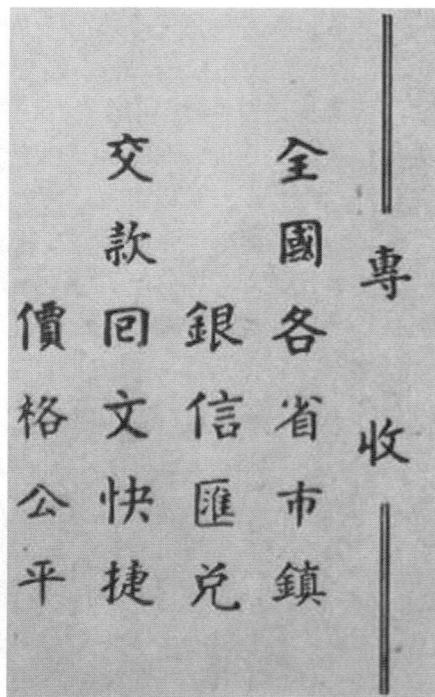

新加坡泰南隆汇兑信局（局部）

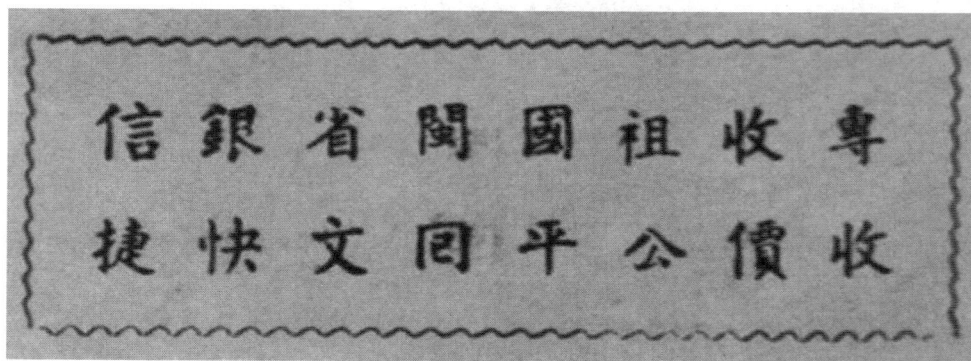

新加坡和瑞隆汇兑信局广告

五、粤桂两省的银信业务

新加坡的余仁生"办理中国汇兑两粤（广东广西）银信"①。南洋的利昌汇兑庄"汇兑两粤港澳银信。补水便宜非常快捷"②。均源汇兑庄在香港设立分行，办理"两广汇兑"业务。③ 菲律宾利安金铺汇庄有限公司经营"两粤汇兑"业务。④ 香港的永盛隆金铺"找换金饰金砂金钱，接理南洋两粤汇兑"。⑤

六、国内各地的银信业务

马来亚槟榔屿的南强号"专营香汕郊暹荷仰等属土产、兼营祖国各属银信汇竞、美酒罐头"⑥。

泰国暹京的东成公司"统办环球什货日常用品，代客买卖并收国内各属银信，交款迅速"⑦。

新加坡南顺汇兑信局"接收祖国银信回唐，汇水公平，回文快捷"。郭丰成汇兑酒庄"专收祖国汇兑银信，派送敏捷，取费从廉"。荣盛公司"专收祖国各地侨汇银信，为侨众服务"。茂兴汇兑信局"专营祖国各地银信汇兑，并受理本外埠同业委托转驳"。再和成伟记汇兑信局"接收国内汇兑银信"。荣美汇兑信局专营"祖国银信"。万益成汇兑信局"专收银信"。耀华成朝发汇兑信局"专收祖国银信汇兑"。普通庄汇兑信局"专收祖国银信"。中南汇兑信局"专收祖国各地汇兑银信，汇率公平，回文敏捷。保家银信交款迅速，取费廉宜"。新兴金银店"专收祖国保家银信"。俊昌号"专营京果杂货欧美罐头食品，兼理土产汇兑银信"。永盛公司"专营土产椰干桷枳出入口商兼理汇兑银信"⑧。

香港陈万成银信局"专收各埠侨汇银信"⑨。

① 《新加坡汇业联谊社特刊》，新加坡汇业联谊社，1947 年。
② 《南洋》1931 年第 2 卷第 3、4 期合刊。
③ 《均源汇兑庄》，《香港邮工》，香港邮务职工会宣传部，1948 年第 5 期。
④ 《菲律宾粤侨各团体联合会复兴纪念》，1946 年。
⑤ 《邮政月刊》，港九邮政职工咏问社宣传部，1947 年创刊第 1 号。
⑥ 《南洋报》（第四期），1947 年 11 月 27 日第 5 版。
⑦ 《旅暹大埔公会成立二周年纪念特刊》，1948 年，第 4 页。
⑧ 《新加坡汇业联谊社特刊》，新加坡汇业联谊社，1947 年。
⑨ 《香港邮工》，香港邮务职工工会宣传部，1949 年。

新加坡荣美汇兑信局广告

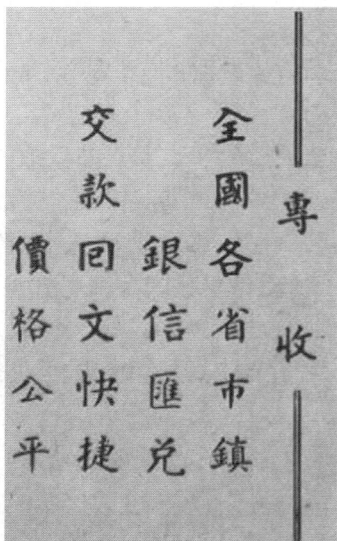

新加坡泰南隆汇兑信局广告（局部）

第五节　侨汇业的称谓

海外移民地域的广泛性导致"银信"称谓的多样性，使以银信为经营对象的侨汇业的名称也颇不一致。"在国内多称民信局、信局、信馆或文书馆。在南洋称批信局、批局、汇兑信局、汇兑庄、信局或批郊。外国人大致称他们为汇兑商或汇兑店。"① 虽然"民信局或称'批局''批馆''汇兑庄'。名称内容或有别，但都是以经营侨汇为目的"②。

侨汇业"最古老的方式"是"家庭与商号合一。只在寓所挂一个招牌，或直以'张三寓'，或以'鸿雁斋'代收转银信。有银信来收转则先兑现，后托银行或银号转寄，转则原封转交"③。粤东地区的侨汇业由批局、钱庄和找换店共同构成。抗日战争前夕，梅县侨汇业每年经营的侨汇数量在 2 500 万元左右。④

---

① 刘佐人：《批信局侨汇业务的研究》，《金融与侨汇综论》，广东省银行经济研究室，1947 年，第54 页。

② 《泉州侨批业史料》，厦门大学出版社，1994 年，第 15 页。

③ 刘佐人：《批信局侨汇业务的研究》，《金融与侨汇综论》，广东省银行经济研究室，1947 年，第56 页。

④ 《三十二年一月份各县经济调查汇报》，《调查资料》，广东省银行经济研究室，1943 年第 3 卷第2 期。

民国时期海内外书刊对侨汇业称谓主要有以下十四种。

一、火船行

1928 年汕头市市政厅出版的《新汕头》一书中认为，汕头"汇兑公所各银庄多兼营南洋各埠批信。此批信乃南洋华侨寄银返国之信也。闻在南洋每年有二千余万汇入之巨。又兼营直输出入，如租船向外埠采办米、豆、豆饼、油糖等类是也。汕头人呼之为火船。资本颇为雄厚"[1]。1929 年潮梅商会联合会撰写的《汕头金融业之调查》一文也有相同的论述，认为"汕头人呼之为火船行"[2]。

二、钱银业

钱银业在广府地区是对侨汇业的称谓，在潮汕地区也有使用。1948 年《潮汕区经济调查报告》（手抄本）认为，"潮汕人士出洋谋生特多，每年由南洋汇经潮汕各银行钱庄而入内地款项为数甚巨，因此，潮汕钱银业甚为发达"。该报告将潮汕钱银业细分为银行、钱庄、汇兑号和侨批号四类，并详细列明了各商号的名称和地址。[3]

三、侨商民信汇业

1878 年"本坡（新加坡）侨商民信汇业共 49 家"。"和平以来（即抗日战争胜利后）国内外侨商所经营之信局汇业已达一千余号。"[4]

四、民信汇局

"南洋民信汇局已有百余年历史，一向代侨胞传递银信，服务周至，使海外侨胞与祖国侨眷均称便当。"[5]

---

①　汕头市市政厅编辑股：《新汕头》，1928 年，第 19－20 页。
②　《汕头金融业之调查》，《潮梅商会联合会半月刊》1929 年第 1 卷第 1 号。
③　佚名：《潮汕区经济调查报告》，1948 年。
④　陈炎勤：《侨汇与国币》，《新加坡汇业联谊社特刊》，新加坡汇业联谊社，1947 年，第 99 页。
⑤　苏孝先：《批信局应具之道德》，《新加坡汇业联谊社特刊》，新加坡汇业联谊社，1947 年，第 73 页。

五、汇兑业

汕头人将"与南洋贸易者"称为"做南郊",将"做汇批"业务者称为汇兑业。汇兑业"只能听南洋生意的行情来计划自己的经营"①。海口人也将侨汇业称为汇兑业,"汇兑业为接驳华侨回款者,(1934 年海口)有二十余家"②。

六、汇兑信局

"新加坡之有汇兑信局历史,据知者言,百余年前之南来谋生者,为寄款养活家属计,多方设计,信局由环境之需求应运而生,及后逐次改良,以迄今日。"③ 南洋"汇兑信局轻取派费,将委托人之信及款直达于收受人,便利侨胞殊非浅鲜"④。

七、汇兑信托局

1946 年 10 月,菲律宾粤籍华侨通过菲港昌兴汇兑信托局将两千万元国币电汇广东省(政府)罗主席,"以为救济灾黎之用"⑤。

八、汇兑商号

1941 年,"星洲外汇管理局令各银行及汇兑商号,凡汇回中国赡养家属费,改由中国国家银行经汇"⑥。

九、汇兑行庄

在粤东梅县地区,"水客和汇兑行庄确是南洋和家乡沟疏经济的桥梁,该两

---

① 云章:《到南洋去》,《潮州留省学会年刊》1929 年第 1 期,第 21 页。
② 黄振彝:《不堪回首去年海口市之营业概况》,《琼崖实业月刊》,广东省建设厅琼崖实业局,1934 年第 4 期。
③ 郑觉生:《展望汇业联谊社》,《新加坡汇业联谊社特刊》,新加坡汇业联谊社,1947 年,第 69 页。
④ 丘斌存:《华侨之今昔观》,《华侨问题专号》,广州大学社会科学研究社,1937 年,第 10 页。
⑤ 《菲侨捐国币二千万元电汇罗主席救灾黎》,《前锋日报(广州版)》,1946 年 10 月 24 日第 3 版。
⑥ 区琮华:《英美封存中日资金后对我侨汇的影响》,《广东省银行季刊》,广东省银行经济研究室,1941 年第 1 卷第 3 期。

行业之应时而兴"①。

十、信局

"据（南洋）信局的估计，在从前（1934 年以前）每年由南洋汇回潮汕的款项，总约在五千万元以上。"②

十一、民信局

"这些代人带银信的人（指水客）"，"就把人们信托的款项办些土产，视唐山所缺少而需要的赚些贸易之利。规模大一些的自造'航船'，来往办货，挂起招牌兼收银信，批业的生意从此而生，而初具了民信局的雏形"。③ 民国"25 年度（1936）南洋各属汇闽款项，计为二千余万元，而民信局经手银信汇票，数达千余万元"④。1947 年，厦门市有民信局 60 余家，每家收发华侨银信"平均获利仅三千余元"。

十二、派报社

1934 年底，"所有民信局停止营业。在大都市里，除很少的'派报社'还有偷偷的代人带信外，往日鼎盛的民信局没有了踪影"⑤。

十三、批商

1937 年 9 月，邮政储金汇业局副邮务长沈养义在越南西贡与东亚银行"接洽该地华侨汇款事"时称，东亚银行的信用高出批商万倍，所收汇款较批商为低廉而深得侨胞之信任。

---

① 《水客何姗姗归迟？》，《中山日报（梅县版）》，1949 年 1 月 16 日第 3 版。

② 萧冠英：《南洋华侨与中国》，《星华日报三周年纪念刊》，1934 年，第 109 页。

③ 曾一鸣：《民信局与侨汇的由来》，《新加坡汇业联谊社特刊》，新加坡汇业联谊社，1947 年，第 78 - 79 页。

④ 《同床异梦　本市民信业对中行附办民信已开会议定对策》，《江声报》，1937 年 4 月 13 日第 3 版。

⑤ 刘佐人：《批信局侨汇业务的研究》，《金融与侨汇综论》，广东省银行经济研究室，1947 年，第 54 页。

十四、银信局

侨汇业的各种称谓以"银信局"最为普遍。

在新加坡,"旅居南洋一带潮梅籍之侨胞(汇款)则由星加坡广东省银行或其他银行直接汇入内地,或由各埠之银信局及水客等吸收"。"就星加坡一地而言","吸收侨汇之""银信局则有七十余家"。[①]"1887 年至 1891 年间,新加坡一埠有华侨银信局 49 家,其中福建(籍)银信局占 12 家。"[②]

泰国的潮帮侨汇业商号大多以银信局为名。例如,暹京的永泰祥汇兑银信局、泰源亨银信局、许明发银信局等。1927 年,"泰国陆续创办的潮帮银信局有 50 家左右"[③]。1947 年,"泰国仅曼谷一地就有银信局 160 家以上,其中潮帮银信局 100 多家"[④]。泰国各地银信局"招牌恒书'回唐保家银信'"字样。由于"南洋侨汇多经由银信局或水客寄返,而经由我国政府银行汇款的只占极少数","所以原币外汇便多被外商银行或银信局利用"。[⑤]香港陈万成银信局"专收各埠侨汇银信"[⑥]。

在闽省,1937 年在福建省邮局注册的 102 家侨汇商号中,"银信局"有 27 家,占总数的 26.5%;"代理汇兑"有 17 家,占总数的 16.7%;"信局"有 15 家,占总数的 14.7%;"汇兑局"有 14 家,占总数的 13.7%;"汇兑庄"有 13 家,占总数的 12.7%;"批信局"有 11 家,占总数的 10.8%;钱庄、汇庄、汇局、信托局和公司各有 1 家。[⑦]

1938 年,泉州市的 41 家民营侨汇商号除了惠安的 7 家、永春的 6 家为"信局"外,晋江的 28 家均为"银信局"。[⑧]1939 年,"泉州银信局经收各属汇寄供给侨眷生活之款共 300 余万元"[⑨]。1940 年,泉州有银信局 26 家。[⑩]

---

① 容华绶:《广东侨汇之回顾与前瞻》,《广东省银行季刊》,广东省银行经济研究室,1941 年第 1 卷第 1 期。

② 《泉州侨批业史料》,厦门大学出版社,1994 年,第 5 页。

③ 王炜中等:《潮汕侨批论稿》,天马出版有限公司,2013 年,第 71 页。

④ 王炜中等:《潮汕侨批论稿》,天马出版有限公司,2013 年,第 79 页。

⑤ 区琮华:《英美封存中日资金后对我侨汇的影响》,《广东省银行季刊》,广东省银行经济研究室,1941 年第 1 卷第 1 期。

⑥ 《香港邮工》,香港邮务职工工会宣传部,1949 年第 1 期。

⑦ 郑林宽:《福建华侨与闽侨汇款》,福建省政府秘书处统计室,1940 年;袁丁:《民国政府对侨汇的管制》,广东人民出版社,2014 年,第 123 – 127 页。

⑧ 《泉州侨批业史料》,厦门大学出版社,1994 年,第 41 – 42 页。

⑨ 《六月份闽南侨汇达三百万元》,《闽侨月刊》,中南旅运社,1939 年第 2、3 期合刊。

⑩ 《闽侨汇款回国创新记录》,《银行周报》,1940 年。

第六节 侨汇业的行业组织及其称谓

"批信局且有独特的同业组织，有行会，有帮派。行会在银行、银业之外独树一帜。他们自称批业或称银信业。"① 不同地域和时期侨汇业行业组织的名称和职能有所改变。

一、南洋地区

"旅居暹罗的侨胞""以广东籍的占最大多数"，"其中又以潮州籍人士为最多"。② "泰国潮籍华侨称泰国潮帮侨批业为泰国潮帮银信业。"③ 1932年，暹罗潮帮批局成立华侨银信局公所。1947年6月，暹罗几家颇具规模的批局发起成立暹罗华侨银信局公会，作为"代表整个侨社银业的组织"④。1948年12月，暹京银信公会响应汕头批业公会呼吁，分别致函国民政府交通部及各机关，"要求修改批信事务处理办法，俾海内外新添设之批局，得获有合法地位，享受邮局种种之优待"⑤。泰国银信局以"银信"为行业的统一标识。⑥

"民信局自成为一个行业之后，菲律宾成立菲律宾华侨汇兑信局同业公会，南洋各埠均成立银信公会。"⑦

新加坡的"潮（帮）侨批公会为本坡汇业成立最早之团体"⑧。1929年，潮汕籍、琼崖籍和闽南籍华侨分别成立了"新加坡潮侨汇兑公会""新加坡琼侨汇兑公会"和"新加坡闽侨汇兑公会"，"闽侨、潮侨和琼侨的汇兑公会是以乡族观念为背景而组成的"。抗战胜利后加入琼侨汇兑公会的商号有33家。⑨

南洋侨汇业行业组织谋求行业发展和社员利益。1936年，新加坡潮侨汇兑公会就汕头邮局给予"马来亚华侨批信之回批"邮资半价优惠，而"经新加坡

① 刘佐人：《批信局侨汇业务的研究》，《金融与侨汇综论》，广东省银行经济研究室，1947年，第54页。

② 《暹罗侨胞生活》，《中山民国日报》，1947年5月6日第2版。

③ 王炜中等：《潮汕侨批论稿》，天马出版有限公司，2013年，第70页。

④ ［泰］黎道纲：《侨批及其历史内涵》，鹭江出版社，2014年，第268页。

⑤ 《暹华银信公会响应汕市批业公会呼吁》，《南洋报》，1948年12月16日第6版。

⑥ 丹徒、李长传：《华侨》，中华书局，1927年，第59页。

⑦ 中国银行泉州分行行史编委会编：《闽南侨批史纪述》，厦门大学出版社，1996年，第6页。

⑧ 《星洲十年》（星洲日报十周年纪念特刊），星洲日报社，1940年，第583-584页。

⑨ 《琼崖侨汇话兴衰》，《新加坡汇业联谊社特刊》，新加坡汇业联谊社，1947年，第119页。

转送荷属之侨胞批信回批"全额收费一事向中华邮政总局提出异议。①

1946 年成立的新加坡汇业联谊社对社员给予各种救助。社员"失业时在本社寄宿，本社得代为介绍职业。患病而无力调治者本社得酌量情形资助"。"回祖国而川资不足者，本社得酌量资助。""遇喜丧之事，本社得酌量情形分别庆吊。"新加入的社员"经职员会通过后，应缴纳基金三元。社员每月应缴纳月捐一元，如有函报失业或回国者免纳"。"社员所应享受之权利，须入本社四月之后方能享受。"②

二、潮汕与闽南地区

光绪八年（1882），汕头市设有南侨批业公所。1926 年改为汕头华侨批业公会。1931 年改为汕头市侨批业同业公会。根据公会章程，"本公会以联络同业感情，保障公会侨胞银信及增进同业之公共利益，矫正营业之弊为宗旨"③。1929 年，汕头汇兑公所有银庄 46 家，其中"15 家为发行钞票之银庄"，主要经营汇批业务。④ 1935 年底，汕头侨批公会有甲种会员 30 家，乙种会员 39 家，丙种会员 103 家。⑤

潮梅汕地区所称的华侨批业在闽南地区称为华侨银信业。⑥ 1920 年，厦门成立厦门市银信同业公会⑦和厦门市商民协会信业分会。⑧ 1934 年，泉州成立晋江县银信业同业公会。⑨

三、广府地区

广府地区侨汇业的主体为银号，其行业组织为银业公会。康熙十四年（1675）前后广州有银业公所之设立。1930 年出版的《广东七十二行商报二十五周年纪念号》上，92 家广州银号和 13 家顺德银号中，只有"岭海汇兑公司"称

① 《请免加贴邮费》，《星华日报》，1936 年 12 月 2 日第 9 版。
② 《新加坡汇业联谊社章程》，《新加坡汇业联谊社特刊》，新加坡汇业联谊社，1947 年，第 153 页。
③ 王炜中等：《潮汕侨批论稿》，天马出版有限公司，2013 年，第 117 页。
④ 云章：《到南洋去》，《潮州留省学会年刊》1929 年第 1 期，第 21 页。
⑤ 《签发白票议论纷纷》，《星华日报》，1936 年 1 月 1 日第 5 版。
⑥ 焦建华：《福建侨批业研究》，厦门大学出版社，2017 年，第 225 页。
⑦ 中国银行泉州分行行史编委会编：《闽南侨批史纪述》，厦门大学出版社，1996 年，第 6 页。
⑧ 焦建华：《福建侨批业研究》，厦门大学出版社，2017 年，第 197 页。
⑨ 中国银行泉州分行行史编委会编：《闽南侨批史纪述》，厦门大学出版社，1996 年，第 67 页。

为"汇兑公司"。1948 年广州钱银商业同业公会 68 家会员中都没有"汇兑局"之称谓。①

第七节　官方对侨批及侨批局的定名

"侨批局，前名民信局、银信局，是为海外华侨收送银信回国而获取佣金的一种行业。"② 官方的定名可分为 1935 年的"批信局"和 1949 年的"侨汇批信局""侨批信局"两个阶段。

一、民国时期"批信局"的官方定名

（一）工业公会对"侨批局"的定名

"民国后，此项生意（侨汇业）渐为海外一些客栈注目，寻而经营金银首饰业之金铺，亦有不少插手兼营者。后来始有专业出现，称侨批局。"③ 民国"二十年（1931）全国工商业组织工业公会以批局旧有组织，系以华侨批业为名，易混于国内之华侨团体，删去华侨字样，则批字嫌于不典，或难明其业务实际，乃当局定名曰侨批业，各业批商号曰侨批局，沿用至今"④。对于"批字嫌于不典"之说，潮汕文化研究员曾旭波认为"原（来）是针对'华侨批业公会'（而言）。若去掉'华侨'两字，变成'批业公会'而言，'不典'是指意思不明确。而不是嫌其俗。所以最终只是去掉一个'华'字，称为'侨批公会'""从上面这段描述中可得到一个重要的信息，及民国二十年（1931）全国工商业组织工业公会成立时，改'批信局'为'侨批局'，'侨批'一词才被确定为官方对批信的正式称谓。"⑤

汕头华侨批业公会也于同年改称为汕头市侨批业同业公会，⑥ 这也从一个侧面认证了曾旭波先生的推断。

---

① 《广州钱银商业同业公会会员名表》，《广州市钱银商业同业公会元旦特刊》，广州市钱银商业同业公会，1948 年。

② 《泉州侨批业史料》，厦门大学出版社，1994 年，第 99 页。

③ 芮治埙：《有信银庄（批局）琐记》，《汕头文史》1987 年第 4 期，第 94 页。

④ 饶宗颐：《潮州志·实业志·商业》，汕头潮州修志馆，1949 年，第 73 页。

⑤ 曾旭波：《潮汕侨批业研究》，暨南大学出版社，2020 年，第 9 页。

⑥ 王炜中等：《潮汕侨批论稿》，天马出版有限公司，2013 年，第 117 页。

（二）邮政总局对"批信局"的定名

1928 年国民政府在南京召开全国交通会议，议决"所有各处民信局应于民国十九年（1930）内一律取消"，但遭到海内外侨汇业的反对。厦门商民协会信业分会致函厦门邮局："窃以民局之设，原为便利侨胞信件之往来，而补助邮政所弗及。"民信局"有益于侨胞者"，"有益于国家金融者"，不应该被取消。[1]

1933 年 12 月交通部邮政总局"就民局业务性质"进行划分："（一）专营国内普通信件者，定名民信局，不准兼收批信。（二）专营国外侨民银信及收寄侨民家属回批者，定名为批信局，不准收寄普通信件。"同时修订了民信局和批信局执照式样，规定"自二十三年份（1934）起，对于发给民信局执照，每张收手续费国币二元，批信局执照每张收手续费国币五元，其余手续照原有章则办理"。[2]

"1934 年底邮政局取消国内民信局，把专营国外侨民银信及收寄侨民家属回批者定名为'批信局'，准予通融继续营业。批信局仍隶属邮政局监管，主要侧重于批信方面的管理。"[3] 1946 年 8 月，厦门市银信商业同业公会在向福建邮政管理局"呈请收回限制各批信局自带批信回批成命"中称："于 23 年（1934）底取消各省原因复杂之普通民信局。独对闽粤两地之民信局特许继续存在。于 24 年初将素来服务华侨银信局改为批信局。"[4] 1935 年以后国内侨汇业的官方定名为"批信局"。

二、新中国成立后的官方定名

新中国成立后政府对侨汇业的界定逐渐明晰。1949 年 12 月初，广州市军事管制委员会财经接管委员会同时颁发《五项重要管理办法》，对侨汇和侨汇业进行业务界定。[5] 在《华南地区侨批业管理暂行办法》及《侨汇优待暂行办法》中规定："凡遵守人民政府一切政策法令在国内外有分支机构，经营侨汇向著信誉之银行或侨批信局可向当地中国人民银行（在广州则为中国人民银行华南区行）申请并经批准者方得办理国外侨汇业务。""侨汇批信局不得私相买卖交收外币

---

① 《中华民国史档案资料汇编（第五辑）》，江苏古籍出版社，1994 年，第 493 - 498 页。

② 广东邮政管理局档案，"交通不邮政总局通饬第 1205 号"（1933 年 12 月 8 日），广东省档案馆藏；袁丁：《民国政府对侨汇的管制》，广东人民出版社，2014 年，第 55 页。

③ 《泉州侨批业史料》，厦门大学出版社，1994 年，第 1 页。

④ 《泉州侨批业史料》，厦门大学出版社，1994 年，第 54 页。

⑤ 《五项重要管理办法》，《国华报》，1949 年 12 月 9 日第 1 版。

及外币有价证券及各种外汇票据，并不得经营其他未经核准之业务。""侨批业应按期造送下列表报呈当地中国银行查核。""侨批业有违反本办法规定之行为者得按情节轻重予以下列处置。"并制定了《侨批信局请求办理侨汇业务准许证申请书》。① 暂行办法中有"侨汇批信局""侨批业"和"侨批信局"三种称谓。

在《华南区外汇管理暂行办法施行细则》中有"专营侨汇之私营侨批局"的称谓。《华南区私营银业管理暂行办法》对"银钱业"和"侨批业"进行界定："私营银钱业系指私人资本经营的商业银行银号钱庄而言，其专营侨汇之私营侨批业另定管理办法。"同期在广州成立的"华南外汇交易所"规定，"凡经中国人民银行核准之指定银行及侨批局均为本所之交易员"②。

1951 年 2 月，政务院财政经济委员会颁布《侨汇业管理暂行办法》。侨汇业为"专营或兼营侨汇之行业（包括侨批员）除指定银行外"，主要经营"侨汇，侨批，及自备外汇进口，或其他业务"。"侨汇业以办理侨汇之揽收及介付转介"为"侨汇部分"。"侨汇业以投送附有汇款之侨信及其回批"为"侨批部分"。

"侨汇部分：侨汇业应根据中国银行规定，按期将逐日经收及经介绍侨汇分别币名、数目、地区及介付情况列表报告当地或附件中国银行（无中国银行地区报告人民银行）。侨批部分：侨汇业应根据邮局规定，按进口批信开具帮单（目录）两份，送交当地邮局核对无误，并予证明后，一份由侨汇业收回，一份存邮局备查。自备外汇进口部分：（一）侨批业以自备外汇进口之物资，以适合进口法令之规定，并经向当地对外贸易主管机关申请准进者为限。（二）侨批业办理自备外汇进口业务其外汇来源须取得当地中国银行证明后，方得按自备外汇进口条例办理。"1951 年初，侨汇业的管理部门有中国银行（或人民银行）、邮局以及当地对外贸易主管机关。

1951 年 5 月，泉州成立"侨批业管理委员会"，制订了《侨批办理侨汇须知》。泉州银行成立了侨批业业务研究小组。③

1956 年 11 月，财政部、中侨委、人民银行总行、全国总工会联合发布了《对侨批业进入社会主义的政策指示（草案）》。"自各地宣布侨批业进入社会主义之日起，所有国内侨批局已是国家银行直接领导的具有社会主义性质的一种吸收外汇机构。"④ 由此可见，即便是官方对"侨批"和"侨批局"的定名也经过了一个相当漫长而又复杂的过程。

---

① 中国银行广州分行行史编写组：《广东中国银行历史资料汇编（1949—1989）》，1991 年，第 179 - 180 页。

② 《外汇交易所规程》，《国华报》，1949 年 12 月 8 日第 2 版。

③ 《泉州侨批业史料》，厦门大学出版社，1994 年，第 190 页。

④ 《泉州侨批业史料》，厦门大学出版社，1994 年，第 195 页。

第二章　仄纸的银信特征

仄纸是银行汇票（check）的英文译音。"海外华侨每为利便接济侨眷生活，常以外币或金赤随信夹寄。"[1] 由于华侨将仄纸"夹在保家信内寄回"侨乡，[2] 因此，"由外洋寄至四邑各地的挂号信几全部为邮寄仄纸的信件"[3]，使仄纸具有了银信合一的金融特征。这种特殊的华侨银信广泛流通于世界各地，并以美洲仄纸为数最多。

第一节　仄纸的产生

银信传递时间的长短对于其功能的发挥至关重要。例如，"有些汇款通知单虽已收到多月，（但）直至全家饿死，款还没有收到。有些汇款到达时，通货价值已低了千百倍"[4] 华侨汇款变成一钱不值的白头单。[5] 而"普通侨胞每寄家信均盼候家乡回信"，"披阅后已悉家中急切需用，自然从速竭力符付"，"再行续寄"。一旦"回音迟到，（则多）抱观望"态度。[6] 因此，"华侨汇款多为接济家用，急如星火，实难任令延宕"[7]。

由于海路遥远加上海上交通工具落后，美洲华侨利用传统方式寄递银信的时间相当漫长。当银信回批送达华侨手中时往往已是时过境迁，甚至亲人离散。据一名清道光年间来到美国金山大埠的华侨回忆："余第一次付回头信，并银伍拾圆。半年之后方接回音。余妻故悉，但抚余成人之大母则因余远涉重洋，已忧伤抑郁而死。"[8] 因此，美洲华侨对加快银信传递速度的祈盼比南洋华侨更为强烈。银行汇票出现后很快便被美洲华侨所利用。

---

① 《赤水邮政局拆信偷侨汇》，《前锋日报（广州版）》，1949 年 9 月 28 日第 8 版。
② 《邮局保家信内夹汇票遗失启事》，《汕报（梅县版）》，1941 年 3 月 20 日第 1 版
③ 姚曾荫：《广东省的华侨汇款》，商务印书馆，1943 年，第 36 页。
④ 朱深：《侨汇与邑民经济的关系》，《中山月刊》，广州市中山同乡会，1946 年第 2 期。
⑤ 《省行石岐办事处改善侨属领款手续》，《中山月刊》，广州市中山同乡会，1946 年创刊号。
⑥ 苏孝先：《批信局应具之道德》，《新加坡汇业联谊社特刊》，新加坡汇业联谊社，1947 年，第 73 页。
⑦ 《梅县中国银行交款迟缓》，《中山日报（梅县版）》，1940 年 5 月 7 日第 2 版。
⑧ 司徒献：《少小离乡老大回》，《纽约华侨餐馆工商会游河特刊》，纽约华侨餐馆工商会，1922 年。

银行汇票由美金汇票演变而成。"美金汇票原为美国甲镇汇至乙镇所用者。即系旧金山汇至纽约方能付款之汇票。"① 银行汇票有效节省了资金的携带成本，缩短了资金的在途时间，使资金的传递变得更加安全可靠，很快便被应用到国际贸易中。"道光七年（1827），美国与中国的鸦片贸易已采用银行汇票，其法即由美国开出伦敦汇票，携到广东出售。而由鸦片商购入后携至加尔各答等地转售，往伦敦取款。"②

由于"美洲的华人商号在海外侨民留居各地颇为普遍，而且大多数与华侨有密切的联络"，于是"美国各大银行多以特制之仄纸委托华人商号代理发汇"③，使银行汇票的使用在美洲各地的华人社会中迅速普及。用银行汇票传递华侨银信，"一方面可免受（各种不可预测的）损失，另一方面可省去六分之五的时间"④，被认为是"收款最便利"的汇款方式。⑤ 于是"由银行开发汇票，交与汇款人直接寄交，收款人持往付款行收款"⑥，便成为晚期美洲银信主要的传递方式。

仄纸的广泛使用改变了美洲侨汇业的经营方式。"自新式银行的仄纸汇款法被侨民普遍利用以来"，美洲批信局"遂逐渐趋于没落"，最后成为"完全是便利同乡汇款的一种组织"。⑦ 美洲批信局与南洋批信局从此分道扬镳，"美洲方面以银行票汇为最通用，南洋方面以民信局汇款为多"⑧。"美洲侨汇多经由外国银行汇返"，"南洋侨汇多经由银信局或水客寄返"。⑨ 华侨银信也因此分为"仄纸与批信两种主要类别"，形成了南洋票汇法和美洲信汇法两种支付方式，"前者凭票取款，后者凭信付款"。⑩

所谓"凭票取款"是指南洋批信局收到华侨银信后，将汇票寄回国内银号或汇兑商号代为转解，并支付汇款金额4% ~5%的手续费。国内银号或汇兑商号收到侨信和侨款后，即通知当地水客将银信带到各地的往来商号转交侨眷，水客带信按封计算佣金，"每封约收省券一毫"的侨汇汇兑方式。⑪ 而"凭信付款"

① 《侨汇逃避恶化》，《中山民国日报》，1946年12月16日第2版。
② 谭彼岸：《中国近代货币的变动》，《中山大学学报（社会科学版）》1957年第3期。
③ 姚曾荫：《广东省的华侨汇款》，商务印书馆，1943年，第45页。
④ 《台山侨汇逃港里因》，《环球报》，1948年1月27日第3版。
⑤ 朱深：《侨汇与邑民经济关系》，《中山月刊》，广州市中山同乡会，1946年第2期。
⑥ 《粤中侨讯》，广州中国银行侨汇股，1947年第5期，
⑦ 姚曾荫：《广东省的华侨汇款》，商务印书馆，1943年，第11页。
⑧ 黄文山：《如何引导侨资》，《广东省银行月刊》，广东省银行经济研究室，1946年复刊第2卷第3、4期合刊。
⑨ 区琮华：《英美封存中日资金后对我侨汇的影响》，《广东省银行季刊》，广东省银行经济研究室，1941年第1卷第3期。
⑩ 姚曾荫：《广东省的华侨汇款》，商务印书馆，1943年，第11页。
⑪ 姚曾荫：《广东省的华侨汇款》，商务印书馆，1943年，第12页。

就是凭仄纸付款。美洲华侨在汇款归国时将家信和银两一并交给当地的代理商号，并支付汇款金额 2%～4% 的汇费。美洲商号将侨信寄往其在香港或国内其他地区联号或代理号，而将侨款向当地银行购买仄纸后，寄往其在香港或国内其他地区联号或代理号，转解给侨眷的侨汇汇兑方式。①

第二节　仄纸的分类

银行汇票传入中国后取其英文 check 的译音，称为仄纸或赤纸。仄纸按其功能特征有多种分类。

在形式上分为"单头票"和"正副票"，或"记名票"和"不记名票"。"记名票须收款人提出证件证明确为收款人，或觅具店铺证明方能兑付。""不记名票（即来人票）凭票即可以兑付，无须担保。"但无论是记名票还是不记名票都要粘贴印花。②

在支付时间上分为"即期支付的本票"和"预期支付的期票"两种。期票的期限为五至二十天不等。

在发行的货币上分为港纸仄、美金仄、先令仄（司令仄）、佛即仄、国币仄及毫券仄等。同一种货币的仄纸可以进一步细分，例如，将先令仄分为通天司令仄、香港司令仄③、渣打司令仄、上海司令仄④等；将大洋仄分为大洋港仄和大洋上海；⑤ 将港仄分为外国银行港仄和中国银行港仄；⑥ 而国币仄则有上海国币仄、香港国币仄，⑦ 等等。

在支付方式上分为由"香港外国银行付款之汇票"⑧ 和"由美寄（香）港在我国银行、地方银行及商业银行付款之汇票"⑨。华侨可以购买在同一银行兑付的仄纸，例如，在巴达维亚中国银行购买由梅县中国银行验兑的仄纸。⑩ 也可以购买在不同银行之间兑付的仄纸，例如，在吧城华侨银行购买由广东省银行松口

① 中国银行广州分行行史编写组：《广东中国银行历史资料汇编（1919—1949）》，1988 年，第 87 页。
② 《侨资涌进后之六邑》，《粤中汇讯》，广州中国银行侨汇股，1947 年第 1 期。
③ 《昨天金融行情》，《大同日报》，1941 年 6 月 13 日第 2 版。
④ 《即日早市金融行情》，《大同日报》，1939 年 1 月 25 日第 3 版。
⑤ 《昨日金银行情》，《开平日报》，1941 年 7 月 7 日第 3 版。
⑥ 《即日早市金融行情》，《大同日报》，1942 年 2 月 12 日第 4 版。
⑦ 《中国信托有限公司》，《大同日报》，1940 年 1 月 27 日第 1 版。
⑧ 《各侨胞自联合国家寄由香港付款汇票》，《中山日报（梅县版）》，1943 年 6 月 3 日第 3 版。
⑨ 《由美汇港汇票得凭正票付款》，《中山日报（梅县版）》，1942 年 8 月 8 日第 2 版。
⑩ 《遗失汇票声明》，《中山日报（梅县版）》，1940 年 5 月 21 日第 2 版。

办事处兑付的仄纸。① 或购买由外国银行发售的在国内邮局兑付的仄纸，例如，购买由"美洲加拿大各地银行开发（由国内）各地邮政机构（兑付）之仄纸"②。

在称谓上，将美金汇票称为"通天金仄"、通天美金单；将香港汇票称为"港行仄纸"③；将由香港各银行付款的港币汇票称为"港仄"④。"银仄""银赤""金信""金赤""灰纸""赤纸""美赤""美元通天赤纸""外埠汇票"等都是仄纸的称谓。"广州人呼之为通天仄纸"⑤，四邑人称之为"赤纸"，粤东潮梅汕人称之为"外国银行付款汇款"。

发行仄纸的银行机构非常多，但以美国的大通银行、运通银行以及万国宝通银行发售的仄纸最常见，汇丰、渣打、有利、荷兰、安达等银行仄纸稍少。国内银行也发售仄纸，例如，中国银行在美洲发行大洋仄、港仄，商办广东银行在三藩市发行国币仄等。

由于仄纸的来源地和汇入地相当广泛，因此，国内银行和邮局在各地办理的仄纸业务并不相同。广东省银行在鹤山县"代收侨仄"⑥。在开平县"代收侨汇仄币"⑦。在中山县办理"美金单，港纸仄，国币仄"的兑付，并以"正价代收司令单"。侨眷在该银行兑付仄纸时可"即时收款"⑧。邮政储金汇业局在中山县办理新西兰、美洲和加拿大仄纸的兑付及委托代理业务，对"所有北美大通银行及加拿大各联行开发本局仄纸均可随到随付，十足支现"⑨。中国信托有限公司在台山县办理"找换仄票"业务。⑩

---

① 《松口广东省银行通告》，《中山日报（梅县版）》，1940 年 10 月 18 日第 2 版。

② 《中山邮局、邮政储金汇业局》，《中山民国日报》，1948 年 8 月 23 日第 4 版。

③ 刘佐人：《当前侨汇问题》，广东省银行经济丛书，1946 年，第 11 页。

④ 《广州中国银行开办港币汇款　汇兑与市价接近》，《岭南日报》，1947 年 1 月 10 日第 7 版。

⑤ 《侨汇逃避恶化》，《中山民国日报》，1946 年 12 月 16 日第 2 版。

⑥ 《鹤山广东省银行》，《鹤山兴中报》，1946 年 12 月 16 日第 3 版。

⑦ 《省行代兑侨仄余款未付原因》，《前锋日报（六邑版）》，1947 年 1 月 30 日第 3 版。

⑧ 《中山广东省银行》，《中山民国日报》，1946 年 7 月 27 日第 4 版。

⑨ 《中山邮局、邮政储金汇业局》，《中山民国日报》，1948 年 8 月 23 日第 4 版。

⑩ 《中国信托有限公司广告》，《大同日报》，1941 年 4 月 2 日第 1 版。

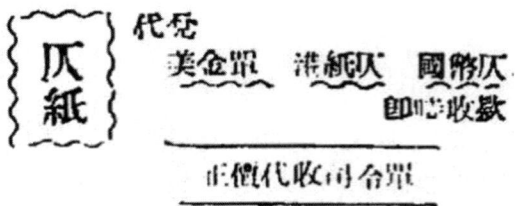

中山广东省银行广告（局部）

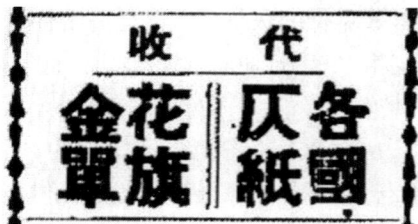

广州金铺代收仄纸的广告（局部）①

第三节　仄纸在粤省的流通

"美金汇票即所谓的通天仄纸。原为美国国内所用者，现已流通广州、香港、四邑等地。"② 在数量上，美洲仄纸比南洋仄纸多。抗战胜利后各国仄纸"大部分落在香港外国银行之手，间接由香港各银行转入内地"，导致"四邑、中山及潮梅属各县香港（银行）汇票充斥市场"。③ 各地流通的仄纸有两种，"一是以国币为票面单位。这是于汇寄时折算为国币，返回后即照国币票额兑付，而与牌价的高低无关。另一是以美金为票面单位，兑付时则须依照当日的牌价"进行折算。④

一、仄纸在美洲与广府地区之间的流通

"凡美欧非三洲的侨汇以利用仄纸方法者为多。"⑤ 汇入粤省的仄纸以广府地区为数最多。1946年"由广东中国银行解付的侨款达五百三十亿元左右"⑥，"其中台山，新昌、江门、赤坎四处，合计470余亿元，约占总数90%"，而"东江行处只有10余亿，占总数不足3%"。是年广东中国银行"经办侨汇完全以四邑为中心"⑦。

"旅居欧美之四邑籍侨胞"一般"在居留地之外商银行购买汇票，或开发支

---

① 《金城金铺》，《岭南日报》，1947年1月3日第5版。
② 《侨汇逃港数目惊人　月达五百亿》，《前锋日报（六邑版）》，1946年12月15日第3版。
③ 《汇票充斥无法利用》，《前锋日报（六邑版）》，1946年11月23日第3版。
④ 《侨汇问题在四邑》，《广东商报》，1947年4月10日第3版。
⑤ 姚曾荫：《广东省的华侨汇款》，商务印书馆，1943年，第3页。
⑥ 《中山民国日报》，1947年3月24日第2版。
⑦ 《过去一年间侨汇分析》，《粤中侨讯》，广州中国银行侨汇股，1947年第1期。

票（俗称仄纸），直接寄归其家属"。① 因此，汇入广府地区的仄纸以四邑为数最多。1937 年汇入广府地区的仄纸为 7 200 万美元，其中流入台山、开平、鹤山、恩平的仄纸侨汇达 6 150 万美元，占比为 85.4%。② 1946 年，每月由美洲汇往四邑地区的侨汇超过一百亿美元。③ 1947 年，四邑地区"每月（收到）由美汇出（的侨汇）数额平均约为一百七十亿元"④。

"台山侨汇业务为四邑之冠。"⑤ 汇入四邑的仄纸又以台山为数最多。1940 年，台山和开平银号在当地收购的仄纸共"计国币二万万元"⑥。1941 年，广东省银行台山支行经办的仄纸达 5 868 万元。⑦ 1946 年，台山中国银行在"清发侨汇六亿元"后，又收到 1945 年 12 月中旬由纽约汇出的一千余笔侨汇。⑧ 1947 年，"新昌中国银行每月付出侨汇约达二十万万元，台城中行每月付出侨汇约达六十万万元，（开平）赤坎中行每月付出侨汇约达十五万万元"⑨，台山中国银行经办的侨汇量为新昌中国银行的 3 倍，为赤坎中国银行的 4 倍。1948 年 8 月，台城中国银行兑换"华侨由美向中国银行汇美赤回国，即美金仄"的金额为 60 万元国币。⑩

二、仄纸在南洋与粤东地区之间的流通

南洋华侨使用仄纸的历史相当悠久。在南洋"未有邮政以前，（华侨）汇信均由批客专带"，"后改购香港上海银行汇票付回国内"。⑪ "由星（加坡）寄琼（崖）民信附有现款后，最初（由民信局）将此间银圆汇带回国，其后改购香港上海银行汇票付回国内，分别在海口或香港脱售"以赚取利润。⑫

南洋水客也利用仄纸携带银信。例如，大埔水客由南洋"返（回大）埔前收取同乡附托之银及信"，将款项"汇至香港购买国币，汇回本县广东省银行及

① 容华绶：《广东侨汇之回顾与前瞻》，《广东省银行季刊》，广东省银行经济研究室，1941 年第 1 卷第 1 期。
② 姚曾荫：《广东省的华侨汇款》，商务印书馆，1943 年，第 38 页。
③ 《调整汇率后之四邑侨汇月超百亿》，《大同日报》，1946 年 9 月 6 日第 2 版。
④ 刘佐人：《当期侨汇问题（上）》，《广东省银行季刊》，广东省经济研究室，1947 年第 3 卷第 1 期。
⑤ 刘佐人：《当期侨汇问题（上）》，《广东省银行季刊》，广东省经济研究室，1947 年第 3 卷第 1 期。
⑥ 区琮华：《美洲华侨与侨汇》，《广东省银行季刊》，广东省经济研究室，1941 年第 1 卷第 1 期。
⑦ 《台山去年度华侨汇款》，《大同日报》，1942 年 2 月 25 日第 2 版。
⑧ 《又新到侨汇千余笔》，《侨通报（海外版）》1946 年第 2 期。
⑨ 黄文山：《如何引导侨资》，《广东省银行月刊》，广东省银行经济研究室，1946 年复刊第 2 卷第 3、4 期合刊。
⑩ 《政府奖掖侨汇内流　决定提高美金牌价》，《大同日报》，1948 年 8 月 8 日第 2 版。
⑪ 《星洲十年》（星洲日报十周年纪念特刊），星洲日报社，1940 年，第 586－590 页。
⑫ 《星洲十年》（星洲日报十周年纪念特刊），星洲日报社，1940 年，第 586－590 页。

中国银行"兑换后支付侨款。①

第二次世界大战期间厎纸成为南洋银信的主要形式。"自太平洋战争发生后，除南洋英属侨汇完全不通外，其余各埠侨汇在困难情形下亦可设法通汇。"② 这些侨汇除少部分由水客冒险带返外，其余大多以银行汇票的形式汇入粤东地区。1940 年 3 月，吧城华侨黄世合"在吧城购有中国银行汇票三张"，将"汇票夹在保家信内寄回"粤东揭阳。③ 4 月，印尼华侨"于吧达维亚中国银行购得梅县中国银行验兑国币 500 元一张"④。6 月，新加坡华侨杨国荣分别以杨华盛、杨荣华和杨元荣的名义向"新加坡中国银行购得梅县中国银行向兑汇票三张"⑤。10 月，广东省银行松口办事处收到"吧城华侨银行、吧城中国银行、泗水中国银行汇来票款多宗"⑥。

1942 年 2 月初，梅县中国银行"收到巴城及仰光之华侨（以银行汇票方式汇寄的）汇款颇多"⑦。6 月底，该银行"接到吧城于本年二月初旬以前，受寄之侨胞信款约四五百宗。根据该行收到的汇单号码推算，尚有一月份吧城寄出之信款数百宗尚未收到"⑧。由此推测，抗日战争期间，中国银行在梅县地区每月经办的南洋厎纸的数量在数百到一千张之间。

新中国成立初期粤东地区仍然有厎纸流通。1950 年梅县中国银行在当地"收购厎纸（包括通天单）"时，"一律按照当日统一侨汇牌价折付人民币，或转存'侨汇票币存款'"。

"厎纸"称谓在南洋及粤东等地并不普遍。1942 年底粤省侨务处奉命在粤东地区对"侨民由欧美澳大利亚外国银行付款汇款，因香港沦陷未得领取"的厎纸进行托收时，⑨ 称之为"外国银行付款汇款"和"侨胞汇票"。究其原因主要有四个：

其一，南洋批信局的金融功能十分明显。批信局除了从事钱银汇兑业务外，"兼做简单的存放款及信托业务，俨然一家小银行"⑩，被认为是南洋"平民金融

---

① 《大埔旅外侨胞经济情形及其家属生活概况》，《广东省银行季刊》广东省银行经济研究室，1941 年第 1 卷第 3 期。

② 《毛里寺侨胞纷纷汇款回梅》，《中山日报（梅县版）》，1942 年 8 月 12 日第 3 版。

③ 《邮局保家信内夹汇票遗失启事》，《汕报（梅县版）》，1941 年 3 月 20 日第 1 版。

④ 《遗失汇票声明》，《中山日报（梅县版）》，1940 年 5 月 21 日第 2 版。

⑤ 《遗失汇票声明》，《汕报（梅县版）》，1943 年 2 月 8 日第 3 版。

⑥ 《松口广东省银行通告》，《中山日报（梅县版）》，1940 年 10 月 18 日第 2 版。

⑦ 《巴城·仰光侨汇畅通》，《中山日报（梅县版）》，1942 年 2 月 16 日第 2 版。

⑧ 《南洋未沦陷前一批侨汇业已抵梅》，《中山日报（梅县版）》，1942 年 6 月 30 日第 2 版。

⑨ 《欧美华侨未兑汇款准由央行先付半数》，《汕报（梅县版）》，1942 年 12 月 18 日第 3 版。

⑩ 刘佐人：《批信局侨汇业务的研究》，《金融与侨汇综论》，广东省银行经济研究室，1947 年，第 55 页。

中之特殊金融机构"①。南洋银信"大半交托信局，然后转汇兑局与银行等金融机关寄回祖国"。因此"批信局独占侨汇的经营，并堪与英国的汇丰、荷兰的安达、法国的东方汇理……等银行在南洋相抗衡"，国内银行也难以与之匹敌。"在蕉雨椰风的（南洋）大地上，中国人经营的汇兑金融，批信局占第一位"，即便是在"有外国的银行、中国的银行、华侨的银行（的情况下），批信局在侨汇业务上仍占百分之七十"。② 因此夹纸在南洋未能取代传统银信而占据主导地位。

而美洲批信局的金融功能十分脆弱，夹纸的广泛使用使之"逐渐趋于没落"，其所经营的银信业务大都让位于银行。因此，"美洲侨汇多经由外商银行汇返"，"南洋侨汇多经由银信局或水客寄返"。③

其二，南洋与粤省近在咫尺。由粤省前往菲律宾"帆船三日可达"④，"汕头、海口等地与南洋间书信往返，正常的需要两星期"⑤。批信局及水客的经营基本上满足了南洋华侨与国内侨眷的需要。

而一封美洲银信"经过繁琐手续之后"，"交至侨眷手里时，非三两月不可"⑥。1934 年 8 月，一封由古巴经广州寄往台山的银信用了 48 天。美洲银信的回批时间同样漫长。1932 年 9 月 16 日，一封由广州番禺寄往美国西雅图的银信回批以航空信件方式寄出后，10 月 12 日才到达美国本土。而利用夹纸由"纽约汇款最多两天可到（广州），广州转四邑只需二三小时"⑦，相当便捷。

其三，粤东华侨及"闽侨多半集中于南洋，在澳洲美洲的极少"⑧。流入粤东及闽南地区的美洲夹纸的数量很少。欧美银行在南洋发行的夹纸汇到香港后往往被直接兑换成港币，再由水客或批伴带回潮梅汕或广府地区，流入粤省的南洋夹纸数量不多。

其四，"夹纸兑换必须觅店担保。金山庄与香港或该地之外国银行多有银款来往，存有印鉴可供担保"。华侨途经香港返乡前往往将所携带的夹纸，通过金山庄兑换成所需要的货币。香港金山庄有相当一部分由潮梅汕人经营。香港沦陷

---

① 章渊若、张礼千主编：《南洋华侨与经济之现势》，商务印书馆，1946 年。

② 刘佐人：《批信局侨汇业务的研究》，《金融与侨汇综论》，广东省银行经济研究室，1947 年，第 65 页。

③ 区琼华：《英美封存中日资金后对我侨汇的影响》，《广东省银行季刊》，广东省银行经济研究室，1941 年第 1 卷第 3 期。

④ 李长傅：《南洋华侨史》，国立暨南大学南洋文化事业部，1929 年，第 69 页。

⑤ 刘佐人：《批信局侨汇业务的研究》，《金融与侨汇综论》，广东省银行经济研究室，1947 年，第 58 页。

⑥ 《台山侨汇逃港里因》，《环球报》，1948 年 1 月 27 日第 3 版。

⑦ 《侨汇逃避恶化》，《中山民国日报》，1946 年 12 月 16 日第 2 版。

⑧ 刘征明：《南洋华侨问题》，国立中山大学社会研究所编辑，金门出版社，1944 年，第 224 页。

前由潮汕人经营的金山庄占比为 35.4%。① 粤东华侨通过金山庄兑换仄纸相当方便，这在一定程度上减少了汇入粤东地区的仄纸数量。

第四节　仄纸的汇入方式

仄纸汇入的方式有两种：一种由返乡华侨自行携带，另一种通过国内外银行或邮局寄返，即分为由华侨"回唐自带之赤纸"及"邮寄内地之赤纸"两种。携带仄纸返乡的华侨被称为"富足荣旋者"，寄仄返乡的华侨则为"付银归家者"。

一、自行携带

"华侨回国多持有外国银行之仄纸。"② "四邑中山各地的美洲侨民平均五六年返国一次，他们返国时动辄将多年积蓄，以现金钞票或仄纸的方式全部携回"，"待事毕款馨后再度出国重新创业。如此周而复始，往返不绝，直至其告老还乡"。③ 1946 年 7 月，中山县谿角乡籍加拿大华侨刘帝桂携带该埠同乡华侨捐赠的一万余元港币回乡。④ 1947 年 3 月，中山县旅美华侨周桂彬将由旅美龙头环村籍华侨筹集的 2 400 余美金带返中山县。这些侨款在当时可"购谷五万斤"⑤。

自行携带有以下优点。一是携带方便。"带外仄比带现钞更易隐瞒。"不慎遗失或被盗可以通过挂失止付等方式避免损失。因此，"为了逃避政府的监管，进口商一般不携带现钞，而是携带仄纸出入"各口岸。⑥

二是背书后可转售。持仄人可在仄纸上写明事由，签名确认，"背书后可以转售予第三者"⑦。因此，仄纸的流动性与外币钞票相类似，甚至可以代替外币钞票流通使用。1947 年 3 月 25 日，广州中央银行"奉令停止兑换美钞港币。惟市场黑市未开涨声"，中国银行"照常办理结汇及买入汇票"⑧。而此时"在穗市

① 刘征明：《南洋华侨问题》，国立中山大学社会研究所编辑，金门出版社，1944 年，第 191 – 193 页。
② 刘征明：《南洋华侨问题》，国立中山大学社会研究所编辑，金门出版社，1944 年，第 191 – 193 页。
③ 姚曾荫：《广东省的华侨汇款》，商务印书馆，1943 年，第 19 页。
④ 《谿角乡旅外华侨救济款源源汇返》，《中山民国日报》，1946 年 7 月 11 日第 3 版。
⑤ 《龙头环旅外侨胞捐集巨款施账》，《中山民国日报》，1947 年 4 月 16 日第 3 版。
⑥ 刘佐人：《争取南洋侨汇问题》，《金融与侨汇综论》，广东省银行经济研究室，1947 年，第 67 – 68 页。
⑦ 《粤中侨讯》，广州中国银行侨汇股，1947 年第 5 期。
⑧ 《广州央行停兑外币》，《中山民国日报》，1947 年 3 月 27 日第 2 版。

流通之通天支票已逐渐流入上海，以代外币流通"①。

三是套取外汇能力强。"在广府地区，一切进口货无论是购自外国、港澳还是广州的洋行商号，都要以港币外币支付。""为筹备此笔款项，进口商四出向侨眷兜备此笔款项。有时候他们向侨眷兜揽的港币外币不一定能满足需要，或者他们自身并不一定经营港币外币。为此，他们便多须仰给于经办港币外币的钱庄银号"提供仄纸以套取外汇。②

抗战胜利之初，英国为了与美国争夺远东地区的经济利益，而在香港实施外汇统制政策，③使外币钞票在香港的使用受到诸多限制。例如，"美钞不准运入美国，握有美国钞票无法购得美货，中外银行亦不准中国人开立外币存款户"等。部分华侨为了获得更多国币，抵达香港后将携带的美金仄纸"售予办美货来港之商号"，该商号则以香港的市场价格支付国币。华侨因此"可依照接近黑市的价格折算（国币），获得更多之汇水，而办商方面亦因解决了在港申请外汇的困难而乐意购买"。④买卖双方均可获利。1947 年 1 月，香港 1 美元仄纸的官方牌价为 4.02 元港币，进口商收购价为 5.02 元港币。华侨将美元仄纸售予进口商可获得比官方牌价高25%左右的收益。同年 8 月，"香港政府加强统制美汇，通天仄纸和美钞不能在银行里转账，但把通天仄纸和美钞卖给汇兑银行，仍可向港政府申请九成的美汇用以购买美国的货物"⑤。

"侨胞利之所在，故多改向外商银行购汇金单"携带返乡。⑥ 1946 年，在美国西海岸等候海轮回国返乡的华侨约有 3 万人。据当地侨领估计，这批归国华侨"每人携备返国的资金约有美钞三万元，合计起来约有美钞九万万元"⑦。由于华侨自行携带仄纸的数量庞大，抵达香港抛售时甚至会引发金融风潮。1947 年初，大批"美国归侨携带巨量金单"取道香港返粤。由于"美国归侨携返（仄纸）数目颇大"，加上内地银号将所收购的仄纸"均集中来港脱手。有如此大量来源。（香港的）美金办家纳胃虽雄，亦难免供大于求"，导致香港金融市场上"美金通天单卖盘挤拥，（美元仄纸）市价急降"而买家却寥寥无几。⑧

当然，"侨胞随身携带之外币（仄纸），有储积十年至数十年者"，"缝缀衣

---

① 《通天支票流通　侨汇额数减少》，《六邑大华报》，1947 年 3 月 17 日第 4 版。

② 姚曾荫：《广东省的华侨汇款》，商务印书馆，1943 年，第 6 - 7 页。

③ 凌羽：《香港与南洋》，《广东省银行月刊》，广东省银行经济研究室，1947 年第 3 卷第 5、6 期，第 57 页。

④ 《侨汇与黑市悬殊，美侨汇多经港》，《前锋日报》，1946 年 2 月 23 日第 3 版。

⑤ 《今日香港》，《中山民国日报》，1947 年 8 月 17 日第 3 版。

⑥ 袁丁：《民国政府对侨汇的管制》，广东人民出版社，2014 年，第 267 页。

⑦ 《加强沟通侨汇的机构》，《广东省银行月刊》，广东省银行经济研究室，1946 年第 2 卷第 3、4 期。

⑧ 《美国归侨携回巨量金单　黑市美汇急转直下》，《前锋日报（六邑版）》，1947 年 1 月 7 日第 3 版。

服中，坐卧与俱，寒暑相伴"，"梯航数万里，方始随伴归来"故里。① 而且自行携带的费用相当高。抗战胜利后，南洋华侨"从槟榔屿归国需经过新加坡、安南、香港，航程快的要五天。但为了沿途起卸货物，通常都要九十天。旅费的公价规定，船纸（票）一百一十元，护照五元，居留证五元，帆床五十元"。"因为乘船人太多的缘故，船纸不易买到，只有（在）黑市（上购买）。每张贵两倍多，约三百六十元。（而且）都是叻币计算。全程连伙食床位非八百元（叻币）不行。"当时南洋普通工薪阶层"每人每天的收入平均在叻币三元左右"②。南洋华侨返乡的单程旅费约为其 267 天的工资收入。

因此，"富足荣旋者"并不多，绝大多数华侨通过银行或邮局将仄纸寄回侨乡。

二、邮寄汇入

华侨"每年汇款归国，多购买汇仄"③。"华侨购得之仄纸通常皆用挂号信寄至国内各地。"这种挂号信在美洲称为"担保信"，在南洋称为"保家信"。

华侨"在美向银行购通天仄，将仄纸夹于信函内，寄担保（信）付（香港"④。美洲邮局收到华侨交寄的担保信后向汇款华侨出具"寄银信挂号担保信回执"。香港批信局或金山庄收到国外联号寄来的美洲担保信后，按照寄仄人的意愿或原信转交，或拆信取出仄纸后换成现金派伙伴按住址分送到侨眷家中。原信转交时，批信局根据路途的远近收取 1～2 元的佣金。拆信转仄纸为现金时则根据仄纸金额的大小收取佣金。通常是 500 元及以下每百元收佣 2～3 元；500 元以上给予价格优惠，金额愈大优惠愈多。

"用挂号信将汇单寄收款人"的做法在美洲华侨中相当普遍。⑤ 中山"县治所在地尚无国家行局直接办理侨汇时，旅美邑人汇款回邑救济侨眷者，多属寄回香港各外国银行之仄纸，或汇由江门中国银行转交"之仄纸。⑥ 1947 年 4 月，中山县龙头环乡收到"旅美乡侨杨乃楝等人募得司令单（仄纸）约六十镑"，加上此前已收到的"个人直接汇返合约二十镑。总计不下八十镑"⑦。1948 年 7 月，纽约台山宁阳会馆"购汇运通银行五千五百元美金通天赤纸一张，用挂号飞邮寄

① 《粤省府黄委员文山上罗主席书》，《粤中侨讯》，广州中国银行侨汇股，1947 年第 3 期。
② 《华侨在马来》，《前锋日报（六邑版）》，1946 年 11 月 4 日第 3 版。
③ 区琮华：《美洲华侨与侨汇》，《广东省银行季刊》，广东省银行经济研究室，1941 年第 1 卷第 1 期。
④ 《去年侨汇逃港总值美金百万》，《岭南日报》，1948 年 1 月 7 日第 6 版。
⑤ 区琮华：《美洲华侨与侨汇》，《广东省银行季刊》，广东省银行经济研究室，1941 年第 1 卷第 1 期。
⑥ 《美洲侨汇涌到，邮局应接不暇》，《中山民国日报》，1947 年 3 月 10 日第 3 版。
⑦ 《龙头环旅外侨胞捐集巨款施善》，《中山民国日报》，1947 年 4 月 16 日第 3 版。

回台山县"①。

"由外洋寄至四邑各地的挂号信几全部为邮寄仄纸的信件。"② "挂号信中间有少数邮寄两张以上的仄纸者。"③ 美洲银信中大多详细写明仄纸的分配及用途。如右图的美洲银信写道："付上仄币二张，伸港银式佰大元，转交壹佰伍拾大元小儿家中，余交父亲收，为米粮购款。"

南洋华侨购买银行汇票后以"保家信"形式寄回。1940年3月，华侨黄世合在吧城购买了3张中国银行汇票，将"汇票夹在保家信内寄回"粤东揭阳。④

国内邮局收到美洲担保信后或派邮差派送，或委托当地批信局代为派送，并根据路途远近收取带工费。1927年，岭海银行有限公司广州分行"对于台邑侨汇单（仄纸）概不折扣纸水，仅酌收回带工费。每张银赤（仄纸）在五十元以上者，每百元收工银双毫三元正。每张银赤在五百元以上者，每百元收工银双毫二元五毫正。每张银赤在一千元以上者，每百元收工银双毫二元正。倘银赤在二千元以上者，带工特别减收"。⑤

国内侨眷收到担保信或保家信后在"收条签据"上签名确认，由送信人带回原银号或商号，委托巡城马带回香港交金山庄寄回美洲或南洋原经办商号转交汇款人。一些批信局印制了格式化回批提醒华侨，"如有信银托交，请照招牌地址直买担保寄来，定必照信妥交，快捷无误。如有委交府上者，即派伴送交，使收银人写回收条签据付回尊览，俾知妥交，以免企望"。

担保信和保家信的寄递方式有三种：一是"直接寄与国内的家属"，二是"寄交在香港的亲友"，三是"寄交广州或其家乡的商号交其家属"。"寄交广州"的做法"在番禺、开平等地最为盛行，在台山、新会等地亦常见。侨居美洲的番禺县华侨通常皆将购妥的仄纸寄交在广州专营番禺县侨汇"

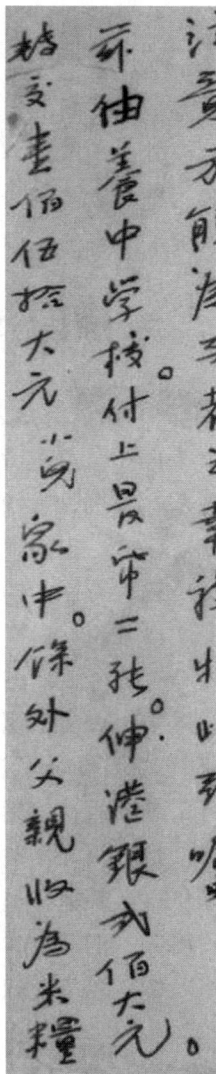

写明仄纸分配
及用途的美洲银信

① 《纽约台山宁阳会馆汇回账款美金五千》，《大同日报》，1948年7月25日第2版。
② 姚曾荫：《广东省的华侨汇款》，商务印书馆，1943年，第36页。
③ 姚曾荫：《广东省的华侨汇款》，商务印书馆，1943年，第36页。
④ 《邮局保家信内夹汇票遗失启事》，《汕报（梅县版）》，1941年3月20日第1版。
⑤ 《岭海银行有限公司广告》，《美洲同盟会月刊》，广州美洲同盟会，1927年第3、4期合刊。

的商号转交侨眷。当时广州的广安号、保安和号及幸福华侨通讯处等是专营番禺县侨汇的商号。①

"美洲侨胞之所以采用邮寄仄纸的方式传递侨汇，首先是因为他们多半有亲属定居在香港或广州，即便在邮路完全不通的乡村，美洲侨胞也可以将仄纸寄到在香港或广州的亲属，由其转交内地亲友。其次，香港和广州属于广府地区，同广府其他地区距离不远。最后，邮寄仄纸成为美洲侨汇流通的主要方式与广东邮政管理局对广府地区，尤其是美洲侨汇最多的四邑地区的邮政管理的重视有关。"②

三、抗战时期仄纸的汇入

"台山、开平、恩平、鹤山等县侨胞多旅居欧美。每年汇款归国多购买汇仄，由香港外商银行付款。"③ "自广州、汕头相继沦陷，沿海口岸被敌人封锁，交通梗塞，侨批往来顿形不便。"④ 太平洋战争爆发后"南洋星洲等地侨汇断绝"。⑤ 日寇侵占"三埠"使四邑地区的"美澳两洲侨汇中断"。"往昔仰赖该两地接济之侨眷""生活早已陷入困境，甚有不少饥馑而死者"。侨眷"多将仅存之衣饰变卖以维生计"。⑥ 粤省社会经济及侨眷生活遭受严重影响。

在传统银信的传递方式基本失效，"侨汇不十分畅通的时候，更盛行一种通天仄纸。因其使用方便，贴调不多，有时甚至有贴水，所以很多人都乐于使用"⑦。美洲华侨纷纷"向外国银行购买美金汇票（通天金仄）或香港汇票（港行仄纸）直接寄返"祖国支援抗战。⑧ 1938年1月，加拿大舞市阻（Moose Jaw）华侨拒日救国会购买中国银行1 900元国币仄，汇入广州"省财厅转交广东人民购机抗敌募集委员会收"。美国纽约柯连爱国分会购买三藩市广东银行945.3元国币仄，汇入粤省财厅"嘱代转为购机拒敌之用"⑨。

抗日战争期间，仄纸汇入粤省主要有两种方式。

① 姚曾荫：《广东省的华侨汇款》，商务印书馆，1943年，第3页。
② 袁丁：《民国政府对侨汇的管制》，广东人民出版社，2014年，第265页。
③ 《广东金融》，广东省政府秘书处编译室，1940年，第23页。
④ 《最近广东金融情势》，《广东省银行季刊》，广东省银行经济研究室，1941年第1卷第3期。
⑤ 《中央海外部订定沟通侨汇办法》，《广东省银行季刊》，广东省银行经济研究室，1942年第2卷第3期。
⑥ 《台山侨汇沟通问题》，《大同日报》，1945年3月13日第1版。
⑦ 《侨汇问题在四邑》，《广东商报》，1947年4月10日第3版。
⑧ 刘佐人：《当前侨汇问题》，广东省银行经济丛书，1946年，第11页。
⑨ 《华侨战士》1938年第7期。

（一）通过外国银行辗转汇入

抗战初期，中国银行打通了南洋群岛通过太平洋传递银信的侨路，使"英美及其属地"及"法属的马达加斯加及留尼汪两岛侨胞""汇款回国，可向当地银行购买印度加尔各答或孟买两地付款之汇票，连同收款人姓名住址一并寄交加（尔各答）孟（买）两地中国银行，转汇国内各地"。①

（二）利用加密电讯汇入

1942 年 10 月，中央银行驻美分行"拨美金一万元"编制了"侨汇特种卡片"，"将国内需外汇维持生活之侨胞住户，以最简单之一种字母或符号代表之"，由中央银行驻美分行将华侨的姓名、汇款金额，以及国内侨眷的姓名、地址等编制成一组特殊的符号发回国内分支机构，国内"中央银行据（驻美分行）所拍符号，即可翻译径寄住户"。这种特殊的电汇方式"既稳妥迅速，且可省去大部分电（报）费（用）"②。

中国银行总行"为便利旅美侨胞汇款接济国内眷属起见，饬经由该行纽约分行，拟具旅美华侨电汇受款人编号登记办法"："由美国华侨将其国内眷属姓名住址，先向该纽约分行办理登记。俟汇款时即由该分行使用编制之简单号码，将每笔电汇编列电码一字，及汇款数目电致国内分行，按址照解，藉使解（付）迅捷，并减轻汇款人之电费负担。"该办法"由财部核准"，并经"美政府正式允准"后，在"旅美侨胞正式实行"。"中国银行设法陆续推行至欧澳纽西兰（新西兰）等地"③，使"由美洲、欧洲、澳洲电汇回国之款项，极力设法使之通汇"④。同时向国内各行处配备无线电台，将国外汇款人姓名、国内侨眷姓名、住址等信息编制成加密电码，通过电报与纽约等地的国外机构进行业务往来，并通过与设在重庆的中国银行总处国外部，以加密电报的形式及时解付往来侨汇，使各国侨汇源源汇入粤省。⑤

利用加密电讯汇入的方式被沿用下来。1947 年 9 月，"中国银行为配合新外汇办法，以争取侨汇"，在海外各分支机构中推行"侨汇编号存底办法"，对有汇款能力、能"按月或经常有汇款汇回国内"的华侨的信息进行编号存底，华

---

① 《粤省南海顺德侨汇畅通》，《金融导报》，（马）坝省地方银行联络通讯处，1944 年创刊号。

② 《国内金融信息辑要》，韶关《明报》，1942 年 10 月 11 日。

③ 《旅美华侨电汇受款人编号登记办法》，《中山日报（梅县版）》，1942 年 10 月 7 日第 1 版。

④ 《中央海外部订定沟通侨汇办法》，《广东省银行季刊》，广东省银行经济研究室，1942 年第 2 卷第 3 期。

⑤ 中国银行广州分行行史编写组：《广东中国银行历史资料汇编（1914—1949）》，1988 年，第 94 页。

侨的姓名及住址被编成一个号码，"类似电报挂号"。华侨办理汇款时只需输入固定的号码，便可以生成相关的侨汇信息。如此"既可节省译电手续，也加快了汇款时间"，受到海内外华侨及侨眷的欢迎。①

1943 年 11 月，粤省邮局"为扩展储金及便利记款人及收款人利益起见"，开办储金挂号业务。"凡在邮局开立各种储金账户者，邮局即给予挂号号码，如有汇款寄该挂号账户，兑款邮局于收到汇款通知后，即登入该户账内起记利息，收款人可凭储金之印鉴领取，不再需要担保，即不忧被人冒领，又可多得利息"。② 1947 年 5 月，该局为"利便兑付侨款减省手续，加速侨款兑付，并减免冒兑错误等"，开办了"侨汇收款译名及印鉴登记"业务。"凡经常有款自国外汇归之收款人，得将其英文译名及印鉴或签字样式，预先缴存于最近便之侨汇付款局，以便查验。收款人应将登记之英文译名通知国外汇款人，俾其于汇款时按照办理。收款人经缴存之印鉴或签字样式应相符，俾便付款局查验照兑。"③

四、抗战胜利后仄纸的外逃

仄纸快捷灵活的金融属性在抗战时期得到充分的利用，从而改变了中国侨汇的构成。抗战前"南洋侨汇向较美洲、英伦、古巴各埠为多，惟此次（第二次）世界大战，南洋一带惨遭敌人破坏，华侨财产损失甚巨。且英属各地殖民地政府严厉限制华侨汇款。而美洲各地则未受战争损失，工商各业如常经营，华侨收益反因战时景气而较前增加"。抗日战争胜利后"便为美洲（侨汇）进居首位"。④尽管"华侨散居地域以南洋一带最多，但汇归款项则以美洲侨胞为多"⑤。

"复员以来（即抗战胜利后）基于国内金融之不稳定，故官定外币价格与黑市价差额之巨大，覆盖以办理侨汇之国家银行汇兑手续烦琐，支付延缓，致使此数目巨大，侨汇相率逃避，尤以美洲侨汇为然，侨胞非经由外国银行汇莅香港，则购通天美金单寄（香）港。"⑥ 1946 年初，美国"花旗银行及大通银行接受对华汇款，在沪津分行付给"，汇率为"国币二十五元易美元一元（即 1 美元兑付600 元国币⑦）"。而另一家美国银行"麦加利银行亦接受对华汇款，均由中国银

---

① 《侨胞汇款手续中行力求简便》，《大同日报》，1947 年 9 月 16 日第 2 版。
② 《粤邮局举办储金挂号》，《中山日报（梅县版）》，1943 年 11 月 7 日第 3 版。
③ 《邮局兑付美洲侨汇订定印鉴登记方法》，《中山民国日报》，1947 年 5 月 1 日第 2 版。
④ 刘佐人：《当期侨汇问题》，《广东省银行月刊》，广东省银行经济研究室，1947 年第 3 卷第 1 期。
⑤ 区琮华：《美洲华侨与侨汇》，《广东省银行季刊》，广东省银行经济研究室，1941 年第 1 卷第 1 期。
⑥ 《粤省府黄委员文山上罗主席书》，《粤中侨讯》，广州中国银行侨汇股，1947 年第 3 期。
⑦ 1945 年 7 月以后，国民政府对侨汇的政府津贴为：1 美元兑付 20 元国币再加 24 倍的津贴。如果 1美元兑付 25 元国币。那么，连同政府津贴，实际可获得 600 元国币的收益——笔者注。

行独家办理，按外汇官价每国币二十元易美元一元，另加贴补（即 1 美元兑付 480 元国币）"。花旗银行及大通银行仄纸在上海及天津分行兑换的价格，比麦加利银行仄纸委托中国银行在国内各地兑换的价格高 1.2 倍。由于"官价（中国银行）与黑市间差额过巨"，"原向中国银行购买汇票（的华侨）已转向上述美国银行汇款"①，大量侨汇通过仄纸转入外国银行，以美金汇票（通天仄）或"由美汇出之港币汇票（港仄）方式进行逃汇"②。

随着"美金黑市价与官价相差渐远，华侨汇款逃避香港数目日增"③。"侨汇逃避之方法不外寄托于美金汇票及港币汇票两种。第一种为美金汇票，原为美国国内所用者。现已流通于广州、香港、四邑等地，即所谓'通天仄纸'。现已成公开买卖。第二种为港币汇票，可在港随时提出，亦可公开买卖。"④。

1946 年 1 月，官方牌价 1 美元仄纸兑换 20 元国币，连同侨汇政府补贴 1 美元仄纸可兑换 480 元国币。而广州侨汇黑市价格为 1 美元仄纸兑换 1 180 元国币，价差为 700 元。2 月初，广州"美金之黑市价已高至一美元换法币二千元，所规定之侨汇兑付率尚不足为黑市价之三分之一。故旅美华侨于汇款时须蒙受国际损失。（为了减少汇率损失，）一部分与香港有联络之华侨将美钞转购港币汇港"，"再将港币折合目前法币市价折算。即每美元可获侨汇一千一百元。比目前中央银行之侨汇率约多一倍。一部分华侨则径将美金售予办美货来港之商号，由该商号委托在港商号将港币或黑币与汇款者之侨眷，可获得接近黑市价数目折算的侨汇。而办商方面亦因在港申请外汇困难而乐意购买"。⑤ 8 月 19 日，官方将"美汇牌价由二〇二〇比一改为三三五〇比一，提高了百分之六十五"。尽管"美钞拾级登上三三五〇（比一的高价位），（但）一切金融性商品（的价格）无不一致升俏"⑥，"八月十九日外汇汇率调整后，原期待可以收到鼓励输出减少输入，引导侨民汇款回国以及扶助国内生产事业的效果。不料非未收到宏效，反而刺激了物价更涨。国内外物价仍然脱节。由于通货继续膨胀，生产的无法增加，使法币因对内价值的日趋低落，从而影响到对外价值的低落"⑦。这不但抵消了官方侨汇价格的提高，也刺激了黑市侨汇价格的上扬。到了 10 月初，官方"对美汇率虽挂牌（仍）为三三五〇，但黑市（价格）已高至四四〇〇"⑧，比官方牌价

① 《美银行办理对华汇款新汇率》，《广东省前锋日报》，1946 年 1 月 18 日第 2 版。
② 陈宪章：《两年来广州的金融》，《珠海学刊》，珠海大学编辑委员会，1948 年。
③ 《中行改进侨汇增办原币汇款》，《前锋日报（六邑版）》，1947 年 1 月 17 日第 2 版。
④ 《侨汇逃港数目惊人　月达五百亿》，《前锋日报（六邑版）》，1946 年 12 月 15 日第 3 版。
⑤ 《侨汇率与黑市悬殊　美侨汇多经港》，《前锋日报》，1946 年 2 月 23 日第 3 版。
⑥ 《黄金·美钞·港币》，《中山民国日报》，1946 年 11 月 24 日第 2 版。
⑦ 《汇率会不会再调整》，《前锋日报》，1946 年 10 月 2 日第 2 版。
⑧ 《汇率会不会再调整》，《前锋日报》，1946 年 10 月 2 日第 2 版。

高 31%。12 月下旬"官价仍为三千三百五十元",但广州侨汇黑市 1 美元仄纸兑换 7 000 ~ 8 000 元国币,两者"相差超过一倍"。由于四邑、中山等地 1 美元仄纸收购价为 7 675 元国币,比广州低 325 元,于是各地银号纷纷将美元仄纸带到广州出售以牟取利润。12 月底,"政府所订外汇兑换价为 3 350 元,而黑市则涨至 9 000 元左右"①,比官方牌价高 268.7%。由于官方"牌价过低,黑市(价格)太高,(使)一般汇入粤境内之侨汇大量逃往香港"②。

"为了避免损失起见,(侨胞)不得不将款交由外国银行汇回祖国,所得美金汇票(通天金仄)或香港汇票(港行仄纸)均可照(黑)市价折合国币。"③ 抗战胜利后,每年流入粤省的 1 亿至 1.5 亿美元的美洲侨汇,"多由侨批局及地下钱庄吸收,其余由特许外汇银行结汇者不及十分之一"④。

为了制止侨汇大量外逃香港,官方曾以接近或高于黑市侨汇价格收购仄纸,但收效甚微。1947 年 1 月中旬,"台山中国银行奉令向市面钱庄银号收购港仄,价格与黑市价格相同"。当地银号乘机提高仄纸的收购价格,例如,长沙恒生银号收购的 1 港元仄纸从 1 135 元涨至 1 150 元,涨幅达到 1.3%。"一般投机金融界乃乘机将港仄向中行大量交售",导致市面港仄供不应求,"刺激黑市价格剧烈波动"。⑤ 同年 2 月,中国银行 1 美元仄纸牌价为 7 315 元法币,永昌银号的收购价为 8 510 元法币,黑市价格则高达 12 657 元法币。在价差的驱动下,大量仄纸流入黑市。

1948 年 2 下旬,官方"美汇牌价从 3 350 元提高至 120 000 元,比黑市美钞尤高,故侨汇略增。8 月以后,外汇政策再度改变。外汇牌价斟酌市价予以弹性的调整",即实行弹性价格。但侨汇价格的提高仍然无法与物价上涨的幅度持平。因此自"9 月起,以国币数字看,侨汇似较踊跃。但至 12 月弹性的外汇牌价又相去(差)黑市达百分之百(即 2 倍),故侨汇又形锐减"。⑥

第五节　仄纸的兑换

华侨购买的仄纸没有金额限制。收入低微的华侨汇款金额往往少于 100 美

---

① 《侨汇逃避恶化》,《中山民国日报》,1946 年 12 月 16 日第 2 版。
② 《侨汇逃港数目惊人》,《前锋日报(六邑版)》,1946 年 12 月 15 日第 3 版。
③ 刘佐人:《当前侨汇问题(上)》,《广东省银行月刊》,广东省银行经济研究室,1947 年第 3 卷第 1 期。
④ 《广州金管局工作概况》,《广东日报》,1948 年 5 月 1 日第 5 版。
⑤ 《台山中国银行收购港仄》,《前锋日报(六邑版)》,1947 年 1 月 12 日第 3 版。
⑥ 陈宪章:《两年来广州的金融》,《珠海学报》(第一集),珠海大学,1948 年,第 102 页。

元。美洲商号收到华侨交汇的小额侨款后汇成整数，在当地银行购买仄纸寄往香港或国内。由付款银行将仄纸拆分后按照份额向侨眷支付。富裕的华侨也可以将大额侨款拆分为若干张小面额仄纸汇回国内，由国内侨眷根据实际需要逐张兑换。

仄纸的兑换期通常为 6 个月。兑换期内持仄人可随时兑换，兑换时可全额兑换或部分兑换，兑换的货币可以是原定货币也可以是其他货币。白银被认为是最可靠的通货之一，部分侨眷兑换仄纸时只要白银。因此"一张美金仄可以用来找换港纸或广东省券甚至白银"①。

广府地区经营仄纸兑换的批信局相当多。广州金城金铺代收"各国仄纸，花旗金单"②。广州国源银号、恒隆银号分别与香港恒隆银号、开平赤坎的民信银号、长沙的恒生银号互为联号③，"接理外洋书信银两"④，"代客收仄"⑤。中山石岐的建德银号"代收仄纸，取价从廉"⑥。开平的广祥银号"自榨油麦兼营银业，找换金钱银纸仄纸，接理外洋亲朋昆仲书信"。赤水墟的生隆银号对"各梓里回唐自带之赤纸"和"邮寄内地之赤纸""直接照时价找换"。

批信局兑换仄纸时收取两种费用，"一种是士胆费（Stamp）即邮费，一种是佣金"。邮费按仄纸张数收费，收费标准各地不相同。例如，"在江门、台城及三埠等地，每张付省券二毫，在赤坎及恩平等地则为省券二毫五分"⑦。佣金又称为行佣，其收费方式有两种。一种是信内扣佣，即在汇费申算时多算一些，不另行抽取手续费。另一种是价外抽佣，即按照仄纸的金额收取手续费。佣金的收取相当灵活。"在一个地方之内，买仄取佣亦多寡不同，同族亲友取佣较少，陌生的人取佣较大。"一般而言，"距离仄纸取款月愈远，所须时间愈长，所付佣金

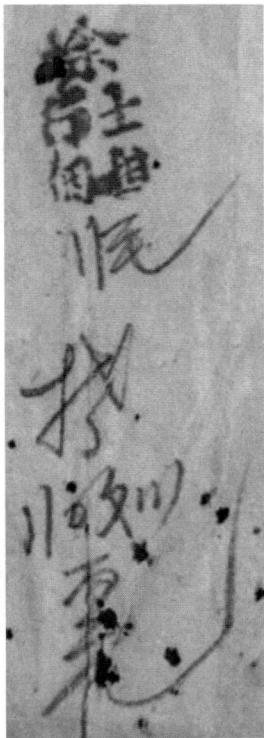

台山银号兑换仄纸时收据的实物（局部）

---

① 姚曾荫：《广东省的华侨汇款》，商务印书馆，1943 年，第 4 页。
② 《金城金铺》，《岭南日报》，1947 年 1 月 3 日第 5 版。
③ 《广州市商会周年特刊》，广州市商会，1947 年，第 10 页。
④ 《民信银号》，《前锋日报（六邑版）》，1947 年 1 月 30 日第 3 版。
⑤ 《广州恒隆银号广告》，《前锋日报》，1946 年 2 月 18 日第 6 版。
⑥ 《行情》，《中山民国日报》，1946 年 7 月 10 日第 3 版。
⑦ 姚曾荫：《广东省的华侨汇款》，商务印书馆，1943 年，第 5 页。

也愈大";"交通不便和距离香港及广州愈远的地方,佣金亦愈多"。佣金通常为仄纸金额的2% ~4%。抗日战争胜利后提高到2% ~10%。①

批信局兑换仄纸"手续简单便利而又迅速,汇率系根据自由市场汇价"而定。② 批信局"酌收手续费后,即先行将款项付给侨眷,然后将汇单寄往香港联号代往银行收款"③,或"将所吸收的仄纸的一部分送至广州出售,售得之款或全部存储当地往来号以便卖出省单,或将一部分汇返四邑以应付经常的需求"。因此在进出口旺季,四邑各地"仄纸之流入广州者尤多"④。

但兑换仄纸也有一定的经营风险。1946年初,"四邑旅外侨胞因中外汇率未作修正,多将侨汇购买香港各银行汇票(俗称仄纸),将汇票由航(空)邮(寄)方式寄达乡间家人,以便赴港提兑港币,伸算多得款项。故四邑各埠钱庄收兑港仄之营业又恢复战前活跃状态"。由于"侨胞之提款汇票多随航空寄递快捷。香港付款银行尚未收到外洋银行之承汇通知"。因此当内地"各钱庄提票到(香)港兑款时,每因银行未收到外洋承汇银行通知","多未能见票即行兑款。各钱庄收兑仄纸过多者"因此而亏损。⑤

广州国源银号广告   鹤山广东省银行广告(局部)

① 《台山漫话》,《侨通报》1946年第2期。
② 《中行侨汇凤毛麟角》,《前锋日报(广州版)》,1949年9月27日第5版。
③ 区琮华:《美洲华侨与侨汇》,《广东省银行季刊》,广东省银行经济研究室,1941年第1卷第1期。
④ 姚曾荫:《广东省的华侨汇款》,商务印书馆,1943年,第7页。
⑤ 《四邑各地钱庄找换港仄生意旺盛》,《广东省前锋日报》,1946年2月11日第6版。

国内银行通常不承汇外商银行发售的仄纸。例如台山中国银行规定华侨在海外"向外商银行购买汇往纽约本行（中国银行）抬头之汇票"，或购买"书明纽约外商银行验付"的汇票。如果汇票由"纽约外商银行验付"，则"收款人必须持票向纽约付款行提收方合手续"。如果"该票直接寄返国内侨眷。因该外商银行未与本行直接通知其纽约联行付款，故台山本行无法兑付"，只可办理托收，"委托台山本行将该票寄往纽约本行。俟收妥后始能通知在台山提款"。①

国内银行的竞争优势在于：一是兑换价格统一。侨眷"接到航空快信（寄来的仄纸后）只需缴纳百分之三至五的手续费，即可随便在任何（一家）银行收款，而且照时价找换，不受国内额定汇率的限制"②。二是侨眷可以获得各种优惠。例如，广东省银行对于"侨胞家属愿将（仄纸）汇款拨存本行储蓄"，"除优给利息外，并酌量减收其手续费，或依照其所存之额，免收该数额应缴之手续费"。如侨眷"将原汇票存入该行，一个月后起息，并分期支取者，亦减收其手续费"。③ 三是提取的现金有保证。抗日战争期间，国统区和抗日游击区内的现金调拨相当困难，"而银号商店遂从中垄断，并高抬手续费用，侨眷因此损失甚大"④。广东省银行为打破"银号商店的垄断"，"随时拨运现款充实各该行处（现金）头寸，使（各行处）能大量收购仄纸"。⑤ 四是容易取得华侨和侨眷的信任。中国银行希望"侨眷通知侨胞尽量在美中国银行直接汇取美赤寄回家乡，随时可以在中国银行兑取国币，甚为便利"⑥。

银行办理仄纸的业务量通常比批信局大。1937年，江门广东省银行兑换仄纸的平均金额为272港元，鹤山广东省银行为440港元，台山中国银行为375港元，而开平赤坎某银号兑换仄纸的平均金额只有181港元。⑦ 侨眷大多愿意将仄纸向银行兑换。1947年3月中旬，六邑侨眷"将港仄卖与该（中国银行）者甚多，价仅二千一百（元）"。尽管此时美元"通天仄"仍未"恢复收购"，但中国银行表示"如法币头寸稍稳，即拟恢复收购"。⑧

由于国内银行营业机构的数量远少于批信局。因此，"若托当地银行代兑"，

① 《粤中侨讯》，广州中国银行侨汇股，1947年第1期。
② 朱深：《侨汇与邑民经济的关系》，《中山月刊》，广州市中山同乡会，1946年第2期。
③ 《最近广东金融情势》，《广东省银行季刊》，广东省银行经济研究室，1941年第1卷第2期。
④ 《广东省银行三十年度工作计划》，《广东省银行季刊》，广东省银行经济研究室，1941年第1卷第1期。
⑤ 《广东金融》，广东省政府秘书处编译，1940年。
⑥ 《政府奖掖侨汇内流　决定提高美金牌价》，《大同日报》，1948年8月8日第2版。
⑦ 姚曾荫：《广东省的华侨汇款》，商务印书馆，1943年，第41页。
⑧ 《短期内恢复收兑通天仄纸》，《前锋日报（六邑版）》，1947年3月10日第3版。

"侨眷对此恒感不便"。① 1946 年，中山乡民陈某为前往江门中国银行，领取由美国芝加哥汇来的 50 万元国币汇纸，在乡下"筹备旅费十万元"。但在中国银行办理汇纸兑付的过程中遭到"诸多留难"，直到"旅费用去大半"后才将汇纸兑换。② 部分银行在汇纸经营上的怠慢，更促使侨眷敬而远之。真可谓，"捱尽几许辛酸，始盼到族人一封金信（汇纸）"，兑付时又"遭受延滞，可望而不可及，其愁苦之情概可想而知"③，这在一定程度上制约了银行经营汇纸的能力。

汇纸的兑换价格有两种：一种是官方牌价，另一种是商办银行和批信局自行决定的市场收购价格。

一、汇纸的官方牌价

汇纸的官方牌价由财政部、中央银行、中国银行、邮政管理局以及四联总处等官方机构发布。四联总处在汇纸兑换价格的决定权上甚至高于中央银行。1943年 5 月底，国民政府侨务委员会就"因交通及战争关系影响"，导致"侨胞汇款至闽粤各地银行限期"未取一事，"函请中中交农四行总处，准予展期一年"。④1947 年 2 月实施金融紧急措施后，各地"市民持有港币汇纸者只有向央行兑换。惟因请兑者拥挤，该行收兑港币额（日益增多，现金供应无办法满足。中央银行兑换港币汇纸的金额）遂由无限制改为每人二千元，再减为五百元，后又更改为二百元"。而"各乡市银行均未予收兑"，侨眷生活因此受到很大影响。广东省财政厅一方面"电请财部及四联总处对所有外币及汇纸，迅速分别核定收兑牌价"，另一方面电请中央银行和中国银行"在广州、四邑各地增设兑付处，以收实效"。⑤

1942 年 8 月，财政部公布的港币对兑价格为 1 元港币兑换 4.61 元法币，兑换人"将所持之港钞及证明书"向中央银行等国家行局以及"广东省银行、广西省银行、福建省银行兑换"。每次兑换港币以 200 元为限，且向对兑行局缴交2% 的手续费。⑥

官方机构根据国际形势以及当地的侨汇需求发布汇纸的兑换价格。不同地区、不同官方机构所发布的汇纸兑换价格也不一定相同，1947 年 3 月，中国银行

---

① 《美洲侨汇涌到，邮局应接不暇》，《中山民国日报》，1947 年 3 月 10 日第 3 版。

② 《侨通报（海外版）》1946 年第 3、4 期合刊。

③ 《省行石岐办事处改善侨属领款手续》，《中山月刊》，广州市中山同乡会，1946 年创刊号。

④ 《侨汇领兑期展期至一年》，《中山日报（梅县版）》，1943 年 5 月 31 日第 2 版。

⑤ 《财厅电财部及四联总处改善收兑港币汇纸》，《越华报》，1947 年 3 月 15 日第 5 版。

⑥ 《财部商同英方继续收兑港钞》，《中山日报（梅县版）》，1942 年 8 月 12 日第 3 版。

在广州和中山"买入港仄价格"均为 1 200 元。[①] 而中山邮局"每（港）元仄纸兑国币 1 130 元"[②]，差价为 5.8%。

1947 年 3 月 8 日广州中国银行 1 元美仄兑换国币 10 200 元国币。[③] 而中山邮局公布的美元仄纸"每元伸合国币 11 300 元"[④]，差价为 10.8%。

1947 年 8 月 26 日"中山邮局经付美金汇票（仄纸）汇率"为 1 美元仄纸兑付 35 000 元国币。9 月 5 日"该局又奉电令将该项汇率"改为 34 500 元国币[⑤]，下调 1.4%。而中国银行 1 美元仄纸兑换国币 37 500 元[⑥]，差价为 8.7%。9 月 18日"中山邮局奉电将兑美金侨汇比率自" 34 500 元国币改为 37 500 元国币，上调 8.7%。9 月 19 日"又奉电将比率提高为国币四万一千元合美金一元"[⑦]，一天之内美元仄纸兑换率上调了 9.3%。而且邮局每次调整兑换价格后，对挂牌日期前购买的仄纸均"按新比率兑付"[⑧]。9 月 28 日"又奉电改为美金一元合国币四四五○○元"[⑨]，上调了 8.5%。

1949 年 3 月 18 日，新昌中国银行"美金（侨汇牌价为）每美元伸合国币42 000元"[⑩]。中山邮局为 37 500 元国币，差价为 10.7%。

官方牌价的剧烈波动以及相互之间存在价差，严重动摇了华侨对国家银行的信任，"华侨汇款不愿经由中国银行之手，而向外国银行购买美金汇票或港币汇票直接寄回，或经港转寄[⑪]，导致中国银行经办的侨汇数量不断减少。1946 年，广州中国银行设立侨汇组以"谋（求）平抑外币黑市（价格办法），缩短国外侨汇汇返国内时间。同时重新订定（兑换仄纸）办法，凡到侨汇依照收款时（官方公布的侨汇牌价）之规定汇率兑现"，允许"收款人按（仄纸）面额自由换取或（转入银行）存储"[⑫]，但效果并不显著。

1949 年 3 月 29 日，广州中国银行"从新调整上午通天仄等侨汇价格"，使"下午支付价与上午同"。但无法挽回侨眷的信心，该银行当天"侨汇解款（仅）

① 《港币贬值影响输出，央行牌价减低证实》，《中山民国日报》，1947 年 3 月 9 日第 2 版。
② 《邮局公告美金比率》，《中山民国日报》，1947 年 3 月 27 日第 3 版。
③ 《港币贬值影响输出，央行牌价减低证实》，《中山民国日报》，1947 年 3 月 9 日第 2 版。
④ 《邮局公告美金比率》，《中山民国日报》，1947 年 3 月 27 日第 3 版。
⑤ 《美金侨汇比率改订》，《中山民国日报》，1947 年 9 月 6 日第 3 版。
⑥ 《黄金美钞昨日下泻》，《大同日报》，1947 年 9 月 6 日第 2 版。
⑦ 《侨汇美金比率再高》，《中山民国日报》，1947 年 9 月 20 日第 3 版。
⑧ 《本市邮局公布美金侨汇比率，持有美国大通汇票迅速到该邮局兑款》，《中山民国日报》，1947 年 8 月 27 日第 3 版。
⑨ 《邮局提高美金侨汇比率》，《中山民国日报》，1947 年 9 月 28 日第 6 版。
⑩ 《新昌中国银行外汇牌价再提高》，《前锋日报（六邑版）》，1947 年 9 月 19 日第 1 版。
⑪ 《改善今后侨汇》，《前锋日报（六邑版）》，1947 年 1 月 17 日第 2 版。
⑫ 《广州中国银行改善侨汇》，《前锋日报（六邑版）》，1946 年 12 月 18 日第 3 版。

约二百三余美元"①。同年 9 月"中秋节届。此原为侨汇之旺盛季节",但粤省侨胞均不敢直接由国家银行汇穗。"虽然是侨汇季节",但广州中国银行所收到的仄纸甚少,"不过二三宗。而且是零星之数而已,总数不过数百美元。(而且)穗中国银行尚积压有侨汇数千美元,因各侨眷均无到领,故无法解付"②。

二、仄纸的市场收购价格

"通天仄不是国外汇兑所用的票据,而是国内汇款所有的方式流通在国外金融市场上。"③ 如果发行仄纸的货币单位是美元,付款地为美国的话,侨眷要么将仄纸带到香港,在指定的外国银行兑付;要么将仄纸售予当地批信局或金山庄,由其带到广州或香港委托到美国办货的进出口商或其他人带往美国,向发售仄纸的外国银行兑换。

仄纸大多"由香港外商银行付款。侨眷收到仄纸每感收款困难。而将仄纸就地出售给当地找换店"④。找换店则"依照市场普通习惯"故意压低价格,使"市上银号(买)入价均较港币市价为低,且须扣付佣金"⑤。因此,仄纸的市场收购价格相当复杂。不同的找换店有不同的收购价格。1946 年 11 月 1 日,开平长沙的恒生号 1 元港仄的收购价为 895 元,而新昌的惠昌隆为 892 元,⑥ 差价为 0.34%。11 月 3 日,长沙恒生号 1 元港仄的收购价为 872 元国币,而三埠侨汇市场 1 元港仄兑换 870 元国币,⑦ 差价为 0.23%。11 月 6 日,恒生号和惠昌隆的报价均为 865 元国币。⑧ 同一找换店对不同银行发售的同一种货币的仄纸收购价格也不一定相同。1939 年 1 月 25 日,西宁市的建丰银号"通天司令"收购价为 36 元,"渣打司令"和"上海司令"收购价为 38 元,差价为 5.6%。⑨ 各地市场价格也不同。1946 年 12 月 13 日,广州侨汇市场 1 港元仄纸报价为 1 275 元国币,开平侨汇市场的报价为 1 260 元,开平的长沙恒生银号、新昌惠昌隆的报价分别是 1 260 元和 1 250 元。⑩

① 《侨汇支付价上下午相同》,《国华报》,1949 年 3 月 29 日第 5 版。
② 《中行侨汇凤毛麟角》,《前锋日报(广州版)》,1949 年 9 月 27 日第 5 版。
③ 李龙:《美国的华侨汇款》,《中美周报》第 266 期。
④ 区琮华:《美洲华侨与侨汇》,《广东省银行季刊》,广东省银行经济研究室,1941 年第 1 卷第 1 期。
⑤ 《广州中国银行开办港币汇款,兑价与市价接近》,《岭南日报》,1947 年 1 月 10 日第 7 版。
⑥ 《金融》,《前锋日报(六邑版)》,1946 年 11 月 1 日第 3 版。
⑦ 《黄金涨势被挫 港纸续呈软化》,《前锋日报(六邑版)》,1946 年 11 月 3 日第 3 版。
⑧ 《金融》,《前锋日报(六邑版)》,1946 年 11 月 6 日第 3 版。
⑨ 《即日早市金融行情》,《大同日报》,1939 年 1 月 25 日第 3 版。
⑩ 《险叩四十万关》,《前锋日报(六邑版)》,1946 年 12 月 14 日第 3 版。

价差的出现使收购仄纸有利可图，因此"找换仄纸生意在台山、新会、开平、恩平和中山各地侨乡十分兴隆"①。一些银号为招揽生意而在当地报刊上特约专栏。中山石岐的建德银号在《中山民国日报》上长期发布"代收仄纸，取价从廉"广告。②

广东省银行的收购价格也经常变动。抗日战争期间，广东省银行将"收购侨汇仄纸的手续费减至最低额"，为千分之五。③香港沦陷后广东省银行"特饬四邑行处（对仄纸）免费代为收兑"④。"除按每百元收回邮费五角外，其余手续费一律免收"⑤，并向四邑行处拨款 400 万元，"将台山（支行）所存美钞公司版省券五十八万余元尽量放出，以资收购"⑥。1948 年 2 月，广东省银行在开平收购港仄的价格为"每港币一元伸合国币 2 500 元"⑦。

仄纸收购价格的变动主要取决于国内外经济形势的变化。1946 年 6 月，因"香港英美商战关系及外汇问题，以至（省港之间）货运呆滞"，各地金融市场萧条。9 月份各地经济有所好转，"洋货畅销。四邑各地金融投机者预料穗市商人又将搜购外币，前往（香港）购办（洋货）"，"短期内外币又会兴起巨浪激涨"，于是纷纷购入仄纸作为外汇存储起来，使仄纸的收购价格大幅度上升。9 月 17 日，台城金融市场仄纸的收购价上升 0.6 个百分点。⑧ 9 月 20 日，"据广州报（价，港元仄纸）为七二五。（台城金融市场仄纸的收购价）依此扶摇直上，一路光明"。10 月初，广州"沙面汇丰银行（宣布对）战前存款解冻。但均（向储户）付出港方支票"，使广州"市上港单（仄纸）单价较港钞每千元低国币四千元至六千元"。⑨

1947 年 3 月初，各地盛传"香港政府欲将各银行战时冻结之存款悉行解冻"。商民预料此举必然会导致港币贬值，于是"纷纷抛出港纸购买黄金和法币"，导致港币价格下跌而"贡纸及军票（价格）趋涨"。香港的粮食和日用品价格随即上涨。粤省"输往香港之粮食杂物（的数量）徒增"，各地商行为采购输港粮食杂物而大量收购港币，"甚多（销售商号）自愿减价售出港仄"以获得

① 陆能柱：《广东旧邮政见闻》，《广东文史资料精编（第 3 卷）》，中国文史出版社，2008 年，第 138 页。

② 《行情》，《中山民国日报》，1946 年 7 月 10 日第 3 版。

③ 《最近广东金融情势》，《广东省银行季刊》，广东省银行经济研究室，1941 年第 1 卷第 2 期。

④ 《广东省之侨眷贷款》，《金融导报》，（马）埧地方银行联络通讯处，1944 年创刊号。

⑤ 《广东之金融货币》，《两广战时经济》，第四战区经济委员会，1941 年第 1 期。

⑥ 《广东金融》，广东省政府秘书处编译室，1941 年，第 33 页。

⑦ 《广东省银行开平办事处通告》，《开平日报》，1948 年 2 月 5 日第 3 版。

⑧ 《金融力报上扬，米市一蹶不振》，《大同日报》，1946 年 9 月 18 日第 2 版。

⑨ 《沙面汇丰银行存款昨解冻》，《前锋日报（广州版）》，1946 年 10 月 8 日第 8 版。

港币，但购买港仄的商户并不多。中央银行也将 1 港元仄纸的买入价调低为 2 100 元国币。① 中国银行随即将 1 港元仄纸的买入价调低到 2 050 元，两大官方机构公布的牌价相差 2.4%②，引起各地商民的恐慌，纷纷涌向中央银行挤兑，导致广州中央银行"之法币头寸极感不敷"。为防止金融投机分子"偷运法币转购港纸之牟利情弊发生"，广州中央银行宣布对"所有外币暂停收兑"。③ 中国银行也因现金头寸不足而宣布"暂停收兑通天仄（美元仄纸），如法币头寸稍稳，即拟恢复收购"。但仍然收购港元仄纸。各地侨眷"将港仄卖与该行者甚多"④。中国银行又将 1 港元仄纸的买入价调整为 2 100 元国币，增幅为 2.4%。⑤

第六节　仄纸的经营

仄纸是银行和邮局的主要侨汇产品。银行和邮局通过发售新产品、简化兑换流程等对仄纸业务进行最大程度的经营。

一、仄纸的主要产品

（一）原币侨汇

原币侨汇是指华侨在中国银行国外分支机构或在美洲各地银行，购买以某种外币为单位的银行汇票（仄纸）汇回国内，国内中国银行和邮局解付时以付款日的外汇牌价，折合成法币或金圆券支付的仄纸。

原币侨汇又称为原币汇款、原币汇票、原额汇款等，始发于 1946 年。"侨胞（可以）照原外币汇款（返乡）"，即"美金汇美金，金镑汇金镑"。⑥ 主要包括中国银行在美洲和欧洲所发行的以美元、英镑以及港币为货币单位的仄纸，以及粤省邮局在经营美洲各地银行仄纸时，为了保障侨眷利益，要求由出票的外国银行向华侨提供的以美元为本位的仄纸。

"国外华侨汇款过去系以美金折合国币汇兑。"1946 年 10 月 10 日，"中国银行为适应侨胞需要，又添办原币汇款以吸收侨汇。即汇款人向汇兑庄汇款时，得

---

① 《港币贬值影响输出　央行牌价减低证实》，《中山民国日报》，1947 年 3 月 9 日第 3 版。
② 《中行外汇同时改低》，《中山民国日报》，1947 年 3 月 10 日第 3 版。
③ 《法币头寸不敷　央行停兑外钞》，《中山民国日报》，1947 年 3 月 13 日第 3 版。
④ 《短期内恢复收兑通天仄纸》，《前锋日报（六邑版）》1947 年 3 月 10 日第 3 版。
⑤ 《短期内恢复收兑通天仄纸》，《前锋日报（六邑版）》1947 年 3 月 10 日第 3 版。
⑥ 《广州市工商业经济金融状况及意见书》，《广州市商会周年特刊》，1947 年，第 9 页。

以原币汇出至应解行，再照取款日汇率折合国币交收款人"。原币侨汇选择在"侨胞较多"的美国和英国"同时开始办理。将来澳、菲、南洋等处亦拟同样举办"。① 因此原币侨汇最初只有美元和英镑两种。1947 年 1 月增办港币原币侨汇。此后中国银行向外公布的"侨汇行市""汇票兑价（即通天仄）"中便有了美金票、英镑票和港币票三种。

"原币汇款能保障华侨切身之利益"，避免因外汇汇率变动而影响侨眷的实际收入。推出初期确实收到一定的效果，中国银行经办的侨汇业务因此快速增长。以中国银行新昌支行为例，1946 年初，新昌支行因对抗战时期应付未付仄纸进行清算，侨汇业务有所增长，一月份解付侨汇二万笔，金额为 20 亿元国币。"至四月旧积渐清，收付侨汇之数目逐减少，直至五月间财部改定外汇牌价后，侨胞汇款略为踊跃。每笔数额亦比前稍大。本行复于此时举办美金及英镑之原币汇款。因此，六月份解付侨汇数字复增。"② 1946 年，中国银行粤行的"侨汇数目益见增加，单以四邑方面计算，中国银行每月所兑付之侨汇数目即逾三十万万元"③。特别是从 10 月开始"美金原额汇票逐渐普遍。此办法为侨胞欢迎，月来发汇人数日增"④，"其中以十二月份之成绩最佳"⑤。

1946 年 1—10 月，中国银行广州分行经汇的美洲及南洋侨汇达 1 563 亿元国币。⑥ 11 月份经中国银行广州分行汇入粤省的侨汇达到 47.88 亿元国币。其中粤分行（广州）经收的侨汇 4.07 亿元，占 8.5%；汕头支行经收侨汇 5.65 亿元，占 11.8%；韶关分行经收侨汇 315 万元，占 0.07%；江门办事处经收侨汇 5.24 亿元，占 10.9%；四邑支行经收侨汇 19.93 亿元，占 41.6%；丰（即惠阳办事处）分处经收侨汇 5.98 亿元，占 12.5%；湛江支行经收侨汇 6.47 亿元，占 13.5%；琼处经收侨汇 0.53 亿元，占 1.1%；桂支行经收侨汇 34 万元，占 0.007%。⑦

中国银行国外行处经办的"侨汇数额激增"。1946 年 1—10 月底，伦敦经理处经营的侨汇为 48.9 万英镑，悉尼经理处为 46.4 万澳镑，纽约经理处为 92.3 万美元，加尔各答经理处为 110 亿卢比，哈瓦那经理处为 14.6 万美元。⑧

1947 年 1 月，广州中国银行为避免华侨汇款汇往香港中转起见，增办港币原

① 《海外中国银行开办原币汇款》，《前锋日报（广州版）》，1946 年 10 月 18 日第 6 版。
② 袁丁：《民国政府对侨汇的管制》，广东人民出版社，2014 年，第 185 页。
③ 《侨汇率与黑市悬殊　美侨汇多经港》，《前锋日报》，1946 年 2 月 23 日第 3 版。
④ 《美洲侨汇多逃香港　我正谋改善吸收》，《前锋日报（六邑版）》，1946 年 11 月 15 日第 3 版。
⑤ 《去年穗中行侨汇总数达 6 百余亿》，《星华日报》，1947 年 1 月 27 日第 5 版。
⑥ 陈炎勤：《侨汇与国币》，《新加坡汇业联谊社特刊》，新加坡汇业联谊社，1947 年，第 98 页。
⑦ 《本省十一月份到侨汇四十亿》，《前锋日报（六邑版）》，1946 年 12 月 13 日第 3 版。
⑧ 《侨汇数额激增》，《南宁商报》，1946 年 4 月 16 日第 4 版。

币汇款业务。港币原币汇款兑付时由中国银行以"与当地每日行市不相上下之价格折付国币"。由于"市上银号买入（仄纸）时须较港钞市价为低，且须扣折佣金"，而中国银行兑付的港币原币汇款价格"有时反较市面上之港仄市价为高。且该行在四邑等处均设有机构，兑付较为便利"，① 港币原币汇款业务推出初期颇受侨胞欢迎。

广州中国银行"通知海外行处除原有英金美金原币汇款外，增办港币汇款"②，"电告纽约等国外行处尽量向侨胞宣传，承接此项港币侨汇"。"为推广（该项）侨汇业务"，该银行经"呈准总行增设侨汇股，专负办理侨汇及为华侨与国内联络服务"，③ "对有关侨胞服务事项均可代为办理"④。与此同时积极与新加坡中国银行沟通，谋求在南洋开办原币侨汇业务。

当时中国银行兑付"美金原币汇款为一元兑国币 3 250 元，但（广州）市面黑市美金现值 5 400 元，最高时达 6 200 元"⑤，甚至达到 6 260 元⑥。四邑各地美元仄纸黑市价格也达到 5 800 余元，⑦ 均远远高于中国银行对美金原币汇款的支付价格。因此"大部分侨眷均愿取美金原币，直接由外国银行汇港，然后在港转驳，绝不经国家银行"。"且政府银行汇交迟滞，更促华侨只向外国银行交易。"⑧ 在各种不利因素的影响下，原币侨汇的优势逐渐消失。

1947 年 2 月，国民政府实行金融紧急措施后原币侨汇业务被迫暂停。国内银行经办的侨汇量大幅度减少，5 月初广州的侨汇收入"比上周锐减及半"⑨。8 月 18 日，国民政府成立外汇平衡基金会。由该会根据外汇市价另订基准价逐日挂牌公布。9 月 29 日，"平衡委会核定美汇（每元值基）准价四万九千五，提高三千五。英汇基准价十四万六，提高一万一"⑩。原币侨汇业务随后恢复，中国银行经办的侨汇量日益增加，"由美国汇返之侨汇以原币汇款居多"⑪。但原币侨汇业务仍然局限于美洲和欧洲，并没有推广到南洋各地。因此南洋侨汇一直以法币侨汇为主，其他外币如叻币、印尼盾、缅甸卢比等需要先折合成英镑或美元后再汇回。

---

① 《中行改进侨汇增办原币汇款》，《前锋日报（六邑版）》，1947 年 1 月 17 日第 2 版。
② 《侨汇逃港，穗中国银行谋补救办法》，《汕报》，1947 年 1 月 10 日第 5 版。
③ 《广州中国银行开办港币汇款　兑价与市价接近》，《岭南日报》，1947 年 1 月 10 日第 7 版。
④ 《中行改进侨汇增办原币汇款》，《前锋日报（六邑版）》，1947 年 1 月 17 日第 2 版。
⑤ 《港币原币汇款无显著成效》，《七十二行商报》，1947 年 1 月 13 日第 8 版。
⑥ 《广州金融行市表》，《岭南日报》，1947 年 1 月 1 日第 7 版。
⑦ 《五邑侨汇逃港数字庞大惊人》，《星华日报》，1947 年 1 月 27 日第 5 版。
⑧ 《改善侨汇委员会在香港举行会议》，《六邑大华报》，1947 年 4 月 8 日第 4 版。
⑨ 《侨汇逃港剧增，穗侨汇仅及前周半数》，《中山民国日报》，1947 年 5 月 12 日第 2 版。
⑩ 《美汇基准价挂高三千五》，《前锋日报》，1947 年 9 月 30 日第 2 版。
⑪ 《美国侨汇原币居多》，《大同日报》，1947 年 9 月 7 日第 2 版。

1948 年 8 月，国民政府再度暂停办理原币侨汇业务，中国银行经营的侨汇量大幅度减少。同年 9 月，中国银行在四邑地区收兑的美钞及美仄仅为 280 万美元，港钞及港仄共 360 万港元。10 月恢复办理后，原币侨汇业务的优势已荡然无存，1949 年 9 月，汇入"侨乡四邑各县"的侨汇比去年"减少百分之六十以上，其中尤以美洲侨汇为甚"①。

邮局也有类似的侨汇业务，1946 年 9 月，中山邮局"奉准与北美大通银行及其美洲各地联行直接通汇"后，"华侨向美洲各地银行申请汇款返国时系先由美洲当地各银行，按照当日公告比率伸合国币开发汇票，始行寄返国内照付。但因邮寄过程须经相当时日，一遇比（汇）率变更，侨眷无不（遭受）损失"。②1947 年 3 月，"为使该项汇票比率接近情理计"，中山邮局要求美洲各发汇行局在发售仄纸时，"将汇票面值写明美金数目，以便侨眷在付款局兑付时能得实惠，以最近所定比率伸合国币兑支"③。同年 5 月，该邮局"与美洲各银行商订，如遇华侨请求汇款，可以美金为本位开发汇票，俾侨眷于收到汇票后，向邮局按照当时比率伸合国币兑付"④。

原币侨汇具有三大特点。一是票面金额可以随意划分。像中国银行在美洲宣传的那样，"侨胞们在国外汇款时，可向本行国外各行处购买小额原币汇票，（如拨汇美金壹千元，可嘱本行填制壹百元美金汇票十张）汇寄侨眷。俟侨眷需款时，可随时向当地本行按当日牌价折合国币提取，各侨眷既不受官价上涨之损失，又可存储美金原币，诚一举而数得也"⑤。

二是兑换价格以兑付当天官方牌价为依据，这在一定程度上避免了因汇率变动给侨眷带来的经济损失。例如，广州中国银行在"增加香港原币汇款"业务后，"由该行视乎当地每日行市之价格（向侨眷）折付国币"。由于"该行折合国币之行市有时反较市面之港仄市价为高，更兼该行在四邑各处均设有分支机构，兑付甚便"而受到欢迎。⑥

三是可以直接在国内银行分支机构兑付，无须前往香港外国银行兑付或售予当地银号，从而节省了兑付成本。

但由于原币侨汇兑换价格由官方决定，即便是汇往香港的原币侨汇，也须按照国内银行的香港分行公布的价格兑换成港币，无法摆脱官方牌价的影响。而黑

① 《侨汇锐减　侨眷生活渐入窘境》，《前锋日报（广州版）》，1949 年 9 月 1 日第 8 版。
② 《邮局兑付美洲侨汇订定印鉴登记方法》，《中山民国日报》，1947 年 5 月 1 日第 2 版。
③ 《邮局公告美金比率》，《中山民国日报》，1947 年 5 月 1 日第 3 版。
④ 《邮局兑付美洲侨汇订定印鉴登记方法》，《中山民国日报》，1947 年 5 月 1 日第 2 版。
⑤ 《如何汇款回国》，《粤中侨讯》，广州中国银行侨汇股，1947 年第 6 期。
⑥ 《广州中国银行开办港币汇款　兑价与市价接近》，《岭南日报》，1947 年 1 月 10 日第 7 版。

市侨汇价格往往高于官方牌价，"由外国购美仄港仄直接寄返，亦可在黑市照市价找换国币"①。因此，外国银行仄纸比中国银行的原币侨汇更加方便且收益高。"所以原币外汇便多被外商银行或银信局利用"② 而难以发挥作用。此外，官方在推行原币汇款业务中摇摆不定也制约了原币侨汇业务的开展。

（二）港币侨汇与港币汇票

港币侨汇是指华侨在中国银行国外分支机构汇款时，将外币折算成港币后汇回国内，由国内付款银行根据兑付日港币的官方牌价，折算成法币或金圆券支付的汇款。港币侨汇是一种原币侨汇。

港币汇票是指华侨在外国银行购买的以港币为货币单位，需要在香港指定的外国银行兑换的仄纸。"依照普通习惯，香港各银行付款之港币汇票俗称港仄。"③

港币侨汇与港币汇票的主要区别在于，前者可以在中国银行、国内邮局等金融机构兑换，而后者则必须在香港指定的外国银行兑换。

二、仄纸兑换流程的简化

简化仄纸兑换流程包括办理仄纸的异地托收业务、免除仄纸兑换时的店铺担保等。

（一）仄纸的托收垫付

仄纸的托收垫付是指银行或邮局收取一定托收手续费后，对需要在异地兑换的仄纸进行垫付。

邮政储金汇业局广州分局在办理仄纸的托收垫付业务时，"汇票支付按照一般银行办法"执行。侨眷兑付的仄纸"如票之书明由新昌局付者，由四邑新昌局付之。书明由广州局付者，由广州分局付之。如仅书'广东'则可通融办理，由广州分局支付"。④

抗战胜利后，银行和邮局为了获得更多的侨汇纷纷开办仄纸托收垫付业务。1946 年 6 月，广东省银行中山石岐支行"增办仄票垫现业务"。"举凡美金仄，

---

① 刘佐人：《批信局侨汇业务的研究》，《金融与侨汇综论》，广东省银行经济研究室，1947 年，第 52 页。
② 区琮华：《英美封存中日资金后对我侨汇的影响》，《广东省银行季刊》，广东省银行经济研究室，1941 年第 1 卷第 3 期。
③ 《中行改进汇票增办原币汇款》，《前锋日报（六邑版）》，1947 年 1 月 17 日第 2 版。
④ 《侨眷汇票有了 要兑现却难》，《前锋日报》，1946 年 9 月 28 日第 3 版。

港纸仄，国币仄凡有殷实保证作保者，经该行鉴别后，酌扣手续费，即先行垫付现款。"① 中山邮政储金汇业局对"所有美洲加拿大各地银行开发的，（由）各地邮政机构（兑换）之仄纸均可凭保垫付。酌收千分之二十托收手续费"②。中山邮局开办仄纸异地托收业务时，对"指明其它地方，如广州等地邮政机构兑付之仄纸"，"可凭保代为垫付。酌为收取十分之二的托收手续费"③。1947 年 5 月，邮政储金汇业局广州分局表示，若"通知书超过邮程日期仍未寄到，持票人可凭殷实店保先行兑付"④。

（二）改商业铺保为乡镇政府担保

银行、邮局以及批信局在办理仄纸兑换业务时，要求持仄人提供有经济实力的商铺作担保，当发现仄纸被伪造、冒领等情况时由担保商铺承担赔偿责任。例如，"四邑侨眷接到邮政储金汇业局之国外汇票"需要兑换时，邮政储金汇业局"需索与票款同等营业税额之店铺担保"。⑤ 对一般侨眷而言，"觅得铺保"并非易事，"居住村镇之侨眷，尚易觅得熟识店号代为办理，至于散居各乡村之多数侨眷每每不易觅得担保"⑥。"侨眷手持（邮政储金汇业局）汇票未得兑现者甚多"，"恒不能兑现"。⑦ 为此，银行、邮局和邮政储金汇业局等侨汇机构不断优化仄纸的兑换程序，以方便侨眷兑换。

一是对银行储户和预留印鉴的侨眷给予"免觅铺保"优惠。1943 年，台山中国银行对已开立储蓄账户的侨眷发放储蓄存条，并请侨眷"将本条寄交汇款人"。"俟后如有款汇来，请嘱纽约中国银行径汇'台山中国银行第×号××存户收'，则可由银行通知收款，免觅铺保之烦，且可防被人冒领。"

1945 年 10 月，"广东侨务处鉴于中国银行对于侨眷领收汇款觅担保店担保，各地侨眷颇感困难一事"，"会同中国银行江门支行召集美洲各国侨领及广州归侨代表在该处开会讨论。当即决议，为便利侨眷免觅担保起见，得由侨眷在未收款前，先将其本人印鉴盖于汇款通知书上，送交中国银行核对，即可收款"。同时"通知各归侨团体，江门侨务局，广州及四邑各中国银行转饬各办事处知照，并函请广东省政府通令各县政府转行各乡保甲长转饬各侨眷知照"⑧。1947 年初

---

① 《省行石岐办事处改善侨属领款手续》，《中山月刊》，广州市中山同乡会，1946 年创刊号。
② 《中山邮局、邮政储金汇业局》，《中山民国日报》，1948 年 8 月 23 日第 4 版。
③ 《石岐邮局直接办理美各埠华侨汇款》，《中山月刊》，广州市中山同乡会，1946 年第 3 期。
④ 《邮储汇局简化侨汇》，《中山民国日报》，1947 年 5 月 14 日第 5 版。
⑤ 《侨眷汇票有了　要兑现却难》，《前锋日报》，1946 年 9 月 28 日第 3 版。
⑥ 《省行石岐办事处改善侨属领取手续》，《中山月刊》，广州市中山同乡会，1946 年创刊号。
⑦ 《侨眷汇票有了　要兑现却难》，《前锋日报》，1946 年 9 月 28 日第 3 版。
⑧ 《领收侨汇准免觅保店》，《新会民报》，1945 年 10 月 21 日第 2 版。

中山邮局"推行侨眷印鉴登记办法。所有侨眷印鉴一经登记便可免保取款",受到华侨和侨眷的欢迎,"五月上中两旬收到侨汇通知书已达二亿元以上"。①

二是推行官方担保的经营模式,由当地乡镇保长或侨务处对侨眷的信用进行担保。1942 年,广东省银行台山支行印制了侨属登记表册,"送请县政府分发各乡镇公所代办(侨属登记事宜),并加盖乡公所印章后送回。凡经登记之侨属自后到行收领汇款,可先免店担保"②。1946 年该银行石岐办事处将兑付仄纸的手续进行简化。属地侨眷"将各乡长之印鉴取得,送交该行存验,以后侨眷委托该行代收汇款时,可就近请求各地乡公所盖具印鉴证明。携交该行托收即可免却觅铺保之麻烦"③。

1945 年初,"广东省临时参议会根据各方团体报告,以韶关中国银行办理侨汇时有延兑,恳请改善等情",决定对于"收到海外信电而通知书未送达,及收到汇票收条而手续欠妥,未能收款者,克即前往粤省侨务处登记","由侨务处担保支付以示通融"。④

1947 年 5 月,邮政储金汇业局广州分局允许"无法觅店保(的侨眷)可托由侨务处代收,或由侨务处证明。本局将对侨务处代收侨汇按月登报通知"以便利侨眷。⑤

民国时期中国银行储蓄凭条

三、仄纸的防伪与防盗

仄纸是一种"由收款人持票向付款行收款,而非由银行通知到领"的国际

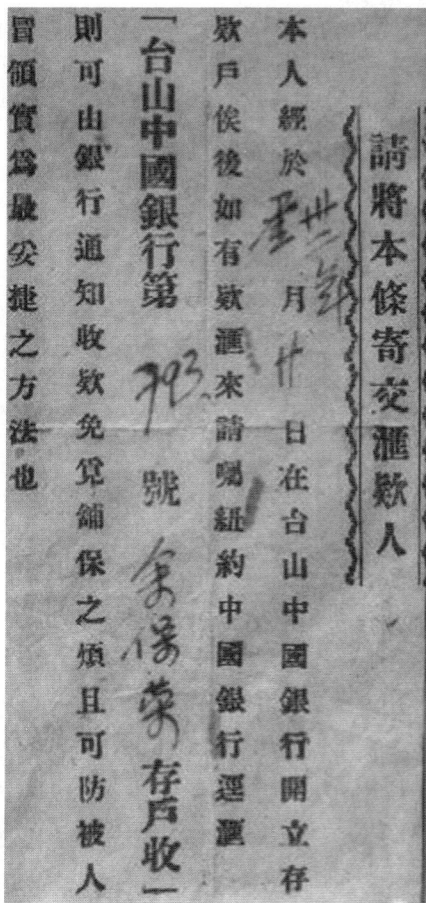

---

① 《美洲侨汇涌到,邮局应接不暇》,《中山民国日报》,1947 年 3 月 10 日第 3 版。
② 《台山省支行举办侨属登记》,《台山民国日报》,1942 年 3 月 18 日第 3 版。
③ 《省行石岐办事处改善侨属领取手续》,《中山月刊》,广州市中山同乡会,1946 年创刊号。
④ 《侨汇通知书无法送达者 由侨务处担保支付》,《中山日报(梅县版)》,1945 年 1 月 4 日第 3 版。
⑤ 《邮储汇局简化侨汇》,《中山民国日报》,1947 年 5 月 14 日第 5 版。

汇票。由于寄递地域辽阔、传递环节繁多，侨批因"邮递延误，或中途遗失，或被人盗取冒领，以至收款（人）久未得收，或竟不知有款汇返"等情形时有发生。① 而"海外华侨每为利便接济侨眷生活，常以外币或金赤随信夹付"②。因此，侨批防伪防盗对于侨批的正常经营至关重要。

（一）侨批遗失与被盗

1. 侨批遗失

1940 年 3 月间，华侨黄世合在当地购买了 5 939.41 元、3 439.57 元及 1 314.73 元的三张国币侨批，夹在保家信内通过邮局寄回揭阳。侨眷收信后并没有发现侨批，"以为是外洋忘将汇票插入信封内"，直到邮局"催函抵家后方知有汇票失落"。黄世合得知后"在外洋交涉"。吧城中国银行立即电告梅县中国银行止付，使原汇票成为"无论何人拾获或盗取均为无银之废物"，并为黄世合重新签发银行汇票。③ 1940 年 6 月，华侨扬国荣分别以"杨华盛""杨荣华"和"杨元荣"的名义向"新加坡中国银行购得梅县中国银行向兑汇票三张"，"各号汇票均在星洲被检（过程中）遗失"。④ 华侨杨萍盛"于民国二十九年（1940）六月、八月、九月，先后在新加坡中国银行购有梅县中国银行向兑汇票三张"，"各号汇票均在星洲被检（过程中）遗失"。⑤

邮局在传递过程中整包担保信函遗失事件也时有发生。1949 年 8 月 26 日，"广州邮政总局交与新兴利渡（轮）运回台山邮局邮包，于抵达新昌邮局点收时发觉失去担保邮件一包，内有外洋寄回担保信百余封"⑥。为了防止这批担保信中的侨批被冒领，广州邮政总局即"将情转知找换银业店，如买卖侨批金单等，须查明何时汇到方可买入"⑦。

2. 侨批被盗

1947 年 5 月，"美洲华侨吴日普自美洲归来，入住（广州）长堤大马路北平酒店。行经丰宁路（今广州人民北路）口时"，发现裤袋内"美（元）侨（纸）一千五百元，及旅美归国华侨证""为窃匪光顾"。⑧ 1949 年 7 月，台山一对侨眷夫妇在"二八墟""搭大道公司七号汽车来（台）城，于行车间""少妇怀中的

---

① 《粤中侨讯》，广州中国银行侨汇股，1947 年第 5 期。
② 《赤水邮政局拆信偷侨汇》，《前锋日报（广州版）》，1949 年 9 月 28 日第 8 版。
③ 《邮局保家信内夹汇票遗失启事》，《汕报（梅县版）》，1941 年 3 月 20 日第 1 版。
④ 《遗失汇票声明》，《汕报（梅县版）》，1943 年 2 月 8 日第 3 版。
⑤ 《遗失汇票声明》，《汕报（梅县版）》，1943 年 1 月 7 日第 2 版。
⑥ 《遗失侨信责任问题》，《大同日报》，1949 年 10 月 4 日第 3 版。
⑦ 《外洋挂号信百余封由省运返途中失落》，《大同日报》，1949 年 9 月 23 日第 2 版。
⑧ 《美洲归侨失窃二千余万元》，《广东商报》，1947 年 5 月 3 日第 5 版。

金仄"被人"光顾"。后在车丁稽查中的盗贼"脚底下发现失去的金仄"。①

除了明窃以外，一些利欲熏心的邮差利用职务便利"拆信取仄"进行盗卖，使侨眷蒙受经济损失。

1940年9月，台山县少妇李某"常携有大洋赤，港赤到本城各找换店找换国币。因各银号以该少妇常到找赤，均不虞其诈"。是日，李某与其母"携有香港运用（银行）公司港赤一张，票额一百元。票底则盖有新荣市×万×记（图章），再向中国信托公司找换。该公司因一时不察再受其所愚。该骗妇得计后，又携赤转向高信银号、永亨银号两处找换，该两号司理以该赤所盖之图记有伪造之嫌，乃向之盘询。该少妇知事情败露，旋即向人群中遁去，只留其母尚未脱逃"。永亨银号立即"将情通知本城各银号"。据查，"中国信托公司前后被骗九百余元，高信银号前后被骗二千余元"。

原来，李妇的丈夫"彭某数月前由美洲寄回赤纸一张。钜被×墟某处邮差刘×盗去。后几经查追，刘×始行直认。并（向刘妇）交出现向各银号找换之赤纸作抵偿。（双方约定，兑换赤纸所得的款项）除扣回所欠。余款即如数交还刘×"，而邮差刘×交给李妇找换的赤纸"系从华侨挂号信中窃取"。②

抗战胜利后"拆信取仄"事件屡有发生。1946年底，广东省邮政局一名杂差将"那金市之国际进口航空挂号信""内装仄纸"抽窃，以广州铭冒银号为"担保兑款店铺"进行冒领。而台山邮局襄办林某在1946年间共盗窃外洋挂号信件311件，抽取内装仄纸转托经纪人售卖，金额达国币二亿元以上。

1947年6月，广东邮政管理局杂役胡某"先后偷拆担保信四次"，共偷得华侨"由美寄来担保银信"合计港仄9 500元，由广州观音桥某车衣店作担保进行冒领。③ 同月台山邮局挂号函件组长林某"利用职务上之方便，私自将转发各墟市之挂号信件截留一部分"，将夹在担保信中的仄纸盗出后，由台城三家银业金铺盖章担保提取现金。事情败露后"台城各银业甚为震惊，纷纷清查近日买入仄纸"④，以免买入贼赃。同年9月，台城邮局职员林民伙同台城广诚银号司理谭兹、银业经纪人谭灼"盗卖侨仄"被发现后，引起美洲华侨的愤慨，"被窃美国华侨余中等向美国原汇款银行取出冒领原仄，摄影寄回"台山作为证据，⑤ 请求当局严惩林某等人。

"台山县深井大门沙头冲一带地方侨眷书信向由长塘赤水邮局负责投递。局

---

① 《少妇怀金仄乘车被光顾》，《大同日报》，1949提7月2日第2版。
② 《本城各银号近发生盗找赤纸骗款案》，《大同日报》，1940年9月30日第4版。
③ 《偷拆港仄九千余元》，《商报》，1947年6月11日第5版。
④ 《台山邮局高级邮务员林民法盗卖赤纸》，《粤中侨讯》，广州中国银行侨汇股，1947年第5期。
⑤ 《台山邮局职员串同盗卖侨仄案》，《前锋日报》，1947年9月30日第2版。

长李天滋约同其妻子乘夜静之际偷拆信款。"1948 年 9 月间共"偷窃美金四千元，另港币万余元。随后在原籍置田立业"。直到 1949 年 9 月，当地侨眷发觉后向粤省侨务处举报，要求严惩偷仄大盗。①

1949 年 6 月，台山三区邮局发生"盗仄案"，嫌疑邮差"被拘解警局讯办"②。台山"西华市邮局（也）发生积压私折情事"，加拿大华侨黄培"由外洋付回的港仄乙张，价值四百元，（被积压私折）经历月余仍未交入"③。

（二）防伪防盗的主要措施

由于发售仄纸的大多是外国银行，仄纸遗失或被盗取后申请重新签发需要提供各种证明材料，手续烦琐且要收取手续费。因此批信局在办理银信业务时大多有言在先："银纸赤纸夹在家信内者，倘有意外概不负责。"同时在银信封面上加盖"此银要人单两认方能执往查收。倘系别人执拾此单是为拈纸。此银不得查收，以免混乱是实"等印戳，而对于拾获送回的则给予酬谢。1946 年，中山广东省银行对于拾获"遗失汇票送回本行，即备酬饭茶资以感盛意"。④

与此同时，银行、银号以及华侨等都根据实际采取了各种防护措施。

1. 设定兑换日期

银行发售仄纸时设定兑换日期，仄纸只有在约定期内才能兑换。1946 年 8 月，台山海口埠裕源银号的 15 张由美国运通银行开出的仄纸被匪劫去。该银号除了"向美国运通银行及香港各银行（申请）挂失停止付款"外，还在《大同日报》上刊登声明："仄面写明由九月三日起方能提款"，"请各银行银号办庄注意"。⑤

银行间往来的仄纸设有防伪暗记，对其真实性进行保护和验证。例如，三藩市广东省银行发往中山县广东省银行的仄纸"经划有红线，非银行不能取款"⑥。

2. 由担保店承担经济赔偿责任

1942 年，中央银行在办理仄纸托收时声明，托收仄纸付款后如果发现被冒领，"则无论收款为何人"，"均须由该保证人负责将款全数退还"。⑦

银号和钱庄等办理仄纸业务时要求持仄人提供殷实店铺作经济担保并承担赔偿责任。即便是相互认识的侨眷，也要在"收购仄纸登记本"上进行登记，

① 《赤水邮政局拆信偷侨汇》，《前锋日报（广州版）》，1949 年 9 月 28 日第 8 版。
② 《盗仄案疑犯问讯后解县》，《大同日报》，1949 年 6 月 26 日第 2 版。
③ 《三合西华市邮政代办所黄剑清更正启事》，《大同日报》，1949 年 6 月 28 日第 2 版。
④ 《中山广东省银行遗失汇票广告》，1946 年 10 月 13 日第 1 版。
⑤ 《各银行号办庄注意》，《大同日报》，1946 年 9 月 12 日第 1 版。
⑥ 《中山广东省银行遗失汇票广告》，《中山民国日报》，1946 年 10 月 8 日第 1 版。
⑦ 《由美汇港汇票得凭正票付款》，《中山日报（梅县版）》，1942 年 8 月 8 日第 2 版。

注明购入日期、持仄人姓名等并由持仄人签字确认。对于"出国侨胞，若能提供护照或其他相片证件，足以证明汇票抬头人即系收款人"，经"查明无讹"后也可办理。①

3. 提前电告国内侨眷

中国银行在美洲指导华侨"每次将汇票寄交收款人后，应速将该票出票行名、日期、号码、金额、抬头人姓名、付款行名及寄汇票之挂号信号码等项，逐一详细抄列，另函通知收款人"，以便仄纸遗失或被盗抢时及时发现。②

部分粤东籍华侨在国外购买银行汇票后，通过电报将汇款信息告诉国内家眷提醒及时查收。太平洋战争发生后，香港"至英属毛里寺埠因航程受阻，各侨胞家属未接音讯者久矣"。毛里求斯客属华侨想方设法，通过各种渠道向梅县地区汇款。1942年8月，梅县电报局收到由英属毛里寺埠"侨胞交由伦敦拍至重庆转来之电报颇多，均谓由银行汇有款项若干元，先行电知等语"，这批"侨款共有数十万元之多"。③

第七节　仄纸的战时托收及战后清算

全民族抗日战争爆发后，国内银行和邮局为接济侨眷生活起见，加快办理仄纸兑换业务。广东省银行"为优待侨汇"起见，对所属分支机构办理侨汇业务进行了部署，"饬香港澳门等分行免费承接侨汇。东江侨汇由香港（分行）设法促使各批局自动到该行汇款。四邑各行处收购仄纸除按每百元收回邮费五角外，其余手续费一律免收"④。

1941年12月太平洋战争爆发后，"港仄因香港沦陷没有兑换牌价"而无法兑换，其他仄纸也因"国际邮资及汇费尚未知详"而难以兑换，⑤ 粤港澳的社会经济及侨眷生活因此而受到极大影响。在香港，"居港富侨仍存香港各国银行港币仄纸颇多"而无法兑付。⑥ 在粤省，虽然"美金英镑等汇票仍可按当时的现金价格进行兑换"⑦，但"侨胞递寄归国内由香港银行兑现之汇票"却因"无法

---

① 《问答》，《粤中侨讯》，广州中国银行侨汇股，1947年第3期。

② 《粤中侨讯》，广州中国银行侨汇股，1947年第5期。

③ 《毛里寺侨胞纷纷汇款回梅》，《中山日报（梅县版）》，1942年8月12日第3版。

④ 《广东之金融货币》，《两广战时经济》，第四战区经济委员会，1941年第1期。

⑤ 《省行代收仄纸，汇率尚未确定》，《台山民国日报》，1942年6月3日第1版。

⑥ 《港侨所存"仄纸"得请中行汇转兑换》，《中山日报（梅县版）》，1942年7月17日。

⑦ 《省行代收仄纸，汇率尚未确定》，《台山民国日报》，1942年6月3日第1版。

（向出票的外国银行）收款”而无法办理。① 尽管前往各地银行“请求代收者甚为拥挤，但因仄票比率尚未知详，以致持有仄纸仍在徘徊者尚多”②。

与此同时，国民政府侨务委员会发布了仄纸限期兑换令，要求“侨胞汇款至闽粤各地银行”的仄纸限于1942年6月前领取，“逾期（不兑）即行退还”原出票银行。后来“因交通及战争关系影响，收款人未能如期洽领”，“为体恤侨胞及增强汇运起见，特函请中（央银行）、中（国银行）、交（通银行）、农（民银行）四行总行”同意，对未能如期兑换的仄纸“准予展期一年”③。与此同时，部分外国银行也宣布限期兑换所发售的仄纸。例如，“印度银行对其所发行之缅币卢比（及仄纸）拟限于一个月内兑回。逾期不予兑换”④。仄纸的经营进入一个十分紊乱的时期。

1942年1月，广东省银行“奉广东省政府的命令转饬全行，凡侨汇众多的各分支行处，仍照旧收购仄纸，以维持侨眷的生活”。在收购价格上，“该项仄纸如系国币者，照票面面额付以国币。若系港币者，则照外汇平准基金委员会所定的币价四元六角九分折合法币支付”⑤。如系“美洲中国银行发出之大洋赤和港赤”，则按照仄纸“金额全数支付”⑥。到10月底，广东省银行共兑港币269万元，垫付现款1 216万元。⑦

根据财政部的指示，“香港沦陷时由美寄港我国家银行、地方银行及商业银行付款之汇票，仅有正票或于票面注明Sale者，可凭正票往中国银行兑付。如有正副票者，应凭正汇票加具当地法团之证明及铺保往中国银行领取汇款”⑧。

由于外国银行“仄纸一向由香港各银行兑现”，香港沦陷后，国内银行已“兑出的票款均不能转交”，造成大量的现金被挤占，仄纸战时托收业务应运而生。

一、仄纸的战时托收

仄纸的战时托收是指国内银行、邮局以及其他托收机构办理仄纸业务时，先按照仄纸票面金额的一定比例向侨眷支付现金进行托收。托收机构将已托收的仄

① 《侨汇侨信还照样畅通》，《大同日报》，1942年2月12日第4版。
② 《省行代收仄纸，汇率尚未确定》，《台山民国日报》，1942年6月3日第1版。
③ 《侨汇领兑期间展期一年》，《中山日报》，1943年5月31日第2版。
④ 《印度银行缅币限期兑回》，《中山日报》，1942年8月1日第2版。
⑤ 《侨汇侨信还照样畅通》，《大同日报》，1942年2月12日第4版。
⑥ 《台山民国日报》，1942年7月25日第1版。
⑦ 《广东省之侨眷贷款》，《金融导报》，（马）坝省地方银行联络通讯处，1944年创刊号。
⑧ 《由美寄港汇票可向中行支取》，《中山日报（梅县版）》，1942年10月10日第2版。

纸送往中央银行，由中央银行统一向国外原出票银行全额收兑后，将款项交托收机构，由托收机构与侨眷进行清算。

根据国民政府财政部 1942 年 5 月 20 日的公告，"凡持有美国银行汇票，在香港未能兑款者，可托各地中央银行转寄美国，代向原出票行商请付还美金"。后来又将"美国银行汇票"扩大为"外国仄纸"。

中央银行也公布了仄纸托收办法，"代收华侨外国汇票原不限美国银行签发之汇票。所有美国、澳洲各地及加拿大等其他银行签发之汇票，均属一律办理"。"凡香港外国银行付款之汇票，可将正副汇票托由各地中央银行代收。在未收到前，并得请求先垫借半数，折合国币付给。仅持有正汇票或副汇票者，如经当地法团证明，并觅具殷实铺保，亦得照样办理。"① "凡由美寄（香）港我国银行、地方银行及商业银行付款之汇票，以凭正汇票加具当地法团证明及担保，予以付款。如持票人确有急需，且款目不大，经由当地法团证明，并觅具殷实铺保者亦只得通融凭负（副）票付款。但日后若发现该款已在港凭正票付讫，则无论收款为何人，或其付款日期在内地行凭负票付款日之前或之后，均须由该保证人负责将款全数退还。"② "对于持有外国仄纸的求兑者，先行收受登记，给回收据。再由该行汇总后，分别向出票国银行掉换成伦敦金镑或印度卢比汇票。"③

各银行、邮局以及侨务机构据此制定了各自的托收办法。"广东省银行为沟通美洲侨汇，维持侨属战时生活起见，经与中央银行商定代收仄纸办法：凡持有美洲各地银行于 1941 年 12 月 8 日（太平洋战争爆发）前所开的，由香港各联行承兑之仄纸，一律代为收兑。"④ "所有南北美洲各地银行寄回的仄纸，由中央银行先行支付八成，而澳洲和非洲汇票（仄纸）暂作登记，不予以兑换。"⑤

"广东省银行四邑分行于民三十一年（1942）代理侨眷收兑港仄"业务。"按照港仄票面额半数，依政府公布价伸合国币支付（侨款）。"⑥ 同年 5 月 27 日，该银行台山支行对"因香港沦陷而无法兑现之仄纸"进行登记，要求持仄人"觅具殷实店保，并在每张仄纸正面签名保证"，经该行验明后办理托收手续。⑦ 由于附近"邑人持往请求代收者甚为拥挤"，开办仅 9 天，台山支行"已

---

① 《各侨胞自联合国家寄由香港付款汇票》，《中山日报（梅县版）》，1943 年 6 月 3 日第 3 版。
② 《由美汇港汇票得凭正票付款》，《中山日报（梅县版）》，1942 年 8 月 8 日第 2 版。
③ 《港侨所存"仄纸"得请中行汇转兑换》，《中山日报（梅县版）》，1942 年 7 月 17 日。
④ 《省银行取兑美洲仄纸》，《中山日报（梅县版）》，1942 年 7 月 29 日第 3 版。
⑤ 《登记赤纸》，《台山民国日报》，1942 年 7 月 22 日第 1 版。
⑥ 《本省十一月份到侨汇四十亿》，《前锋日报（六邑版）》，1946 年 12 月 13 日第 3 版。
⑦ 《开平省行今日起收兑港仄》，《开平日报》，1942 年 5 月 27 日第 3 版。

代收的仄纸为 2 000 余张"①。至 6 月 21 日，台山支行共托收仄纸 4 600 余张。②

　　广东省银行将已作登记的仄纸"寄交重庆中国银行代转外国，由原出票银行办理兑换"事宜。③ 该银行"一面电呈财部，拟将各行处兑入仄纸一律缴交韶关中央（银行）、中（国银）行两行兑回现款，使资金周转灵活，以便源源收兑。一面分电重庆中央、中行，请予照兑"。

　　中国银行的仄纸托收业务同样出色，仅广州分行便托收仄纸 500 多笔。④

　　粤东潮梅汕地区的仄纸托收业务由当地侨务管理机构代理。粤省侨务处经过与中央银行"详慎协商"后，商定粤东"侨民由欧美澳大利亚外国银行付款汇票，因香港沦陷未得领取"的，"一律由侨务处向中央银行付收转发"。"侨胞持有该项汇票应于即日前赴侨务处先行登记。"侨务处对"各侨胞汇票，将予以详细登记，以备考查。该汇票若有遗失，仍可安全交涉，而免侨胞损失"。登记后将仄纸转交中央银行，"由中央银行代收，先付五成国币，其余俟中央银行在美收到美金后再付一半"。⑤

　　仄纸托收的费用主要包括国内银行收取的托收手续费、航空邮费，以及发售银行收取的手续费等。各银行及托收机构可根据实际情况对部分收费予以免除。中央银行"对于寄英美托收之汇票手续费及航空邮费均予免收。惟英美各代理银行之手续费则仍请持票人照付"⑥。

　　广东省银行要求"委托人须负担邮资及手续费。无论仄纸面额多寡，一律仅收国内所需邮费及材料费国币三元"⑦，即只"收取航寄重庆的邮资三元"⑧。托收仄纸"如需转托中央或中国银行收兑，所需邮资及手续费等仍由委托人负担"，所收费用"在仄纸付款时扣还，或在出票时补收上项款项"。⑨

　　粤侨务处"对于侨胞汇票由韶关寄重庆，由重庆寄至美国所需邮费手续费等一律免收"⑩。

　　战时托收无论是对持仄人还是对托收机构都有好处。对于持仄人而言，将仄纸交由银行托收后可以取回部分现金以解燃眉之急。对于银行、邮局以及侨务机

① 《省行代收仄纸，汇率尚未确定》，《台山民国日报》，1942 年 6 月 3 日第 1 版。
② 《邑闻点滴》，《台山民国日报》，1942 年 6 月 3 日第 1 版。
③ 《邑闻点滴》，《台山民国日报》，1942 年 6 月 3 日第 1 版。
④ 《未付半数仄仄，国行电复洽照》，《粤中侨讯》，广州中国银行侨汇股，1947 年第 6 期。
⑤ 《欧美华侨未兑汇款准由央行先付半数》，《汕报（梅县版）》，1942 年 12 月 18 日第 3 版。
⑥ 《港侨所存"仄纸"得请中行汇转兑换》，《中山日报（梅县版）》，1942 年 7 月 17 日。
⑦ 《省银行收兑美洲仄纸》，《中山日报（梅县版）》，1942 年 7 月 29 日第 3 版。
⑧ 《省行代收仄纸　汇率尚未确定》，《台山民国日报》，1942 年 6 月 3 日第 1 版。
⑨ 《开平省今日起收兑港仄》，《开平日报》，1942 年 5 月 27 日第 3 版。
⑩ 《欧美华侨未兑汇款准由央行先付半数》，《汕报（梅县版）》，1942 年 12 月 18 日第 3 版。

构而言，通过开办汇纸托收业务，既可以接济侨眷生活，稳定社会经济，又可以最大程度地吸纳社会上的闲散侨汇。更重要的是，通过办理汇纸托收业务可以加强与外国银行之间的业务合作，提高自身的侨汇经营能力。

中央银行在办理汇纸托收业务时，对可能发生的诈骗、冒领等行为明确了赔偿责任，在一定程度上确保了托收各方的利益。

二、汇纸的战后清算

抗战胜利后，华侨"将侨汇购买香港各银行汇票（俗称汇纸），将汇票由航邮直接寄达乡间家人，以赴港提兑港币，伸算时多得款项。故四邑各埠钱庄收兑港汇之营业又恢复战前活泼状态。但各钱庄提票到港兑款时，每因（在香港的外国）银行未收到外洋承汇通知"，"故多未能见票即行兑款"。①

"抗战期间交通梗塞，侨汇断绝。政府为体念侨眷生活起见，曾由中央银行转托广东省银行（等）代收侨汇汇币，先照面额给付半数，其余半数俟向付款行收妥后再通知（持汇人）到（银行）领（取）。"②但由于外国银行大都不愿意对战前所签发的汇纸进行兑付。在香港，只有5家外国银行同意向托收汇纸付款，③导致大量汇纸被积压。"中国银行积压未付之侨胞汇款总计约数亿元。"④其中，广州分行积压的"侨胞汇汇"超过其所经营侨汇总数的一半以上。⑤"四邑（各行处所）积欠侨汇达十三万万元之多。"⑥大量汇纸被积压，严重影响了侨眷生活和粤省的社会经济秩序。

海内外华侨组织纷纷要求当地政府对积压汇纸进行合理清算。1946年8月，新加坡南洋华侨外汇及汇兑协会就清算战时未汇解的华侨小额汇款问题，向新加坡政府提出三项建议："一、凡在1941年12月6日前接获之汇款，而该款是依照当时新加坡管制法所汇出者，则作为已经汇出之汇款。凡汇出之款迄未交达中国者，则承汇商号当加百分之二千四百之津贴后，再按目前之比率归还。二、凡在本埠被占领前所接获，而在解放后始汇出之汇款，当照汇款时之汇率寄递。三、凡被占领前之汇款，阻于中国而未交达收款人者，则当由政府加百分之二千四百之津贴"发给。⑦

① 《四邑各地钱庄找换港汇生意旺盛》，《广东省前锋日报》，1946年2月11日第6版。
② 《省行代兑侨汇余款未付原因》，《前锋日报（六邑版）》，1947年1月30日第3版。
③ 《未付半数侨汇，国行电复洽照》，《粤中侨讯》，广州中国银行侨汇股，1947年第6期。
④ 《中国银行决定清付积压侨汇》，《金融周报》，中央银行经济研究处，1945年第13卷第10期。
⑤ 《未付半数侨汇　国行电复洽照》，《粤中侨讯》，广州中国银行侨汇股，1947年第6期。
⑥ 《江门中行经理谈四邑侨汇无积压》，《新会民报》，1945年10月24日第3版。
⑦ 《新加坡华侨外汇协会清算未解决之战前华侨小额汇款》，《中山民国日报》，1946年8月27日第2版。

　　同年 11 月，开平县海外归侨协会经粤省侨务委员会江门侨务局同意，对邑属各地持有港赤的侨民侨眷进行补登记。① 在同年 12 月初召开的台山参议会第三次大会上，有议案要求中国银行、广东省银行等"速将未付之百分之五十港仄款克日清理。如有困难不能付款，则退还原仄，并向持票人收回已付的百分之五十的国币现金"，同时"电请美洲各地宁阳会馆侨团，据理径向财部及海外部交涉，务达合理清发为目的"。②

　　由于仄纸发汇时间不同，所受国际政治经济的影响也不同，因此战后清算的价格也不同。1948 年初，广东省银行开平办事处收到中央银行移交的 4 批港仄的兑付率分别为 1：10 200，1：11 550，1：13 800 和 1：16 600。最低清算价格仅为最高价的 62%。③

　　合理的兑付率由以下三个因素所决定。

（一）政府对侨汇的津贴

　　抗战期间，国民政府"为便利侨胞及充实外汇准备起见，特将吸收侨汇列为中央重要金融政策"加以管控。④ 1940—1946 年，国民政府为了鼓励华侨使用法币支付侨汇，对以法币支付的侨汇给予政府津贴。从 1944 年 1 月 1 日起，"凡侨胞瞻家汇款，得加百分之五十补助金。旋又规定自同年一月二十日起，得给百分之一百补助金"⑤。在美元与国币的汇率上，"三十三年五月以前为一对二十。五月二十日以后，除照原定汇率支付外再由当局津贴百分之百，合成一对四十。又自三十四年（1945）七月后再在原定汇率（一对二十）基础上增加津贴二十四倍，合成一对五百。此一新比率公布后，本（粤）省侨务处即请财政部对三十三年七月之前积存未付之侨汇，准照美元折合国币五百元付给。其中仅领去旧定汇率者则当照新定汇率补足"⑥。"去年（1945）底又增至每元美金兑取法币六百元。"⑦

　　因此，仄纸战后清算的价格在很大程度上取决于政府津贴。

　　① 《通告本县侨民侨眷来会补行填报前向各行登记港赤数额》，《前锋日报（六邑版）》，1946 年 11 月 1 日第 3 版。
　　② 《请银行发还港仄》，《前锋日报（六邑版）》，1946 年 12 月 7 日第 3 版。
　　③ 《广东省银行开平办事处通告》，《开平日报》，1948 年 2 月 5 日第 3 版。
　　④ 云照坤：《抗战四年来之广东省银行》，《金融知识》，邮政储金汇业局，1942 年第 1 卷第 6 期。
　　⑤ 刘佐人：《当前侨汇问题》，广东省银行经济丛书，1946 年，第 41 页。
　　⑥ 《中行未允照付》，《广东省前锋日报》，1946 年 1 月 23 日第 3 版。
　　⑦ 《侨汇率与黑市悬殊　美侨汇多经港》，《广东省前锋日报》，1946 年 2 月 23 日第 3 版。

（二）国家银行对侨汇清算的具体规定

1946 年 3 月，中国银行致函粤省侨务处，对于"抗战期间（中国银行）国外（行处）业已汇出，国内尚未解付之侨汇，一律准照目前汇率每美元折合大洋五百元付给"。具体发放标准如下：

一、自民国二十四年二月十二日至二十六年七月七日及该日以后，海外行处及代理店汇出侨汇尚未解讫者，于解付时应一律加给二十四倍国币补助金。二、民国三十四年十二月十一日以后已付讫之侨汇尚未加给补助金者，应即补发二十四倍补助金。如已加给百分之五十或百分之百补助金者，应补差额补付之。三、凡项补给补助金应与原规定应给之补助金分别办理。①

中国银行广州分行为减少兑付美国汇款时所可能出现的"麻烦纠纷，规定划时清理。凡由本年（1946）二月二十五日以前汇款，概照前定美金一元兑国币二十元，另加二十四倍发给计算。三月四日以后者照新汇率美金一元兑国币二千零二十元付款"②。同时对"战时国外中行所发，由香港中行验付之侨汇"进行补登记。"持有上项汇票者，得取具证明，证明该件确属本人所有，并申请补发"，由当地中国银行"代为解交"并"依照奖励侨汇办法，加二十四倍发给"。③ 对于"三埠（台山的新昌、狄海，开平的长沙④）沦陷，四邑中国银行各行处远迁，（导致）侨胞汇回款项"无法兑付的予以 24 倍的偿还，"每美元折国币五百元付给"。⑤

1947 年"开平广东省银行清理战时托收侨仄"，"未领者须携据到行查对"并申请清理。⑥ 对于中央银行移交的港仄"无论托收人何时到收"，"均以中央银行原送清单所定之折付率给付"。⑦

---

① 《新旧侨汇一律照新汇率付给》，《前锋日报》，1946 年 3 月 3 日第 3 版。

② 《中国银行划定日期清理侨汇》，《广东省银行月刊》，广东省银行经济研究室，1946 年复刊第 2 卷第 3、4 期合刊。

③ 《中行战时积压侨汇奉准加二十四倍补发》，《前锋日报》，1946 年 11 月 4 日第 3 版。

④ 《三埠六小时》，《岭南日报》，1947 年 10 月 3 日第 3 版。

⑤ 《积压侨汇侨仄》，《侨通报（海外版）》1946 年第 3、4 期合刊。

⑥ 《四邑通讯》1947 年第 2 期。

⑦ 《广东省银行开平办事处通告》，《开平日报》，1948 年 2 月 5 日第 3 版。

第三章 水客的行商特征

"海水到处有华侨"①，华侨之处有水客。近代水客是华侨中一个特殊的群体，他们既是华侨又是商人，漂洋过海来到南洋和美洲等世界各地。"水客外洋原无住所"②，利用旅店、书局等为临时住所进行业务经营。水客"应侨界托办家事及收交侨批物件"③，"尚可代带人或物"④，并"利用别人的钱"进行侨汇买卖。⑤ 水客受侨乡政府之委托在海外筹集资金，冒险出洋搜集信息、探寻华侨出国新路线，促进了沿途商贸繁荣，成为令人尊重的"南洋客"⑥。抗日战争时期，水客业的发展进入非常时期，留下了丰富而独特的史料，对近代水客的研究起到"管见一斑"的效果。

第一节 水客的形成

"闽粤地处滨海，其民习于海行。"毗邻南洋的地缘优势为水客出洋提供了得天独厚的条件。闽粤华侨的家庭观念浓厚，"赴南洋群岛者以营利为唯一目的，不愿久居"，"多希望两三年后得利荣归，叙乐天伦"⑦。即便是远渡重洋来到美洲的粤人也大多抱着"若命途稍佳，两三年之间，当即捆载而归"⑧ 的梦想，或"稍有积蓄即思买棹言旋，一叙天伦之乐"⑨ 的决心。"以营利为唯一目的""买棹言旋"等海外移民心态，使华侨中的一部分人演变成为"专以携带各埠侨胞接济家属信款为业务"的水客。⑩

---

① 《海水到处有华侨》，《大同日报》，1942 年 2 月 25 日第 2 版。
② 饶宗颐：《潮州志·实业志·商业》，汕头潮州修志馆，1949 年，第 73 页。
③ 《刘助友水客》，《旅暹大埔公会成立二周年纪念特刊》，1948 年。
④ 《星洲十年》（星洲日报十周年纪念特刊），星洲日报社，1940 年，第 585－586 页。
⑤ 《梅县的南洋水客》，《中山日报（梅县版）》，1940 年 2 月 25 日第 3 版。
⑥ 陈达：《南洋华侨与闽粤社会》，商务印书馆，1938 年，第 88 页。
⑦ 姚蔚生：《英属新加坡历届人口统计中之华侨地位》，《南洋华侨》，商务印书馆，1933 年，第 77 页。
⑧ 司徒献：《少小离乡老大回》，《纽约华侨餐馆工商会游河特刊》，纽约华侨餐馆工商会，1922 年。
⑨ 《华侨商业总说》，《檀山华侨》，檀山华侨编印社，1929 年，第 42 页。
⑩ 《往来南洋各埠水客统计》，《中山日报（梅县版）》，1940 年 4 月 12 日第 2 版。

一、水客的历史溯源

水客："（一）舟人也。（二）商家遣人往来货物出产或制造之地专事采购，不兼营买卖者。"① 作为海洋金融行商，"水客外洋原无住所"②。他们"席不暇暖，仆仆风尘，一叶扁舟，乘风破浪"③，被认为是"帆船时代浮海贩易的商人"。

水客形成的时间没有确切的史料记载。"华侨移殖南洋初期，所有信件款项从南洋寄回祖国的都只有托水客带回国。"④ 粤省"客属（梅州地区）最原始之侨汇为水客"⑤。新加坡"客帮同侨在（1940 年以前的）四十年前未有汇兑信局之组织。侨胞欲寄款回乡，多委托以来往南洋汕头间代客运送银信物件或引导新客南来为专业之水客"⑥。"在十九世纪初年，有水客往来南洋与闽粤口岸间，亦有往来美洲之间。"⑦ 在随波逐流的几百年间，水客逐步成为颇具特色的国际金融行商。

根据一名同治年间"从香港出发，经月余，然后抵沪"；再从上海出发，"扁舟如叶，日夕向西而行，约数旬之久"始抵达美国金门湾的广府华侨回忆："余家无担石⑧，非外出谋生，必难生存。盖饿死家园，无宁出外求生。""因村有（水）客复美国"，于是"结婚未及旬月，便（随水客）来美洲"。可见，美洲水客的商业运作最迟于 19 世纪中期已经相当成熟。大批粤籍华侨"由沪解缆，从兹便出国门"，经过东海、太平洋，由海路前往欧美各国。⑨

随着批信局、银行和邮局等侨汇组织的兴起，水客携带华侨信款的主体地位被削弱。在美洲，"自新式银行的仄纸汇款法被侨民普遍利用以来"⑩，美洲水客的业务不断减少，加上海路遥远、海上交通工具落后、经营成本高昂等原因，"来往美洲及南洋各地为侨民携带信款返国，颇著劳绩"的水客"遂逐渐趋于没

---

① 《广东之金融货币》，《两广战时经济》，第四战区经济委员会，1941 年第 1 期。
② 饶宗颐：《潮州志·实业志·商业》，汕头潮州修志馆，1949 年，第 73 页。
③ 《梅县的南洋水客》，《中山日报（梅县版）》，1940 年 2 月 25 日第 3 版。
④ 刘征明：《南洋华侨问题》，国立中山大学社会研究所编辑，金门出版社，1944 年，第 188 页。
⑤ 《广东之金融货币》，《两广战时经济》，第四战区经济委员会，1941 年第 1 期。
⑥ 《星洲十年》（星洲日报十周年纪念特刊），星洲日报社，1940 年，第 586 页。
⑦ 刘佐人：《批信局侨汇业务的研究》，《金融与侨汇综论》，广东省银行经济研究室，1947 年，第 54 页。
⑧ "担石"：表示一担一石，比喻微少。
⑨ 司徒献：《少小离乡老大回》，《纽约华侨餐馆工商会游河特刊》，纽约华侨餐馆工商会，1922 年。
⑩ 姚曾荫：《广东省的华侨汇款》，商务印书馆，1943 年，第 11 页。

落"，甚至被认为"至十九世纪末来往美洲者停止了"①。但"往来于南洋各埠收集信款回国之水客"②仍然旺盛。"在南洋，即便是穷乡僻壤都有批局的设置和水客足迹所到"③，水客成为令人敬重的"南洋客"④。

水客的经营范围相当广泛，他们"一方面自国内携带新客及少量土产往南洋，一方面自海外代侨胞携带家信款项返国"⑤。他们"招呼新客出国，领'旧客'及带华侨信银包裹返国"⑥，"除代寄银信外，尚可代带人或物"⑦，还"利用别人的钱"进行侨汇买卖。⑧

"这些代人带银信的人（指水客）"，"就把人们信托的款项办些土产，视唐山所缺少而需要的赚些贸易之利。规模大一些的自造'航船'，来往办货，挂起招牌兼收银信，批业的生意从此而生，而初具了民信局的雏形"⑨。水客的发展促使批信局的形成，成为"批业之源"⑩。批信局发轫之初"名为水客"⑪，批信局之"源乃由水客递变"，"其组织取自民信局，其经营则仿效水客"⑫。"批业之登门收寄按址送交，以及回批交还等手续，无一不循水客之旧贯。"⑬水客的部分经营方式受到银行的追捧。1942年初，梅县政府举办"救济归国侨胞及救济侨胞家属粮食问题座谈会"，有人向参会的中央赈济会闽粤视察员建议，"请中央饬英属中国银行采取水客式在乡市收集零星汇款办法，然后用无线电电汇兑交"侨款，以提高银行的侨汇能力。⑭

随着时代的变迁，部分水客逐步脱离行商模式，经营批信局，也有部分"水客兼（营）民信局，即除代寄银信外，尚可代带人或物"⑮。

---

①　刘佐人：《批信局侨汇业务的研究》，《金融与侨汇综论》，广东省银行经济研究室，1947年，第54页。

②　《广东金融》，广东省政府秘书处编译室，1941年。

③　刘佐人：《批信局侨汇业务的研究》，《金融与侨汇综论》，广东省银行经济研究室，1947年，第70页。

④　陈达：《南洋华侨与闽粤社会》，商务印书馆，1938年，第88页。

⑤　《广东之金融货币》，《两广战时经济》，第四战区经济委员会，1941年第1期。

⑥　刘佐人：《批信局侨汇业务的研究》，《金融与侨汇综论》，广东省银行经济研究室，1947年，第70页。

⑦　《星洲十年》（星洲日报十周年纪念特刊），星洲日报社，1940年，第585－586页。

⑧　《梅县的南洋水客》，《中山日报（梅县版）》，1940年2月25日第3版。

⑨　曾一鸣：《民信局与侨汇的由来》，《新加坡汇业联谊社特刊》，新加坡汇业联谊社，1947年。

⑩　饶宗颐：《潮州志·实业志·商业》，汕头潮州修志馆，1949年，第73页。

⑪　《琼侨汇业话兴衰》，《新加坡汇业联谊社特刊》，新加坡汇业联谊社，1947年。

⑫　刘佐人：《批信局侨汇业务的研究》，《金融与侨汇综论》，广东省银行经济研究室，1947年，第70页。

⑬　饶宗颐：《潮州志·实业志·商业》，汕头潮州修志馆，1949年，第73页。

⑭　《梅县府昨开会决定救济侨眷办法》，《汕报（梅县版）》，1942年1月5日第2版。

⑮　《星洲十年》（星洲日报十周年纪念特刊），星洲日报社，1940年，第585－586页。

在国外，水客分为南洋水客和美洲水客两个群体。在国内，水客主要分布在广东、福建、广西和海南各地。南洋水客以"潮（汕）梅（州）水客人数既多，联络亦佳"[①]，其中又"以梅县为最多，其次为大埔"[②]。1941年，大埔"水客为数不下二三百人。以本县大麻、同仁及附城区为最多，其他各地次之"[③]。在南洋水客联合会的900余名会员中，梅县籍水客为700余人，潮汕籍水客仅为200余人。[④] 20世纪20年代，汕头市成立南洋水客联合总会。潮汕沦陷后，该会在梅县筹设办事处。[⑤]

水客的社会功能相当显著，他们除了接受当地政府的委托在海外筹集资金、促进沿途商贸繁荣外，还冒险出洋报送信息，为华侨探明出国新路线。

水客充分利用海洋行商灵活多变的经营优势，在批信局、银行和邮局等坐商之间左右逢源，并得到侨居国（地）和侨乡政府的认可和利用，成为中国形成时间最早、经营时间最长的海洋金融行商。

二、水客的出洋方式

（一）以节日为原点结帮出洋

水客出洋"有大小帮之分，每年各往返南洋三次。出国时以旧历一、五、九月为大帮，三、七、十一月为小帮；由南洋抵国时则以四、八、十二月为大帮，二、六、十月为小帮"。"小帮的水客比大帮迟一个月。"[⑥]"凡大帮入国时期即为小帮出国时期。"[⑦]

每年"旧历年届（春节前夕），南洋各埠水客纷纷带款返国"[⑧]。国内"侨眷们咸望水客快些回来，取款购买年料"以欢度春节。[⑨] 春节过后，水客又"取道东江赴港出国"谋生。[⑩] 如此循环不息、周而复始。1945年"农历年关将届，来往泰国之梅县'水客'由泰取道回国，辗转携带侨汇"回乡。至2月上旬"已有十余人抵梅，携带侨汇约一千余万元。尚有大帮'水客'约四十余人仍在旅

① 姚曾荫：《广东省的华侨汇款》，商务印书馆，1943年，第29页。
② 《往来南洋各埠水客统计》，《中山日报（梅县版）》，1940年4月12日第2版。
③ 《大埔旅外侨胞经济情形及其家属生活概况》，《广东省银行季刊》，广东省银行经济研究室，1941年第1卷第3期。
④ 姚曾荫：《广东省的华侨汇款》，商务印书馆，1943年，第29页。
⑤ 《水客联合总会在梅设办事处》，《中山日报（梅县版)》，1939年12月11日第2版。
⑥ 《往来南洋各埠水客统计》，《中山日报（梅县版)》，1940年4月12日第2版。
⑦ 姚曾荫：《广东省的华侨汇款》，商务印书馆，1943年，第29页。
⑧ 《丙村广东省银行欢宴水客》，《中山日报（梅县版)》，1940年2月4日第2版。
⑨ 《请水客救救侨眷》，《中山日报（梅县版)》，1949年1月18日第2版。
⑩ 《役龄壮丁请领出洋》，《中山日报（梅县版)》，1940年2月28日第2版。

途，闻共带有侨汇约一万万元"。①

当然，水客也会根据实际需要或"每年带款二次，三四及九十月间带返"②，或"每年四次前往南洋各埠"③。1940 年 2 月 5 日的《中山日报》刊登了新加坡水客管绍奎的两则启事。一则称"前月由新加坡亲自携回（‘竹’字号汇票两张），不料到河源时被匪徒劫去"。另一则称"由星（新加坡）返国，于 1 月 12 日途经惠州河源地方被匪劫去（银行汇票 15 张）"。④ 由此可见，水客管绍奎至少每个月往返南洋一次。

当地政府、华侨组织也会视情况组织水客集体出洋。1941 年 6 月，梅县华侨互助社将出洋水客分为若干个客帮，"每隔十日为一帮"，"由梅县往韶关转入赤坎"，取道广州湾（今湛江市）下南洋。每帮由华侨互助社官员任团长，并配外交交涉官员和财政官员各一人，负责"沿途食宿及交涉一切事宜"。⑤ 同年 9 月中旬，香港当局规定，"凡出国侨胞由广州湾及各地往港者，除须带有效之外交部护照外"，尚须有"香港之移民证，否则虽交按金亦不能登岸"，使"梅属欲出国之水客及侨胞颇感困难"，梅县水客分会与香港渣华轮船公司联系，由该公司为"所有出国水客华侨"提供登岸担保，"梅属各水客侨胞如未曾做有香港移民证，及未有外交部护照者，可将三寸半身相片三张"到"梅县水客分会登记"。出洋水客侨胞"每 100 人为一批，由该公司派员引导前往广州湾转（香）港"集体出洋。⑥ 共有数十人进行了登记。原定 9 月 30 日由水客分会"雇车往韶（关），嗣因时局关系，致未能动程"。10 月 16 日，该批水客侨胞"由梅县首途"，集体前往香港下南洋。⑦

水客往返路线相对固定并受到官方保护，水客往返时必须在指定的华侨旅馆登记食宿。1940 年初，粤侨通讯处东江暹侨事务处在粤东地区设有出洋汽车专线。每逢单日下午 1 时由梅城开往老隆，双日由老隆返回梅城，随车有士兵护送以确保出入境水客华侨的安全。⑧ 1942 年初，粤救侨会在粤东各县设立了 120 个华侨招待所或护送站，为过往水客提供登记以及安排食宿服务。⑨

① 《水客十余人由泰国回梅》，《中山日报（梅县版）》，1945 年 2 月 10 日第 3 版。
② 《大埔旅外侨胞经济情形及其家属生活概况》，《广东省银行季刊》，广东省银行经济研究室，1941 年第 1 卷第 3 期。
③ 《梅县的南洋水客》，《中山日报（梅县版）》，1940 年 2 月 25 日第 3 版。
④ 《失票启事》，《中山日报（梅县版）》，1940 年 2 月 5 日第 2 版。
⑤ 《第一批出国华侨定期首途》，《中山日报（梅县版）》，1941 年 6 月 6 日第 2 版。
⑥ 《华侨出国香港渣华公司派来梅引导》，《中山日报（梅县版）》，1941 年 9 月 15 日第 2 版。
⑦ 《梅县一批华侨改期出国》，《中山日报（梅县版）》，1941 年 10 月 2 日第 2 版。
⑧ 《出入国华侨注意》，《汕报（梅县版）》，1940 年 1 月 7 日第 1 版。
⑨ 《归国难侨达十余万人》，《中山日报（梅县版）》，1942 年 2 月 16 日第 2 版。

水客"人数众多"且"水客返（回故）里多有定期，各侨民家属皆能预知何时往取"信款。① 一旦水客未能如期返乡，将会引起侨乡社会的不安。1940 年端午节前夕，"有南洋水客数人经由老隆乘车抵梅（县），携回信款颇巨"。但更多的"南洋各埠水客迟迟未抵梅县，凡仰给华侨汇款接济之侨胞家属更为悬念"，"纷纷向旅店探听水客消息之侨胞家属为数极多"。② 1947 年 1 月，"汇寄梅县之侨汇一批为数颇巨，因交通关系，尚停滞于粤省之南路西江各地"。因"旧历年关在即，各侨眷对此十分殷盼"。③

（二）以华侨职业为分布

水客在海外的分布与本籍华侨分布基本一致。粤东潮梅汕水客主要分布在南洋；珠江三角洲广府水客主要分布在美洲，南洋也有一部分；海南琼州水客几乎仅限于安南（今越南）一带。④ 一般来说，华侨中经商人数越多，侨居地水客的人数也越多。以梅县为例，梅县"侨胞在荷属吧城、泗水、棉兰等各埠多数经营商业，他们日夜都在店中辛勤工作，很少外出"，"对于金钱的挥霍与使用都特别减少或根绝。侨胞有钱积蓄了，对接济家属的信款自然可以按期托带回祖国去，所以水客的生意特别好，水客也特别多"。而在"英属马来及暹罗各埠侨胞多数做工，每天工作若干小时之后就呼朋唤友沉溺于花天酒地中，挥金如土，不积蓄。水客叫他们寄钱时，只有'凭君传语报平安'罢了，（由于华侨信款的业务量很少，）所以这里的水客比较少"。因此，粤东客属水客以"荷属水客为数多"，英属水客为数少。⑤

客帮水客"每期返乡，行前均至同乡常有往还商店收取银信。收齐后即趁（海）轮回汕头转乡，按址分派。及取回收据或回信。继即在汕购办各种同乡应用货物南来推销"⑥。大埔水客"多在返（大）埔前收取同乡附托之银及信"⑦。水客还根据华侨的需要提供上门服务。华侨如有银信托带"可预先来电"⑧，水客按约"来访领教"⑨。

---

① 姚曾荫：《广东省的华侨汇款》，商务印书馆，1943 年，第 29 页。
② 《千余华侨已在归途，节帮水客未受影响》，《中山日报（梅县版）》，1940 年 5 月 30 日第 2 版。
③ 《梅县侨批停滞途中》，《中山日报（梅县版）》，1945 年 1 月 24 日第 3 版。
④ 姚曾荫：《广东省的华侨汇款》，商务印书馆，1943 年，第 29 页。
⑤ 《往来南洋各埠水客统计》，《中山日报（梅县版）》，1940 年 4 月 12 日第 2 版。
⑥ 《星洲十年》（星洲日报十周年纪念特刊），星洲日报社，1940 年，第 585－586 页。
⑦ 《大埔旅外侨胞经济情形及其家属生活概况》，《广东省银行季刊》，广东省银行经济研究室，1941 年第 1 卷第 3 期。
⑧ 《菲律宾粤侨各团体联合会复兴纪念》，1946 年。
⑨ 刘佐人：《批信局侨汇业务的研究》，《金融与侨汇综论》，广东省银行经济研究室，1947 年，第 55 页。

水客中有一部分是女性。例如，"有十余年做水客经验"的暹罗水客陈有伯姆，就是"一个目不识字的女人，完全凭着自己的聪明和信用"，对所经办的批信业务做到一丝不苟、毫无差错，而受到华侨和侨乡社会的尊重。①

族群、地缘和血缘是水客业务经营的纽带。"南洋（大）埔（华）侨所有汇款集中于水客之手，原因实由于（水客）多系熟悉同乡，易与家人见面，对家中情形较易询问。"②

水客行商全靠个人信用和人格担保。暹东田慰朋、黄锡伟、刘鸿材、廖锦泉等水客"诚实服务，银项保家"。廖演群水客"忠诚服务，负完全责任"。刘光史水客"为邑人忠诚服务，传达音讯"。郭盛诺水客"年少老诚，受人之委，忠人之事"。③"受人之委，忠人之事"是水客行商最基本的承诺。为了生存，水客"没有'打沉船'的勾当"。对于华侨或侨眷所托之钱物以及口信等，不管数额大小、报酬高低、路途远近，只要答应了就要带到。如果所托带钱物不幸被盗抢或不慎丢失，则要照价赔偿。一旦"做出不甚妥当的事，（该水客）就永远不取信于人，业务便一蹶不振了！"因此华侨对水客相当信任，"不论是三五百元，二三千元或数万元的巨款都一律不用（水客）给回收据"。④

（三）以通讯处为业务联络

与批信局、银行、邮局等坐商不同，水客的经营以行商为主要形式。例如，暹罗水客刘光史"常往暹（罗）汕（头）之间"，田诒芳、刘学如等"常川来往汕暹代办侨胞付托家事"⑤。"水客外洋原无住所，则联合设置行馆以居停，名为批馆"⑥ 或为通讯处。水客以各地通信处进行业务联络。例如，暹罗田慰朋水客在泰国以暹京的东成旅店为通讯处，水客郭盛诺在梅县以西市的郭逸阶号为通讯处。

同一个水客可能有多个通讯处。暹罗水客贺顶春在新加坡以荣昌金店，在暹罗以合兴盛信局、东成旅店，在香港以关似锦，在汕头以侨民行，在高陂圩以泰安号，在大麻圩以达兴号，在大埔县以益成昌为通讯处。刘光史水客"常往暹（罗）汕（头）之间"，在暹罗以暹京的东成旅店，在汕头以广和昌，在高陂以利华兴，在大麻以和昌书局为通讯处。黄锡伟水客在暹罗以暹京的东成旅店，在汕头以集益行，在高陂以集益庄为通讯处。刘助友水客在暹罗以暹京的东成旅

① 《梅县的南洋水客》，《中山日报（梅县版）》，1940年2月25日第3版。
② 《大埔旅外侨胞经济情形及其家属生活概况》，《广东省银行季刊》，广东省银行经济研究室，1941年第1卷第3期。
③ 《旅暹大埔公会成立二周年纪念特刊》，1948年。
④ 《梅县的南洋水客》，《中山日报（梅县版）》，1940年2月25日第3版。
⑤ 《旅暹大埔公会成立二周年纪念特刊》，1948年。
⑥ 饶宗颐：《潮州志·实业志·商业》，汕头潮州修志馆，1949年，第73页。

店，在汕头以新新栈，在高陂以耀记号为通讯处。何琪记水客在暹罗以暹京的东成旅店，在汕头以新新栈，在大埔以何添记，在大麻以何顺发，在恭洲以何广发，在高陂以何益和为通讯处。印尼水客吴双粦在吧城以槟榔社"吴顺兴寓"，在梅县以西市的丘宜记、宫市的吴裕泰为通讯处。"南洋巡马"胡益在南洋以石叻的富生栈，在香港以粤南旅店，在开平以韶兴隆、信行和胜利隆为通讯处。①

同一个通讯处可能有多个水客。暹罗的贺顶春、刘鸿材、廖锦泉、田慰朋、廖演群、刘光史、黄锡伟、刘助友、何琪记等水客均以暹京的东成旅店为通讯处。在 1948 年出版的《旅暹大埔公会成立二周年纪念特刊》上刊登广告的 11 名水客中，有 8 名在暹罗以东成旅店为通讯处。刘助友、何琪记等水客在汕头均以新新栈为通讯处。

南洋报刊有水客刊登的各种广告。例如，"本人定于本月十日搭海轮返汕（头）。如有托带银货两物，请于九日前驾临敝寓或请通知，即来访领教"②。暹罗水客郭盛诺"川带侨批历历确据，佳予广告俾我乡友周知"。刘光史水客"常往返暹汕为邑人忠诚服务"，"凡我同乡戚友有家务者，请至东成旅店接洽"。③

南洋水客广告

汕头侨民栈印记

---

① 刘进：《五邑银信》，广东人民出版社，2009 年，第 61 页。
② 刘佐人：《批信局侨汇业务的研究》，《金融与侨汇综论》，广东省银行经济研究室，1947 年，第 54－55 页。
③ 《旅暹大埔公会成立二周年纪念特刊》，1948 年。

水客印章也被用于广告宣传。例如，张煌记水客的印章注明"大埔三河张煌记带书，回信请交三河张万顺收"。吴双粦水客从印尼吧城返回梅县时，使用"西洋山（在梅县内）吴双粦带，西市丘宜记、宫市吴裕泰寓，准旧历　月　日往吧"印章。从梅县返回吧城时，使用"西洋山吴双粦带，吧城槟榔社吴顺兴寓，准旧历　月　日回唐"印章。

也有水客通过印发传单发布业务信息。1937年5月，黄辑符水客在自行印制的格式化"带款通知单"上写道：

朔自世界不景，经济因而紧张。吾梅生活颇多仰给南洋，于是汇款者络绎于途。但委托者自希其稳妥快捷，而收款者尤望其早日收领。鄙人有见及此，爰用随收随汇办法，认真料理，完全负责，以负寄托诸君之雅意焉。接见时间：上午九点起至十二点止。

水客行商简捷、灵活多变，随着国际政治、经济形势的变化而流动，"在南洋不景气未降临之前十余年，梅县人'走水'的最多"，水客人数达到600余人，之后"遭受不景气的影响就逐渐减少了"。①

水客对重大国际事件的发生判断准确，能迅速将受托带的钱财物品等转移到中立国家或相对安全的地区。1940年5月，德国迅速占领荷兰后，荷兰各殖民地内的华侨财产被盗被抢事件频发，大量华侨被迫回国避难。唯独"各水客所带信款并未受战事影响，因为战事未发生之前，各水客之信款已先行汇港"②。

（四）冒险出洋探寻出国新路线

水客出洋前要办理各种证件，包括当地政府颁发的"出洋证书"③，当地侨务局或银行颁发的"水客登记证"④，南洋各埠政府颁发的"殖民地居留字"⑤，以及霍乱证书、洋痘证书等健康证明。前往菲律宾的水客"除了要取得美国领事馆签字护照外，还要取得船医种痘执照"⑥。各种证件要定期审核，有效期届满之前由水客本人前往签发地申请换证，否则将"成为废纸一张"⑦。为了延续出洋谋生的资格，水客大多不会错过审核换证的时间。

---

① 《梅县的南洋水客》，《中山日报（梅县版）》，1940年2月25日第3版。
② 《千余华侨已在归途，节帮水客未受影响》，《中山日报（梅县版）》，1940年5月30日第2版。
③ 《梅县政府加派职员办理出洋证书》，《中山日报（梅县版）》，1940年3月5日第2版。
④ 《水客登记证业已期满，应即从新换领》，《中山日报（梅县版）》，1940年10月25日第2版。
⑤ 《出洋水客滞留晋谒当局》，《中山日报（梅县版）》，1941年4月24日第2版。
⑥ 丹徒、李长傅：《华侨》，中华书局，1927年，第110页。
⑦ 《返国华侨居留字延长有效期》，《中山日报（梅县版）》，1941年6月18日第2版。

"潮汕沦陷后，（粤东）侨汇的交付转移到兴宁梅县。"① 粤东水客改道东江到香港再乘船前往南洋。② 1940 年春节过后，"梅属水客及侨胞往洋者为数极众，而到梅县政府申请发给出洋证明书者亦多"，梅县政府"加派一人帮理"以减少水客办证的等待时间。③ 同年 4 月，日军轰炸机对东江地区狂轰滥炸，水客往返以及货物运输极其困难，④ 但冒险出洋的水客人数众多。根据"梅县华侨互助社奉粤侨通讯处之令"，对"所有梅县往返南洋水客姓名人数"的统计，当时全县仍然出洋的水客有 465 人，其中前往印尼爪哇的水客最多，为 165 人。

尽管当时"（香）港惠（州）交通断绝"，但"出入国华侨水客"仍然千方百计冒险出洋。"有经滇缅路出国者，有经广州湾出国者，或经汕尾出国者"；有绕道鹰潭、宁波到达上海后出国者。⑤

1941 年 4 月，日军攻占沙鱼涌、汕尾等地后，100 多名"往来于南洋与焦岭间之水客"，已"无法再度由水陆两路重回南洋，被迫分批改道由梅县取道韶梅公路来韶转乘飞机至香港再至南洋"⑥。到达韶关后，水客仍然无法前往香港返回南洋。于是推荐代表面谒广东省军政要员，请求增加出洋航空班机以便"早日回南洋继续工作"⑦。梅县水客公会函请国民政府外交部速与英属各国交涉，以"延长水客返国居留字期限"⑧。在各方的努力下，滞留水客最终获准"优先购票启程"返回南洋。第一批于 4 月 28 日由韶关飞抵香港，再由香港分两条水路前往南洋各埠。第一航线于 5 月 13 日从香港起航开往吧城，第二航线于 5 月 20 日从香港起航开往泗水。⑨

1941 年 12 月"太平洋战争发生后，南洋各地先后沦陷，侨汇几完全断绝"⑩。"各汇兑庄对兑侨汇均已停顿。"⑪ 水客原有的固定出洋路线大多不复存在，但水客仍然冒险"回南洋继续工作"⑫。"第一个冒险出国赴暹罗"的梅县水客侯世乐于 1942 年 4 月返抵梅县，"并带回数万元侨批，准备分发华侨眷属"⑬。

---

① 李绍文：《香港封锁声中潮梅人士所关切的南洋侨汇问题》，《梅县导报周刊》，梅县导报周刊社，1940 年第 1 卷第 5 号。

② 《汕头水客联合会梅县分会》，《汕报（梅县版）》，1941 年 2 月 1 日第 2 版。

③ 《梅县府加派职员办理出洋证书》，《中山日报（梅县版）》，1940 年 3 月 5 日第 2 版。

④ 《大批水客华侨尚在途中》，《中山日报（梅县版）》，1940 年 5 月 27 日第 2 版。

⑤ 《出国另一路线由梅县往上海》，《汕报（梅县版）》，1941 年 3 月 9 日第 2 版。

⑥ 《出洋水客滞韶晋谒当局》，《中山日报（梅县版）》，1941 年 4 月 24 日第 2 版。

⑦ 《出洋水客滞韶晋谒当局》，《中山日报（梅县版）》，1941 年 4 月 24 日第 2 版。

⑧ 《返国华侨居留字延长有效期》，《中山日报（梅县版）》，1941 年 6 月 18 日第 2 版。

⑨ 《抵港侨胞来函称香港南洋均甚安定》，《中山日报（梅县版）》，1941 年 5 月 16 日第 2 版。

⑩ 刘佐人：《当前侨汇问题》，广东省银行经济丛书，1946 年，第 41 页。

⑪ 《松口中国银行招领电汇款项》，《汕报（梅县版）》，1942 年 4 月 16 日第 2 版。

⑫ 《出洋水客滞韶晋谒当局》，《中山日报（梅县版）》，1941 年 4 月 24 日第 2 版。

⑬ 《梅水客侯世乐由暹返梅，带回侨批数万元》，《汕报（梅县版）》，1942 年 4 月 14 日第 2 版。

1943 年 3 月中旬，荷属苏门答腊水客廖吐华"由日里棉兰起程，由水路乘小道（渡）轮航行十六小时抵达槟榔屿，再由槟榔屿搭木船抵达暹京曼谷，经安南、东兴返国"，再经粤北曲江于 6 月底抵达梅县，历时三个多月，成为"自太平洋战事爆发后由荷属返国第一人"。根据廖吐华的报告，"梅县尚留苏岛水客徐广宴、谢石盛、谢惠初等十余人"，"将次第返国"。①

水客冒着生命危险下南洋，除了携带华侨银信返乡接济侨眷以外，还有一项非常重要的社会功能，就是搜集各种出洋信息、为华侨出国探寻安全新路线。

由于"来往南洋各埠的水客为数颇多，且与华侨关系密切"，侨乡政府和华侨组织所需要的"国内外消息多赖于各水客传递"②，各水客也及时主动报告相关信息。

1939 年 9 月底，南洋水客电告梅县南洋华侨互助社："往英属新加坡、槟榔屿新老客无阻，照常登岸。惟英属仰光、加里吉打（即加尔各答），毛厘寺（即毛里求斯）等埠则暂时不能前往。"③ 1940 年 5 月，"荷属水客蓝承柱"报告："尚有大批梅埔各属水客及华侨约千余人，日内始可陆续抵梅。"④ 同年 7 月，"荷属爪哇水客刘纪明""来电称，'东江已通，荷轮照开吧（城），外汇水客可请'"⑤。1941 年 3 月，南洋水客林享文从金华向梅县政府发送电报，称"出国线由梅（县）经鹰潭、金华、宁波至沪约七天。旅费每人约四百元，沿途平顺"⑥。1942 年 4 月，暹罗水客侯世乐"抵梅后已向华侨互助社报告返国经过"⑦。1943 年 3 月，苏门答腊水客廖吐华由日里棉兰返国，"抵曲江时向当局及各同乡报告返国经过情形。抵梅后即向梅华侨互助社报告苏岛华侨状况"⑧。1947 年 10 月，缅甸仰光曾彬华水客返回梅县后向当地的《华侨公报》透露，"缅甸商业情形，战后较（战）前冷淡，一时尚难恢复旧观，新客虽多前往，但失业者众"⑨。

侨乡政府和华侨组织会综合各水客提供的信息及时规划出洋新路线，并提醒华侨注意。1940 年 6 月，梅县华侨互助社接到暹罗水客黄余三有关"港局紧张，由沙鱼涌至港交通暂断"的电告后，"即通告出洋侨胞可暂缓前往"香港。⑩ 同

① 《荷属苏门答腊水客廖吐华由荷印返抵梅》，《汕报（梅县版）》，1943 年 6 月 22 日第 3 版。
② 《梁县长国招待水客》，《中山日报（梅县版）》，1941 年 2 月 2 日第 2 版。
③ 《切实保护侨胞》，《汕报（梅县版）》，1939 年 9 月 30 日第 2 版。
④ 《千余华侨已在归途　节帮水客未受影响》，《中山日报（梅县版）》，1940 年 5 月 30 日第 2 版。
⑤ 《香港中华兴电告荷轮照常开行》，《中山日报（梅县版）》，1940 年 7 月 5 日第 2 版。
⑥ 《出国路线》，《中山日报（梅县版）》，1941 年 3 月 19 日第 2 版。
⑦ 《梅水客侯世乐由暹返梅，带回侨批数万元》，《汕报（梅县版）》，1942 年 4 月 14 日第 2 版。
⑧ 《荷属苏门答腊水客廖吐华由荷印返抵梅》，《汕报（梅县版）》，1943 年 6 月 22 日第 3 版。
⑨ 《水客曾彬华谈缅甸近况》，《华侨公报》，1947 年 10 月 25 日第 2 版。
⑩ 《香港吃紧》，《汕报（梅县版）》，1940 年 6 月 6 日第 2 版。

年 10 月，驻淡水的汕头侨务局收到南洋水客的电报"近来香港油麻地及大塘车站窃手极形猖狂，华侨被窃去银物首饰文件者迭有所闻"后，"除函香港各酒店旅馆转告各归侨水客知照外，并通告出入国水客华侨知照，随时注意"。① 1941年 8 月，"水客多人准备出国"，梅县水客公会电询香港某客行，确认广州湾路线仍然畅通后组织水客下南洋。② 1943 年 3 月，梅县华侨互助社根据苏门答腊廖吐华水客的报告，"研究华侨出国之路线"③。

水客冒险出洋所携带的银信数量也较战前有所增加。战前"每帮（水客）至多（携带）数千元，战后则数额大增，每人所带动辄数十万元"。"有些水客每帮回国时带回的信款有四五十万元之巨。"④ 1937 年由南洋水客带返粤东的侨款约为 1 700 万元。⑤ 1939 年"水客带回（梅县）的'南洋钱'约有二千万元以上"⑥。1940 年梅县"水客携带（的'南洋钱'）达三千八百万元"⑦，比上一年增加了近一倍。在 1941 年 2 月下旬的十天里，由大埔水客带返的侨款达 15 万元。⑧

抗战期间，南洋水客携带的侨款远远高于银行和邮局。1937 年，南洋水客所带侨款为 1 700 万元，而当年"由中国银行、广东省银行、交通银行和汇丰银行等四家银行及潮梅各地邮局直接汇交侨民家属的侨款"约为 500 万元。⑨ 水客所携带侨款约为银行和邮局总和的 3.4 倍。有些地区的华侨银信几乎全部由水客带返，例如，"南洋（大）埔侨所有汇款集中于水客之手"⑩。

水客的社会经济地位也日益显著，成为备受尊重的"南洋客"⑪。沿途各商号对水客给予各种优惠和帮助。1938 年 9 月，香港中环华侨联运社对"欲往英荷法各属埠"的水客给予特别优待，除"船票照原价外，每天仅收房伙二元，其余行李担脚，小艇苦力，种痘分摊，伙计什（杂）用一切免费"。⑫ 1940 年 5 月，香港安庆堂在《荷属水客公鉴》中提醒水客：由于"荷印政府统制外汇"，"各水客办货及同伴用资请自备现款"。⑬

---

① 《水客登记证业已期满，应即从新换领》，《中山日报（梅县版）》，1940 年 10 月 25 日第 2 版。

② 《梅县水客公会得电广州湾畅通》，《中山日报（梅县版）》，1941 年 8 月 23 日第 2 版。

③ 《荷属苏门答腊水客廖吐华由荷印返抵梅》，《汕报（梅县版）》，1943 年 6 月 22 日第 3 版。

④ 《广东之金融货币》，《两广战时经济》，第四战区经济委员会，1941 年第 1 期。

⑤ 姚曾荫：《广东省的华侨汇款》，商务印书馆，1943 年。

⑥ 《梅县的南洋水客》，《中山日报（梅县版）》，1940 年 2 月 25 日第 3 版。

⑦ 《广东之金融货币》，《两广战时经济》，第四战区经济委员会，1941 年第 1 期。

⑧ 《广东各县金融情况》，《广东省银行季刊》，广东省银行经济研究室，1941 年第 1 卷第 1 期。

⑨ 姚曾荫：《广东省的华侨汇款》，商务印书馆，1943 年。

⑩ 《大埔旅外侨胞经济情形及其家属生活概况》，《广东省银行季刊》，广东省银行经济研究室，1941 年第 1 卷第 3 期。

⑪ 陈达：《南洋华侨与闽粤社会》，商务印书馆，1938 年，第 88 页。

⑫ 《往洋注意》，《中山日报（梅县版）》，1938 年 9 月 14 日第 4 版。

⑬ 《荷属水客公鉴》，《中山日报（梅县版）》，1940 年 5 月 27 日第 2 版。

农历正月过后，侨乡银行纷纷举办各种联谊活动，为即将出洋的水客饯行。1940 年 2 月，丙村广东省银行"设宴招待区属各水客，到会（水客）约数十人。各水客咸以该行为华侨服务极为努力甚表好感，皆表示愿向海外侨胞宣传"①。广东省银行梅县支行"假座月宫酒家宴请本县水客及各机关团体商号负责人，藉以联络感情"。"党政学商水客集聚一堂"沟通情况，联络感情。② 1941 年 2 月初，梅县政府邀请 40 多名水客座谈，强调"水客与华侨及侨属关系之重要"，"水客与银行业务关系之深"，并介绍了"农民银行在梅县设行（之）经过"。晚上由梅县农民银行设宴款待水客。③ 广东省银行也设宴款待即将"重上征途"的 100 多名水客，并向每人赠送"该行有关节约储蓄之精美月份牌"④。

大帮水客出洋在侨乡是一大盛事，当地政府官员、侨团组织以及社会各界人士以各种形式欢送水客。1941 年 3 月，梅县 60 多名水客华侨分成三路出国。第一路由水客翁绍南、官文源等 20 多人组成，从海陆丰某港出国；第二路由水客胡绍成、胡南开等 37 人组成，从滇缅路线出国；第三路由水客陈宏新等 3 人组成，从韶关乘坐飞机赴港出国。消息传出后，梅城内外一片欢腾，水客乘坐的汽车被洗刷一新，汽车两侧悬挂的白色洋布横额上写着："梅县华侨互助社欢迎首批由新路线出国华侨"，汽车所到之处"各马路均鸣放炮竹，沿途观者如堵"。⑤ 同年 6 月，"县属水客张雪梅、张耀英等九十余人先后离梅出国"谋生，当地官方派兵护送。⑥ 随后"吧城水客房介如等人伴同侨胞黄亦梅等七十余人"，"集团

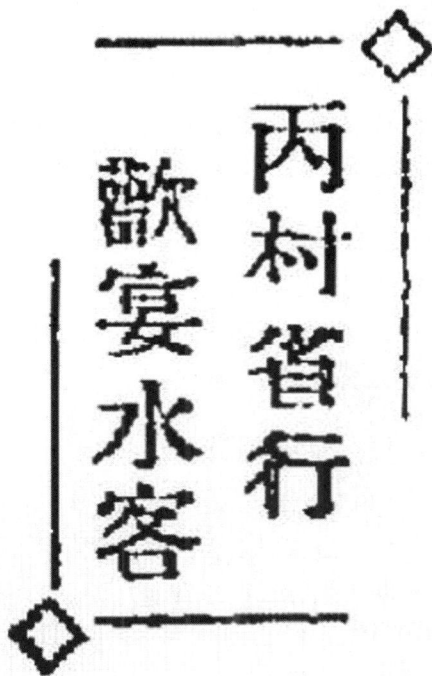

丙村广东省银行欢宴水客的新闻⑦

① 《丙村广东省银行欢宴水客》，《中山日报（梅县版）》，1940 年 2 月 4 日第 2 版。
② 《梅省银行昨举行春宴》，《中山日报（梅县版）》，1940 年 2 月 19 日第 2 版。
③ 《梅县梁县长昨日召各水客开谈话会》，《汕报（梅县版）》，1941 年 2 月 2 日第 2 版。
④ 《梅广东省银行昨招待水客》，《中山日报（梅县版）》，1941 年 2 月 2 日第 2 版。
⑤ 《昨日华侨首次由新路线出国情形》，《中山日报（梅县版）》，1941 年 3 月 5 日第 2 版。
⑥ 《简讯》，《中山日报（梅县版）》，1941 年 6 月 22 日第 2 版。
⑦ 《丙村广东省银行欢迎水客》，《中山日报（梅县版）》，1940 年 2 月 4 日第 2 版。

取道广州湾出洋"。梅县水客公会向县政府雇用了 3 辆汽车欢送水客出洋，当地驻军派兵护送。梅县社会各界人士沿途欢送，"情形至为热烈"①。

第二节　水客的经营惯例

水客"漂洋过海往来于南洋各埠，专事携带华侨接济家属信款及'新客'往洋"②，"除代寄银信外，尚可代带人或物"及信托一切。③ 暹东田慰朋、黄锡伟水客"专收侨批并代理侨胞付托家事"，田诒芳水客"代办侨胞付托家务"。刘助友、廖演群水客"应侨界托办家事及收交侨批物件"。何琪记水客"专理同乡、各埠侨胞家属往来，信托一切"④。

1931 年，梅县启明新星书局出版《嘉应奇闻》后，委托水客将这本"集嘉应奇闻趣事之大成，为雅俗共赏之空前作品"带往南洋销售。水客也因"本书价格低廉，材料丰富，销路最好，获利必厚"而乐于销售。⑤

一、水客的经营成本

水客出洋的成本主要包括办理各种证件的费用、缴纳水客联合会的基金、各种交通费和旅费、雇佣挑夫和轿夫的费用以及被盗被抢所造成的损失。

（一）固定成本

"梅县从前办理出洋证书费所有收入概归私有"，出洋证书的收费较高且随意。抗日战争爆发后，梅县政府"将该项收入列入县财政收入预算，并将每证书费概减为毫券（广东省地方货币）一元"。1940 年 9 月"经呈奉省财政厅核准改收国币二元"⑥。1941 年 3 月，"粤省饬梅县停止征收出洋证书费"⑦ 后水客的出洋成本有所减少。

水客从业时要加入当地的水客协会、水客联合会或华侨合作社等。1941 年 2 月，"旅吧（城）水客徐利宏、侯伯文等十余人，鉴于各埠水客于夏历年关概已

① 《大批水客侨胞昨离梅出国》，《中山日报（梅县版）》，1941 年 6 月 23 日第 2 版。
② 《梅县的南洋水客》，《中山日报（梅县版）》，1940 年 2 月 25 日第 3 版。
③ 《星洲十年》（星洲日报十周年纪念特刊），星洲日报社，1940 年，第 585－586 页。
④ 《旅暹大埔公会成立二周年纪念特刊》，1948 年。
⑤ 《〈嘉应奇闻〉出版了》，《梅县日日新闻》，1931 年 9 月 11 日第 2 版。
⑥ 《梅出洋证书费改为国币两元》，《中山日报（梅县版）》，1940 年 9 月 11 日第 1 版。
⑦ 《粤省饬梅县停止征收出洋证书费》，《中山日报（梅县版）》，1941 年 3 月 24 日第 2 版。

抵梅。为联络会员情感起见，遂趁夏历新年在梅城组织（成立）汕头南洋水客联合会梅县分会"，并收取 200 元国币的入会基金。会员基金被集中"存放银行，所得息金即为该会之常费"。当会员休业退出联合会时可以领回入会基金。① 入会水客可获得水客协会、华侨合作社等给予的各种优惠待遇。例如，汕头市南洋水客联合会为"华侨出洋请领护照"提供担保，② 东江华侨合作社对入社水客提供国内路段的免费住宿。③

旅费是水客主要的经营成本。1940 年 5 月，东江发大水导致过往船只行驶非常缓慢，水客从香港返梅县需"费时二十余天，用去旅费一百二十余元"④。1941 年，水客从粤东绕道鹰潭、宁波抵达上海出洋，七天旅程所需"旅费每人约肆百元"⑤。水客从粤东至闽省出洋的路线有三条：一是"由漳泉出口至鼓浪屿直搭南洋海轮"，旅费约为 400 元国币；二是"从三都、涵江或海口搭轮赴沪，转道香港或径赴南洋"，旅费约为 600 元国币；三是"自闽经赣往粤之南雄乘飞机转南洋"，旅费约为 1 000 元国币。⑥

抗日战争期间印尼水客往返梅县一次需要旅费约 1 200 港元。⑦ 1945 年夏天，水客从梅县绕道广州至南宁出洋，"最低限度每人须旅费十五万元"⑧。按照当时梅县 1 元港币兑换 195 元国币计算，⑨ 15 万元国币折合港币 769.23 元。水客从该路线往返南洋一次所需要的旅费为港币 1 539 元。综上所述，抗日战争期间粤东南洋水客往返一次所需要旅费在 1 200～1 600 港元之间。

1940 年，梅县广东省银行交收员"每月薪膳共计国币六十元"⑩。当地邮局邮务员月薪为 40 元国币，另有各项临时津贴约 40 余元，合计共 80 余元。⑪ 按照当时国币与港币的汇率进行换算，水客往返南洋一次需要的旅费约为一名银行交收员或邮局邮务员两年的工资收入。

（二）其他成本

水客往返所携带的钱财物品较多，一般都会沿途雇佣挑夫或轿夫。挑夫和轿

---

① 《梅县各水客组会登记》，《中山日报（梅县版）》，1941 年 2 月 4 日第 2 版。

② 《华侨出国获照担保问题》，《汕报（梅县版）》，1930 年 11 月 25 日第 7 版。

③ 《梅县侨务会议决定组华侨合作社》，《中山日报（梅县版）》，1940 年 6 月 17 日第 2 版。

④ 《大批水客华侨尚在途中》，《中山日报（梅县版）》，1940 年 5 月 27 日第 2 版。

⑤ 《出国另一路线由梅县往上海》，《汕报（梅县版）》，1941 年 3 月 9 日第 2 版。

⑥ 《华侨经闽出国有路可循》，《中山日报（梅县版）》，1941 年 4 月 10 日第 2 版。

⑦ 参见《广东省志·金融志》，广东人民出版社，1992 年，第 289 页。

⑧ 《梅华侨互助社登记出国华侨》，《中山日报》，1945 年 12 月 31 日第 2 版。

⑨ 《商业行情》，《中山日报》，1945 年 12 月 15 日第 4 版。

⑩ 《梅县广东省银行第三次招考》，《中山日报（梅县版）》，1940 年 2 月 22 日第 1 版。

⑪ 《广东邮政管理局驻曲江办事处招考邮务通告》，《中山日报（梅县版）》，1940 年 10 月 29 日第 3 版。

夫对水客的收费往往是当地客商的 2 倍，例如"对普通客商只收 1.5 元，而对于华侨水客则收至 3 元"①。每当国内外局势发生变动、当地治安形势恶化或发生自然灾害时，"沿途的舟车票价被抬高"。1940 年 3 月，由"梅县至老隆段的车费由十一元突增至二十元左右，而且购票和乘搭的手续还有不少麻烦"②。德国占领荷兰后，吧城"货物涨价甚炽，华侨生活颇感困难"而大批返国。"由老隆至梅县汽车运输费由六七百元涨至一千元，有索价一千三百元者。"③ 由惠州至老隆的船费高达 2 000 元。④

水客所带钱物或汇票遗失或被盗抢事件时有发生。1940 年 1 月 18 日，由星洲返国的大埔县百候镇水客杨良爱在惠州淡水路段"被挑夫盗去行利一担"，内装小皮夹两只，四方铁盒一只，四方藤篮一只。小皮夹内装有 6 张银行汇票。其中，中国银行 200 元国币汇票、700 元国币汇票、505.45 元国币汇票、606.54 元国币汇票各一张，汇丰银行 2 500 元国币汇票两张。⑤ 同年 6 月，"由（暹）罗返国水客徐润新等回至香港对海大埔车站附近火轮码头地方，因人多拥挤，致衣袋内之中暹罗合艾益公司发出，向梅县同益庄领取国币二千元汇票一张，另又由曼谷振达公司向梅县同益庄兑汇票一张计国币三百元，及出口字等件概被小手乘机窃去"⑥。同年 7 月，新加坡何胜娣等 5 名水客"行至沙鱼涌时适遇敌机空袭"，所携带的银行汇票"遂遭遗失"。⑦ 吧城水客陈文堡"途至惠州属观音关地方，因洗浴致（一张由吧城中国银行开出的银行汇票）遗落河中"⑧。1943 年 5 月，暹罗水客黄崇兴"在暹罗曾干良先生汇兑庄汇回国币拾柒万元。到梅县曾琼兴纸行先兑付一万元，仍有拾陆万元未领取。不料至松口，遗失该部子上的汇单"⑨。

水客所携带的钱物遗失或被盗抢后"除拍电报挂失外"⑩，还要"将失盗情形报告淡水护侨事务所及梅县南洋华侨互助社"，"由殷（实）商（铺）担保"，交纳一定手续费后才能向汇往商铺领回汇款。⑪ 银行汇票遗失或被盗抢后，先要向出票银行总行和当地受票银行挂失，并登记遗失汇票的号码，经核实后由当地受票银行通知海外出票银行挂失止付，手续相当烦琐。1940 年 1 月，水客管绍奎

---

① 《致岭东各县市长请禁轮船及挑夫轿夫勒索归侨由》，岭东华侨互助社执行委员会，1929 年。
② 《请护侨机关注意》，《中山日报（梅县版）》，1940 年 3 月 8 日第 2 版。
③ 《荷印政府限制华侨汇款出口》，《中山日报（梅县版）》，1940 年 6 月 6 日第 2 版。
④ 《梅县侨务会议决定组华侨合作社》，《中山日报（梅县版）》，1940 年 6 月 17 日第 2 版。
⑤ 《汇票被盗启事》，《中山日报（梅县版）》，1940 年 2 月 5 日第 2 版。
⑥ 《汇票被盗启事》，《中山日报（梅县版）》，1940 年 6 月 25 日第 2 版。
⑦ 《遗失汇票声明》，《中山日报（梅县版）》，1940 年 7 月 11 日第 2 版。
⑧ 《汇票被盗启事》，《中山日报（梅县版）》，1940 年 7 月 23 日第 2 版。
⑨ 《黄崇兴水客遗失汇单启事》，《中山日报》，1943 年 5 月 29 日第 2 版。
⑩ 《黄崇兴水客遗失汇单启事》，《中山日报》，1943 年 5 月 29 日第 2 版。
⑪ 《汇票被盗启事》，《中山日报（梅县版）》，1940 年 6 月 15 日第 2 版。

"途经惠州河源地段被匪劫去星洲广东省银行汇交，大埔广东省银行支付的管绍奎之汇票一十五张"后，"向广东省银行总行及大埔省银行声明止兑外，并在大埔省行登记失票号码转请电知星洲广东省银行登记"，办理挂失手续。①

当时通过电报局发送电报的收费相当昂贵。1942 年 5 月梅县电报局对"凡拍发海外电报费，每字需十余元不等，视途程之远近而定"②。而且水客对华侨托带的银物"负完全责任"③，一旦遗失或被抢必须照价赔偿。

还有就是因支付风险而出现的成本。南洋水客抵达香港后，往往将所携带的侨款存入当地批信局转粤东汇兑庄。而在粤东兑付时会遭到部分汇兑庄的拒绝，使水客蒙受信用损失。1941 年 12 月初，"日里水客曾昭献由南洋返梅，在香港时曾在港荣泰行汇有侨胞家属信银一万三千余元，订明到梅后，向西门路广泰隆内梅本庄兑交。讵曾抵梅后，向该号兑收，始则延约。继见香港战事爆发，即拒绝付款"。曾昭献水客请求华侨互助社转呈梅县政府处理，"以免耽误侨胞信款"。④ 紧接着安南水客廖芹、日里水客李贻君也先后向华侨互助社投诉梅庄，称"在港荣泰行汇款万余元"和"华侨家属信款五万余元"，"持票向兑时（均被）该号负责人吴某藉词拒交"。在梅县政府的追问下，"吴称，香港无款汇回，梅庄又无有款可兑，只有静待时机，俟该款汇回后始能照兑付"。当时，"梅城有若干商号汇兑庄亦有同样拒绝（向水客）兑交香港汇款情事"。⑤

二、水客的盈利业务

综上所述，水客的经营成本相当高，水客要持续经营下去，唯有不断创新盈利方法，提高盈利能力。水客的盈利业务主要有"招呼新客出国，领'旧客'及带华侨信银包裹返国"⑥，以及侨汇买卖。

（一）携带华侨银信返乡

携带华侨银信返乡是水客的传统业务。"南洋侨胞散居各埠，零星汇款向由

---

① 《失票启事》，《中山日报（梅县版）》，1940 年 2 月 5 日第 2 版。
② 《梅电报局停收南洋各电报》，《中山日报（梅县版）》，1942 年 5 月 15 日第 2 版。
③ 《旅暹大埔公会成立二周年纪念特刊》，1948 年。
④ 《荣泰行梅庄拒兑汇款》，《中山日报（梅县版）》，1941 年 12 月 7 日第 2 版。
⑤ 《太平洋战事爆发后，商人停兑香港汇款》，《中山日报（梅县版）》，1941 年 12 月 22 日第 2 版。
⑥ 刘佐人：《批信局侨汇业务的研究》，《金融与侨汇综论》，广东省银行经济研究室，1947 年，第 70 页。

潮梅水客四出收集,汇成巨额后,则交银行钱庄汇返。"① 部分地区,如"在南洋(大)埔(华)侨所有汇款皆集中于水客之手"。水客之所以能揽得银信业务,主要是因为水客与华侨"多系熟悉同乡,易与家人见面,对家中情形较易询问"。② 1947 年 10 月,梅县锦屏乡水客曾彬华"由缅甸仰光携回侨帮信款数千万元,均已——亲送侨眷领讫"③。水客携带侨款的方式有多种选择,如"购银行仄纸,至(香)港后取款携返。或交港银号汇汕(头)。或委托南洋批局代其转汇汕头",也有少数水客"带叻币、暹币、荷盾或安南纸至香港或汕头找换国币"④。不同地方的水客携带华侨银信返乡的方式略有差异。在粤东地区,大埔"水客带齐同乡所交款项后,即汇款至香港购买国币,汇回本县广东省银行、中国银行及本县泉利庄等转交",⑤ 兑换后按址派发。在珠三角地区,"由南洋汇返(芦苞)之侨款多先汇返香港,然后由水客带返内地,或由香港各商店转汇本市商号代交"⑥。

水客在南洋通过银行或批信局汇款时受到一定的限制。"由南洋汇款时,每个水客仅限携带十万元",而且需要由汇款银行将水客"携带之汇款人姓名列册呈报当地财政司核准后方准汇出"⑦。1941 年有水客报告,"南洋实行限制汇款(规定),每人一次汇款数额不得超过二十元"⑧。

返乡后,潮汕水客"多将信款携至乡间分发给各收款人"。梅州水客"则仅将信款携至梅属各县县城,静候收款人来取"。因此梅州水客印章上大都有领款地点。例如,梁坛元水客的"领款处(在)梅县大康路梅东旅社",池富兴水客在"梅县新街振源号回信交银",而琼州水客将"原款径交侨民家属,并不代为兑换"⑨。

水客的收费因人因时因地而异。大埔"水客带款","每百元叻币手续费约

---

① 李绍文:《香港封锁声中潮梅人士所关切的南洋侨汇问题》,《梅县导报周刊》,梅县导报周刊社,1940 年第 1 卷第 5 号。

② 《大埔旅外侨胞经济情形及其家属生活概况》,《广东省银行季刊》,广东省银行经济研究室,1941 年第 1 卷第 3 期。

③ 《水客曾彬华谈缅甸近况》,《华侨公报》,1947 年 10 月 25 日第 2 版。

④ 姚曾荫:《广东省的华侨汇款》,商务印书馆,1943 年,第 29 页。

⑤ 《大埔旅外侨胞经济情形及其家属生活概况》,《广东省银行季刊》,广东省银行经济研究室,1941 年第 1 卷第 3 期。

⑥ 《芦苞经济情况》,《广东省银行季刊》,广东省银行经济研究室,1941 年第 1 卷第 2 期。

⑦ 《大埔旅外侨胞经济情形及其家属生活概况》,《广东省银行季刊》,广东省银行经济研究室,1941 年第 1 卷第 3 期。

⑧ 本室调查股:《广东各县金融情况》,《广东省银行季刊》,广东省银行经济研究室,1941 年第 1 卷第 3 期。

⑨ 姚曾荫:《广东省的华侨汇款》,商务印书馆,1943 年,第 29 页。

五元"。出洋往返"每次获利国币约二三千元"。① 芦苞（今佛山三水）水客从香港带款"每百元抽收六元"②。中越边境地区一些"农民在农忙时节前往安南农场做散工。六月去九月返。回来时顺带侨款回来。熟人托带，尽义务。生人托带稍收带工费。但比正式水客较为便宜"③。也有华侨向水客"馈赠礼物，以为'情义'"，水客甚至不收手续费，提供免费服务。④ 水客受银行、邮局以及批信局的委托转交华侨银信时，"按封计佣，每封约省券一毫"⑤。

部分国家和地区的水客制定了行业收费标准。1919 年由美国水客带回四邑的银信上盖有"本行公议，车脚船脚太贵，每佰带工壹圆"字样。

为了与银行和批信局进行竞争，水客制定了差异化的收费标准。抗战期间，"所有大埔对外汇款以及南洋华侨汇款到港，多由（何添记、德泰庄）两号转汇，每千元取汇费三四元"。而大埔"水客带回汇费每百元给二三元"。⑥ 大埔水客的收费为当地批信局收费的 10 倍。广东省银行在新加坡办理侨汇，每万元法币收取手续费 7.3 元叻币。而新加坡水客仅收 4~5 元，为银行收费的半价。

通常情况下，华侨"交与水客款项最多不过数百元而已"⑦。1937 年南洋水客人均带返侨款约 1.8 万元。按收取 5% 的手续费计算，每名水客携带银信返乡的年收入约 900 元。显然，仅靠携带华侨信款返乡，水客是难以维持生计的。

（二）引导"新客"出洋

"华人家族观念甚深，妇人为家庭基础，雅不愿其远离异地。"⑧ 而华侨在海外立稳脚跟后往往希望夫妻团聚、子承父业。

水客也称为"客头"，他们在派发银信时往往将"南洋群岛易于致富之机会"，南洋"产糖及橡皮之区需用大批廉价工人"，西印度（指古巴）烟草厂、糖厂招收契约工人⑨等信息告诉侨眷。"华人在本国谋生艰难，每岁所得工资不

① 《大埔旅外侨胞经济情形及其家属生活概况》，《广东省银行季刊》，广东省银行经济研究室，1941 年第 1 卷第 3 期。
② 《芦苞经济情况》，《广东省银行季刊》，广东省银行经济研究室，1941 年第 1 卷第 2 期。
③ 刘佐人：《批信局侨汇业务的研究》，《金融与侨汇综论》，广东省银行经济研究室，1947 年，第 55 页。
④ 《广东各县金融情况》，《广东省银行季刊》，广东省银行经济研究室，1941 年第 1 卷第 2 期。
⑤ 姚曾荫：《广东省的华侨汇款》，商务印书馆，1943 年，第 12 页。
⑥ 《广东各县金融情况》，《广东省银行季刊》，广东省银行经济研究室，1941 年第 1 卷第 1 期。
⑦ 《大埔旅外侨胞经济情形及其家属生活概况》，《广东省银行季刊》，广东省银行经济研究室，1941 年第 1 卷第 3 期。
⑧ 姚蔚生：《英属新加坡历届人口统计中之华侨地位》，《南洋华侨》，商务印书馆，1933 年，第 77 页。
⑨ 丹徒、李长傅：《华侨》，中华书局，1927 年，第 145－146 页。

及外洋一月。"① 而"在（南洋）商情旺畅时期，矿场工人每日可得工资二元至二元半左右"②。缅甸木工匠"大约为包工制，故获利颇厚。散工每日亦须三四盾，其工资可谓昂矣"③。

巨大的收入差距加上水客的推波助澜，"华人在国内既无工作，自乐于应募也"④，于是乡亲邻里"遂乃携兄弟，率亲友于于而来"⑤。其中有不少是"随父随夫或妇女寻夫"的"新客"。⑥

通常情况下，外轮公司不允许"新客"单独登船前往南洋。"新客"出洋除了要取得当地政府的证明书外，⑦ 还需要由客栈介绍或由水客带领才能登记购买船票，凭船票和水客的收款证明才能登船。⑧"新客"大多对海外情况知之甚少，人生路不熟且有语言隔阂，而"海外各地入境限制极严，他们（新客）根本不明白该办些什么手续，只好把一切委托'客头'替他们办理"⑨。"当同乡中有新客需到南洋定居或谋生时"，"一般会委托水客沿途照顾，水客收取一定手续费后，与沿途旅馆联络食宿，将新客带往目的地"。⑩

水客引导"新客"出洋已有相当长的历史。"香港开埠初期，已有人设机关从事宣传，大量招募粤人出洋的工作。有招募往南洋的，有往澳洲或美洲的。"⑪ 国内外水客分工合作，规范经营。"新客由内地登舟或乘车赴汕头等事宜"由国内水客负责，"待抵达汕头后，走内地水客及新客皆寄宿于当地的客头行中"，以便与南洋水客会晤。"至于新客出国入境的一切手续皆由南洋水客办理。"⑫ 南洋水客"招待候轮南来之旅客，且为之代办出口手续，购买船票，指引登轮及供给船上伙食等事，到埠后又为之代办入口手续，寻觅亲朋，甚至有代客垫给一切旅费，到埠后始由其所寻获之亲友筹还"⑬。

抗战时期，外轮公司对每次携带 10 人以上的水客给予免收船费的优惠。有一名印尼水客每次从梅县返回吧城时，引导 10 名以上"新客"出洋，仅此项收

① 陈汝舟：《美国华侨年鉴》，中国国民外交协会驻美办事处，1946 年，第 341 页。
② 黄文滚：《华侨汇款与广东经济》，《华侨问题专号》，广州大学社会科学研究社，1937 年，第 24 页。
③ 黄泽苍：《英属缅甸华侨之概况》，《南洋华侨》，商务印书馆，1933 年，第 58 页。
④ 《南洋庇能华侨人口激增，以广东福建籍为最多》，《广州民国日报》，1926 年 11 月 16 日第 9 版。
⑤ 陈汝舟：《美国华侨年鉴》，中国国民外交协会驻美办事处，1946 年，第 341 页。
⑥ 《返国华侨居留证延长有效期》，《中山日报（梅县版）》，1941 年 6 月 18 日第 2 版。
⑦ 《返国华侨居留证延长有效期》，《中山日报（梅县版）》，1941 年 6 月 18 日第 2 版。
⑧ 《登记售票操纵如故》，《星华日报》，1937 年 7 月 14 日第 2 版。
⑨ 《忽坠"客头"骗局》，《南洋报》，1948 年 12 月 15 日，第 2 页。
⑩ 《星洲十年》（星洲日报十周年纪念特刊），星洲日报社，1940 年，第 585 - 586 页。
⑪ 陈汝舟：《美国华侨年鉴》，中国国民外交协会驻美办事处，1946 年，第 386 页。
⑫ 姚曾荫：《广东省的华侨汇款》，商务印书馆，1943 年，第 29 页。
⑬ 《星洲十年》（星洲日报十周年纪念特刊），星洲日报社，1940 年，第 636 页。

入便超过一万港元。① 1947 年 10 月，锦屏乡水客曾彬华从梅县返回缅甸仰光时"携（带）侨眷三十余人入缅（甸）"，并代带侨胞信息。②

外轮公司之所以给予水客各种优惠，除了水客携带"新客"出洋可以增加客流量外，还在于水客可以协助外轮公司逃避当地政府对出洋客票价格的监管。1937 年 7 月，汕头市政府迫于华侨和侨团组织的压力，对擅自抬高客票价格的外轮公司实行限价管理，要求外轮公司"自行登记售票"并向社会公布客票价格。但外轮公司实际出售的票价却高于其公布的票价。例如，"新客"前往新加坡的公布票价为 64.5 元，实际票价却被抬高到 123 元。而水客在为"新客"出具的登船证明上，仍然"书明每人仅收六十四元五角，并无多收分文字样"，同时"口头告诫（'新客'）不许乱说"。③ 因此局外人是很难发现外轮公司虚报票价情形的。

另外，一些外轮公司的雇员本身也兼营水客业务。例如，"一向来往南洋'马来亚'各埠，专为侨胞服务"的胡益水客"在和丰公司和丰号轮船服务"。④ 因此，水客与外轮公司有扯不清的关系。

除了外轮公司以外，"一些旅馆主人为招揽生意，对过往水客给予特别的优待"。可以说，"水客来往旅途中有一件最占便宜的事"，就是引导"新客"出洋"住旅馆和搭船都不要给钱"。加上水客"对于计算所携带'新客'往南洋的旅费准会浮取"⑤，水客引导"新客"出洋可以获得的利润相当可观。因此"水客出国时一定皆有若干初次出洋的'新客'"⑥。

第二次世界大战时期，南洋经济衰退，"新客出国者日少"，"南洋水客的营业与人数皆趋减少"。⑦

南洋华侨分"新客"和"土生"两种。"新客"即生客，"系新由国内来者"；"土生"即侨生，"系生长南洋者，土生华侨多有同化于土人者"，⑧ 他们有强烈的寻根愿望却对国内情况了解甚少。水客领"土生"返乡寻根问祖也是一项盈利业务。菲律宾梁柏珍水客办理"新客"来岷市（今马尼拉）业务，对"未熟岷市地理者，可预先来电，着令接船或接飞机，无不奉承"。同时"代理

---

① 参见《广东省志·金融志》，广东人民出版社，1992 年，第 289 页。
② 《水客曾彬华谈缅甸近况》，《华侨公报》，1947 年 10 月 25 日第 2 版。
③ 《登记售票操纵如故》，《星华日报》，1937 年 7 月 14 日第 4 版。
④ 刘进：《五邑银信》，广东人民出版社，2009 年，第 61 页。
⑤ 《梅县的南洋水客》，《中山日报（梅县版）》，1940 年 2 月 25 日第 3 版。
⑥ 郑一省：《水客与近代中国侨乡的金融网络及移民网络》，《首届侨批文化研讨会论文集》，2004 年，第 185 页。
⑦ 姚曾荫：《广东省的华侨汇款》，商务印书馆，1943 年，第 29 页。
⑧ 丹徒、李长傅：《华侨》，中华书局，1927 年，第 41 页。

（"土生"）回华护照，包写船票及飞机位"。①

（三）参与侨汇买卖

水客每年从南洋带返大量叻币、暹币、荷盾、安南纸等外币。由于国内政治经济动荡不安，外币在国外的兑换价格往往较国内高。1938 年 5 月，在荷属印尼，1 元荷币折算国币 1.877 元。② 而在梅县，1 元荷币的收购价为 4.68 元国币。③ 1 元荷币在两地的差价为 2.8 元国币，水客在印尼购买荷币，将荷币带回梅县兑换可以获得高达 149.3% 的利润。

一些水客"每年四次前往南洋各埠，除贩运货物外，兼买华侨汇回家中之外币"。买卖价格由水客与华侨商定。有些水客以携带银信"不收带工费"为条件，以较低的价格从华侨手中获得外币。水客返乡后以国币向侨眷支付侨款，而"把这笔巨款冒险地购买外汇，做一番金融投机事业"④。

水客买卖外币的种类与当地对外币的需求有关。潮汕水客"以炒赌叻纸为多"⑤。而梅县华侨"往荷属者为多"，对荷币的需求量大，因此，梅县水客热衷买卖荷币，⑥ 梅县地区荷币买卖的价格升幅也较大。1939 年 1 月 4 日，1 元荷币和 1 元叻币的收购价同为 4.68 元国币。⑦ 1940 年 5 月 5 日，1 元荷币升至 9.4 元国币，1 元叻币也升至 8.8 元国币。⑧ 荷币价格的升幅为叻币的 1.1 倍。德军攻占荷兰后"香港各银行宣布停收荷币外汇"。1940 年 5 月 26 日，"香港各银行在未接荷方布告标准汇价"的情况下，将"荷盾的牌价定为 35.5 元"⑨，而叻币的收购价仅为 6.6 元，⑩ 荷币价格为叻币的 5.4 倍。

梅县地区水客因炒荷币所获得的利润相当可观。根据广东省银行经济研究室的调查，抗战时期大埔水客"每（卖出）荷币一盾可获利国币五角之多"，不少水客因此成为富翁。⑪

侨汇买卖价格的变动主要受国际政治经济形势的影响。1940 年 5 月，南洋水

---

① 《菲律宾粤侨各团体联合会复兴纪念刊》，1946 年。

② 《荷属山口羊华侨赈委会印发第一期赈款征信录》，《华侨战士》（第十二期），华侨战士半月刊编辑部，1938 年 5 月 16 日。

③ 《梅县商业行情》，《中山日报（梅县版）》，1939 年 1 月 5 日第 3 版。

④ 《梅县的南洋水客》，《中山日报（梅县版）》，1940 年 2 月 25 日第 3 版。

⑤ 冯光剑：《半年来汕头金融概述》，《星华日报》，1936 年 7 月 10 日第 9 版。

⑥ 《役龄壮丁请领出洋》，《中山日报（梅县版）》，1940 年 2 月 28 日第 2 版。

⑦ 《梅县商业行情》，《中山日报（梅县版）》，1939 年 1 月 5 日第 3 版。

⑧ 《梅县商业行情》，《中山日报（梅县版）》，1940 年 5 月 6 日第 2 版。

⑨ 《荷盾牌价》，《中山日报（梅县版）》，1940 年 5 月 26 日第 2 版。

⑩ 《大批水客华侨尚在途中》，《中山日报（梅县版）》，1940 年 5 月 27 日第 2 版。

⑪ 《广东各县金融情况》，《广东省银行季刊》，广东省银行经济研究室，1941 年第 1 卷第 1 期。

客徐利宏等人在从印尼吧城开往梅县的轮船上，筹得荷币折合国币 5 000 元的捐款，当轮船"抵达香港时适逢德荷战事发生，荷币顿落"，价格一路下滑，当这笔款项经过曲折的汇兑，于 1941 年 1 月由吧城转汇梅县时只折合国币 3 770 元，① 外汇损失高达 24.6%。

水客进行侨汇买卖的款项大多是华侨托带的侨款，"假如'运气'好些，他们就可以安安稳稳地利用别人的钱赚一笔很大的收入。如果'运气'欠佳，因为（买卖）外汇的原因而遭受极大亏损"，将来兑付华侨信款时就"没有资本来填补这次损失"，那么"他的业务和信用'从此休矣'"。②

不过，在巨额利润的诱惑下，一些水客还是铤而走险，"逃没（华侨）信款情事"时有发生。一些"水客借词香港沦陷，对于战前所汇之侨胞汇款拒不兑交，或只兑少数"③。一些"水客贪图汇水，（故意）在港逗留，将款放利"。在"物价日涨"的情况下"侨眷损失巨大"④。1942 年 7 月，梅县政府根据省政府命令对水客逃没侨胞信款的情况进行登记，"各侨胞到县府财政科登记的数目共三十余万元"⑤。因此，水客买卖侨汇所获得的利润，往往是建立在侨眷经济损失的基础上的。

第三节　水客的生存方式

水客随波逐流、四海为家，既有银行、邮局和批信局等坐商所无法替代的竞争优势，也有一些不可回避的竞争劣势。水客因势利导，通过接受银行的收编，加强与批信局业务合作，受侨乡政府的委托在海外筹集资金，促进沿途经济的发展，以及组建经济实体以抵御外部侵害等，拓展生存与发展空间。

一、融入业务，享受银行红利

（一）水客对银行体制缺陷的弥补

"南洋侨胞散居各埠，零星汇款向由潮梅水客四出收集，汇款巨额后交由银

---

① 《南洋水客徐利宏等响应征募医药代金》，《中山日报（梅县版）》，1941 年 1 月 15 日第 2 版。

② 《梅县的南洋水客》，《中山日报（梅县版）》，1940 年 2 月 25 日第 3 版。

③ 《梅县登记拒兑侨汇共达三十余万元》，《中山日报（梅县版）》，1942 年 8 月 1 日第 2 版。

④ 《请水客救救侨眷》，《中山日报（梅县版）》，1949 年 1 月 18 日第 2 版。

⑤ 《梅县登记拒兑侨汇共达三十余万元》，《中山日报（梅县版）》，1942 年 8 月 1 日第 2 版。

行钱庄汇返。俟水客返国时，分别送交给各侨胞家属。"① "水客在南洋特别普遍和深入，远非新式银行所能及。同时水客在南洋接收南洋侨汇由来已久，加以乡谊关系，其作用实有不可动摇之势。"② "水客经办之侨汇在海外能遍及各埠，在内地能深入各乡。"③ "交'水客'所带的银信或衣物，往往比银行或邮局要快得多"④，而且可以躲避各种外汇监管。1941 年 10 月，"大批吧城水客计李升如、侯伯文、梁祐祥等二十余人，相继由（香）港乘机返抵梅（县），并携回大帮侨胞家属信款"。按照荷兰殖民政府的管制条例，"凡在外侨胞每人准寄生活费五十盾，折合伸国币四百五十元。如每人超过伍佰元以外者，必受荷政府限制"。水客与华侨约定，"收款人（指侨胞家属）回信与寄款人时，该信必须交由原水客带出。盖因倘收款人由邮局直接寄与寄款人，一旦被荷政府查出，寄款人与水客均发生不利"⑤。因此，华侨对于"超过限额之侨汇多经由批局及水客汇驳回国"⑥。抗战胜利后，香港当局限制侨汇汇往内地，"国营银行取代商业银行，华资商业银行正式业务停顿"，而"水客带汇盛极一时"⑦。

水客既有效弥补了银行和邮局的体制缺陷，也为银行和邮局带来巨额的侨汇收入。对于银行来说，水客既是竞争对手，也是重要的客户。

（二）银行对水客的业务支助

1. 为水客办理业务提供方便

银行通过增设营业网点或延长营业时间，为水客办理业务提供方便。梅县广东省银行"为水客及批局服务，利便侨汇起见，在东江繁盛区域增设华侨服务机构，推动服务工作"⑧。1939 年 8 月，广东省银行在梅县"松口市火船码头"设立办事处，办理曲江、新加坡和香港等地的国内外汇兑业务，以及侨胞家属信用借款业务。⑨ 1940 年 1 月，丰顺广东省银行"移设汤坑营业"⑩。普宁广东省银

① 李绍文：《香港封锁声中潮梅人士所关切的南洋侨汇问题》，《梅县导报周刊》，梅县导报周刊社，1940 年第 1 卷第 5 号。
② 刘佐人：《争取南洋侨汇问题》，《金融与侨汇综论》，广东省银行经济研究室，1947 年，第 70 页。
③ 《广东金融》，广东省政府秘书处，1941 年，第 21 页。
④ 刘征明：《南洋华侨问题》，国立中山大学社会研究所编辑，金门出版社，1944 年，第 188 页。
⑤ 《一批吧城水客返抵梅城》，《中山日报（梅县版）》，1941 年 10 月 13 日第 2 版。
⑥ 刘佐人：《争取南洋侨汇问题》，《金融与侨汇综论》，广东省银行经济研究室，1947 年，第 70 页。
⑦ 《香港限制内汇透视（下）》，《广东商报》，1947 年 4 月 15 日第 8 版。
⑧ 《梅县广东省行李经理对记者谈该行最近业务》，《中山日报（梅县版）》，1940 年 10 月 17 日第 2 版。
⑨ 《松口广东省银行广告》，《汕报（梅县版）》，1939 年 8 月 3 日第 3 版。
⑩ 《丰顺广东省银行广告》，《中山日报（梅县版）》，1940 年 1 月 26 日第 2 版。

行"增设办事处于棉湖毗邻之新寨村"①。平远广东省银行在东门外富寿街开业。② 10 月，中国银行"择定松口电船码头附近店宇为（新设）办事处"③。松口广东省银行打破星期日不开门营业的惯例，从 1941 年 3 月起，每逢星期日墟市期间特别营业 2 小时，以便利水客侨眷办理侨汇业务。④

水客则利用银行的融资渠道携带批款。抗日战争时期，吧城水客携带侨款抵达香港后，将款项汇入南洋商业银行，抵达梅县后将汇款清单和收据交中国银行验批结汇。当然，为了安全起见，水客对所携带的银行汇票或商业汇票都设有兑换条件，例如，新加坡水客何胜娣由新加坡中国银行汇往梅县中国银行的汇票"票面系批明松口广通庄华严兑盖印领取"⑤。巴城水客陈文堡在巴城中国银行的汇票上"订明至梅县中国银行兑付"⑥。

2. 为水客出洋提供帮助

福建省银行"信托部附设中南旅运社"，"专为招待华侨及旅客往来提供便利"。"自沙鱼涌、汕尾相继被敌盘据后"，水客出洋相当困难。梅县福建省银行与中南旅运社联系，制定了从梅县经闽省出洋的三条路线：一是"由漳泉出口至鼓浪屿直搭南洋海轮"。二是"从三都、涵江或海口搭轮赴沪，转道香港或径赴南洋"。三是"自闽经赣往粤之南雄乘飞机转南洋"。"在闽省各重要城市均有中南旅运社之设置"，可为水客出洋提供帮助。⑦

3. 给予水客各种价格优惠

广东省银行给予水客各种价格优惠，包括水客存款"以规定利率外酌加周息半厘"，水客汇入该行并拨为存款的款项"以规定利率外酌加周息一厘"，⑧ 水客"以款项汇存本行的往来存款，或特别往来存款均酌增利息半厘。对三个月以上之定期存款酌增利息一厘"⑨，等等。

1941 年，广东省银行"对于往来南洋各埠收集信款回国之水客举办登记"⑩，"给证为凭，可以享受各种利益便利"⑪。水客"汇款时予以优待，汇价特别从

① 《普宁广东省银行广告》，《中山日报（梅县版）》，1940 年 1 月 26 日第 2 版。
② 《平远广东省银行广告》，《中山日报（梅县版）》，1940 年 1 月 26 日第 2 版。
③ 《中国银行筹松口办事处》，《中山日报（梅县版）》，1940 年 10 月 29 日第 3 版。
④ 《松口广东省银行启事》，《汕报（梅县版）》，1941 年 3 月 5 日第 2 版。
⑤ 《遗失汇票声明》，《中山日报（梅县版）》，1940 年 7 月 11 日第 2 版。
⑥ 《遗失汇票声明》，《中山日报（梅县版）》，1940 年 7 月 23 日第 2 版。
⑦ 《华侨经闽出国有路可循》，《中山日报（梅县版）》，1941 年 4 月 10 日第 2 版。
⑧ 《湖寮广东省银行》，《汕报（梅县版）》，1941 年 1 月 17 日第 1 版。
⑨ 《梅县广东省银行李经理对记者谈该行最近业务》，《中山日报（梅县版）》，1940 年 10 月 17 日第 2 版。
⑩ 《广东金融》，广东省政府秘书处编译，1941 年，第 22 页。
⑪ 钟承宗：《地方银行与战时金融政策》，《广东省银行季刊》，广东省银行经济研究室，1942 年第 2 卷第 3 期。

廉，手续亦额外从简"。水客"向各行处领款时，将省银行签发之汇票送付款行核对，如果登记姓名相片及所存印鉴相符，无论汇款报单已否寄到，一律通融办理，见票即付"①。该银行还"减低了潮梅各属间内地汇费，以运送费及手续费合计不超过百分之一为原则，汇费不加限制"②，并将东江各县之间的汇款手续费从原来的2.5%降低到2%③，以降低水客的经营成本。

4. 对水客进行业务扶持

广东省银行"对于水客的集合汇款，如（果）分别将受款人住地汇额数目开列清册寄到内地的分支行处，当必照册代为分别送交，包办妥当。如果电报汇款，更为快捷，而收费也极低廉"④。在广东省银行梅县支行与华侨银行共同签发的《水客证》上注明："兹介绍已在敝行登记之水客××君，持函到贵行接洽汇款回国事宜，请查照对明黏函照片是否相符，即照贵行优待特别顾客条例予以优待。"

除了《优待特别顾客条例》外，广东省银行还制定了《替水客送款条例》："凡水客因路途障碍或其它原因不能依期回国交批者，本行可受水客之委托代交之。在其它可能范围内，对侨胞家属及水客尽量予以便利。"⑤

第二次世界大战期间，南洋局势剧烈变动，各埠政府的外汇管制朝令夕改，给水客的经营带来很多麻烦。1941年初，新加坡政府对"所有水客请求汇款既要有旅店担保，又要有银行证明"，还"必须持有前汕头侨务局水客登记证始能批准"。新加坡广东省银行获悉后即函请梅县广东省银行"转吩水客于南洋时必须将前汕头侨务局水客登记证带来，如无上项水客登记证"则须凭广东省银行所发的水客登记证，"向惠州淡水的汕头侨务局或香港九龙的广州侨务处领取水客登记证"方可前往新加坡。同时提醒水客，在办理登记证和其他业务时遇到困难，可直接与当地广东省银行分支行处联系。⑥

当然，作为两个相互竞争的经营主体，水客与银行在经营过程中也有各种各样的摩擦和纠纷。1944年10月，泰国水客张嘉梅、侯明经、林振华、刘耀松、沈汉秋等"携带侨批由泰国动程返国"。于11月9日和11日分两次"在钦县（今广西钦州）广东省银行共电汇侨汇七百余万元"。到1945年2月，张嘉梅等水客除"领到六十余万元外，其余六百余万元尚未领到"。梅县广东省银行虽已

---

① 《广东金融》，广东省政府秘书处编译，1941年，第23页。

② 《梅县广东省行李经理对记者谈该行最近业务》，《中山日报（梅县版）》，1940年10月17日第2版。

③ 《粤省各银行减低东江汇款》，《中山日报（梅县版）》，1942年3月22日第3版。

④ 李绍文：《香港封锁声中潮梅人士所关切的南洋侨汇问题》，《梅县导报周刊》，梅县导报周刊社，1940年第1卷第5号。

⑤ 李绍文：《梅县广东省银行业务之回顾与展望》，《中山日报（梅县版）》，1941年1月2日第2版。

⑥ 《梅县广东省银行通告赴南洋各位水客》，《汕报（梅县版）》，1941年2月22日第1版。

接到钦县省行来电，称该侨款已汇往揭阳"。但梅县方面没有收到款项，因此"该款仍不能向领"。张嘉梅等水客也无法按约向各侨眷支付侨款。另外，部分银行"拒收侨汇"也给水客的经营造成伤害。黄通元水客将华侨托带的黄金在东兴、茂名等地广东省银行办理黄金托收业务时遭拒绝，"只得将黄金三十余两随身携带，殊（知）步行至阳江合山乡地方，竟遭匪徒抢劫净尽。同行华侨十余人亦被抢劫"。①

二、委托代理，与批信局细分市场

水客与批信局是同宗同源的两个主体，有行商与坐商的业务关系。水客在外洋没有固定的经营场所，便委托批信局或商号"作担保和汇收书信款项，按每期船只开行（时间）交与'水客'带返"回国。② 例如，南洋水客何琪记在泰国以暹京的东成旅店，在大埔以何添记为通讯处。东成旅店是暹京水客的主要通讯处，在《旅暹大埔公会成立二周年纪念特刊》上刊登广告的 11 名水客中有 8 名以东成旅店为通讯处。东成旅店由东成公司经营，东成公司是一家"统办环球什货日常用品，代客买卖并收国内各属银信"③ 的批信局。何添记是大埔县营业规模最大的两家批信局之一，"在香港潮汕等地均有联号等开设，所有大埔对外汇款以及南洋华侨汇款到港，多由该两号转汇"④。

部分水客利用批信局的经营渠道传递批款。1940 年 7 月，南洋水客黄开霖在香港"陈富源"开立向兴宁"富源"兑付国币 1 000 元，向梅县"富源"兑付国币 1 050 元的商业汇票各一张。⑤ 1943 年 5 月，暹罗水客黄崇兴"在暹罗曾干良先生汇兑庄汇回国币拾柒万元。到梅县曾琼兴纸行"兑现后支付侨眷。⑥

批信局则"经常委托水客分赴四乡兜揽生意"⑦，"延揽"水客"藉此互相吸引，以广营业"⑧，并委托水客将商业汇票带返侨乡。1940 年 6 月，暹罗水客徐润新受曼谷合艾集益公司和振远公司的委托，将两张共计 1 300 元国币汇票带返梅县同益庄。⑨

---

① 《梅县华侨互助社请李主席饬省行沟通侨汇》，《中山日报（梅县版）》，1945 年 2 月 18 日第 2 版。
② 刘征明：《南洋华侨问题》，国立中山大学社会研究所编辑，金门出版社，1944 年，第 188 页。
③ 《旅暹大埔公会成立二周年纪念特刊》，1948 年。
④ 《广东各县金融情况》，《广东省银行季刊》，广东省银行经济研究室，1941 年第 1 卷第 2 期。
⑤ 《遗失汇票声明》，《中山日报（梅县版）》，1940 年 7 月 5 日第 2 版。
⑥ 《黄崇兴水客遗失汇单启事》，《中山日报（梅县版）》，1943 年 5 月 29 日第 2 版。
⑦ 姚曾荫：《广东省的华侨汇款》，商务印书馆，1943 年，第 18 页。
⑧ 《星洲十年》（星洲日报十周年纪念特刊），星洲日报社，1940 年，第 578－579 页。
⑨ 《遗失汇票启事》，《中山日报（梅县版）》，1940 年 6 月 15 日第 2 版。

部分水客本身也经营批信局。1946 年 7 月，梅县的利侨庄经理温集祥水客前往南洋"承领侨批访问侨胞，原定于秋前带返回国，后因陈县长附托为完成公共体育场建设，沿途向各埠侨胞劝募巨款，因而费时特多，故延迟返国"。1947 年 1 月中旬携带华侨银信返回梅县，并登报"告知各侨属如有信款者，请携信前来领取"。①

水客甚至与批信局联手与侨居地政府抗衡，以求得经营侨汇的合法权益。抗战期间，"荷属东印度实施统制外汇（办法），使华侨无法汇款回国"。"吧城水客侨胞联合函请吧城中华总商会及中国驻巴总领事向荷印外汇统制局交涉"。最后达成一致："汇兑庄可照常汇寄华侨家属信款，但汇寄侨批的总数额不得超过华侨与各银行每月所订契约汇款之数。"②

因此，"水客和汇兑行庄确是南洋和家乡沟疏经济的桥梁"③。作为行商，"水客携带（银信）之利在于他的行动敏捷，时间经济"④。作为坐商，批信局"资金周转及信用胜于寻常水客"⑤，其经营规模通常比水客大。1937 年潮汕批信局承办的侨汇为 2 570 万元，梅属批信局为 1 430 万元，两者相加为 4 000 万元。而同期粤东水客带返的侨汇为 1 700 万元，仅为批信局的 42.5%。⑥

三、海外筹资，求得官方保护

水客受侨乡政府的委托在海外进行各种筹资活动，并自发举办各种公益活动以推动侨乡经济繁荣。

1939 年 6 月，日军战机对梅城狂轰滥炸，造成了重大人员伤亡，加上从粤东各地辗转逃至的难民日益增加，梅县经济陷入困境。县政府委托出洋水客在南洋"各埠向侨胞募捐银物"，并印制了 80 多本捐册"交由华侨互助社转发水客"带往南洋。⑦ 10 月初，第一批募得款项的 5 名水客从南洋陆续返抵梅城，带回善款 5 000 余元，其中包括吧城各埠华侨捐赠的 3 000 余元和暹罗华侨捐赠的 2 500 元。⑧ 11 月 29 日，"由荷属坤甸（今马来西亚）抵梅水客翁绍祺带回该地华侨振

---

① 《利侨庄启事》，《中山日报（梅县版）》，1947 年 1 月 10 日第 1 版。
② 《荷印政府准汇兑庄照常汇寄华侨信款》，《中山日报（梅县版）》，1940 年 8 月 28 日第 2 版。
③ 《水客何姗姗归迟？》，《中山日报（梅县版）》，1949 年 1 月 16 日第 3 版。
④ 姚曾荫：《广东省的华侨汇款》，商务印书馆，1943 年，第 12 页。
⑤ 刘征明：《南洋华侨问题》，国立中山大学社会研究所编辑，金门出版社，1944 年，第 188 页。
⑥ 姚曾荫：《广东省的华侨汇款》，商务印书馆，1943 年，第 40 页。
⑦ 《梅赈济会收到侨胞捐款》，《中山日报（梅县版）》，1940 年 2 月 4 日第 2 版。
⑧ 《梅水客侨胞在南洋募得赈款五千余元》，《汕报（梅县版）》，1939 年 10 月 12 日第 2 版。

款 1 553.75 元国币，翁绍祺邀同华侨互助社将该款及相册送交县政府"①。1940
年 1 月，梅县华侨互助社收到 9 名荷属水客"经募之侨胞赈济捐款"3 150 多元
国币。② 2 月初，梅县赈济会收到 5 名水客缴回的侨胞赈济捐款 400 余元国币。③
至此，"梅县赈济会共收到各水客缴回之侨胞捐款四万余元"，缴回捐册 60 余
本。④ 这次海外募捐，"水客共向南洋华侨募集救济款达九万二千余元"⑤。梅县
政府对水客进行了表彰，对"募捐成绩特佳，为各水客所不及"的翁绍祺"给
予奖状一纸，并设筵席"款待以表敬意。⑥

1940 年 5 月，南洋水客联合会吧城分会会员徐利宏等在"吧（城）返梅
（县）途中，在芝丹宜船上发起慰劳前方将士捐款，共筹得荷币伸合国币五千
元"⑦。"松口水客梁伟平在荷卢向各同乡募捐得国币二千余元，为松口平民医院
购置器械之用。"⑧ 同年 8 月，古传新等 6 名水客"在南洋向华侨募得施粥捐款
国币二千余元"，"连日在中山公园施粥"。⑨ 1940 年，由松口古炜新等人"经手
向南洋侨胞募得施粥款项共约万元"，于 1941 年 4 月 15 日开始施粥。"每日施粥
数量约米二斗"，"煮粥地点在松口古氏自治会，施粥地点在中山公园"。⑩ 1941
年 3 月梅县水客公会召开会员大会时即席募得款项 175 元。⑪

1940 年 6 月，东江护侨事务所召开水客及归国华侨会议，希望"各水客重
到南洋后可尽量告诉各华侨，现在祖国后方安静如常，近因欧洲战事继续爆发，
诚恐影响到南洋各埠，各华侨不如趁此时机回国投资，开发后方实业"⑫。

水客对侨乡经济的拉动作用也十分明显，沿途大小商号因水客的往返而生意
兴隆。1940 年 4 月，淡水华侨大酒店迁址装修后"三堂大厦可容百余人"，"四
周花木繁茂，空气清新，并聘有梅县名厨负责烹饪"。⑬ 各种过载商行也应运而
生。过载商行除了帮助水客联系车船、买卖货物外，还办理侨汇业务。例如，何
婆镇的张义记行"代客买卖，并理过载货物，并代发侨批"⑭。一些华侨旅社也

① 《水客翁绍祺募得千余元》，《中山日报（梅县版）》，1939 年 12 月 1 日第 2 版。
② 《荷属水客一批缴赈济捐款》，《中山日报（梅县版）》，1940 年 1 月 14 日第 2 版。
③ 《梅赈济会续收赈款》，《中山日报（梅县版）》，1940 年 2 月 19 日第 2 版。
④ 《梅赈济会收到侨胞捐款》，《中山日报（梅县版）》，1940 年 2 月 4 日第 2 版。
⑤ 《梅县的南洋水客》，《中山日报（梅县版）》，1940 年 2 月 25 日第 3 版。
⑥ 《梅县华侨捐款续收到千余元》，《中山日报（梅县版）》，1939 年 12 月 22 日第 2 版。
⑦ 《南洋水客徐利宏等响应征募医药代金》，《中山日报（梅县版）》，1941 年 1 月 15 日第 2 版。
⑧ 《松口水客梁伟平捐款二千余元》，《中山日报（梅县版）》，1940 年 5 月 30 日第 2 版。
⑨ 《松口南洋水客募款在松口施粥》，《中山日报（梅县版）》，1940 年 8 月 28 日第 2 版。
⑩ 《松口今日起开始施粥》，《中山日报（梅县版）》，1941 年 4 月 15 日第 3 版。
⑪ 《梅县水客公会开会员大会》，《中山日报（梅县版）》，1941 年 3 月 20 日第 2 版。
⑫ 《梅县侨务会议决定组华侨合作社》，《中山日报（梅县版）》，1940 年 6 月 17 日第 2 版。
⑬ 《新张启事》，《中山日报（梅县版）》，1940 年 4 月 1 日第 2 版。
⑭ 《张义记行》，《汕报（梅县版）》，1941 年 2 月 22 日第 1 版。

兼营过载业务，为过往水客提供一条龙服务。老隆镇的英记旅社经营食宿餐饮业务，"兼理过载舟车转运尤为熟悉"，因"出入侨胞往来日众，区区之地每感不敷"而迁址，并"易名为广梅旅社，（继续）兼理过载业务"。①

侨乡政府加大了对水客出洋的保护力度。1939年11月，东江护侨事务所两次"召集各水客在华侨互助会开座谈会，征询各方良好意见，采择施行"②。并在"沙鱼涌设立防空壕以策安全"，将100多名队兵"分驻沙鱼涌、淡水、惠阳、老隆各地"护送过往的水客侨胞。③ 1941年3月设立松口分站后将"汕尾兴宁及赤坎兴宁（出洋）线（路）呈报"粤省政府审批，并提请政府"向美国轮船公司交涉，派轮行驶该线"以策安全。④

1941年，粤省政府确认滇缅、广州湾和温州为水客华侨3个出洋口岸。2月底，汕头水客联合会梅县分会召开常务会议制定"侨胞出国新路线"，并电请省政府"李主席调东江护侨队移驻新路线，保护出入侨胞"的人身和财产安全。⑤梅县南洋华侨互助社也发布了两条出国新路线。一条"由某地往港。除乘大眼鸡只须一晚可以抵达外，还有英葡两国货轮来往"，较为快捷安全。另一条"须经滇缅公路。（由于）路途遥远，尚未有华侨水客前往"，但"尚可往港"。⑥ 经与已登记出国的80多名水客华侨开会商定以广州湾路线为出洋首选线路：由韶关至衡阳至柳州至桂林至赤坎，由广州湾下南洋，如香港局势紧张轮船停航，则由滇缅路线出国。⑦ 驻粤东最高军事长官定期召集地方官员"磋商出国新路线"。军政要员在防区内"按图指明华侨出国由某路线前往"，并增加安保力量以确保水客安全。⑧ 1941年6月，粤侨通讯社"决定在（香）港韶（关）之通道多设护侨站，使水客侨胞来往非必要时无须坐飞机，节时省力"。从该路线由韶关到香港"如有脚踏车行一周便可抵达"⑨。

四、组建旅运社，抵御外部侵害

1940年5月，南洋水客卜炳南等联名提议"梅埔各县水客"集资组建华侨

① 《老隆义孚行内英记旅社迁移启事》，《中山日报（梅县版）》，1939年11月13日第2版。
② 《维护侨胞出入安全，省府设护侨事务所》，《中山日报（梅县版）》，1939年11月13日第2版。
③ 《练秉彝与水客商定护侨办法》，《中山日报（梅县版）》，1939年12月11日第2版。
④ 《东江护侨事务所筹设松口水口分站》，《中山日报（梅县版）》，1941年3月21日第2版。
⑤ 《梅县水客分会开常务会议》，《汕报（梅县版）》，1941年2月25日第3版。
⑥ 《华侨互助社再拟出国新路线》，《中山日报（梅县版）》，1941年2月26日第2版。
⑦ 《梅县华侨互助社昨商定出国新路线》，《中山日报（梅县版）》，1941年3月3日第2版。
⑧ 《香司令翰屏指示华侨出国路线》，《汕报（梅县版）》，1941年3月8日第2版。
⑨ 《粤侨通讯社决定计划港韶通道多设护侨站》，《中山日报（梅县版）》，1941年6月24日第3版。

旅运社，通过"装备浅水轮船，雇定挑夫，专门运输往返水客华侨"以抵御外部侵害。旅运社集资"每股定价五十元，筹足资本五万元后即可着手组设"，同时请求"县府饬令梅县华侨互助社广为介绍各埠水客入股"。①

梅县政府于 6 月 17 日召开侨务会议，议决成立东江华侨合作社。合作社"征求各水客为社员，每人定股本一百元。成立后，各出入国水客均得免费住宿"。在"收到各水客缴来股款计有七千余元"后，② 于 9 月初在惠州淡水成立东江华侨合作社，并聘请梅县华侨互助社的官员为合作社顾问。华侨合作社成立后，沿途旅店纷纷申请入社，使合作社的旅店总量"可容二三百人以上"。该社还呼吁"已认缴而未缴款之水客应速即缴纳，以资扩充"经营规模。具有官方背景的东江华侨合作社成立后，沿途"各轿夫船夫不敢抬高价格，均按当地官定给值"。③

① 《水客卜炳南等拟组旅运社》，《中山日报（梅县版）》，1940 年 5 月 18 日第 2 版。
② 《梅县侨务会议决定组华侨合作社》，《中山日报（梅县版）》，1940 年 6 月 17 日第 2 版。
③ 《淡水轿夫船夫已不敢抬价》，《中山日报（梅县版）》，1940 年 9 月 23 日第 2 版。

第四章　批信局的经营方式

在国家邮政没有出现之前，"官民邮政分办，官邮设有驿站，专传递皇室公文及文件。民邮由人民自理，称民信局"。民信局"大约创于明代永乐年间，至'满清'道光年间至为繁盛。首先通行于宁波一带，继而推移至华南重要口岸以至南洋"。[1] "华侨救济家款在民信局未有组织之前，现款货款大都寄托走水亲邻代为带交。迨后侨胞南来日众，而汇款救济国内家属也就日益增多了。而为侨胞服务、专门负责代为输送银信者的民信局，也就先后创立，而继续滋长发展。"[2] 因此，批信局的形成与发展经历了一个漫长的过程。

"信局俗名批馆，专为华侨汇钱回国之机关。"[3] 1933 年，交通部邮政总局将"专营国外侨民银信及收寄侨民家属回批者，定名为批信局"[4]。为了方便论述，本书将侨汇业、银信局、信局、批馆等统一称为批信局，引用时尊重原文。

第一节　南洋批信局

一、南洋批信局的形成与发展

"闽粤人南来多而且家乡观念浓厚，若不汇款归国者，同乡皆讪笑之，是以闽粤人之经营汇业者甚盛。"[5] "汇业者，金融流通之机构也。"[6] 南洋"之有汇兑信局历史"悠久，"（1940 年前的）百余年前之南来谋生者为寄款养活家属计，

---

① 刘佐人：《批信局侨汇业务的研究》，《金融与侨汇综论》，广东省银行经济研究室，1947 年，第 54 页。

② 陈大波：《民信局与侨汇的关系》，《新加坡汇业联谊社特刊》，新加坡汇业联谊社，1947 年。

③ 丹徒、李长傅：《华侨》，中华书局，1927 年，第 59 页。

④ 广东省档案馆藏：广东邮政管理局档案，"交通部邮政总局通饬第 1205 号"（1933 年 12 月 8 日）；袁丁：《民国政府对侨汇的管制》，广东人民出版社，2014 年，第 55 页。

⑤ 郑资生：《展望汇业联谊社》，《新加坡汇业联谊社特刊》，新加坡汇业联谊社，1947 年，第 69 页。

⑥ 姚慕常：《所望于汇业联谊社者》，《新加坡汇业联谊社特刊》，新加坡汇业联谊社，1947 年，第 86 页。

多方设法，信局因环境之需要应运而生"。①

　　南洋华侨按照籍贯分为不同的帮派。例如，越南华侨"因言语不同，分有广肇、客家、潮州、海南、福建五帮"②。"各帮有各帮之信局，藉乡谊以事招揽，或延揽水客，兼营旅馆，藉此互相吸引，以广营业。"③

抗战期间及胜利后新加坡华商经营的批信局数量比较

时间	批信局数量（家）				
	琼帮	潮帮	广帮	闽帮	客帮
1940 年	40	18	5	42	4
1945 年 11 月	24	21	2	32	
1947 年 10 月	33	48	8	63	

　　资料来源：《星洲十年》（星洲日报十周年纪念特刊），星洲日报社，1940 年；陈炎勤：《侨汇与国币》，《新加坡汇业联谊社特刊》，新加坡汇业联谊社，1947 年。

　　各埠批信局形成的时间并不相同，新加坡"琼侨营民信业者以恒裕成号与曹琪记号为嚆矢"④。"旅马（来亚）琼侨之有汇兑信局究竟肇始于何时，已无可稽考。"⑤ 南洋"批信局是由民信局代带钱银汇兑方面蜕变出来，约在十九世纪末年分立，据史乘记载，在一八八二年已有批信局存在"⑥。

　　"信局营业，在初期皆为大商号之副业，迨日久信用渐广，汇额日巨，遂有反以副业为主业，或特设信局独立经营者。"⑦ 20 世纪初，南洋批信局出现了业务大整合："一是旧式的个人水客联合成侨汇帮。二是合伙式的小批信局合并成股份式的大批信。三是金铺、当铺与旅店兼营银业者改组为新式银行。三者除向来偏重侨汇外，兼做小额信用贷款。四是新设银行。"⑧

　　光绪二十九年（1903），新加坡出现了第一家华人银行——广益银行，随后四海通银行、华商银行、和丰银行以及华侨银行等相继成立。光绪三十二年，印尼第一家华侨银行开张营业。光绪三十四年，泰国的暹华银行、顺福成银行和陈

---

　　① 郑觉生：《展望汇业联谊社》，《新加坡汇业联谊社特刊》，新加坡汇业联谊社，1947 年，第 69 页。

　　② 黄警顽：《华侨对祖国的贡献》，棠棣社，1940 年，第 24 页。

　　③ 《星洲十年》（星洲日报十周年纪念特刊），星洲日报社，1940 年，第 578 – 579 页。

　　④ 《星洲十年》（星洲日报十周年纪念特刊），星洲日报社，1940 年，第 586 页。

　　⑤ 《琼侨汇业话兴衰》，《新加坡汇业联谊社特刊》，新加坡汇业联谊社，1947 年，第 119 页。

　　⑥ 刘佐人：《批信局侨汇业务的研究》，《金融与侨汇综论》，广东省银行经济研究室，1947 年，第 55 页。

　　⑦ 《星洲十年》（星洲日报十周年纪念特刊），星洲日报社，1940 年，第 578 – 579 页。

　　⑧ 李龙：《华侨银行业的回顾与展望》，《新加坡汇业联谊社特刊》，新加坡汇业联谊社，1947 年，第 113 页。

炳春银行等先后开张营业，曼谷的华人碾米商和出口商也开始从事民间金融业务，八大潮商企业集团中有四家兼营钱庄业务。

国内银行也开始进入南洋谋求业务发展。光绪三十四年（1908），信义银行"除在新加坡已先立有分行外，拟再择世界著名之巨埠添设数处，渐次推及各岛"①。光绪三十五年1月，交通银行在越南西贡开设代办处后，继续在南洋华侨最多的地方增设分支机构，以"便利旅居外洋华人之汇兑"②。

华资银行的兴起以及国内银行的进入，将中国传统金融的理念带到南洋，使南洋批信局具有中国和南洋双重特征。因此，"批信局是中国的特有组织，批信汇款亦中国与南洋特殊的汇兑业务，保持东方的商业传统"③，被称为"蕉雨椰风汇兑庄"。

1925年，南洋"各地邮政储蓄银行及政府储蓄银行主要包括：英国的渣打银行、汇丰银行、有利银行、大英银行、杜司科克银行以及东方银行，美国的纽约银行，法国的东方汇理银行，荷兰的荷兰银行、安达银行，日本的……正金银行、华南银行，中国的（华资银行）四海通银行、和丰银行、华侨银行、利华银行以及广利银行"④。1936年底，南洋和香港的华资银行在国内设立的分支机构为30家，其中"资本以（新加坡）华侨银行为最大，计叻洋四千万元"⑤。

南洋批信局从经营方式上分为汇兑局和民信局。"汇兑局，即汇款人将欲汇之款交与该局，由该局给以汇票，由汇款人自行将票寄与收款人，使其持票至该局国内分号或联号取款者。民信局，即寄款人将信及款项交该局，由该局托人按址带交收款人者。"⑥ 从使用的交通工具上分为"脚夫信局"和"轮船信局"。脚夫信局主要用体力或简陋的帆船传递银信业务，其"营业的圈子限于本地及附近"。轮船信局则采用民船或海轮传递银信业务，其"输送地点远及沿海各埠，并且在不同区域间约有代理，年终对账找解"⑦。

初期的"民信汇业者均自由营业"⑧，后被逐步规范。1940年，新加坡颁布新法例，要求"公司生意须由两名股东署名领取执照"，"非有产业抵押担保不

---

① 叶世昌等：《〈申报〉中的信义银行资料选辑》，《上海档案史料研究（第十三辑）》，上海三联书店，2012年，第310页。

② 《交通银行之分行》，《盛京时报》，1908年2月22日。

③ 刘佐人：《批信局侨汇业务的研究》，《金融与侨汇综论》，广东省银行经济研究室，1947年，第55页。

④ 参见《星洲十年》（星洲日报十周年纪念刊），星洲日报社，1940年，第28页。

⑤ 《国内外资银行统计》，《广州日报》，1937年1月23日，第3页。

⑥ 参见《星洲十年》（星洲日报十周年纪念特刊），星洲日报社，1940年，第585-586页。

⑦ 刘佐人：《批信局侨汇业务的研究》，《金融与侨汇综论》，广东省银行经济研究室，1947年，第54页。

⑧ 参见《星洲十年》（星洲日报十周年纪念特刊），星洲日报社，1940年，第586-590页。

允许发给（执照）"。①

抗日战争胜利后经营规模较大的南洋信局有：新加坡的杨月人、侨通行，巴达维亚的丘元荣、荣盛公司，曼谷的许明发、王利市银信局，西贡的益华行、华侨兴业公司，马尼拉的友联信局、群声信局等。②

二、南洋批信局"根深蒂固"的主要原因

南洋批信局"为平民金融中之特殊金融机构"③。在华侨中的"地位根深蒂固，非邮局与国际银行所能比拟"，"虽然时代递嬗，屡经潮流冲激，以及内外势力压迫，政府银行之歧视，终难动摇其毫末，亦不能阻止其特殊发展"。④ 主要原因有三个。

（一）银行和邮局官办色彩浓厚

"邮局和外商银行相继设立，已为银信业务在收汇、承转与解付上的分工提供了条件。"⑤ 但南洋的"外国银行（在侨汇经营上）全然不体贴其风俗、语言、文字俱不相同之华侨，惟依自己之定章而行"⑥。部分南洋本地银行和邮局对办理华侨银信业务不屑一顾、消极推诿。例如，缅甸"政府虽设有邮局银行"，但在办理华侨银信业务时，"邮局以（华侨交汇的货）币不同（需要进行货币换算为由，收取的）汇费昂贵。银行又以（华侨银信为）少数款项，不能破例汇寄"而多方推诿，导致华侨与外国银行和本地银行之间的关系冷漠。

批信局"汇款既省而回信又随收条并来，不另取资，故华人称便。信局亦得以该款在本地办货转运中国"以谋取商业利润，双方各得其利。因此，批信局"在缅甸颇发达"，华侨银信"一律由信局寄汇"。⑦ 批信局"不惟服务周到，汇价低廉，且多对汇款人作短期信用贷款藉为吸引。因之营业日广，根蒂日深。银行殊不易取代其地位"⑧。

① 参见《星洲十年》（星洲日报十周年纪念特刊），星洲日报社，1940年，第586-590页。
② 刘佐人：《批信局侨汇业务的研究》，《金融与侨汇综论》，广东省银行经济研究室，1947年，第57页。
③ 章渊若、礼平千编：《南洋华侨与经济之现势》，商务印书馆，1946年，第102页。
④ 苏孝先：《批信局应具之道德》，《新加坡汇业联谊社特刊》，新加坡汇业联谊社，1947年，第73页。
⑤ 《泉州侨批业史料》，厦门大学出版社，1994年，第5页。
⑥ 《华侨银行问题》，《中国与南洋》1918年第2期。
⑦ 黄泽苍：《英属缅甸华侨之概况》，《南洋华侨》，商务印书馆，1933年，第55页。
⑧ 《广东之金融货币》，《两广战时经济》，第四战区经济委员会，1941年第1期。

（二）华侨对银行业务多未明悉

"我侨南来多以其辛苦之劳力与血汗换取金钱，而且勤俭朴素者实占多数，故居住山巴（的华侨）为数亦较多。他们对于银行汇款手续多未明悉，又因远道不便"很少与银行打交道。①

而"批信局多能随处委托商号收汇"，华侨办理业务时非常方便。② 批信局向来注重乡情、宗情和亲情而轻应酬和广告。派出批伴带着食品与日常用品到穷乡僻壤探访，顺便带回信款。这种"非亲则故"的乡里关系使"办理交收双方易收稳妥迅速之效"③。"各批局经营侨汇业务手续简单，付款迅速。在海外则派员深入各埠，或分设于各小埠兜揽汇款。在内地则设于潮梅侨汇最多之地点，深入各乡，按户分送"④。"银信送到唐山家里，虽在穷乡僻壤而毫无差错。""唐山接到银信付来回批，不加手续费。"⑤"侨民有不识字者，（批信局）能为之代书代读，信用甚著。"⑥

（三）批信局按市计价

华侨在"银号及私人资本银行汇款，在国内交收时均依（黑）市价计算，而政府银行则采取官价。（黑）市价与官价间差额颇大，汇款者不欲受此差额之损失，故汇款多委托商办银行及银号办理"⑦。"侨胞以其（批信局）手续简易，取费公允，回批迅速"而"趋之若鹜"。⑧"大半（将银信）交托信局，然后转汇兑局与银行等金融机关寄回祖国。"⑨

另外，批信局在办理银信业务的同时"兼做简单的存放款及信托业务，俨然一家小银行"⑩，使"批信局独占侨汇的经营，并堪与英国的汇丰、荷兰的安达、法国的东方汇理……等银行在南洋相抗衡"，"在蕉雨椰风的大地上，中国人经

① 章文林：《汇业与我侨》，《新加坡汇业联谊社特刊》，新加坡汇业联谊社，1947年，第96页。
② 章文林：《汇业与我侨》，《新加坡汇业联谊社特刊》，新加坡汇业联谊社，1947年，第96页。
③ 《星洲十年》（星洲日报十周年纪念特刊），星洲日报社，1940年，第578－579页。
④ 容华绶：《广东侨汇回顾与前瞻》，《广东省银行季刊》，广东省银行经济研究室，1941年第1卷第1期。
⑤ 曾一鸣：《民信局与侨汇的由来》，《新加坡汇业联谊社特刊》，新加坡汇业联谊社，1947年，第78－79页。
⑥ 丹徒、李长傅：《华侨》，中华书局，1927年，第59页。
⑦ 《贝祖贻到香港任务》，《中山日报》，1947年1月10日第1版。
⑧ 《星洲十年》（星洲日报十周年纪念特刊），星洲日报社，1940年，第502页。
⑨ 《星洲十年》（星洲日报十周年纪念特刊），星洲日报社，1940年，第522页。
⑩ 刘佐人：《批信局侨汇业务的研究》，《金融与侨汇综论》，广东省银行经济研究室，1947年，第55页。

营的汇兑金融，批信局占第一位"，即便是在"有外国的银行、中国的银行、华侨的银行（的情况下），批信局在侨汇业务上仍占百分之七十"。① 20 世纪 20 年代，曼谷批信局"每岁汇回之汇数千万元"②。

三、南洋批信局的经营特征

（一）名称繁杂难以识别

南洋批信局的商号名称相当繁杂。例如，泰国暹京的广潮盛铜铁行"专收闽粤各属侨批及汇兑"③。菲律宾的岷厘喇大同汽水厂经营华侨汇兑业务。④ 新加坡的杨协成酱油厂"兼理汇兑信局""兼营闽南银信"。顺成隆汇庄旅店"代理全琼各属银信"。利安金铺汇庄有限公司经营"两粤汇兑"业务。光德栈成记批局绸庄"专收潮州诏安各属汇兑银信"。顺茂合记纸庄"专收福建各处汇兑银信"。南同利糕饼汇兑庄"专收琼州各县银信汇票"。郭丰成汇兑酒庄"专收祖国汇兑银信"。新兴金银店"专收祖国保家银信"。益和堂药材汇兑庄"汇兑琼崖各属银信"，等等。⑤

国内代理商号的名称也令人莫名其妙。例如，新加坡万德祥汇兑信局在汕头设立万德庄棉纱布行，经办潮汕地区的"汇兑银信"业务。

（二）跨界经营取长补短

南洋"信局十之八九为公会组织并兼营他业。即除了信局业务外，有贩卖农产物者，有经营棉布类者，有批发舶来化妆品者"⑥。例如，泰国暹京的东成公司"统办环球什货日常用品，代客买卖并收国内各属银信"。广潮盛铜铁行"专办华洋铜铁什货以及一切建筑材料"，"专收闽粤各属侨批及汇兑"。⑦

菲律宾益兴"专营祖国罐头什货各式食品，江西瓷器日常用品"，"专办正式地道药材名家膏丸散，名贵参茸燕桂，各种特效补品饮片"，"接理省港澳佛广东内地银信"。方深公司"专营美国著名产品、唐山什货、四季禽鸟、合时海鲜、代理天厨"，"兼接理省港澳四邑各地汇兑"。道生堂参药行经营"参茸玉

---

① 刘佐人：《批信局侨汇业务的研究》，《金融与侨汇综论》，广东省银行经济研究室，1947 年，第 65 页。

② 丹徒、李长傅：《华侨》，中华书局，1927 年，第 59 页。

③ 《旅暹大埔公会成立二周年纪念特刊》，1948 年。

④ 《菲律宾粤侨各团体联合会复兴纪念》，1946 年，第 36 页。

⑤ 《新加坡汇业联谊社特刊》，新加坡汇业联谊社，1947 年。

⑥ 杨建成：《侨汇流通之研究》，台湾"中华学术院"南洋研究所，1984 年，第 85 页。

⑦ 《旅暹大埔公会成立二周年纪念特刊》，1948 年。

桂，膏丹丸散"并"接汇广州银信"和"四邑内地各埠银信"。①

新加坡杨协成酱油厂"专营（注册）金标酱油，椰标酱油，豆腐豆豉，唐山豆乳，正白米醋，天津乌醋"，"兼理汇兑信局"，"兼营闽南银信"。森源庄"自办潮汕著名土产什货咸杂。潮州各庄神祇纸料，兼办香申呈类什货"，"专收潮汕各属银信兼理汇兑"。鼎盛号"专营祖国京果什货，欧美食品，接收潮州各属汇兑银信"。吴成兴汇兑信局"专收诏安东山云宵（霄）饶平各属银信，代理诏安正庄咸金枣兼代理各港船单"。俊昌号"专营京果什货欧美罐头食品兼理土产汇兑银信"。永盛公司"专营土产椰干桷枳出入口商兼理汇兑银信"。余仁生"选办中国生熟药材丸散膏丹，自制各种丸散药品"，"办理中国汇兑两粤银信"。

华侨之杂货商亦有经营银信业务。② 例如，菲律宾三益杂货"兼接汇兑省港内地"银信。③

由于南洋批信局与国内有委托代理关系，因此国内"分馆虽未接南洋总馆的现款，但亦按照'批信'所述的数目，由'派批'分送各汇款人的家庭"④。南洋批信局收到侨款后并不急于汇款，而是利用海轮航行的时间差进行国际贸易。部分"批馆利用收入的批款购买南洋商品（如大米等）运到汕头售卖以资获利"。部分批信局利用侨款购买当地出口商的期票或银行发售的侨汇订单，期满后由出口商或银行支付本息，有的批信局利用各国货币汇差价进行金融投机。

（三）各帮有各帮的经营习惯

新加坡批信局解付侨款有三种方式。一是在汇出地新加坡付叻币买港单，在汇入地香港收港单，再转托当地银行或银号折算成国币汇往内地，由国内银行根据《侨汇解款表》逐笔托汇、逐笔解款。二是采用比付方式，即由汇出地新加坡向汇入地香港发汇款通知单，再由香港向广州发汇款通知单，在广州卖出新加坡汇票后三地比对，进行汇款抵销。三是由批信局直接向银行买单代解。泰国批信局通常用侨款购买大米等容易赚钱的农产品运往香港出售，所得货款一部分解付侨款，另一部分为利润。越南批信局直接将外币现钞运往香港，在外汇市场上抛售以赚取差价。

同一帮派的批信局在不同的地域有不同的经营习惯。"潮帮信局按惯例，在发信人将信发出时，（银信）封后恒附小封及笺，使收信人于收到时就笺封即

---

① 《菲律宾粤侨民锋社成立三周年纪念特刊》，1948年。
② 章渊若、张礼千主编：《南洋华侨与经济之现势》，商务印书馆，1946年，第36页。
③ 《菲律宾粤侨各团体联合会复兴纪念刊》，1946年。
④ 陈达：《南洋华侨与闽粤社会》，商务印书馆，1938年，第88—89页。

复。一方藉为收据，一方藉此通音问。"① 付款时，英属马来亚新加坡一带的潮帮批信局多先向汇款人代垫资金，待回批到达后才向汇款人索取款项。而荷属印度尼西亚的潮帮批信局则大多以现金交易，华侨必须先付清款项才能办理银信业务。

新加坡普通庄汇兑信局与和记汇兑总局广告（局部）②

（四）完善的经营网络

侨通企业有限公司在"南洋各埠设立分行办理侨信，国内遍设分行及代理处自递银信"。协茂纸郊汇兑公司"经营民信汇兑业务历史悠久"，并以新加坡协茂分局、香港福业行、厦门协美行、福美信局为分行，在国内其他地区"遍设分行及代理处自递银信"。

新加坡永安祥汇兑信局分别在香港和汕头设立"永安庄"为分局，"专收香港潮梅各属诏安等处银信"。有信庄在新加坡设立"有信庄"总行和分局，在汕头设立"有信银庄"为总行，并以香港再丰行为联号"专理香港上海汕头诏安潮州各属电票汇兑，侨胞银信历史悠久，交款迅速，回文快捷，价格公平"。达华汇兑信局以香港祥发公司、汕头荣成利批局为代理处，"专收潮州诏安各属银信"。森源庄以香港魏启峰，汕头森峰行、启峰栈为总代理，"专收潮汕各属银信兼理汇兑"。联合公司"专收潮梅各属银信汇款，代理处遍设潮梅各地"。万

---

① 《星洲十年》（星洲日报十周年纪念特刊），星洲日报社，1940年，第583－584页。
② 《新加坡汇业联谊社特刊》，新加坡汇业联谊社，1947年。

顺成汇兑信局"专收潮属各地汇兑银信十余年之历史，一贯忠诚待人，办理敏捷妥当"。

和记汇兑在新加坡设立总局，在吉隆坡、槟城、海口、白延、文城和香港分别设立"和记汇兑信局"为分局，"专收琼崖全属保家汇兑银信"。恒成汇兑信局在"各大城市特设分店多所"，"收汇琼崖全属汇兑民信"，在海口设立恒源庄，在嘉积设立恒泰庄，在中原设立恒丰号，在乐城设立恒茂号，"其余各县市镇一带亦均有代理专司接送银信"。

许顺记汇兑信局以香港同益庄、汕头光益裕为代理处，"专收潮州各属诏安等处银信兼理汇兑"。人信庄汇兑信局以香港广南公司，海口广南公司、精华公司，嘉积新富南号为联号"专收琼崖各属银信"。

美兴汇局"经营汇业二十余年"，专营"厦（门）福（州）莆（田）仙（游）汇兑银信"。"近加航空交通便利所收银信概用航空邮寄出，非常迅速"，并在"涵江、上海、香港、厦门"等"祖国各地（设有）本号支理处"。[①]

国内侨眷收到南洋批信局送来的银信后，"即将小信封写回信一封（如不识字，由'派批'代书），此信在批馆视为收据，在南洋汇款人视为回信，俗称'回批'。回批仍由星加坡批馆对号送给汇款人，同时取回汇款时所付的收据"[②]。

为了确保回文快捷，南洋批信局在银信封盖有"收到银信后祈即回音""此银收妥请即回音，免店企望""收到银信即速回，以免至挂望为要"等提示。当华侨要求按收款人照片付款时，南洋批信局则通知国内批信局"凭照片付款"。由于批信和批款分别由邮局和银行汇寄，因此侨款和侨信往往不能同时送达，对此国内信局也会网开一面，对侨款照解不误。

（五）创新的传递方式

随着电信通信设施及海上交通工具的更新换代，"四海遥远等于咫尺，五洲辽阔近同乡里。中国与南洋空间距离缩短为朝往夕返之境界"[③]。南洋批信局不断创新传递方式。新加坡联合公司"采取闪电方法——交收快捷；利用经济原理——汇率便宜"。美兴汇兑局对"所收银信概用航空邮寄出，非常迅速"。四宝文印务汇兑公司办理"信汇、票汇以及航信联汇"业务。协茂纸郊汇兑公司设立银信部，"以最简单手续为侨胞派送家用银信汇款，以最迅速方法使回交快捷博得侨胞欢迎"。

---

① 《新加坡汇业联谊社特刊》，新加坡汇业联谊社，1947年，第102页。
② 刘征明：《南洋华侨问题》，国立中山大学社会研究所编辑，金门出版社，1944年，第189页。
③ 《汇业联谊社特刊序》，《新加坡汇业联谊社特刊》，新加坡汇业联谊社，1947年，第8页。

三盛信局同时经营旅店业、汇兑业以及船务业务，除"代理各轮（船）定买客票直透海口，并派伴接待"外，还经营信汇、票汇以及航信联汇业务。各种业务联动推进、取长补短。同记汇兑信局对汇往"潮属诏安等处汇兑银信登门派送"。

菲律宾广安泰商业贸易庄"接理省港澳内地侨汇"，"附设玲珑书局，自办图书及文具批发零售"业务；"专办祖国及欧美货品，代办埠仔侨商货物，广盛源驰名商标，豆油、洋醋、胡椒粉等酱料"；"代理华侨移民事务，经理总统轮船客位，经理直透香江沟通厦门、上海、暹罗之环亚飞机客位货载"，"飞机每到一地本庄分支机构必派员亲迎，务使客至如归不感困苦"。①

（六）"侨汇订单"的期货业务

"侨汇订单"是南洋各银行为利用批信局的营销渠道以获得侨汇而发售的期货订单。不同期限和金额的侨汇订单有不同的汇率。批信局为获得汇率差价收益而"向银行（购买侨汇）订单，（双方）预定汇率，而于一个月或二个月内汇清"。为此，银行招聘了大量的经纪人"为买卖双方之中介人。此种经纪人均就其相认识之商家，逐日将市价用电话或书面通知"商家。当"汇率起落不定"时"则随时报告，俾各商家得以斟酌办理"。订单售出后"由银行给予经纪人以相当佣金作为报酬"。批信局为确保收益"多乐与经纪人交易而不直接向银行购买"。②

（七）"今天封批"的垫赊汇业务

"今天封批"是批信局向汇款华侨发放侨汇贷款的俗称，包括垫汇、赊汇或信用垫寄等侨汇产品。

南洋"批局经常委托水客分赴四乡兜揽生意。或在各乡镇遍设分局或代理号接收信件，且按期分送一种特备之汇款登记簿。与各华人厂商联系，职工欲汇款者，只须填写款额若干于登记簿上，并交一信与批局，书明收款人地址。批局即可照汇"而无须交纳现金。③

批信局向华侨收取的"汇价通常比银行为廉"④，有些批信局"所收汇价每

---

① 《广安泰商业贸易庄广告》，《菲律宾粤侨各团体联合会复兴纪念》，1946年。

② 《星洲十年》（星洲日报十周年纪念特刊），星洲日报社，1940年，第522页。

③ 刘佐人：《当前侨汇问题（下）》，《广东省银行月刊》，广东省银行经济研究室，1947年第3卷第7、8期。

④ 刘佐人：《批信局侨汇业务的研究》，《金融与侨汇综论》，广东省银行经济研究室，1947年，第62页。

较银行挂牌便宜甚多"①。1947 年，新加坡中国银行和广东省银行每万元收汇费 2.4 元，而杨人月汇庄每万元收汇费 1.7 元，金龙泰每万元只收 1.4 元汇费。② 新加坡各银行美汇的"挂牌（价为）国币每万元收叻币一元九角，而批局仅收 叻币六角半"，仅为银行牌价的三分之一。

批信局之所以用较低的价格经营银信业务，是因为批信局可以通过对侨汇进 行多种经营而谋取更多的利润。因此，批信局对于侨款"无论多寡一律欢迎"。 做到"取价克己""收价公平"，"接送银信往复迅速且汇水时价务求持平"。对 大额侨款则给予汇价优惠，金额越大优惠越大。例如，新加坡恒成汇兑信局对于 "汇寄巨款，特别计议，格外克己公道，以答盛意"③。

批信局垫汇业务一般为期 3 天，赊汇业务可长达 15 天。垫汇或赊汇不收取 利息，也无需文字凭据，以口讲为凭。规模较大的批信局甚至向整个山巴进行集 体赊汇。

华侨在批信局办理银信业务时可选择即期、约期和分期三种汇款方式。即期 交汇是指华侨在办理汇款时一次性付清所有款项。约期交汇是指华侨在办理汇款 时与批信局约定还款时间，由批信局先行垫支汇回国内，华侨则在约定的时间内 归还批信局的预支款。分期交汇是指华侨在办理汇款时，与批信局约定分期还款 时间，由批信局先垫支汇回国内，华侨在约定分期时间内偿还。不同的汇款方式 有不同的收费标准。在新加坡，批信局对于"即期交汇"，侨眷在国内兑换时可 获得同期侨汇兑换价格 1.1 ~ 1.2 倍的优惠。而"约期交汇"和"分期交汇"所 产生的利息和手续费，均在侨眷兑换侨汇时进行扣减。④

垫汇或赊汇业务被南洋批信局固化下来，形成了"今天封批"的经营习俗。 《新加坡汇业联谊社特刊》有"今天封批"的精彩描述：

"今天封批"是南洋任何市镇的街市上，每家经营汇业的门口所必有摆列的 牌子。在摆着这浅显简略四个字的这一天，在远处僻陬的侨胞为了赡养祖国眷属 的需要，亦特地抽空赶赴入市来汇寄批款。所以，这一天是汇业人员每周最忙碌 的日子，也是生意最旺盛的日期。无论经理、书记、招待员都在这天一致总动 员，各忙碌所负责的职责。尤其是责任綦重而最繁忙的招待员，在这天工作最紧

---

① 苏孝先：《批信局应具之道德》，《新加坡汇业联谊社特刊》，新加坡汇业联谊社，1947 年，第 73 页。
② 刘佐人：《批信局侨汇业务的研究》，《金融与侨汇综论》，广东省银行经济研究室，1947 年，第 62 – 63 页。
③ 《新加坡汇业联谊社特刊》，新加坡汇业联谊社，1947 年，第 55 页。
④ 陆能柱：《广东旧邮政见闻》，广东省政协文化和文史资料委员会：《广东文史资料精编（第 3 卷）》，中国文史出版社，2008 年，第 135 页。

张，好像翩鸿矫宠的活跃姿态蝶足奔驰，广事招待。趋至其所恒常的顾客所在地——商店、工厂，促请侨胞寄款去接济在祖国翘首待养的父母妻儿。更有最难得的是一种信用放账。代一般受薪阶级先期垫寄到祖国去，使能如期尽其仰事俯蓄的责任。俟届发薪日才将账款收清。①

"汇业批信局对于'侨批'在海外的信用垫寄，不独有助于受薪人士的职工界在寄款上获得时间上的周转，对于祖国任何穷乡僻壤亦能够如期依址送至，既免了侨眷有'倚闾'之忧，亦使免受'断炊'之苦。"② 此举加深了华侨与批信局之间的信任与合作，在菲律宾，由于"信局肯放账，便利侨胞汇寄"，因此"菲律宾华侨汇款回国的数目比任何埠的华侨为多"③。

第二节　美洲批信局

美国华侨"以广州附近为多。分为三邑（南海、番禺、顺德），四邑（新会、新宁、恩平、开平）等"群体。④ "檀香山华侨皆广东人，而广州人尤多。多经营商业"，"而服务于欧美银行公司中者亦多"。⑤ 华人初渡重洋到达美洲时正值新型商业银行兴起，但外国银行"与华人交易手续既感繁苛，语言尤多隔膜"⑥。例如，"美洲各地华侨几全属广东人，（而银行职员）不谙粤语，致与华侨接触时常生纠纷"，"于是侨胞与内地金钱往来，势不能不委托有信用之商号代为汇兑"⑦，美洲批信局应运而生。

一、美洲会馆

美洲批信局"证诸史册约滥觞于十九世纪六十年代"⑧。当时，美国旧金山有永用、合和、广州、勇和、三邑及恩和等六家会馆，会馆名称"分别代表当时广东省的六个县份"。这些会馆专门办理招募华工、华侨登记、仲裁纠纷以及代

① 张仲之：《由今天封批谈起》，《新加坡汇业联谊社特刊》，新加坡汇业联谊社，1947 年，第 76 页。
② 张仲之：《由今天封批谈起》，《新加坡汇业联谊社特刊》，新加坡汇业联谊社，1947 年，第 76 页。
③ 黄警顽：《华侨对祖国的贡献》，棠棣社，1940 年，第 24 页。
④ 丹徒、李长傅：《华侨》，中华书局，1927 年，第 127 – 131 页。
⑤ 丹徒、李长傅：《华侨》，中华书局，1927 年，第 124 页。
⑥ 陈直夫：《华侨与祖国》，《粤侨道报》，广东省政府粤侨事业辅导委员会粤侨文化社，1946 年第 3 期。
⑦ 《革新侨务建议》，（广州）革新侨务促进会，1948 年，第 2 页。
⑧ 姚曾荫：《广东省的华侨汇款》，商务印书馆，1943 年，第 9 页。

华侨寄递信件、转送款项等事宜，同时兼营对中国的进出口业务。会员人数从数百人至数千人不等，每家会馆与美国各大轮船公司及中国各口岸皆有联络，并有专人往来于旧金山与中国各口岸之间，将华侨的信款带返回国。在香港或广州设有联号，在中山四邑等地设有代理处。

美洲会馆通常只为本籍华侨服务，"经办侨汇的美洲商号也有固定主顾，非同乡即同族"。"在国内口岸每有分店或联号，而各口岸之联号又多与内地市镇商号有交易往来。此等内地市镇商号多为当地人士所经营，对于附近居民非亲则故"，形成一个自我封闭的经营网络，银信业务只能在一个"地方色彩很深的圈子"内流动。"自新式银行的厂纸汇款法被侨民普遍利用以来，此种（早期）信汇业务便一落千丈"，美洲会馆成为"完全是便利同乡汇款的一种组织"。①

"来往美洲及南洋各地为侨民携带信款返国，颇著劳绩"的美洲水客，"自较有组织的侨汇机关相继建立及厂纸汇款法被普遍采用后，遂逐渐趋于没落"②，甚至被认为到 19 世纪末基本消失。③ 其经营范围缩小为香港、澳门、广州及珠三角其他乡镇之间，被称为"巡城马"。巡城马将香港金山庄收到的美洲银信带回内地，同时将银信回批带到香港交金山庄寄回美洲。1900 年，台山侨眷余中浚委托巡城马将银信回批带回香港，交同德盛金山庄寄往美国旧金山汇安宝号。1901 年 5 月，开平关崇安巡城马将银信回批带回香港，交给安荣金山庄寄往美国旧金山广和昌号。

二、金山庄

"华侨之初抵美国"，"登陆地为加省（加利福尼亚）之旧金山"。④ "旧金山为美国太平洋海岸之重大商港"，"1769 年（乾隆三十四年）始有第一艘（海轮）驶入。其后逐渐繁荣"，"华侨及留学生赴美者均由旧金山登陆"⑤，使旧金山成为近代中国海上移民美洲的交通枢纽，华侨从旧金山登陆后迁往美洲各地。"三藩市（旧金山）为加里福尼亚洲华人劳工市场。在失业期间，美境各地华人俱来三藩市找寻职业。"⑥ 丰富的自然资源和人文资源为金山庄的发展提供了保障。19 世纪 30 年代，美国旧金山和记公司开业后"专营（中山埠的）出入口

① 姚曾荫：《广东省的华侨汇款》，商务印书馆，1943 年，第 11 页。
② 姚曾荫：《广东省的华侨汇款》，商务印书馆，1943 年，第 16 页。
③ 刘佐人：《批信局侨汇业务的研究》，《金融与侨汇综论》，广东省银行经济研究室，1947 年，第 54 页。
④ 丹徒、李长傅：《华侨》，中华书局，1927 年，第 128 页。
⑤ 《闲话旧金山》，《广东商报》，1947 年 4 月 17 日第 2 版。
⑥ 《旧金山唐人街女子数量大增》，《前锋日报（六邑版）》1947 年 1 月 8 日第 2 版。

金山大埠和记公司公告①

货"物，"接汇金银书信"，"兼接汇中山全属及港澳银信"业务，并在香港设有金和栈联号。②

（一）　金山庄的经营

在香港，从事海洋国际贸易的"出入口商号亦称办庄"，各办庄"以其所经营之地（域）而定名"，如金山庄、星加坡庄、小吕宋庄、安南庄、暹罗庄等。"各办庄中以金山庄规模最大。其营业额亦为各办庄之冠"。③ 通常将各办庄统称为金山庄。

金山庄历史悠久、经营范围广泛。"多数兼营（华侨）汇兑，代旅美华侨汇款回国。信用孚著者，既可藉华侨之汇款及办货汇港，汇水与货价两均获利。"其款项主要来源于海内外往来庄号委托金山庄代办货物的货款，华侨通过金山庄

---

① 《金山大埠和记公司公告》，《香港中山侨商会特刊》，1946年。
② 《金山大埠和记公司公告》，《香港中山侨商会特刊》，1946年。
③ 《香港金山庄》，《广州商情》，1946年1月22日第1版。

汇归国内的侨款，以及侨眷暂存于金山庄的侨款等三个部分。款项的主要支出是金山庄向华侨和侨眷发放的信用贷款。

1. 从事海洋国际贸易

金山庄"该商专采购土产品运销美国，供应华侨之需"。"各办庄均在其经营之地点设立分店或联号，以资联络。各办庄多设在楼上，如有货物付到，多交各口岸代沽。如有采办货物，即着经纪人代为搜罗。"①

金山庄所经营的海洋贸易产品相当丰富。加拿大域多利（即维多利亚）埠英昌隆金山庄"专办南北出入口货及接理外洋书信银两"。澳大利亚雪梨埠的永生有限公司"代售澳洲面粉、饼干、火腿、金山橙果"。②

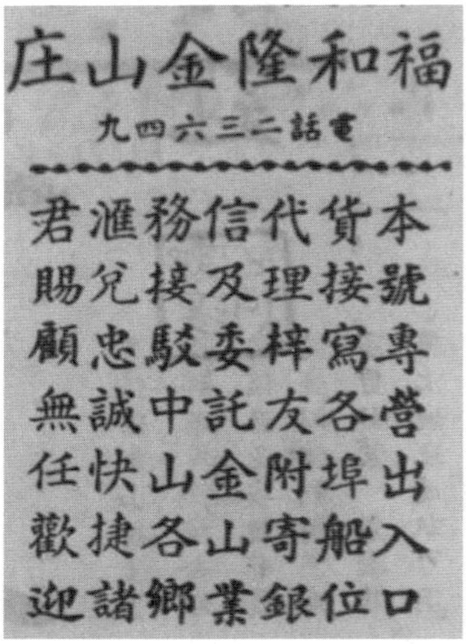

香港福和隆金山庄广告④

中山协昌金山庄广告（局部）⑤

香港是中外土产百货的集散地和免税的自由港。华侨出洋前大多会在香港逗留一段时间，"或等候船期，或添购衣物，或办理出国手续。回国侨胞亦多在香港稍作逗留始行返乡"⑥。"办货的华侨大多（将所持外币）在港放出以易港币。在港的侨汇"如"转返国内的，除了急需家用（生活费）的侨汇外，大部分积

① 《香港金山庄》，《广州商情》，1946 年 1 月 22 日第 1 版。
② 《香港中山侨商会特刊》，1946 年。
④ 《福和隆金山庄》，《香港中山侨商会特刊》，1946 年。
⑤ 《中山斗门协昌金山庄》，《中山月刊》，广州市中山同乡会，1946 年第 3 期。
⑥ 刘征明：《南洋华侨问题》，国立中山大学社会研究所编辑，金门出版社，1944 年，第 192 – 193 页。

存或留（香）港"金山庄中，其数量"占侨汇总额的百分之六十以上"。①

　　金山庄为华侨"办理收购土货出口，订购船票及办理出国事宜"等，例如，香港福和隆金山庄"专营出入口货，接与各埠船位"。华侨在香港采办货物，订购出洋船票，以及领取医生证明书、防疫注射证明书等大多委托金山庄办理。

　　金山庄从事海洋国际贸易的收益相当可观。抗日战争前，在香港从事对美洲贸易的金山庄，每庄"每年营业额达三四十万元，全行合计年营业额达三千万元"②。对南洋贸易的营业收入同样可观，"（抗）战前香港之星加坡办庄约七八十家，全年全行业营业额达一千万元"③。抗战胜利初期由于美国"回国船期少，载位亦受限制"，而"美国东来（香港）之轮船载位与本港西开者同样珍贵"。金山庄通过各种关系获得海轮载位后，转售给贸易商行以获取利润。金山庄的自营业务收入同样丰厚，例如金山庄经营"美国之旧报纸等杂物运来港可获利五六倍，而本港运往之土产到美后亦有数倍之利润"④。

　　国际经济形势的变化对金山庄的经营影响很大。"旧金山三面临水，土产（品）特多。金山苹果与金山橙均为此地出产。"⑤金山庄将金山橙销往世界各地。1946年底新会柑橙失收，各地金山庄预计金山橙的价格会大幅上扬，于是"大办金山橙到香港应市。初期（确实）大获厚利，讵料好景不长。（由于）人民购买力弱，兼以办家大量输入"，金山橙的价格由"定货时每百（斤）值三十余元"跌至"只值二十元间。每百（斤）亏本十余元。加上（时值）深春（气候）潮湿易变"，金山庄因此亏折颇大。⑥

　　"香港光复后，各星加坡庄即积极恢复营业。"香港与新加坡恢复航运后，香港"各商皆竞相付货赴星（加坡）。所办者为火柴、腐竹、海味杂货、片糖、化妆品、洋杂等。各办家多获厚利。但由星（加坡）办货回港则因环境及统制关系，货运较少，遂形成输出较输入为多"，导致香港出口货物供不应求，"本（香）港各厂商因此种强大购买力刺激，加上原料之难于寻觅，多将出品价格提高，形成香港物价之畸形高涨"。为了维护行业利益，金山庄"采取集体行动，联合一致"，"遏止厂商提高货价行为"，"使（香）港星（加坡）贸易因物价之平抑而维持永久"。⑦

　　因此，维持国际贸易平衡是金山庄的经营目标之一。1947年4月，"旧金山

---

① 《香港游资充斥现象（下）》，《广东商报》，1947年5月8日第8版。
② 《香港金山庄》，《广州商情》，1946年1月22日第1版。
③ 《香港星加坡办庄联合应付厂商》，《广东省前锋日报》，1946年1月30日第6版。
④ 《香港金山庄》，《广州商情》，1946年1月22日第1版。
⑤ 《闲话旧金山》，《广东商报》，1948年4月17日第2版。
⑥ 《香港金山橙大跌价》，《广东商报》，1947年4月8日第8版。
⑦ 《香港星加坡办庄联合应付厂商》，《广东省前锋日报》，1946年1月30日第6版。

总领事返国谈侨情"时，也提醒金山庄要"使国货输美增加出口数值，并便利侨胞需用"①。

1947 年初，在香港金山庄业务的拉动下，粤省出口贸易日趋繁荣。"在美货滚滚而来之情况下，本（广州）市入口商行为经营美货之运销纷纷开设，犹如雨后春笋，至上月（1947 年 3 月）止，申请登记（营业）之入口商约一千三百余家。"② 内地金山庄纷纷注资香港，"广州金铺、银号转港后的（经济）力量多向金山庄集中"③，促进了粤港两地金山庄的发展。

2. 华侨金融信托业务

旧金山的金山庄大多为四邑华侨所经营，香港金山庄多数由粤人经营。金山庄的"店主大都与汇款侨胞有亲友之关系"④。当华侨出国缺少旅费或侨眷缺少家用时可以"先向有往来之（金山）庄透支，再由侨胞汇款偿还"。因此，金山庄在办理华侨金融信托业务时保持一定的业务连续性。例如，香港协丰行金山庄"向（来）办（理）鹤山（县）汇驳"，抗日战争胜利后"照常接理鹤山全属汇兑，并接驳各埠侨汇，乡村墟镇直接交到，快捷周详"⑤。中山斗门协昌金山庄"专营汇兑各埠书信银两凡数十年"，"自太平洋战事发生音信断绝有年"。抗战胜利后"继续复业，如各梓里惠顾，希照上列地址付上"⑥。

金山庄办理华侨金融信托业务时相当灵活。华侨可将美洲侨汇直接"经由金山庄划拨"，也可以"径将（侨）款自美（洲）办货来（香）港，托由庄口代售，以作款项之拨汇返（香）港"转粤省各地。因此"由金山庄（以）划款及办货方式（经营）的侨汇为数不少"⑦。

"各私营金山庄内多附设床铺，以便招待出国及回国之华侨"，对"平日有款项来往之华侨顾客，无论其出国或回国时，倘欲逗留香港，仍住于该金山庄内，不另收费或只收少数膳费"⑧。

（1）接驳华侨银信。

"香港本质上是一个出入口商埠，它之繁荣完全靠汇兑。"1947 年 4 月，"由于侨汇发达，使（香港）人口增到一百六十万，税收比复员初增加了二倍多，

① 《我旧金山总领事返国谈侨情》，《广东商报》，1947 年 4 月 21 日第 2 版。
② 《输入商纷纷开设》，《广东商报》，1947 年 4 月 15 日第 8 版。
③ 《香港限制内汇透视（下）》，《广东商报》，1947 年 4 月 15 日第 8 版。
④ 区琼华：《美洲华侨与侨汇》，《广东省银行季刊》，广东省银行经济研究室，1941 年第 1 卷第 1 期。
⑤ 《汇款返乡者注意》，《鹤山报》，旅港鹤山同乡会，1946 年新 2 期。
⑥ 《中山斗门协昌金山庄》，《中山月刊》，广州市中山同乡会，1946 年第 3 期。
⑦ 《香港限制内汇透视（上）》，《广东商报》，1947 年 4 月 14 日第 8 版。
⑧ 刘征明：《南洋华侨问题》，国立中山大学社会研究所编辑，金门出版社，1944 年，第 192－193 页。

商户亦有显著增加"。[1]　"在香港经营承转驳汇美洲侨汇之机关为'金山庄'。""美洲华侨汇款寄交祖国方法大都交外国银行汇返，经香港之金山庄代转，或直接寄交收款人。"[2]　例如，香港福和隆金山庄"代理外洋侨友附寄金信，接驳各地汇兑"；协昌栈金山庄"汇兑书信银两，快捷安全妥当"。

　　香港金山庄收到海外金山庄转来的华侨银信后，即派专差直接将银信派发到侨眷家中。侨眷凭盖有金山庄印章的银信到乡镇或县城的金山庄分号，或指定的银铺钱庄领取汇款。金山庄将"接派海外各埠华侨汇款"的过程称为"派金"。金山庄"派金"时照例收取佣金。金山庄将所收取的外国货币按照当天的牌价伸算成港币后，再按照一定的比例收取佣金。佣金的多少没有统一标准，通常为2%~4%。1931年，加拿大英昌隆金山庄办理"汇回内地（的华侨银信）依时价伸算纸水，每百元只收回带工费二元。大宗汇款特别减收"。1933年安昌瑞记金山庄"每百元扣带工贰元"。

香港金山庄的"派金人"[3]

---

① 《香港限制内汇透视（下）》，《广东商报》，1947年4月15日第8版。
② 区琮华：《美洲华侨与侨汇》，《广东省银行季刊》，广东省银行经济研究室，1941年第1卷第1期。
③ 参见《香港中山侨商会特刊》，1946年。

"英镑贬值后，美洲华侨汇款已直接将美元汇到香港'金山庄'。由金山庄交付美元与收款人，或径行汇寄内地。汇庄抽回佣金百分之十。""其他各地侨汇亦多照这办法。如菲律宾，以往多数系在菲（律宾）交菲币与钱庄，照时值在港方交港币与收款人的。近日汇款人则多已声明以美元为本位。"1949年9月底，"菲币对美元的汇率大约是二百至二百一十五披索汇一百美元，在菲交二百一十五披索，在港可收一百美元"。①

侨眷收到款项后"写回复信交金山庄转寄回汇款人。此种复信金山庄不另收费"②。在四邑各县未设立邮局之前，银信回批一般交由巡城马带到香港，由金山庄寄往美洲。

金山庄对所接驳的华侨银信负全责，一旦发生财产损失则照价赔偿。例如，香港新荣安金山庄对所接派的华侨银信"倘有意外遗失"，"应负全责"。

金山庄还办理各种华侨和侨眷的储蓄存款业务。加拿大域多利埠英昌隆金山庄对华侨的"定期存款利息从优"。"由于（金山庄）手续简便，时间迅速，故汇费虽然较昂贵，华侨亦乐于汇兑。"

（2）兑付厃纸或提供担保。

"华侨回国多持有外国银行之厃纸。厃纸兑换必须觅店担保，金山庄与香港或该地之外国银行多有银款来往，存有印鉴可供担保。"但是为了获取利润，"金山庄虽知该厃纸为某人所有"也不会主动为其提供担保，而"直接代华侨兑现，从中收取手续费若干元"。收费标准各庄不同，"大约每百（元）厃票手续费不超过五元"。③

金山庄还印制了格式化厃纸回批。如"现下接来担保信一封，各情备悉。内并附来灰纸（厃纸）×张，伸港纸银××元，经即如命转交××，按照时价补水，如数送交。因此奉慰，请毋远念目下"。

金山庄还受海外各地侨团组织的委托向出洋华侨发布各种信息，包括侨居国（地）政府对华人出入境的新规定，华侨出洋时所需要注意的事项等。1930年9月，香港华商总会鉴于"本国侨民自所罗门岛归国者每每对于回埠纸事前均不留意，至逾限期或直接回来，或寄回该人之回埠纸，以至于犯当地移民律例，到埠时登陆而不准等事"咨请华安金山庄公会转各金山庄通知出洋华侨，"凡代写回英属所罗门者，希请先查明该回埠纸期限如何，倘将届期者，请即先拍电本公署代续回埠纸时间，或到英领署盖印亦可，方能无搁，以免到埠时不能登陆之危"，

---

① 《从侨汇逃港看金市前途（上）》，《大同日报》，1949年10月2日第6版。
② 刘征明：《南洋华侨问题》，国立中山大学社会研究所编辑，金门出版社，1944年，第192-193页。
③ 刘征明：《南洋华侨问题》，国立中山大学社会研究所编辑，金门出版社，1944年，第192-193页。

并一再提醒"该岛回纸既有期限，自应注意，以免登陆时发生困难"。①

（二）国际形势对金山庄发展的影响

金山庄主要分布在海外华侨聚居地、香港、澳门以及粤省各地。各地金山庄通过互为委托代理，形成了一个复杂而完善的经营网络。加拿大域多利埠的英昌隆金山庄 1896 年开业后，专营中国与加拿大的进出口贸易，兼接理外洋书信银两业务，在香港开办了英昌隆、均成昌两间金山庄，接驳美洲华侨银信及对美洲进行国际贸易。

香港金山庄在美洲、南洋以及内地各侨乡设有分号或联号。香港金和栈金山庄与美国旧金山的和记金山庄互为联号。香港协昌栈金山庄与美国旧金山的协成昌、中山斗门的协昌金山庄互为联号。香港福和隆金山庄与中山石岐的福和盛银号互为联号。

粤省金山庄以珠江三角洲地区为数最多。"中山一带的美洲商号代理号多系当地的银号，他们或直接代理美洲的商号，或者是香港金山庄的联号。""美洲商号或香港金山庄对中山邑一带代理号所付的佣金，约为其在国外所收汇费的三分之一或十分之四。"②

金山庄的经营规模小、经营链条长、经营领域复杂、经营地域广泛，受国际经济环境的影响较大。

1917—1927 年出洋华侨众多，华侨进出口业务繁荣，华侨汇款数以亿万计。"香港金山庄增至二百八十多家。其中有数家生意较旺的，每逢旧历年底以前每日所派侨汇达二至三万元。"例如，由中山县涌头乡人经营的广和昌金山庄，"每逢旧历年底，单（从香港）派涌头乡一乡之侨汇，每日达一万六千多元"。随着世界经济形势的不断恶化，"金山庄的业务渐趋衰落"。抗日战争期间粤省"濒海各乡侨眷相率逃居香港澳门，平均侨眷家费浩大，因此侨汇增加。金山庄业务亦稍为好转"。香港沦陷前夕，"香港之私营金山庄（连外洋办庄在内）一共有二百一十二家"。其中，由潮汕人经营的有 75 家，由广府人经营的有 68 家，由琼州人经营的 28 家，由其他人经营的为 42 家，并设有华安金山庄公会为行业公会。③

"香港沦陷期间，金山庄蛰伏不出。盖当时'金山'二字日寇亦认为有'敌

---

① 《赴所罗门岛者须知》，《台山民国日报》，1930 年 9 月 8 日第 2 版。
② 姚曾荫：《广东省的华侨汇款》，商务印书馆，1943 年，第 10 页。
③ 刘征明：《南洋华侨问题》，国立中山大学社会研究所编辑，金门出版社，1944 年，第 191 页。另，此处潮汕、广府、琼州及其他地区人员经营的金山庄共计 213 家，与上文"二百一十二家"有出入，原文献如此，不改动。

性'成分"而禁止使用,部分金山庄被迫转营他业。"迄战后,金山庄之仍存在者不及半数。"①

抗战胜利后各地金山庄纷纷返港复业。檀香山新生源公司1936年在香港设立"香港新生源公司","接收港澳中山各乡银信汇单,异常快捷,妥交府上,只收最低手续费"。1946年初,新生源公司总经理专程从檀香山前往香港,沟通美洲银信业务在港澳中山等地的接驳事宜。② 随着各地海洋贸易逐渐恢复,加上"旅美华侨汇款回国者很多","金山庄商人在接收华侨外汇和办货返国上一举两得",获利"胜于往昔五六水(倍)矣"。③

1949年10月国民政府败退广州后,"广九铁路往返深圳之客货混合列车货物寄运挤拥,每列车运载(货物)达三四百吨,因车卡不敷容量,屯积待运甚众","积压(广州)大沙头待运者多为金山办庄箱头货物,以水结、荔枝干、牛皮、山货等为多"。④ 海内外金山庄的经营走到了尽头。

第三节　国内批信局

国内批信局的发展受到各种限制。1934年"全国邮政大致完成,政府为取缔与公营专利的邮政局相竞争的民信局,限令在二十三年(1934)底,所有民信局停止营业","国内批信局须向邮局领取执照,始准营业。新设不准设立,已设者亦不准转让"。"在大都市里,除很小的'派报社'还有偷偷代人带信外,往日鼎盛的民信局没有了踪影。"⑤ "批局虽说是一种比较落后的经营侨汇之金融机构",但也具有一些难以替代的竞争优势。

一、广府地区的批信局

1849年前后,在广州经营生烟丝出口业务的朱广兰,在南洋开设广州朱广兰熟烟庄,并从1869年开始兼营侨汇业务。⑥ "广州的余仁生汇兑药局"是广府

---

① 《香港金山庄》,《广州商情》,1946年1月22日第1版。

② 《香港中山侨商会特刊》,1946年。

③ 《香港金山庄》,《广州商情》,1946年1月22日第1版。

④ 《大量输出金山庄货物堆积广九站待运》,《国华报》,1949年11月12日第2版。

⑤ 刘佐人:《金融与侨汇综论》,《批信局侨汇业务的研究》,广东省银行经济研究室,1947年,第54页。

⑥ 陆青晓:《解放前广州的侨批业》,《广州金融》1994年第5期。

地区经营南洋侨汇最早、资本最雄厚、组织最为庞大的批信局之一。① "佛山为南海经济中心"，是"全国四大镇之一"。佛山银业"远在前清时代即已创立，历史极其深远，得人信仰，所以能获持久"。佛山的工商业"赖以金融之活动调剂，故银业历来称盛"。银业除"对工商农业之短期贷放及国内各埠商业贷款之通汇"外，还从事"侨汇之内地转送，侨款之存入，储蓄及信托等"业务。佛山银业一向繁荣，"银号找换店每被混为一名"。② "佛山银铺与广州银业界因有交收之关系"而极其密切。佛山"多数股户将所存现金移运省城（广州）"储存③，以求资金的及时周转和安全可靠。因此佛山与广州的侨汇业务互补性非常明显。"顺德、南海一带的丝厂需要购物资金时，即向就地钱庄借贷。就地钱庄资金不足时，则向较大的市镇同业拆借或透支。"④ 佛山的"芦苞在三水县之北隅，位于北江下游"。抗日战争期间，"由南洋及香港各地汇返本市（芦苞）之侨汇，平均每月均有法币七万元之谱"。⑤ 粤北清远的"华侨汇款在粤战前多由商行汇驳、由邮局汇返。粤战后则多由邮局及省（银）行汇入"⑥。

抗战胜利后，中山取得银业汇兑营业资格的"合法银业栏"有：信记隆银号、杨棠记银号、罗勤记银号、永盛隆银号、合成昌银号、福和盛银号、天和银号、祐生银号、钧隆银号、永祥银号等。⑦

同治十二年（1873），台山水步的"燎记"便开始经营华侨银信业务。⑧ 光绪十六年（1890），台山的仁安药房兼营侨汇业务，其经营规模很大，资本金达100万元。抗战胜利后，台山的慎信银业药行是四邑地区规模最大的批信局之一，每月经营的侨汇高达30万元。1947年，慎信银业药行所经营的侨款达460万港元，佣金收入达4.5万元。⑨

四邑地区经营银信业务的机构和行业非常多。1946年，一名侨眷在寄往加拿大温哥华的信中提道："今后汇款可直汇江门众兴路永行厪庄小号，本人收可也。"⑩ 永行厪庄是江门的一家颜料油漆店。另一名侨眷在写给美国父亲的信中

① 姚曾荫：《广东省的华侨汇款》，商务印书馆，1943年，第11页。
② 人丁：《战后佛山银钱业之厄运》，《商业道报》，广东省商会联合会经济研究所委员会，1948年创刊号。
《佛山商业与金融之现状》，《广州民国日报》，1929年1月24日。
④ 谢绍康：《论钱业的特点及其前途》，《商业道报》，广东省商会联合会经济研究所委员会，1948年第1卷第2期。
⑤ 《芦苞经济情况》，《广东省银行季刊》，广东省银行经济研究室，1941年第1卷第1期。
⑥ 《清远县半年来经济状况》，《广东省银行季刊》，广东省银行经济研究室，1941年第1卷第1期。
⑦ 《本市合法银业栏》，《中山民国日报》，1947年6月4日第5版。
⑧ 李柏达：《世界记忆遗产：台山银信档案及研究》，暨南大学出版社，2017年，第160页。
⑨ 参见《广东省志·金融志》，广东人民出版社，1992年，第290页。
⑩ 参见《侨通报（海外版）》1946年第3、4期合刊。

称:"款已收到,母亲不幸昨年尾月逝世,见字速汇款,信款由江门侨通报转,便妥。"①

四邑批信局的经营方式多样化,庙边市南隆号"接理外洋书信银两兼营汕头酒米杂货"。"开平的富源银号既做美洲侨汇,也收购南洋侨汇。"台山瑞昌银号对"离市稍远者,本号派伴送到,务祈迅速"。昌利银号"接理外洋书信银两,纸水优给,对内负责快捷递送妥交,对外迅速答复以慰远念,并即赠上等书信封,以便寄信来往"。②

"广东省西部各县的银业一向撮在顺德帮手中。此帮墨守旧规不思更张,致通汇区域亦局限于小范围之内。""四邑帮银号兴起后局势为之一变。"四邑帮"多为归国华侨所经营,他们以在海外冒险的精神与坚韧的毅力从事于经营的扩展",使"西部各县的汇兑通路不但通达各县城,而且深入墟镇旁及乡村。此等银号在广州或香港多有总分号或往来号的组织"。③ 因此,广府地区批信局的经营规模之大、经营地域之广,在粤闽两省首屈一指。

抗日战争前夕经营规模较大的广府地区批信局主要有:广州的汇隆银号、道亨银号;顺德大良的大生、茂元、永生、铭隆、卫生等银号;中山石岐的中山民众实业银行、罗勤记、合成昌、生发、福和盛、利生、天祥等银号;新会江门的金城银行、会丰、振升、达祥、嘉祥、广英源等银号;鹤山沙坪的协昌银号、铁荣公司、冯合记;开平长沙的钜信、和源、广就银号、万源火油行;开平赤坎的万宝源、汇通、富源、汇源、广祥、裕民、天宝银号、成利公司、益记、万源火油行;台山新昌的中孚银行、万草堂药店;台山荻海的汇丰银号;台山西宁市的宝信、大正、建平、裕亨、达新、永亨、诚昌、慎信银号,南华找换店。④

二、潮汕地区的批信局

"汕头为潮嘉澄各属移民海外所必经之地","各地通货恒集于此"⑤,其"商业事业与南洋关系最为密切"⑥。"潮梅金融一向以汕头为中心,而汕头之金融机关,则以银庄为枢纽。"⑦ "汕头也是侨汇的一个集散地,经营汇兑来的银庄批局

① 参见《侨通报(海外版)》1946年第3、4期合刊。
② 李柏达:《世界记忆遗产:台山银信档案及研究》,暨南大学出版社,2017年,第145页。
③ 姚曾荫:《广东省的华侨汇款》,商务印书馆,1943年,第15页。
④ 姚曾荫:《广东省的华侨汇款》,商务印书馆,1943年,第37页。
⑤ 《汕头币制沿革史略》,《星华日报五周年纪念特刊》,1936年7月10日第4版。
⑥ 《市商会派张华余赴南洋调查商业》,《星华日报》,1937年4月18日第6版。
⑦ 黄中天:《潮梅经济界之新使命》,《潮州留省学会年刊》1924年第1期。

不下百余家。"①

　　汕头银庄可细分为汇兑公所银庄和银业公所银庄。"汇兑公所各银庄多兼营南洋各埠批信,此批信乃南洋华侨寄银返国之信也。"20 世纪 20 年代,每年由汇兑公所各银庄经办的南洋侨汇为两千余万元。汇兑公所各银庄同时兼营对外贸易业务,"如租船向外埠采办米、豆、豆饼、油糖等",其资本相当雄厚。1929年加入汇兑公所的银庄有 46 家,"其中有 15 家为发行钞票之银庄"。② 1932 年,汕头汇兑业同业公会达到鼎盛时期,会员银庄达 60 余家。1936 年初,汕头侨批业同业公会有甲种会员 30 家,乙种会员 39 家,丙种会员 103 家。③ "批业同业公会会员多,势力大,足以左右汇兑业"的买卖走势。④

　　"银业公所各银庄除了做收找兑换钞票业务外,亦有做对内地汇兑,按揭,买卖地皮、股票和债券等,其营业方针常因时机而转移。"银业公所银庄根据各钱庄缴纳的牌费多少,将钱庄分为甲、乙、丙三种。1929 年加入银业公所的甲种银庄为 50 家,其中有 20 家为发行钞票之银庄;乙种银庄为 30 家,只有 1 家为发行钞票之银庄;丙种银庄为 56 家,只有 1 家为发行钞票之银庄。⑤ 1936 年,汕头有"汇兑、批业、银业、南北港等公会"组织。其中"侨批公会有甲种会员三十家,乙种会员三十九家,丙种会员一百零三家"。⑥

　　"潮属侨汇大部分操诸批局。此等批局在南洋有深厚之根基,雄厚之资力。"⑦ 潮汕批信局所经营的侨汇具有明显的季节性。例如,汕头的有信庄在每年一至三月为"淡月",月平均营业额只有约 10 万银圆。四至九月为"平月",月平均营业额约为 15 万元。十至十二月为"旺月",月平均营业额达 30 万元。⑧

　　潮汕批信局对"批脚"的要求严格,必须"略通文笔者,而且规定帮侨眷回批时不允许收受钱物"⑨。递解外县批款时大多是委托当地联号、邮局或汽车公司负责转送,实在没有办法时才会派批差派送批款。批差派送时"以步行为主,必要时才搭车或坐船",因此批款被抢事件时有发生。1948 年 2 月,普宁县属流沙墟的永昌利批局"批差携带大宗批款前往附近乡村分发时,突为匪徒侦

　　① 李绍文:《香港封锁声中潮梅人士所关切的南洋侨汇问题》,《梅县导报周刊》,梅县导报周刊社,1940 年第 1 卷第 5 号。

　　② 云章:《到南洋去》,《潮州留省学会年刊》1929 年第 1 期,第 21 页。

　　③ 《签发白票议论纷纷》,《星华日报》,1936 年 1 月 1 日第 5 版。

　　④ 刘佐人:《批信局侨汇业务的研究》,《金融与侨汇综论》,广东省银行经济研究室,1947 年,第56 页。

　　⑤ 《汕头金融业之调查》,《潮梅商会联合会半月刊》1929 年第 1 期。

　　⑥ 《签发白票议论纷纷》,《星华日报》,1936 年 1 月 1 日第 5 版。

　　⑦ 《广东之金融货币》,《两广战时经济》,第四战区经济委员会,1941 年第 1 期。

　　⑧ 陈春声:《近代华侨汇款与侨批业的经营》,《中国社会经济史研究》2000 年第 4 期。

　　⑨ 吴宝国:《开拓国际汇兑之侨批》,《中国侨批与世界记忆遗产》,鹭江出版社,2014 年,第 238 页。

香港荣发批局广告

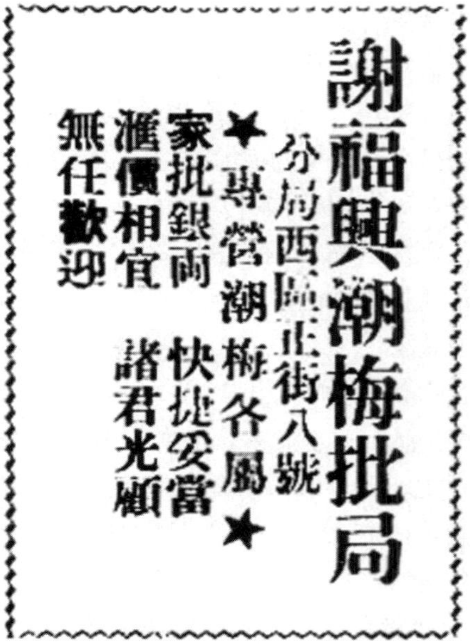

谢福兴潮梅批局广告①

知，持枪恫吓，批款悉被劫夺"，损失惨重。②

三、梅县地区的批信局

20 世纪 30 年代，"梅县私人经营之金融机构有宏通银庄，陈富源、元盛经、荣成丰、生利庄、永丰庄、蓝元裕、李源发等批局钱庄、找换店共三十余家。全县每年侨汇数量在二千五百万元"③。陈富源汇兑银庄与巴城的陈富通银庄互为代理商号。元盛经也称为廖元盛经记，其营业范围包括：汇兑、匹头、什货、棉纱、染坊。除了"代理国外各埠汇兑"外，还"自设染厂督染土靛家用乌蓝棉夏布匹"。

太平洋战争爆发后，汇入梅县的侨汇量锐减。"阳历一月适逢农历岁晚，（正常年份）汇入（梅县的）侨款当在五百万元以上。"但 1943 年 1 月，梅县的"侨汇不及往年之半。至多不过二百万元左右。汇入地也仅限于暹罗、安南、毛

---

① 《谢福兴潮梅批局》，《香港邮工》，香港邮务职工会宣传部，1948 年第 5 期。
② 《批局解款被匪劫夺》，《粤中侨讯》，广州中国银行侨汇股，1948 年第 11 期。
③ 《三十二年一月份各县经济调查汇报》，《广东省银行季刊》，广东省银行经济研究室，1943 年第 3卷第 2 期。

哩（毛里求斯）等地"，其余各埠已告断绝。[①]

大埔县的"银钱号有广东省银行、中国银行、原利庄三间。找换店有荣美、双美、丰昌、福成等。商号而经办商业汇兑者有添记、同安、兴记、同裕等号。每千元收手续费三元，除经办商业汇兑外兼接做南洋之侨汇"[②]。大埔高坡镇经营侨汇的商号有张锦发、裕益、何添记、德泰庄等四家，"而以何添记、德泰庄两家为较大，在香港潮汕等地均有联号等开设，所有大埔对外汇款以及南洋华侨汇款到港，多由该两号转汇"[③]。

饶平县黄冈镇承汇华侨银信的商号有 8 家。这些"商号与南洋批局有股份关系，故得承汇侨批"。抗日战争时期，这些承汇侨批的商行每年承汇南洋侨款140 余万元。[④]

四、琼州地区的批信局

海口批信局始载于光绪七年（1881）。1933 年，海口兼营"接驳华侨汇款"的批信局约为 20 余家。[⑤] 1943 年达到 55 家，在数量上超过了当时的广州（35家）和福州（20 家）而与厦门（65 家）相接近。[⑥] 抗战前，经营规模较大的琼属批信局有汇利汇庄、通成汇庄、琼通汇庄、平民栈和大东酒店银业部等。[⑦]

---

① 《广东省各县金融情况汇报三十二年一月份》，《广东省银行季刊》，广东省银行经济研究室，1943年第 3 卷第 2 期。

② 《广东各县经济汇报》，《广东省银行季报》，广东省银行经济研究室，1941 年第 1 卷第 1 期。

③ 《广东各县金融情况汇报》，《广东省银行季刊》，广东省银行经济研究室，1941 年第 1 卷第 1 期。

④ 《广东省各县金融情况汇报》，《广东省银行季刊》，广东省银行经济研究室，1942 年第 2 卷第 4 期。

⑤ 《海口市金融状况之调查》，《琼崖实业月刊（国庆特号）》，广东建设厅琼崖实业局，1934 年。

⑥ 刘佐人：《批信局侨汇业务的研究》，《金融与侨汇综论》，广东省银行经济研究室，1947 年，第57 页。

⑦ 姚曾荫：《广东省的华侨汇款》，商务印书馆，1943 年，第 40 页。

第五章　银行和邮局的经营方式

在经营时间上，国内银行及邮局比水客和批信局等私营侨汇业要晚得多。在经营能力上，国内银行及邮局无法与国外银行及邮局相提并论。但在政府的扶持下，国内银行和邮局还是取得了一定的侨汇经营控制权。

第一节　银行的侨汇业务

银行经营的侨汇业务可分为三大类：第一类是为了方便华侨办理银信业务所提供的产品业务，包括票汇、电汇、信汇、美金储蓄券等。第二类是为了使华侨汇款持续进行，而在海内外发放的各种侨汇贷款业务，包括特约汇款业务、华侨年关汇款业务、侨眷信用借款业务等。第三类是为了实现侨款的顺利支付而提供的现金业务。

一、侨汇产品业务

（一）票汇业务

票汇业务是指华侨在银行购买汇票后寄给收款人，收款人持票向指定的分行、联行或代理行兑取现金的业务。银行汇票俗称"仄纸"，可分为"记名汇票"和"不记名汇票"两种。汇票注明收款人姓名的为记名汇票。收款人持记名汇票兑付时需要提供殷实店铺作为担保，经银行核实后领取现金。汇票没有注明收款人姓名的为不记名汇票，其兑换手续比记名汇票简单一些。

银行汇票还有"单头票"和"正副票"，"即期支付的本票"和"预期支付的期票"等类别。

（二）电汇业务

电汇业务是指华侨将国内收款人的姓名、地址连同款项一并交汇款银行。汇款银行收取一定的汇费和电报费后，将相关信息电告国内分支机构、联行或代理行。国内付款银行"接到此项汇款电报后，即发正副收据，连同通知书按址通知

收款人。收款人携此收据签名盖章后，即可到行领款，其手续与到收普通汇款相同"。①

电汇业务分为由华侨"与银行同时发电"和"委托银行单独发电"两种形式。"单独发电时某地银行接电后，即将通告书送往收款人。该收款人可根据汇款通告书取款便妥。如顾客与银行同时发电，则须对照无讹始能付款。"② 华侨在办理电汇业务时需要注明"原电未到，凭委托书先介（解）"字样。否则银行"将通知书先行填就"后，"搁候（发电银行）复电方能"向侨眷支付侨款。③

电汇业务在当时是最为快捷安全的侨汇业务。广东省银行以"电汇即交，侨汇送到"为原则。④ 华侨为节省时间，大多以"电汇办法汇款回乡"。"汇款人旅居南北洋皆有，且以南洋各属为数最多。"⑤ 海外侨团组织大多以电汇的方式将当地华侨的爱心捐款汇回祖国。在南洋，1937 年 9 月至 1938 年 4 月，南洋喃吧哇华侨捐助祖国慈善事业委员会分六次，由星洲中国银行电汇 3.97 万元国币转交中国红十字会。⑥ 1938 年 4 月，旅越华侨缩食救济兵灾慈善会通过广州东亚银行电汇国币一万元回穗"转送购机会核收"⑦。5 月，坤甸华侨慈委会通过新加坡中国银行电汇国币 2 万元回穗。⑧ 同月，马尼拉华侨通过香港中国银行电汇 17 304 元国币回穗。⑨

在美洲，1937 年 11 月，美洲掘地孖拉（危地马拉）赈济祖国义捐司库通过广东银行将 1 000 美元电汇回穗。秘鲁华侨将 30 万元秘鲁金电汇回穗。⑩ 1938 年 1 月，广州中国银行收到美国"芝加哥中华会本月六日电汇国币三万元"后，"转上祈提收应需"⑪。2 月，"美国三藩市华侨邹炳舜由广东省银行电汇 20 万元，为本省购机拒敌之用"⑫。4 月，秘鲁华造埠华侨将 8 000 余元秘鲁金电汇回穗。⑬ 1941 年 3 月，日军进攻"台山，连陷广海、斗山、台城、公益及三埠等地"，美洲各地台山和开平籍华侨"电汇二万元，交台山黄县长嘱即代为散赈"。⑭

---

① 《台山省支行举办侨属登记》，《台山民国日报》，1942 年 3 月 18 日第 3 版。
② 戴东培：《港侨须知》，香港永美广告社，1933 年，第 246－247 页。
③ 《交行电汇稽迟之更正》，《华侨公报》，1947 年 7 月 18 日第 3 版。
④ 《畲坑广东省银行》，《中山日报（梅县版）》，1941 年 4 月 21 日第 2 版。
⑤ 《台山省支行举办侨属登记》，《台山民国日报》，1942 年 3 月 18 日第 3 版。
⑥ 《喃吧哇华侨热诚输捐》，《华侨战士》，华侨战士半月刊编辑部，1938 年第 10 期。
⑦ 《旅越侨胞缩食捐款购机》，《华侨战士》，华侨战士半月刊编辑部，1938 年第 10 期。
⑧ 《坤甸华侨救亡动态一览》，《华侨战士》，华侨战士半月刊编辑部，1938 年第 12 期。
⑨ 《菲侨捐款》，《华侨战士》，华侨战士半月刊编辑部，1938 年第 12 期。
⑩ 《华侨救亡动态》，《华侨战士》，华侨战士半月刊编辑部，1937 年创刊号。
⑪ 《华侨救亡动态》，《华侨战士》，华侨战士半月刊编辑部，1938 年第 4 期。
⑫ 《华侨救亡动态》，《华侨战士》，华侨战士半月刊编辑部，1938 年第 7 期。
⑬ 《秘鲁华造埠演戏筹款之热烈》，《华侨战士》，华侨战士半月刊编辑部，1938 年第 12 期。
⑭ 《各方纷拨款散赈》，《大光报》，1941 年 4 月 3 日第 3 版。

太平洋战争爆发后，各地"侨汇顿形迟滞"，梅县政府"呈请广东省政府暨四联总处转饬南洋各分支行以电汇方法汇款调剂"。① 1942 年，台山广东省银行"接驳由重庆、韶关转来的此项汇款甚多"②。1943 年 5 月初，梅县中国银行"收到英属毛里市华侨电汇款项为数颇多"③。

电汇业务的最大缺陷就是电报费用相当高。根据 1942 年 5 月梅县电报局公布的收费标准，"凡拍发海外电报费，每字需十余元不等，视途程之远近而定"④。为了节省费用，华侨在办理电汇业务时一般都会尽量压缩电报内容。部分电汇"因电报为字数所限，故对侨胞汇款所在地未能详细列明"而无法传送。⑤ 1940 年 10 月，梅县松口广东省银行收到南洋各埠银行发来的电汇后，即向侨眷发出电汇领款通知书，但仍有多宗电汇"未见持票人携来行兑款"⑥。1942 年 4 月，粤东各地中国银行"陆续有电汇及信汇汇到。其汇回总数颇为可观"，其中"松口中国银行所到电汇中有一二十件因译音困难，及地址姓名不明，致无法探交"。⑦ 1943 年 5 月，"梅县中国银行日来收到英属毛里市华侨电汇款项，为数颇多。惟有一部分地址不明，无法送交"⑧。1944 年 8 月，韶关中国银行"侨汇畅通"，各国"侨款均有汇到。该项汇款到达后即可兑现。惟以侨眷疏散不少，地址变更甚大，须该受款家属函询中行才能兑付"⑨。1945 年初，"韶关中国银行尚有二千余户因收款人住址迁移，（侨汇）通知书无法送达"⑩。

"依照（当时）银行规定，（无法送达的侨汇通知书）由该行退回原汇处。但往返费时，（鉴于）侨眷亟待接济"⑪ 等实际情况，银行通常会"将此项无法探交汇款，详细列单黏贴于其柜台外壁招人到领"⑫，或在当地报刊上刊登"汇款待领"启事，促请收款人来行兑付。

① 《梅县府电请当局设法调剂侨汇》，《中山日报（梅县版）》，1941 年 12 月 26 日第 2 版。
② 《台山省支行举办侨属登记》，《台山民国日报》，1942 年 3 月 18 日第 3 版。
③ 《梅县中国银行收到大批毛里市侨汇》，《中山日报（梅县版）》，1943 年 5 月 6 日第 2 版。
④ 《梅电报局停收南洋各电报》，《中山日报》，1942 年 5 月 15 日第 2 版。
⑤ 《台山省支行举办侨属登记》，《台山民国日报》，1942 年 3 月 18 日第 3 版。
⑥ 《松口广东省银行通告》，《中山日报（梅县版）》，1940 年 10 月 18 日第 2 版。
⑦ 《松口中国银行招领电汇款项》，《汕报（梅县版）》，1942 年 4 月 16 日第 2 版。
⑧ 《梅县中国银行收到大批毛里市侨汇》，《中山日报》，1943 年 5 月 6 日第 2 版。
⑨ 《韶关侨汇畅通，交通亦渐恢复》，《大光报（粤南版）》，1944 年 8 月 14 日第 2 版。
⑩ 《侨汇通知书无法送达者 由侨务处担保支付》，《中山日报（梅县版）》，1945 年 1 月 4 日第 3 版。
⑪ 《侨汇通知书无法送达者 由侨务处担保支付》，《中山日报（梅县版）》，1945 年 1 月 4 日第 3 版。
⑫ 《松口中国银行招领电汇款项》，《汕报（梅县版）》，1942 年 4 月 16 日第 2 版。

新昌广东省银行汇款待领启事

（三）信汇业务

银行充分利用其"通汇处所遍达全国各省市"的竞争优势，不断拓展侨汇产品，使"汇款种类除电汇（业务）之外，复加信汇（业务）"。[①]

信汇业务是指"汇款人将汇款原信交由银行代为寄出，银行不另给汇款人汇票。银行于收入汇款及汇水后，一面给汇款人以收条，一面将各汇款人原信汇寄付款银行，付款银行收到后将原信连同正副收条两张送交收款人，收款人将收条填就加盖印章后，连同原信信封交付款之银行查对无讹，即照兑付。正收条由付款银行寄回发信银行交还汇款人，手续方为完善"[②]。

信汇业务实际上是一项由银行和邮局共同完成的侨汇业务。华侨在办理信汇业务时，将款项和家信一并交汇款银行，家信的封面写明收款人姓名、地址，汇款人姓名、地址以及汇款数额、日期等。汇款银行将华侨家信编成汇款报单，交当地邮局寄往国内分支行或代理行。国内机构收到家信后将原信及正副收据（或

---

① 《星洲十年》（星洲日报十周年纪念特刊），星洲日报社，1940年，第522页。
② 戴东培：《港侨须知》，香港永英广告社，1933年，第246－247页。

称为"信汇解条"和"信汇附条")交收款人，收款人签字盖章予以确认后，交送款人将回执寄回汇款银行交汇款人。

巴城华渣银行的信汇凭证有"信汇解条"和"信汇附条"两联。"信汇解条"有金额、收款人姓名、地址等事项，"信汇附条"有汇款人姓名、地址以及汇款人致收款人附言等事项。信汇解条"留存付款银行"，信汇附条"由付款银行附交收款人"。办理业务时"须用毛笔或墨水笔填写。姓名住址金额务请填写清楚。金额内数字务请大写。汇款人如须附言致收款人请在附言栏内填写"。

信汇业务最大优势在于汇费较低，是华侨乐于选用的侨汇产品。1942 年 6 月，台山邮局估计"本邑华侨由美洲已发出的信汇款约有三百余万元"①。但由于"各处村名每有相同，南洋各埠邑侨付信汇款回家者，往往因信面写得不甚明白或写得太简，以致邮局或外汇兑店号不易送达"②。同年 10 月，广州邮政储金汇业局"若干侨汇收到为时颇久尚未见收款人往该局取款。该局为便利收款人起见，将收到本年五六两月份寄来侨汇通知书尚未领取者，在该局通告牌逐项详为公告通知，凡表内所列汇款均可由收款人向该局洽办领款手续"③。1947 年 8 月，中山邮局收到美国大通银行及其联行汇来的大量仄纸，其中部分因"没有注明收款人详细地址"而无法投递。该局将"久未到局请兑"，而又"无从分别函催到领"的仄纸，"在局内张贴布告，催请持票人早日到兑"。④

票汇、电汇和信汇业务各有利弊，通过业务组合或流程优化可扬长避短。1937 年广东省银行推出"航电联汇"业务，以航空运送银信、以电报"传递汇款报单"来提高银信的传递效率。

中国银行鉴于从纽约汇入四邑地区的侨汇"不管是电汇还是信汇，都必须先由纽约（中国银行）拍电报或邮寄到上海中国银行总行，再由（中国银行）总行将四邑部分之侨汇用电报或邮寄至（中国银行）江门支行，再由江门支行分发到四邑各县的中行办事处。侨汇经过这些繁琐手续之后，等到交至侨眷手里时，就非三两个月不可"⑤ 等弊端，从 1946 年 5 月开始对电汇、票汇和信汇的业务流程进行优化，允许海外行处直接将侨汇信书寄往国内各解款行处，使各项侨汇业务的传递时间明显减少。在电汇业务上，由纽约中国银行直接发往广州中国银行，从汇出之日起三四天后即汇到；从美国电汇至四邑地区一般八天左右可以

---

① 《邑闻点滴》，《台山民国日报》，1942 年 6 月 13 日第 1 版。
② 《侨胞注意》，《鹤侨报》，旅港鹤山同乡会，1946 年新 4 期。
③ 《市邮储局催领侨汇》，《前锋日报》，1946 年 10 月 3 日第 3 版。
④ 《本市邮局公布美金侨汇比率，持有美国大通汇票迅速到该邮局兑款》，《中山民国日报》，1947 年 8 月 27 日第 3 版。
⑤ 《台山侨汇逃港里因》，《环球报》，1948 年 1 月 27 日第 3 版。

收到。在票汇业务上，"自中国银行广州分行本月（5月）1日起实行由美（国）直接通汇不经总行转汇后，由美国纽约票汇至广州仅需时十三日，转汇至四邑者仅需时二十一日"①。鉴于汇票到达时间通常比票根为早，中国银行采取"见票即付，虽票根未到亦通融先付"以方便侨眷。在信汇业务上，"信汇最多不过两星期，十天亦可到达"②。中国银行收信后即"缮发通知书通知收款人到领，时间亦至迅速"。

（四）美金储蓄券业务

美金储蓄券全称为"美金节约建国储蓄券"，发售机构包括中央银行、中国银行、交通银行、农民银行和邮政储金汇业局等。

交通银行发售的美金储蓄券自购买日起计算利息，"兑取时照付美金本息"。"本券存满一年后得随时兑付，本息每扣足。六个月照计利息，存满一年及一年以上者照周息三厘计息，存满二年及二年以上者照周息三厘半计息，存满三年者照周息四厘计息，三年以上者不续计息。"购买时以国币折存美金存入，"兑取时照付美金本息"。中国农民银行发售的"美金储蓄券保持美金本位价格，到期后，按照中央银行每日挂牌汇价"，"兑取美金"或法币，并可作为购买外汇或充当一切的保证金。美金储蓄券以十美金为一个单位，可以"十元以上之倍数任意购储"。

由于"美金储券本固利优"，发售之初曾一度脱销。③ 1942年10月，梅县中国农民银行经理鲍子强利用到总行述职之便，通过飞机从重庆将大批美金储蓄券运返梅县。④ 梅县中国银行向认购者"先制奉临时收据存执"。1943年1月初完成美金储蓄券的印制后，通知"认购各户持凭临时收据向各当地原购行处换取储券"。⑤

二、侨汇贷款业务

侨汇贷款业务分为两大类：一类是国内银行的海外分支机构为满足华侨按期汇款返乡的需要，在当地发放的侨汇贷款业务，如特约汇款、华侨复业贷款、华侨年关汇款等；另一类是国内银行为了救助侨眷生活，在侨乡发放的以侨眷为对

---

① 《美国侨汇需时十三天》，《广东省前锋日报》，1946年5月22日第2版。
② 《侨汇逃避恶化》，《中山民国日报》，1946年12月16日第2版。
③ 《梅县中国农民银行通告》，《汕报（梅县版）》，1942年9月16日第2版。
④ 《梅县中国农民银行奉准改为直隶支行》，《汕报（梅县版）》，1942年10月27日第2版。
⑤ 《中国银行请换美金节约建国储蓄在券启》，《汕报（梅县版）》，1943年1月7日第2版。

象的借款业务，如侨胞家属信用借款、侨胞家属信用小额放款、侨眷生活贷款、侨眷农工生产贷款、侨眷粮食购运合作事业贷款等。抗日战争爆发后，国内银行在海内外的侨汇贷款业务进入繁荣时期。

中国银行救国公债广告①

（一）侨胞特约汇款业务

侨胞特约汇款业务是中国银行和广东省银行等在海外开办的无息、可分期摊还的侨汇贷款业务，又称为侨汇贷款。华侨办理特约汇款业务时与银行约定每月汇出的金额，并保证按时缴纳相应的款项。银行则按时向国内侨眷支付侨款。

抗日战争期间，"南洋一带侨汇因受法政府限制，（华侨）汇款数额影响甚大"。中国银行为吸收侨汇，在美洲和南洋同时"举办侨胞特约汇款，（华侨）随时可以汇交而不受限制"。特约汇款为"廉费汇款"且"优给存款利息"。开办后中国银行的侨汇业务量有所提高。韶州中国银行原来"侨汇数额甚少"，1938—1939年每年平均只有65万元左右。自从开办侨胞特约汇款、廉价汇款等业务后，1940年的侨汇业务增加到100万元。②

广东省银行对"凡在该行星加坡办事处订有特约汇款的侨胞，无论其款项已否汇出，仍由内地各行处按约按月依期代付家用"③，使"侨胞家属既能于一定期间领取款项，又免收汇款人手续费，以示优待"④。

---

① 《中国银行》，《越华报》，1937年9月2日第1版。
② 《广东之金融货币》，《两广战时经济》，第四战区经济委员会，1941年第1期。
③ 《侨汇侨信还照样畅通》，《大同日报》，1942年2月12日第4版。
④ 云照坤：《抗战四年来之广东省银行》，《金融知识》，邮政储金汇业局，1942年第1卷第6期。

作为一项跨国的银行信贷业务，特约汇款业务受国际形势影响较大，具有一定的经营风险。太平洋战争爆发后，中国银行对"马来亚之侨胞家属预约生活汇款暂行停兑"。经过对特约汇款进行细化后，只对"马来亚已沦陷地区之预约汇款始暂行停兑"，而"荷印一带不在限制之列"。① 自"香港沦陷后，星洲各地仍很难实现汇款"，南洋华侨无法如期向广东省银行缴纳款项。为接济侨眷生活，广东省银行对 200 元以下的南洋特约汇款"仍然照数付给，暂定维持三个月"。美洲特约汇款"仍照足额付给，以资救济"。②

（二）华侨复业贷款业务

1946 年 2 月初，国民政府财政部"为协助华侨恢复海外事业起见，饬由中国（银行）交通（银行）两行举办华侨复业贷款"，贷款总金额为 5 000 万美元，由财政部商请中央银行承担 75%，其余 25% 由中国银行和交通银行共同承担。"倘上项额度不敷贷放时，得按实际需要情形酌量增加。"

华侨复业贷款将南洋分为五个贷款区域，"菲律宾区由交通银行办理，马来亚区由中国银行办理，荷属东印度区由中国银行办理，缅甸区由中国、交通两行共同办理，暹罗区由中国、交通两行共同办理。倘因当地法令关系不能办理时，得由中、交两行随时报请财部修正"。

"凡华侨在前项规定区内经营之农工商矿业，确系受战事影响蒙受损失，确有函待恢复之必要者，持经营地领事馆之证明，向当地承办银行申请贷款。此项贷款经承办银行审查认可之后，即照银行通常放款办法及当地法令规定办理。"各承办银行将办理情况"按日陈报各该总行转报财部"，"此项贷款以用于华侨经营之农工商矿业之复业，及必要资金之周转为限。不得挪作别用"。

华侨复业贷款分为抵押贷款和信用贷款两种。申请抵押贷款时要以动产或不动产"之全部或一部为提供借款之担保品"。其中，动产"以原料、半制品或制成品，能实行移转占有及有确实价格者为限"；不动产"以有永久确实收益者为限"。

"信用贷款每户以美金一千元为最高额。抵押贷款每户以美金一千元为最高额。抵押贷款如因事实需要超过最高额时，得由承办银行查明情形，核准意见转陈财部核定。"

华侨复业贷款的"利息得参酌当地银行放款兑率折算"。"贷款期限最长不得超过一年。必要时得申请转期。但转换期限最长不得超过半年。在规定期限内

---

① 《侨胞家属预约汇款荷印一带未受限制》，《中山日报（梅县版）》，1941 年 12 月 25 日第 3 版。
② 《省行特约汇款照数付给》，《中山日报（梅县版）》，1942 年 1 月 8 日第 3 版。

得视借户资力情形，以原币分期摊还或到期一次清偿。"

中国银行和交通银行"办理此项贷款之费用以贷款所收利息之半数贴补之"①。

中国银行和交通银行充分利用华侨复业贷款拓展侨汇业务，接济国内侨眷生活。1946 年底，国民政府与南洋荷印各属政府商定，"由当地之中国银行以侨汇收入之荷币办理华侨复业贷款。在国内则由该行依照现时汇率折合法币支付收款人"②。

此外，国内银行还在海外开办了各种颇有特色的汇款业务。中国银行在南洋推出"新年汇款""生活汇款"等业务。③ 1947 年 1 月，中国银行香港分行"为适应农历年关华侨（接济国内侨眷的）需要"，在海外开办"华侨年关汇"业务。④ 对汇往汕头、厦门、琼崖和广州四地的华侨汇款给予优惠汇率，"此项汇款不照官价汇率，而较市价为高"，侨眷可以获得更高的收益。但贷款期限较短，"汇款期限以农历年关内为止"。⑤

（三）侨眷信用借款业务

抗日战争期间，中国银行、广东省银行等"为维持战时金融，沟通中外汇兑，代收款项接驳侨批"起见，在粤省各侨乡"举办侨胞家属信用借款"业务。⑥ 侨眷信用借款具有以下特征。

1. 发放对象是侨眷

侨眷信用借款业务发放的对象是侨眷。1939 年 7 月，广东省银行在粤东地区开办侨胞家属信用借款业务。侨眷申请借款时"须由区乡镇长或殷实住户店铺出具证明书，并保证依期偿还本息。但曾连续两个月内在本行收过侨胞汇款二次以上，而有证明函件者，亦可免除保证"。对于因逃避战乱而逗留梅县的潮汕等外地侨胞家属，则"须由居留地区乡镇长或殷实住户店铺出具证明书，并保证依期偿还本息。如无上项保证者得提出汇款证明函件，查明属实亦可酌量借款"。⑦

1942 年初，鉴于"南洋（侨汇）汇兑已受阻碍，物价高涨，（侨眷）生活发生困难"，广东省银行梅县支行对于 1941 年前已作"登记之华侨家属，并执有

---

① 《政院通过华侨复业贷款办法》，《广东省前锋日报》，1946 年 2 月 16 日第 3 版。
② 《各地华侨汇款问题》，《前锋日报（六邑版）》，1946 年 12 月 22 日第 3 版。
③ 《星洲十年》（星洲日报十周年纪念特刊），星洲日报社，1940 年，第 522 页。
④ 《港侨年关汇款中行有新办法》，《岭南日报》，1947 年 1 月 9 日第 7 版。
⑤ 《香港中行举办华侨年关汇款》，《前锋日报（六邑版）》，1947 年 1 月 9 日第 2 版。
⑥ 《丙村广东省银行广告》，《中山日报（梅县版）》，1939 年 11 月 21 日第 2 版。
⑦ 《省行梅县支行举办侨胞家属信用借款》，《中山日报（梅县版）》，1939 年 7 月 8 日第 2 版。

登记证者"增加贷款数额，每户发放的贷款额由原来的 100 元增加到 300 元。①但"凡侨属欲借款者，须加备旅外华侨证明书或华侨函件证明，以杜流弊"②。同年底，广东省银行梅县分行开办侨眷贷款业务时，要求"凡侨眷经向本省紧急救侨会登记调查属实，持有证明者，或经县政府证明者始得申请各种贷款"③。

在台山，广东省银行"为沟通与便利侨汇起见"，对辖区各属侨眷进行登记。该银行将制作好的侨属登记表册"送请县政府颁发各乡镇公所代办登记，并加盖乡公所图记后"送回银行。已作登记的侨眷在该银行申请贷款时将免除经济担保。④

1943 年，广东省银行发放侨属贷款时要求"先持本人南洋寄回信件三封，或有其他可资证明者，来行证明确系华侨家属，即可填具申请书，申请登记。随即（由银行）发给借款契约。由借款人填好契约，由保证人或殷实住户店铺盖章，便可领款"⑤。

1946 年 6 月，中国银行在江门、仓山、新昌、赤坎四地同时开办侨眷贷款业务，发放对象为"四邑及附近各地侨眷，过去确有侨汇经中国银行承汇"，后因战争爆发而"历久未曾收到国外接济，确有正当急需，经当地乡镇公所或侨务机关负责证明后"，可以在当地中国银行以优惠利息办理侨眷贷款。⑥

2. 借款利息低廉

1939 年 7 月，广东省银行发放为期三个月的侨胞家属信用借款业务。借款金额最高为 50 元国币，"以月息六厘计算"，比该银行开办的"低利贷款"的利息低两个百分点，而且贷款利息的支付方式相当灵活，既可以"息随本减，（也）可随时分期偿还"。⑦ "一时不得接济，而遇非常用途"的侨眷也可以办理借款，"以应急需，并得分期摊还"。⑧

1942 年初，广东省银行发放的"侨胞家属信用小额放款（每户）金额为 100 元，期限为 3 个月，月息六厘"。该银行发放的"小工商业贷款（每户）金额3 000 元~20 000 元，期限半年，月息九厘"。⑨ 该"小额借款利息轻微，手续简单"⑩。

① 《侨属贷款》，《中山日报（梅县版）》，1942 年 3 月 1 日第 3 版。
② 《梅县广东省银行继续办理侨眷贷款》，《中山日报（梅县版）》，1943 年 3 月 31 日第 3 版。
③ 《梅省行侨眷贷款开办在即》，《汕报（梅县版）》，1942 年 12 月 19 日第 3 版。
④ 《台山省支行举办侨属登记》，《台山民国日报》，1942 年 3 月 18 日第 3 版。
⑤ 《侨属贷款》，《中山日报（梅县版）》，1942 年 3 月 1 日第 3 版。
⑥ 《改善侨贷之商榷》，《大同日报》，1946 年 6 月 23 日第 3 版。
⑦ 《省行梅县支行举办侨胞家属信用借款》，《中山日报（梅县版）》，1939 年 7 月 8 日第 2 版。
⑧ 云照坤：《抗战四年来之广东省银行》，《金融知识》，邮政储金汇业局，1942 年第 1 卷第 6 期。
⑨ 《高陂广东省银行广告》，《汕报（梅版）》，1942 年 1 月 15 日第 4 版。
⑩ 《粤省行梅支行救济侨属　增加侨眷借款数额》，《中山日报（梅县版）》，1942 年 1 月 4 日第 2 版。

3. 借款用途明确

1942 年初，广东省银行大埔支行发放 10 万元侨眷贷款，主要用于"（甲）侨眷生活贷款。每户最高额可借一千五百元。（乙）侨眷农工生产贷款。凡侨眷依法组织农工生产合作社，或经营工厂、家庭手工者，最高额可借二千伍佰元。（丙）侨眷粮食购运合作事业贷款。凡依登记之粮食合作社，最高额可借二千伍佰元。上列三项借款月息一分。须得乡镇长确实证明或担保，即可向该行申请登记借款"①。

同年 7 月，国民政府行政院批准粤省发放侨眷贷款 3 000 万元，由粤省救济会具体制定贷款分配办法。广东省银行为"协助政府维持本省侨眷战时生活，扶植其战时生产及救助其战时粮食起见办理侨眷贷款"业务。② 此次贷款分为侨眷生活贷款、农工生产贷款和侨眷粮食运销贷款三种。

侨眷信用借款根据国内外形势变化及时调整。太平洋战争爆发后，"侨汇顿形迟滞"，梅县政府"函请梅县广东省银行扩大侨胞家属信用借款额度，（由一百元）增至三百元。（借款）期限延长一年"。③ 1946 年 6 月，中国银行在四邑发放的侨眷"贷款期限最长不得超过六个月。如在限期内借款人国外侨汇到达时，视其资力情形，将借款全部或一部分扣还之"④。

此外，各银行还发放了各种侨眷农业贷款。蕉岭广东省银行为推广"金山粘"优良晚造米的播种，以"每石国币一千一百元"的价格在各地收购"金山粘"稻种，再将"金山粘"稻种贷给侨眷。对于"愿以'金山粘'谷送行调换普通稻种者以加一调回"，即给予 10% 的贷款利息补助。⑤ 1946 年，中国农民银行江门支行向受破坏最为严重的天禄、小梅和麻园三个乡的侨眷发放了 500 万元的农业贷款，并派出合作指导员分赴上述各乡先行组织合作社，"然后将该款五百万元平均贷予"⑥。

海外援华组织也在粤省侨乡发放各种侨贷业务。1946 年初，"英美援华会以四邑侨汇尚属迟滞异常"，在四邑各地"举办侨贷，以接济此沦陷数年而未曾得侨汇挹注之侨眷"。"援华会在四邑举办之侨贷办法异常简单。苟各侨眷能提出未能收到汇款之函件，并得商店或殷实人员担保，即可贷取一万至两万（元）之款项。"⑦

① 《大埔省行续办侨眷贷款》，《汕报（梅县版）》，1942 年 3 月 26 日第 3 版。
② 《广东省银行梅县分行通告》，《汕报（梅县版）》，1942 年 12 月 20 日第 4 版。
③ 《梅县府电请当局设法调剂侨汇》，《中山日报（梅县版）》，1941 年 12 月 26 日第 2 版。
④ 《改善侨贷之商榷》，《大同日报》，1946 年 6 月 23 日第 3 版。
⑤ 《蕉岭广东省银行收买金山粘广告》，《蕉岭民报》，1944 年 11 月 27 日第 11 版。
⑥ 《县府举办紧急农贷》，《侨通报（海外版）》1946 年第 2 期。
⑦ 《四邑侨汇尚属迟滞异常》，《广东省前锋日报》，1946 年 1 月 31 日第 3 版。

三、现金支付业务

抗日战争期间，国统区和抗日游击区内现金供应严重不足，侨款支付相当困难。在四邑地区，华侨汇款在一万元以上者多不能付出。各金融机构开办侨汇业务时相当谨慎，邮政管理局台山分局表示"非事前存有巨款，职处万不敢开汇，以（免）一经延兑信用全失，以后无法办理"侨汇业务。邮政储金汇业局台山分局在东兴设立侨汇办事处后即电请邮政储金汇业局，"拨交头寸（现金）一千万元交曲江办事处协拨东江各局，以作兑付（侨汇）基金之用"。开张营业后，每收到一笔巨额侨汇即电请柳州分局代为套汇，以免发生延兑事件。曲江办事处则"以头寸五佰万元拨交东江各局备兑，又准韶关分局电复兴宁、梅县两地可尽量代兑"①。

潮汕地区沦陷后，广东省银行"汕头分行及潮安办事处奉命撤退集中（到粤北）曲江总行"。梅县、兴宁、大埔、松口等办事处仍然"照常办理侨胞汇款及一切银行业务"。② 广东省银行"新加坡分行与南洋各埠华侨银行随时可接汇侨胞款项"。

广州沦陷后粤省所需的钞券绝大部分由桂省接济。中央、中国、交通和农民四大国家银行的钞券由越南运至昆明，再由昆明运到桂林，由湘桂粤铁路转运到粤北。1939年11月，"四联总处在粤特设转运分站，规定每月运粤钞券最低额定二千万元，由香港用航空输送钞券"③。四大国家银行及广东省银行分别制定了桂钞运粤路线图。

中央银行每月运粤钞券约6 000万元，由香港航运至韶关，同时接济赣州、衡阳两地。中国银行由香港航运钞票到桂林经衡阳运粤。交通银行运钞线路有两条：一条由香港直接航运至南雄，另一条由桂林运粤。中国农民银行由香港航运钞券至南雄。从香港航运钞券至南雄每次约需运费4 000元港币，至衡阳需6 000元港币。一百元面额的钞券每次运载量为1 800万元，五元面额的钞券为400万元。钞券被分装于白布袋内运载。

广东省银行主要通过陆路运送钞券，运钞线路有东江、西江、南路和北江四条。

东江线路由韶关总行运济，经韶（关）兴（宁）公路，或取道南雄经江西

---

① 袁丁：《民国政府对侨汇的管制》，广东人民出版社，2014年，第165页。

② 《梅县广东省银行通告》，《中山日报（梅版）》，1938年7月3日第1版。

③ 《广东之金融货币》，《两广战时经济》，第四战区经济委员会，1941年第1期。

龙南而入老隆再转运潮州、惠州、梅州、兴宁各属。由于东江各属华侨汇款逐年激增，钞券的需求也逐年激增。1939年，钞券运载量为3 000多万元，1940年为6 500万元以上。

西江线路由梧州接济，而梧州之券料由桂林接济。主要包括四会、肇庆、清远、云浮及四邑等地。每年运载钞券的数量为5 500余万元。

南路运钞线路一向由广州湾分行接济。越南局面告紧后广州湾情形突变，南路运钞线改由梧州分行接济。每年运载量约600万元。

北江线路均由曲江总行运济，包括韶关、翁源、仁化、乳源、乐昌、连县等地，每月1 600万元以上。

1945年初，为了解决"四邑与东江各地侨汇支付困难问题，韶关中国银行与广东省银行商妥办法。由省银行四邑行处代付侨汇二千万元。由东兴汇回东江侨汇一万万元，直（接）解（付）四邑（侨款），另由中国银行解款应付东江侨汇，已汇达未付侨汇由韶（关）中国银行付清"①。3月，中国银行四邑金冈分理处复业后，中国银行"派员携侨款三千万元，另由西江南路方面调拨现钞一万万元"，两项合计1.3亿元现金运抵四邑，并用专机将"侨汇委托书分批"由重庆运抵四邑发放侨款。②

抗战胜利后，"为迅速恢复台（山）开（平）恩（平）一带侨汇，及利便各地侨眷领款起见"，中国银行新昌办事处和江门办事处于1945年11月先后复业。③ 新昌办事处复业初期的侨汇业务量非常大，"每日发出汇款最高记录约达一万万元"④。"江门中国银行复业后，首要工作为办理侨汇。凡以前积存之侨汇，一律通知侨眷提领。同时对现在（收到的）华侨汇款亦积极设法沟通，务使四邑金融得以活跃"，且"携备大批国币运往四邑清发侨汇"。⑤ 同年12月，"台城、赤坎两地中国银行办事处"先后复业并"开始解付侨汇，前往领款之侨眷及形踊跃。台城中行日付（侨款）四五千万元，赤坎中行日付（侨款）二三千万元。而新昌中国银行亦不因台开两地中行规复而减低其付款数字，现每日付出仍恒在二千万元之间。江门中国银行最近付款数目亦增，平均每天亦达一二千万元"。"四邑中国银行每日解付达一万万元。"⑥

至1946年1月19日止，新昌中国银行共发放侨汇36.2亿元，台城中国银

---

① 《东江侨汇已获解决办法》，《中山日报（梅县版）》，1945年1月27日第3版。
② 《侨汇三千万运解四邑》，《大同日报》，1945年3月6日第2版。
③ 《台山新昌中国银行已复业》，《前锋日报》，1945年11月3日第3版。
④ 《四邑侨汇尚属迟滞异常》，《广东省前锋日报》，1946年1月31日第3版。
⑤ 《江门中行经理谈四邑侨汇无积压》，《新会民报》，1945年10月24日第3版。
⑥ 《四邑中国银行日付巨额侨汇》，《广州商情》，1946年1月7日第1版。

行发放侨汇超过 10 亿元。"四邑中国银行各行处，即新昌、江门、台城（赤坎）所发出之侨汇数额为六十万万元。其中以新昌中国银行发出之款最多。在此周（1 月 19—25 日）内，该行每日发出之款约在一万万元至一万万三千万元之间。"① 四邑各"银行（支付侨款）所需钞票均由重庆包机运省（广州），再用专船或军舰运入，源源接济，甚为顺利"②。

即便如此，各银行因现金头寸不足积压侨款的事情也时有发生。1947 年 7 月，海外华侨"因应付节关（大量汇款返乡），（梅县交通银行收到的）侨批为数达四十亿元以上"。由于"物价飞涨，（现金）筹码不足"导致大量侨款被积压。③ 为了及时补充现金，中国银行自 1947 年 9 月起将"所收入之侨汇就近售与中央银行，以利头寸之调动"④。

第二节　国内外银行之间的委托代理

"华侨汇款向为我国国际收入之大宗，在（抗日）战（争）前大都由侨批业民信局及外商银行经汇，抗战军兴后，政府为便利侨胞及充实外汇准备起见，特将吸收侨汇列为中央重要金融政策"⑤，给予国家银行和邮局各种经营特权。

一、国外银行垄断侨汇经营的原因

近代中国侨汇业务"概藉外国银行之力而为之"⑥。无论是南洋还是美洲，外国银行的侨汇经营均处于垄断地位。"美洲华侨汇款寄交祖国方法大都交外国银行汇返，经香港之金山庄代转。"⑦ 南洋"华侨汇款归国也多经由外国银行之手"⑧。抗日战争胜利后，官方公布的侨汇价格与黑市侨汇价格相差较大，为了减少汇兑损失，"大部分侨胞均取美金原币直接由外国银行汇（香）港，然后在

---

①　《四邑侨汇已发六十亿元》，《广东省前锋日报》，1946 年 1 月 26 日第 6 版。

②　《侨汇迟缓亟待改善》，《前锋日报》，1946 年 2 月 18 日第 3 版。

③　《梅县交通银行积压汇款，电汇逾月不到》，《华侨公报》，1947 年 7 月 11 日第 2 版。

④　《美国侨汇原币居多》，《前锋日报》，1947 年 9 月 11 日第 2 版。

⑤　云照坤：《抗战四年来之广东省银行》，《金融知识》，邮政储金汇业局，1942 年第 1 卷第 6 期。

⑥　《华侨银行问题》，《中国与南洋》，暨南学校，1918 年第 2 期。

⑦　区琼华：《美洲华侨与侨汇》，《广东省银行季刊》，广东省银行经济研究室，1941 年第 1 卷第 1 期。

⑧　杨越：《抗战以来广东银行业的演进》，《广东省银行季刊》，广东省银行经济研究室，1941 年第 1 卷第 4 期。

（香）港转驳”至粤闽各地。① 因此，国内银行也只能承接国外银行的侨汇业务，例如，"江门中国银行自去年（1945）十月复业至今年（1946）一月底止，共收到新旧侨汇"77 亿元，"其中大部分系由（香）港（外国银行）转驳"。② 国外银行垄断侨汇经营的主要原因有四个：

一，"侨胞远涉重洋，辛勤所得，投资之必求安全，保障之务期可靠"。相对于国内银行而言，外国银行的经营较为稳健、服务较为完善、金融风险较低。"侨胞（为了款项的安全可靠，）汇款必存储于外国银行及仅投资于房地产等。"③

二，外国银行有完善的传递网络和金融产品，并得到侨居国（地）政府的扶持。外国银行也十分重视侨汇业务的开展。在美洲，"美国数家大银行皆专门聘请华人雇员，直接向侨民兜揽侨汇生意，并委托在美之华人商号代为吸收侨汇"，例如，"以特制之仄纸委托华人商号代理发汇"，招聘华侨员工以拓展侨汇业务，等等。当地华侨也因此而获得更多的就业机会，檀香山华侨"不少运营独立的商业，又有若干为律师银行（职）员"④。"服务于欧美银行公司中者亦多"⑤，加深了华侨与国外银行之间的沟通与合作。

在南洋，各银行大都设有经营华侨银信业务的部门。和丰银行和华侨银行均设有银信部，"聘用专门人才管理华侨通汇"事宜，⑥ 同时招聘华人买办推销侨汇产品。买办房为银行的附属部门，"买办没有薪金，专靠佣金以维持一切"开销，"买办房中的职员均由买办自行聘用，其薪金亦由买办自掏荷包"⑦，银行买办唯有竭尽全力拓展侨汇业务才能维持生计。

三，香港"同是英镑集团"，"集团"内各地进行侨汇汇兑时没有数量上的限制。例如，"英属星加坡之侨汇汇交回国时须受数量上之限制。但汇来香港则无限制"⑧，这样在一定程度上可逃避监管。

四，国内银行在海外经营侨汇的时间较晚，海外分支行非常少。⑨ 交通银行和邮政储金汇业局在 1930 年才获准经办侨汇业务。广东省银行 1937 年"开始经

① 《改善侨汇委员会在香港举行会议》，《六邑大华报》，1947 年 4 月 8 日第 4 版。
② 《侨汇迟缓亟待改善》，《前锋日报》，1946 年 2 月 18 日第 3 版。
③ 杨寿标：《华侨汇款与广东经济》，《华侨问题专号》，广州大学社会科学研究社，1937 年，第 8 页。
④ 刘伯周编：《海外华侨发展史概论》，华侨图书印刷公司发行，1935 年，第 43－44 页。
⑤ 丹徒、李长傅：《华侨》，中华书局，1927 年，第 124 页。
⑥ 《星洲十年》（星洲日报十周年纪念特刊），星洲日报社，1940 年，第 505 页。
⑦ 杨三号：《漫谈星洲银行业》，《新加坡汇业联谊社特刊》，新加坡汇业联谊社，1947 年，第 118 页。
⑧ 《贝祖贻到香港任务》，《中山日报》，1947 年 1 月 10 日第 1 版。
⑨ 姚曾荫：《广东省的华侨汇款》，商务印书馆，1943 年，第 45 页。

营侨汇业务"①。抗日战争前，美国"东岸纽约只有中国银行，西岸仅有广东银行"②。在国内取得侨汇经营资格的银行也不多。在粤省能办理美洲侨汇业务的只有中国银行、东亚银行、华侨银行、广东省银行及商办广东银行等 5 家，而且东亚银行和华侨银行只能委托其他三家银行或其他机关代为转汇。③

在地域上，粤省"因与香港澳门相连，且有广州湾、九龙、沙面等租借地。故（粤省）金融受外国银行的把持至为显著"④。"六邑与香港之交通极为利便，故美洲侨汇由外国银行直汇香港"反而更加方便。⑤

二、银行间的侨汇经营网络

为摆脱外国银行对我国侨民和侨汇的"重利盘剥"，堵塞国家侨汇收入的"绝大漏卮"，"国内银行逐步摆脱各自为政而走上共同合作之途"。"中国、华侨、东亚、广东各行分途扩充于海外，广东省银行则大力伸展于内地，使国内外银行形成了经解侨汇的网络。"⑥"银行与银行间代理关系的产生，在侨汇的通路上形成了第一条大干线。"⑦

（一）国内外银行之间的经营网络

抗日战争时期，广东省政府认为"侨汇不畅系由于美洲中国银行机构太少所致"，并派广东省银行行长带队赴重庆，"要求（中央政府）在美洲多设银行机构"。⑧ 中央财政当局则认为"银行办理侨汇自应以代理店为主，而以本行之分支机构为副。如欲在海外侨民所在地遍设机构，事实上亦有所不能"⑨。因此构建国内外银行之间的侨汇经营网络是必然选择。

1936 年，"中国银行在新加坡设立分行。太平洋战事发生前又在巴达维亚、河内、仰光设经理处。它与南洋各属的银行、银号都取得联络，组成庞大的金融

---

① 《广东省银行史略》，广东省银行编印，1946 年，第 15 页。

② 赵锦津：《加强沟通侨汇的机构》，《广东省银行月刊》，广东省银行经济研究室，1946 年复刊第 2 卷第 3、4 期合刊。

③ 姚曾荫：《广东省的华侨汇款》，商务印书馆，1943 年，第 8 页。

④ 杨越：《抗战以来广东银行业的演进》，《广东省银行季刊》，广东省银行经济研究室，1941 年第 1 卷第 4 期。

⑤ 刘佐人：《当期侨汇问题》，广东省银行经济丛书，1946 年，第 11 页。

⑥ 江英志：《广州市立银行的新使命》，1937 年，第 102 页。

⑦ 姚曾荫：《广东省的华侨汇款》，商务印书馆，1943 年，第 9 页。

⑧ 《侨眷贷款三千万》，《开平日报》，1942 年 10 月 8 日第 3 版。

⑨ 袁丁：《民国政府对侨汇的管制》，广东人民出版社，2014 年，第 228 页。

网络，在南洋华资银行中，中国银行的资本额最大"①。"太平洋战争发生后，南洋各地先后沦陷，侨汇几完全断绝。中国银行为增加美侨汇途径，除伦敦及纽约两经理处外，复在利物浦、雪梨及厦湾拿（即哈瓦那）等地添设分支机构，海外各地侨汇大多交中国银行上述分支处汇至国内，尤以汇往广东的四邑一带者为数特多。"②"太平洋战事爆发后，马来亚及荷印一带华侨汇款一时颇受影响，惟英属仰光侨汇仍可汇梅（县）接济。"仰光经理处成为中国银行在南洋的主要接驳点。1942年1月初，仰光埠华侨通过中国银行汇回梅县地区的侨款达数十万元。③

1941年，中央银行、中国银行和交通银行设立"侨汇部"，"并在越南设有专行"。"粤籍华侨汇款回省之总数约有16万万元，比较（卢沟桥）事变前竟增加。"④

抗日战争期间广东省银行"除尽量向财部请求在海外多设分行外，并积极在（国内）各侨汇区增设行处，尽量为侨胞服务"⑤。"为便利侨胞汇款，活跃地方金融特扩大汇兑业务，对于国外侨胞汇款已与南洋美洲各属同业密切联络，尽量接做。"⑥ 在南洋"与新加坡银行、西贡东亚银行、新加坡东亚银行分别商洽通汇办法"⑦，并"指定香港及星加坡两分行为战时侨汇经收机关，后在槟城等订定特约代理店八家，复与星加坡、吉隆坡等埠订定通汇处四家"，"又与中（国银）行、广东银行、华侨银行、广西汇兑公司四家特约为代理行，在星加坡、仰光、马六甲等十五个外埠均与各该行通汇"⑧，使"新加坡分行及南洋各埠华侨银行随时可接汇侨胞款项，以电报或信票"等方式汇入粤省。⑨ 在美洲"与伦敦英格兰银行，纽约大通银行及美国运通银行等分别订约通汇"⑩。1949年4月，广东省银行"在美洲各属广觅代理店，并加强航（空）电（讯）联接，使侨胞汇款回祖国尤臻便利"⑪。

国内外银行间的侨汇网络的建立和完善，方便了华侨的侨汇办理。1937年，南洋各埠银信"可交由（当地）各该银行直接汇交广东省银行总行"，"毋须再

① 刘征明：《南洋华侨问题》，国立中山大学社会研究所编辑，金门出版社，1944年，第131－132页。
② 刘佐人：《当前侨汇问题》，广东省银行经济丛书，1946年，第6页。
③ 《英属仰光侨汇仍可畅通》，《中山日报（梅县版）》，1942年1月10日第2版。
④ 梁亚平：《南洋华侨之现在与今后》，《侨声》1942年第4卷第4期。
⑤ 《广东省银行对于吸收侨汇列为主要工作》，《开平日报》，1941年9月16日第4版。
⑥ 《广东省银行广告》，《广西日报》，1939年7月13日第1版。
⑦ 杨寿标：《华侨汇款与广东经济》，《华侨问题专号》，广州大学社会科学研究社，1937年，第7页。
⑧ 云照坤：《抗战四年来之广东省银行》，《金融知识》，邮政储金汇业局，1942年第1卷第6期。
⑨ 《省行梅县支行举办侨胞家属信用借款》，《中山日报》（梅县版），1939年7月8日第2版。
⑩ 云照坤：《抗战四年来之广东省银行》，《金融知识》，邮政储金汇业局，1942年第1卷第6期。
⑪ 《当代日报》，1949年4月2日第1版。

经香港"。[①] 1938 年 5 月，南洋荷属山口洋华侨将 12 537 盾荷币交"由（当地的）小公银行汇往昔呐中国银行转汇"回广州。[②] 华侨可向外国银行提交《信汇请求书》，委托其将款项汇至中国银行，由中国银行转汇回国内。[③]

（二）国内银行之间的海外经营网络

国内银行之间开办侨汇委托业务时，有相应的约定："一、委托行在被委托行账户中开立国币存款户，款项调拨时通过外汇购买国币方式存入；二、被委托行代付当地款项时免收费用；代付外县款项时每千元收佣 2.6 元；三、往来电报费用由委托行负担，由被委托行随时记入委托行的账户；四、收款人住地在被委托行所在地的，委托行只寄给通知书一份，否则寄给通知书两份，以便被委托行转托所属支行或办事处代付。"[④]。

国内银行之间的海外侨汇经营网络有两个层面。一是同一银行海外分支机构之间的经营网络。1927 年，东亚银行广支行形成"凡欧美日各埠俱有代理"的业务网络[⑤]。1942 年 3 月初，重庆中国银行与纽约中国银行之间可直接办理电汇业务。"自美国纽约中国银行与中国重庆中国银行电汇沟通以来，美洲各地华侨纷纷（通过中国银行）汇款回国接济家眷。"[⑥] 1947 年，广东省银行"海外行处除原有星加坡、香港、澳门各分行外，海防设有办事处，暹罗设有通讯处，均准备接驳越暹侨汇"，并"与美洲各埠特约通汇"。[⑦]

二是不同银行之间海内外分支机构的经营网络。1925 年 9 月，华侨"由美国三藩市广东银行函汇港币三千元，托广州商业储蓄银行呈上（四邑的）台端"[⑧]。1942 年初，广东省银行与中国银行合作，在缅甸仰光设立"侨汇转驳站"[⑨]。1946 年，该银行"与中国银行商定将所有有关美洲汇归内地侨款，一律由本行代为解付"[⑩]。

国内银行之间经营网络的构建提高了银行的侨汇经营能力。1940 年 10 月，

①　杨寿标：《华侨汇款与广东经济》，《华侨问题专号》，广州大学社会科学研究社，1937 年，第 8 页。

②　《荷属山口羊华侨赈委会印发第一期赈款征信录》，《华侨战士》1938 年第 12 期。

③　黄清海：《海洋移民、贸易与金融网络——以侨批业为中心》，社会科学文献出版社，2016 年，第 241 页。

④　中国银行广州分行行史编写组：《广东中国银行历史资料汇编（1914—1949）》，1988 年，第 86 页。

⑤　《东亚银行广支行启事》，《美洲同盟会月刊》，广州美洲同盟会，1927 年第 3、4 期合刊。

⑥　《台山省支行续接侨汇数万元》，《台山民国日报》，1942 年 3 月 14 日第 3 版。

⑦　《改善侨汇三原则　拟办美洲各埠特约通汇》，《广东商报》，1947 年 4 月 11 日第 8 版。

⑧　《美洲华侨汇回救国巨款》，《国民新闻》，1925 年 9 月 4 日第 2 版。

⑨　《仰光已成为侨汇转驳站》，《台山民国日报》，1942 年 1 月 5 日第 1 版。

⑩　《广东省银行史略》，广东省银行编印，1946 年，第 17 页。

松口广东省银行收到"吧城华侨银行、吧城中国银行、泗水中国银行汇来票款多宗"①。1942 年 3 月，广东省银行台山支行"收到由重庆中国银行转来的美国纽约的中国银行电汇款"80 多万元，另有在途侨款超过 15 万元。②

（三）国内银行之间的国内经营网络

1936 年 11 月，广州市立银行与国内各大银行"分别缔结通汇合同"，在"国内外各大商埠多已设立通汇代理处所，接驳汇兑通行无阻"。③

"四联总处"是中央银行、中国银行、交通银行、中国农民银行联合办事处的简称。1937 年 7 月成立后对各银行侨汇业务领域进行了分工。中央银行主要办理军政汇款业务。中国银行、交通银行、中国农民银行以及中央信托汇业局主要办理工商汇款业务。邮政储金汇业局主要办理小额汇款。1946 年，广州"四联总处"承办的侨汇为 534.2 万元，其中，美洲侨汇占 90%，其余为南洋侨汇。④

1938 年 7 月，广东省银行梅县办事处升格为梅县支行后"增设华侨服务组，办理侨胞登记及代侨胞调查亲属状况，代写家信等"业务，对已登记的侨胞及家属给予业务上的便利和价格上的优惠。⑤ 该银行还"在东江各地增设行处"⑥。1941 年 7 月，广东省银行在东江和四邑等地"遍设小型办事处"以"适应侨汇需要，活跃各地金融"⑦，在"侨汇众多的乡镇委托商店代付汇款以求驳汇迅速"⑧。

1940 年初，中国信托有限公司"厚集资金"，在上海、香港、重庆、昆明、台山等地设立分支机构，"专营银行信托一切事业"，"找换上海香港国币仄票，收费特廉"，"找换港纸杂币各国货币"非常方便，并受托"代理外洋书信银两，负责送达"，使"通汇地域包括江浙川滇黔桂闽粤港澳，国内外商埠本省乡镇市"⑨。

潮汕沦陷后"侨批寄汇诸多发生影响"。中国银行"福建区本省管辖行为沟通各地金融同在一水平线，及利便侨汇计"，"特派该行兼广州支行经理陈玉潜

---

① 《松口广东省银行通告》，《中山日报（梅县版）》，1940 年 10 月 18 日第 2 版。
② 《台山省支行续接侨汇数万元》，《台山民国日报》，1942 年 3 月 14 日第 3 版。
③ 江英志：《广州市立银行的新使命》，1937 年，第 102 页。
④ 《广东省志·金融志》，广东人民出版社，1992 年，第 167 页。
⑤ 《省行梅县支行举办侨胞家属信用借款》，《中山日报（梅县版）》，1938 年 7 月 8 日第 2 版。
⑥ 云照坤：《抗战四年来之广东省银行》，《金融知识》，邮政储金汇业局，1942 年第 1 卷第 6 期。
⑦ 《粤省银行筹划组建小型办事处》，《中山日报》，1941 年 7 月 24 日第 2 版。
⑧ 《广东之金融货币》，《两广战时经济》，第四战区经济委员会，1941 年第 1 期。
⑨ 《中国信托有限公司》，《大同日报》，1940 年 1 月 27 日第 1 版。

先后在大埔、松口、兴宁、老隆成立该行办事处"。[1] 1942 年，中国银行"先后在肇庆、台山及开平属之赤坎、金冈等处设立分支机构。故其汇返四邑家乡的侨汇特多"[2]。1947 年，广州中国银行经总行批准"增设侨务股，专责办理侨汇及为华侨与国内联络服务"[3]。

1941 年 2 月，福建省银行在梅县设立分行，[4] 同年 5 月交通银行在梅县筹设分行以"沟通地方金融及侨汇"业务。[5] 鉴于"兴宁为岭东军政中心，商业及侨汇颇为繁盛"，1942 年初，中国农民银行在兴宁设立办事处。[6]

抗日战争胜利后，广东省银行、中国银行、邮政储金汇业局先后于 1946 年一月、三月、四月和六月恢复国内外全面通汇。根据各行局每月月报的统计，1946 年上述行局经办的侨汇为 530 亿元。[7]

（四）实例：新加坡交通银行与香港中国银行合约

一、新加坡交通银行（下称新交行）与香港中国银行（下称港中行）彼此开一往来户。新交行得在港、广、汕、琼等处向港中行透用港纸二万元为度，港中行得在新埠向新交行透用波纸至二万五千元为度，其利息各按存三欠五算。

二、新交行与港中行委托代理事务如左（下）：

（一）收款。互托交收款项。

（二）付款。互托代解电汇、信汇、票汇及各种托付之款。

（三）买卖货币。互托买卖各种货币。

注：以上三项系指双方互相委托而言。但中行系包含香港、广州、汕头、琼州四处业务。各该处均可互相直接委托收付款项或买卖货币，惟彼此往来均由港中行转账，新交行不再与广、汕、琼三处另开往来户。

三、新交行与港中行往来。在港只开港纸户。在新只开坡纸户。其广、汕、琼等处代收代付款项，皆随时按市合港纸转由港中行收付新交行册。

四、广东省内如中行有新设分号、所时，皆有代理新交行之义务，应随时由港中行通知新交行，其转账办法与广、汕、琼等处同。

五、新交行如须委托闽中行及所属号、所代理收付款项时，得由港中行函商

①《中国银行筹设揭阳办事处》，《汕报（梅县版）》，1941 年 2 月 17 日第 2 版。
②刘佐人：《当期侨汇问题（下）》，《广东省银行月刊》，广东省银行经济研究室，1947 年第 3 卷第 7、8 期。
③《广州中国银行开办港币汇款，兑价与市价接近》，《岭南日报》，1947 年 1 月 10 日第 7 版。
④《梅县福建省银行开幕营业》，《汕报（梅县版）》，1941 年 2 月 15 日第 2 版。
⑤《交通银行筹设梅县分行》，《中山日报（梅县版）》，1941 年 5 月 16 日第 2 版。
⑥《中国农民银行兴宁办事处五日正式开幕》，《中山日报》，1942 年 1 月 4 日第 2 版。
⑦谢天龙：《运用侨资发展建设》，《新加坡汇业联谊社特刊》，新加坡汇业联谊社，1947 年，第 125 页。

闽中行照办。仍由港中行转账以归划一。

六、两行互托代理买卖货币应按时价记账。免除扣佣。其代付汇票费用，则彼此照实付款，按月一结。

七、新交行与港、广、汕、琼四中行，应彼此交换签字印鉴票及互寄电汇押脚。

八、彼此记账应按照两行转账手续互寄报单，凡关于广、汕、琼等处之往来，并应加寄报单至港中行转账，其报单互寄规则另订之。

九、本合约先行试办一年。在期满一个月以前，由双方商议续订。

十、本合约签字后，应由港中行抄录分知广、汕、琼三处中行照办。

十一、本合约如有应行修改之处，得由一方提议双方暂停修正。

十二、本合约照缮两份，新交行与港中行各执一份为凭。

民国八年七月二十日

第三节　国内银行与批信局之间的委托代理

银行与批信局在侨汇经营上难以严格区分，南洋批信局"是汇兑店，地位类似汇兑银行"。批信局按照侨汇经营范围分为三类：第一类与银行类似，但为数不多。第二类为特许汇兑商，可间接办理侨汇业务。第三类为外汇经纪，不能单独办理侨汇业务，只接受商办银行或批信局的委托办理侨汇业务。[①] 粤省批信局与私营银行之间也没有本质上的区别。创办于1922年的广州永泰隆银号"办理商业银行一切业务"[②]。台山的岭海汇兑公司也叫岭海银行有限公司，"经营汇兑存款按揭找换接理外洋书信银两及银行一切通常业务"[③]。梅县的德泰汇兑庄"专营国内外兑及银行普通一切业务"[④]。因此，国内商业银行与批信局在侨汇经营业务上的差异不大。

一、委托代理形成的原因

银行与批信局之间的相互代理相当普遍。抗战前"南洋各埠之桂省侨民"有百余万，"惟以交通不便，辗转驳汇费时既久，而汇水之蚀亏尤大"。1937年，

---

① 刘佐人：《批信局侨汇业务研究》，《金融与侨汇综论》，广东省银行经济研究室，1947年，第62页。
② 《永泰隆银号》，《广州市商会周年特刊》，1947年，第10页。
③ 《岭海银行有限公司》，《广州日报》，1931年7月25日第3版。
④ 《梅县德泰汇兑庄》，《梅县日日新闻》，1930年9月12日第1版。

广西银行香港分行"派员在南洋调查，并觅各地殷商联号通汇。务期将汇水压低。必要时则在南洋设立办事处，以利桂侨汇兑"①。1938年，帝文亚胆佈亚华侨将600余盾荷币交由孟加锡领馆转交华侨银行汇回粤省。② 抗战胜利后，"中国银行在纽约已设有分行，在其他各埠亦有代理店"，主要原因有以下两个：

（一）国内银行处于竞争劣势

1. 营业范围未能伸及墟镇

"银行的营业范围不能遍布全省"，其"触角仍未能伸及墟镇乃至乡村中，而墟镇及乡村却为侨民家属聚集之处"，也是银信业务的集散地。1938年，四邑地区"银行购买厂纸的地点，仅限于江门台城及鹤山沙坪三地"③，营业机构不足制约了国内银行的经营能力。

而批信局"所经营之汇兑业务遍及乡村小镇，远达津沪等地"④。加上银号、金铺和药店等的兼营，侨汇"汇兑业务更如水银泻地，远达至全省偏僻乡村小镇"⑤。"粤省对外贸易如丝茶等纯靠各银号信用放款以为周转。"⑥

2. 侨汇交付时间过长

"公营银行手续较烦，并须（侨眷）亲到领款，又要担保盖章等，而时间亦较迟缓。"⑦ "按普通惯例，电汇款三日至五日左右可达。" 1947年7月，梅县交通银行积压的华侨电汇款"逾月不到"⑧，受到当地社会的普遍质疑。根据梅县交通银行解释："敝行向未自设电台汇款。电报均由电局拍发。因水灾影响电讯受阻，敝行迄未接对方委介（解）电报。"而"该款委托书寄到又因付款条件不全［未声明原电未到凭委书先介（解）字样］，（因此）经办人虽将通知书先行填就但须搁候复电方能发出至乙仟万元乙笔。另因来电金额暗码不明，非经电询查明无从照介（解）"。⑨ 因此，"中国银行虽握有种种利便，然其交款亦不及民信局之快捷"⑩。

① 《广西银行港分行筹划南洋桂侨汇兑》，《广西日报》，1937年4月27日第2版。
② 《帝文亚胆佈亚侨胞举行献金运动热烈》，《华侨战士》1938年第2卷第8、9期合刊。
③ 姚曾荫：《广东省的华侨汇款》，商务印书馆，1943年，第5、9页。
④ 《广州银业纪要》，《穗商月刊》，广州市钱商业同业公会，1948年创刊号。
⑤ 《广州市银业沿革及复员后之概况》，《广州市钱银商业同业公会元旦特刊》，广州市钱银商业同业公会，1948年，第1页。
⑥ 《广州银业纪要》，《穗商月刊》，广州市钱商业同业公会，1948年创刊号。
⑦ 《改善侨汇会议昨圆满结束》，《广东商报》，1947年4月9日第3版。
⑧ 《梅县交通银行积压汇款　电汇逾月不到》，《华侨公报》，1947年7月11日第2版。
⑨ 《交行电汇稽迟之更正》，《华侨公报》，1947年7月8日第3版。
⑩ 《革新侨务建议》，广州革新侨务初进会，1948年，第2页。

"一般商营银号多手续便利，汇寄之款可直接送到收银人，且时间甚为迅速。"① "用电汇者即日兑交，买汇票者见票即兑，由信汇驳者无论各属（市）区乡村远近一律送交，担保（保证）无失。无论多少一体欢迎，随到随交，决无延误。"② 批信局交汇速度之快连银行也自叹不如。1947 年 6 月，广东省银行海口支行在《致总行关于琼崖侨汇情形》一文中提道："查广南公司系办理全琼侨汇之批局，信誉甚孚，且解款神速。每俟航机或轮船到埠，立即到邮局自行取寄来邮包，检查侨批信件，动员全部人员，即日通宵处理。海口以外各地侨款于接到翌晨，便可付车运送，送款人将款送至收款人家中妥收后，立即当面代收款人缮写回信，以便随同收条于下班航机寄出（香港方面亦设有分公司协助办理），故每批侨汇前后约仅需十天，汇款人即可接到回文，其速度自为公营银行所不及"③。

3. 与侨眷关系隔阂

银行"职员鲜能操粤闽两省各种方言者"④，而批信局"对于客户接触较频，内容详悉，殷实与否了如指掌"⑤，业务办理灵活。"寄信无须概用现金"，"虽穷乡僻壤均可送到。""若收信人为妇孺而不识字，送信人均可免费代劳。""民信局交收手续费多因人而施，故终较银行邮局一定手续者为便利也。"⑥ "一般商营银号之汇款较便宜。故一般侨民多乐于趋彼也。"⑦ "凡寄款养活侨眷者，无不因批信局之手续简单，应接周到而乐与之交易。"⑧ 批信局在华侨与侨眷心中的地位根深蒂固，"非邮局与国际银行所能比拟"⑨。

（二）侨居国的监管制约

侨居国的监管制约使批信局未能取代银行而独揽侨汇经营权。1940 年 8 月，荷属巴城政府允许"各汇兑庄可照常汇寄华侨家属信款"，但"须不超过其与各银行每月所订契约汇款之数为限。至于救济祖国难民捐款、各属慈善会均可交中国银行汇寄"⑩。1941 年，"星洲外汇管理局令各银行及汇兑商号，凡汇回中国赡

---

① 《改善侨汇会议昨圆满结束》，《广东商报》，1947 年 4 月 9 日第 3 版。

② 《商业银庄汇兑广告》，《梅县日日新闻》，1930 年 9 月 12 日第 1 版。

③ 袁丁：《民国政府对侨汇的管制》，广东人民出版社，2014 年，第 235 页。

④ 刘佐人：《当前侨汇问题》，广东省银行经济丛书，1946 年，第 13 页。

⑤ 谢绍康：《论钱业的特点及其前途》，《商业道报》，广东省商会联合会经济研究委员会，1948 年第 1 卷第 2 期。

⑥ 《星洲十年》（星洲日报十周年纪念特刊），星洲日报社，1940 年，第 588 页。

⑦ 《改善侨汇会议昨圆满结束》，《广东商报》，1947 年 4 月 9 日第 3 版。

⑧ 郑觉生：《展望汇业联谊社》，《新加坡汇业联谊社特刊》，新加坡汇业联谊社，1947 年，第 69 页。

⑨ 苏孝先：《批信局应具之道德》，《新加坡汇业联谊社特刊》，新加坡汇业联谊社，1947 年，第 73 页。

⑩ 《荷印政府准汇兑庄照常汇寄华侨信款》，《中山日报（梅县版）》，1940 年 8 月 28 日第 2 版。

养家属费，改由中国国家银行经汇"①，使批信局的经营受到银行制约。

"1946 年 3 月，（南洋）英当局颁布侨汇限制令"，规定"凡申请国币直寄国内者，得由中外银行举汇，在国内各处支付"。新加坡当局据此"规定新加坡华侨每月家用汇款为叻币 45 元"。华侨在批信局办理汇款时需填写"侨汇报告表"，注明所汇国币及叻币的总数。批信局在银行办理汇款时需填写"外汇申请书"，并将"侨汇报告表"一并"送呈外汇统制官核查，经批准后始得通汇"。"凡举汇香港币以汇往香港者"，要先在香港各银行"以汕头、厦门、广州等处代理人之名义"开立"中国来往账户"，"以便将香港币汇往存入该账户，由香港支领，以转汇入各内地"。批信局凭银行证明书将批信包裹交邮局寄发。是年 10 月修订法令，"凡申请侨眷款项有涉及金镑（即使用英镑的）区域之货币者，须由金镑区域之银行汇往中国之银行，始可获得批准"，同时禁止批信局及水客私自将侨款偷带出境。②

1946 年 5 月，暹罗"国家银行外汇统制处"对"汇兑代理及各授权钱庄汇款赴中国（包括香港）之少数目汇款"作出规定："一、凡有意经营此种商业汇兑代理，必先向暹国家银行外汇统制处呈领购买外汇准许证。二、各汇兑代理于请准许登记时，须向外汇统制处声明每月需要数目若干。三、凡各欲赴汇兑代理汇款作家庭赡养者，每人规定每月不能超过暹币五十铢。"③ 随后又颁布新规定，华侨"每月汇款不得超过暹币五十元（约 12 500 元法币）"，"如有充分理由亦可增至暹币四百元"，但必须由当地的汇丰银行、麦加利银行及中国银行等 38 家银行办理。④

"法属大溪地（即塔希提）政府对于华侨汇款归国素来限制甚严"，抗战前华侨汇款限额为 60 万元。"经我国领事馆迭次交涉"后，对"我侨汇款接济国内直接亲属维持生活者，可共准汇当地佛（法）郎一百八十万元"，但需"分四次汇出，（并由）我国驻雪梨总领事馆收转华侨家属。（接济对象）以华侨直接亲属为限（上自父母下迄十六岁以下子女，每人每月各一千佛郎），并须先将眷属出生及生活穷困各项证明书，经法领事核明后送外汇统制核办"。⑤

1947 年 1 月，巴达维亚政府对华侨"汇款给留于国内之家眷"实行总量控制，"每月最大汇额为一百万盾荷印币。（至于）每人每月之限额则视人数而

---

① 区琮华：《英美封存中日资金后对我侨汇的影响》，《广东省银行季刊》，广东省银行经济研究室，1941 年第 1 卷第 3 期。

② 陈炎勤：《侨汇与国币》，《新加坡汇业联谊社特刊》，新加坡汇业联谊社，1947 年，第 100、104 页。

③ 《旅暹华侨汇款改订新办法》，《中山月刊》1946 年第 5 期。

④ 《赴暹侨胞情悲惨，月限汇款五十元》，《大同日报》，1946 年 9 月 6 日第 2 版。

⑤ 《法改善华侨汇款》，《前锋日报（广州版）》，1946 年 10 月 6 日第 3 版。

定"，但必须由当地中国银行办理。①

综上所述，形成国内银行与批信局之间的委托代理业务关系的原因是多方面的。通过委托代理，国内银行与批信局各得其利，相互取长补短。

二、委托代理网络的构建

（一）银行改善侨汇经营的措施

1. 招聘有工作经验的人员

1938年3月广东省银行招考会计员时，要求报考者"大学毕业，曾在会计职务两年以上者，或中学毕业曾任会计职务五年以上者"②。1939年10月广东省银行在梅县公开招考交收员时，要求报考者"精通文字，畅晓客语，熟悉梅县所属各地情形"③。1941年3月再次公开招考时增加了"在银行银号服务二年以上"的报考条件。④ 同年10月广东省银行在台山公开招考交收助理员时，要求报考者"曾在银业界服务三年以上有确实证明者"⑤。1940年9月中国农民银行在梅县招考库丁时，要求报考者"通晓国语及潮州语"。⑥

2. 提供更为方便的服务

1940年"广东省银行派员前往（梅城）附城各乡镇登记华侨家属"，确保"侨款即到即交"。⑦ 侨眷将侨款存入银行可以获得特别优惠的利息。"在市内存户提取款项在一万元以上"，"可申请本行派员到收或送交"。⑧ "凡侨胞请求将汇款送到收款人家中者，无论额数多少，一律按址送妥。""预先请侨胞家属填具印鉴缴存本行，以备收取汇款时无须觅人证明或担保。"⑨ 已作登记的侨眷"可享受委托调查侨民在海外或家属住址及状况"⑩。1941年，广东省银行组成乡村服务团在粤东各地"设立诊疗所，实施赠医施药"⑪，为侨眷"接种牛痘"，并

---

① 《荷印侨汇渐通》，《星华日报》，1947年1月17日第5版。
② 《广东省银行招考会计员广告》，《国华报》，1938年3月24日第1页第1张。
③ 《梅县广东省银行招考交收员广告》，《汕报（梅版）》，1939年10月3日第2版。
④ 《梅县广东省银行招考交收员广告》，《汕报（梅版）》，1941年3月5日第1版。
⑤ 《广东省银行台山支行招考交收助理员》，《大同日报》，1941年11月7日第2版。
⑥ 《梅县中国农民银行招考库丁》，《中山日报（梅县版）》，1940年9月24日第3版。
⑦ 《梅县广东省银行落乡登记侨属》，《中山日报（梅县版）》，1940年9月15日第2版。
⑧ 《广东省银行奖励存款提高利率特定种种优待办法》，《中山日报（梅县版）》，1940年10月18日第1版。
⑨ 李绍文：《梅县广东省银行业务之回顾与展望》，《中山日报（梅县版）》，1941年1月2日第2版。
⑩ 《广东之金融货币》，《两广战时经济》，第四战区经济委员会，1941年第1期。
⑪ 《简讯》，《中山日报（梅县版）》，1941年5月21日第2版。

"发起第一次劝储奖学金运动及战时侨胞家属贷款"业务。① 1942 年初，广东省银行"派员落乡举办华侨家属登记，并发有登记证"，"持有此种登记证往该行借款者"可获得各种优惠。②

抗日战争胜利后，"各地华侨关怀家属生活问题，纷纷汇款接济"。侨汇大多经过上海辗转汇回广州，但"往往三数月仍未能接到汇单"。1947 年 6 月初，广州中国银行"采取直接汇驳办法"，使"美洲、纽约、加拿大、南美洲等处侨汇，两星期内侨眷已可收到汇单"。③ 为"使侨眷领款更形便利"，中国银行决定"如四乡治安及环境许可，能觅得殷实商号时，将分别在各侨眷众多之墟镇设立代理付款处"。④ "侨胞家属之回信"由中国银行免费"代书代转"。⑤ 侨眷到中国银行提取汇款若不会签字允许画"＋"字，若不愿携带现款回乡则委托批信局转解。⑥

3. 对批信局及水客进行经济救助

1940 年，广东省银行"为侨胞及批局服务，利便侨汇起见"，"对水客批局托汇或收取款项均予以优待便利。凡以款项汇存本行，往来存款或特别往来存款均酌增利半厘"。⑦ "凡侨胞汇经本行款项拨存者，得于规定利率外酌加周息一厘。"⑧ 鉴于"侨批局及水客因与海外侨胞多有亲友交谊，故接览侨汇款项较为容易"，广东省银行"饬令星（加坡）行与之联络，以利吸收⑨"。粤东"批局及水客经营侨汇，其资金周转向来依赖香港。汕头沦陷后批局资金调拨困难，曾一度停止收汇"。1940 年 11 月，广东省银行在揭阳、潮州和普宁等地增设办事处对批信局进行扶持，批信局营业所需的"批款几全数假省行接济"。⑩

1940 年 11 月，梅县广东省银行"欲于本县各圩市委托商号代理交付汇款"业务，"并可斟酌情形准许代理店预领兑款准备金至二千元"。⑪

---

① 《省行乡村服务团出发隆文工作》，《中山日报（梅县版）》，1942 年 3 月 24 日第 2 版。
② 《粤省行梅支行救济侨属增加侨眷借款数额》，《中山日报（梅县版）》，1942 年 1 月 4 日第 2 版。
③ 《侨汇有捷径　侨眷两星期可收到汇单》，《广州二十四小时猛报》，1946 年 6 月 7 日。
④ 《四邑中国银行日付巨额侨汇》，《广州商情》，1946 年 1 月 7 日第 1 版。
⑤ 《如何汇款回国》，《粤中侨讯》，广州中国银行侨汇股，1947 年第 6 期。
⑥ 焦建华：《福建侨批业研究》，厦门大学出版社，2017 年，第 287 页。
⑦ 《梅县广东省银行李经理对记者谈该行最近业务》，《中山日报（梅县版）》，1940 年 10 月 17 日第 2 版。
⑧ 《梅县广东省银行储蓄部》，《梅县导报周刊》，梅县导报周刊社，1941 年第 2 卷第 12 号。
⑨ 《广东省银行三十年度工作计划》，《广东省银行季刊》，广东省银行经济研究室，1941 年第 1 卷第 1 期。
⑩ 《广东之金融货币》，《两广战时经济》，第四战区经济委员会，1941 年第 1 期。
⑪ 《梅县广东省银行奖励存款　提高利率特定种种优待办法》，《梅县导报周刊》，梅县导报周刊社，1940 年第 2 卷第 6 号。

（二）完善的委托代理网络

越南西贡是南洋重要地区，早在光绪三十四年（1908）交通银行就在西贡设立代办处，并由当地的万顺安号代办。宣统二年（1910），国内的金融危机波及西贡，同年春西贡万顺安号破产。作为交通银行的重要海外机构，万顺安号的破产使得中西各号与之有往来者"莫不蒙其所累"。交通银行也因此而蒙受巨额损失。① 随着代理商号的不断增多，侨汇委托代理网络也日趋完善。

在南洋，1927年中国银行以菲律宾的中菲汇兑信汇局为特约代理商号，在岷尼拉仙道里街、怡即亚逾幼街等埠头替中国银行揽收侨汇、代理汇兑。② 1940年，广东省银行"分别在星洲、香港设立分行，南洋各埠尽量委托代理店"③。梅县广东省银行在所属"各圩市委托商号代理交付汇款，手续费从优"，"并可斟酌情形准许代理店预领兑款准备金至二千元"。④ 1941年，广东省银行"为推广荷印侨汇起见，委托实武牙埠（今印尼苏门答腊）广成公司为通汇处，又与荷属张立端批局订约吸收侨汇"⑤。抗战胜利后该银行新加坡分行"在南洋各属觅得代理店二十余家，吸收南洋各埠侨汇"。香港分行为便于"转驳美洲及澳洲等埠侨款"起见，将"澳门广记银号收为正式支行"，以"沟通葡属各地及欧洲侨汇"。⑥ 在美洲，广东省银行"特约美洲侨领代解汇款"⑦。

在粤省，中国农民银行大埔办事处委托南生庄为特约商号"办理侨汇，介绍存储"，并代理建国储蓄券的售卖业务。南生庄凭借良好的人脉关系，"办理侨汇业务成绩显著，劝储成绩良好"，得到中国农民银行的"极为嘉许"。1941年7月大埔办事处升格为支行后"仍然委托该庄继续办理侨汇业务"⑧。该银行还在梅县各属以及福建的龙岩和上杭等地特约了5家批信局为代理商号。代理商号可获得"每十万元五百元以上之代理手续费，及享受特别优加利息及汇款免费等各项优待"⑨。

---

① 《交通银行史（第一卷）》，商务印书馆，2015年，第86-87页。

② 吴宝国：《开拓国际汇兑之侨批》，《中国侨批与世界记忆遗产》，鹭江出版社，2014年，第234页。

③ 李绍文：《香港封锁声中潮梅人士所关切的南洋侨汇问题》，《梅县导报周刊》，梅县导报周刊社，1940年第1卷第5号。

④ 《梅县广东省银行奖励存款 提高利率 特定种种优待办法》，《梅县导报周刊》，梅县导报周刊社，1940年第2卷第6号。

⑤ 《广东省银行史略》，广东省银行编印，1946年，第15页。

⑥ 刘佐人：《当前侨汇问题》，广东省银行经济丛书，1946年，第19页。

⑦ 《一年来之广东金融》，《广东省银行季刊》，广东省银行经济研究室，1943年第3卷第1期。

⑧ 《大埔农民银行正式开幕营业》，《中山日报》，1941年7月7日第3版。

⑨ 《梅县中国农民银行聘请外埠节约建国储券代理启事》，《中山日报（梅县版）》，1940年10月1日第1版。

广东省银行"以便利解付，更广觅代理店号"为原则，在省属各地"委托代理付款之店号达 20 余家"。① "汇拨单位既多，侨汇自可增进"。1941 年 9 月，广东省银行经营的"侨汇已达六千余万元"②。1947 年，广东省银行海口支行与泰国大成银行签约代解侨汇，并与此前已有代理关系的海南广南公司进行利润再分配："向大成银行订收百分之三，以百分之二给广南公司，余百分之一为本行所得"，形成了大成银行接揽，海口支行"竭诚尽则代解"，广南公司代理送付的经营链条。③

南洋批信局特约国内银行为代理商号。例如，新加坡的万丰隆公司汇兑信局以香港的洪万兴银行、汕头的洪万丰银行为代理处，"专收潮梅各属诏安广东福建等处银信"。祥泰隆、永德盛汇兑信局以汕头的悦记庄银行为代理商号"专理香港上海汕头潮梅诏安等处银批"。④ 泰国的陈华兴信局以上海国华银行为代理商号"派发银信"业务。

批信局利用营业上的便利帮助银行办理异地业务。1940 年，大埔县泉利庄"代理梅县中国银行汇交本县侨汇总计不下七十余万元"⑤。"香港沦陷后，侨胞直接通汇的路线便遭切断，（各地侨眷）不能不纡回取道重庆领款"，侨眷往往因往返路途遥远、费用高昂而放弃取款。中山县部分商行"鉴于邑人很难前往重庆领款"，"便利用经商上的便利，代理中国银行将侨汇带返邑中分派业务"。⑥

通过委托代理，银行与批信局各有所得、良性互动。华侨"大半（将银信）交托信局，然后转汇兑局与银行等金融机关寄回祖国"⑦。"旅居南洋一带之侨胞由星加坡广东银行或其他银行直接汇入内地，或由各埠之银信局及水客等吸收，集少成多，然后整批交由银行驳入内地。汇到之后，复由内地批局分发各侨胞家属。"⑧

① 云照坤：《抗战四年来之广东省银行》，《金融知识》，邮政储金汇业局，1942 年第 1 卷第 6 期。

② 《广东省银行对于吸收侨汇列为主要工作》，《开平日报》，1941 年 9 月 16 日第 4 版。

③ 袁丁：《民国政府对侨汇的管制》，广东人民出版社，2014 年，第 250 – 251 页。

④ 《新加坡汇业联谊社特刊》，新加坡汇业联谊社，1947 年。

⑤ 《一年来大埔经济（民国二十九年的总报告）》，《广东省银行季刊》，广东省银行经济研究室，1941 年第 1 卷第 1 期。

⑥ 朱深：《侨汇与邑民经济关系》，《中山月刊》，广州市中山同乡会，1946 年第 2 期。

⑦ 《星洲十年》（星洲日报十周年纪念特刊），星洲日报社，1940 年，第 522 页。

⑧ 容华缓：《广东侨汇回顾与前瞻》，《广东省银行季刊》，广东省银行经济研究室，1941 年第 1 卷第 1 期。

（三）实例：台山中国银行委托台山山底圩瑞芬银号代理侨汇付款合约

立约人：台山中国银行（以下简称甲方）

台山山底圩瑞芬银号（以下简称乙方）

兹因甲方办理华侨汇款，为利便乡村圩市侨属领取汇款起见，特委托乙方代理付款，双方同意订定条款如下，以资遵守。

（一）甲方委托乙方代解侨汇范围，以台山县行政区域第七区属上泽乡、庙成乡（即原日庙福成务两乡），第八区属瑞芬乡、东仁乡（即原日东陵、仁泰两乡）、吉昌乡、墩寮乡为限。

（二）委解侨汇由甲方将收款人姓名、住址、金额逐笔制正收条壹份、副收条贰份连同托解清单一份送交或寄交乙方。由乙方通知收款人到领，但如遇收款人有特殊理由请求将款送上门时，乙方应予照办，不得向收款人收取任何费用。

（三）乙方收到甲方委解侨汇清单收条时，应立即通知收款人，并限一星期内将款解讫，付款时应将款交与真正的收款人。如有误交或日后发觉该款被人冒领情事，均由乙方及保证人负责赔偿。

（四）乙方垫付之款，可随时列具清单连同解讫之正付（副）收条各一份送交甲方核点后如数领回，其余付收条壹份留乙方存查。

（五）乙方经付之款，应在收款人每张收条背面"保证人盖章栏"加盖乙方及其负责人图章（须与留存甲方之印鉴相符），以资证明。

（六）如甲方委托乙方代解侨汇中有无法解交者，应于收到后壹星期内将原正付（副）收条等列具清单，注明无法解交理由，送回甲方销账。

（七）甲方委托乙方代解付侨汇手续费按实解数额千分之十计算，由乙方每次向甲方收回垫款时一并领取，乙方不得再向收款人收回任何费用。

（八）乙方向甲方收回垫付之侨汇款时，要由乙方派员携同解讫之收条向甲方领取，其运送钞券及运送途中各项责任，均由乙方自负。

（九）乙方如有不合法行为，经甲方发觉，除应立即赔偿关系人之损失外，甲方并得取消乙方代理权，乙方及保证人须抛弃先诉抗辩权。

（十）甲方得派职员一人驻在乙方营业所在地办理记账及监督乙方办理付款事宜。惟乙方经付汇款如有错误应由乙方负完全责任，不得藉此推诿。该职员薪津膳费概由甲方负担。惟乙方须予住宿之便利。

（十一）本合约自签订日起生效。如甲方认为乙方办理不善或甲方在该地已自设付款机构或有更便利之付款办法或有其他原因甲方认为须收回乙方之代理权时，得于事前壹星期通知乙方。但乙方如无违约或不法情事，甲方不得将乙方之

代理权转授与其他商号。

（十二）本合约壹式伍份。双方各执壹份，其余三份由甲方分呈总管理处及上级行备查。

甲方：中国银行办事处

乙方：台山县瑞芬银号

民国三十五年一月九日

第四节　邮局的侨汇业务

"银号的营业机构虽较银行为深入与普遍，但穷乡僻壤仍非银号势力所能及，而此等区域却经常有邮寄代办所的组织。邮局现兑则总局与分局以至代办所间一脉相通，可收指臂之效"而形成规模效应。而且"一般银号时有倒闭的危险，侨民因而受损失者实繁有徒。而邮局却永无歇业之虞"。① 加上"邮局一经收到（银信），即将钱银书信派员一并按址送到侨眷住所，不折不扣"，即便是"在穷乡僻壤亦有专差送款"。② 部分邮局甚至"派员出发各乡劝储，以吸收游资"③。因此，批信局侨汇接驳能力虽然比银行略胜一筹却又逊色于邮局。

粤省经营侨汇业务的邮政机构主要有邮政管理局和邮政储金汇业局。

一、邮政管理局的主要侨汇业务

邮政管理局经办的侨汇业务主要有两种：一是与国内外银行相互代理经办的华侨汇票业务，二是与外国邮局相互代理经办的国际汇票业务。美洲侨汇以华侨汇票为主，南洋侨汇以国际汇票为主。汇往粤省的国际汇票主要来自新加坡、西贡以及香港等地，美洲的国际汇票较少。④ 因此，南洋侨汇以国内外邮局之间的代理网络传递为主，美洲侨汇主要通过银行与邮局之间的代理网络进行传递。

华侨汇票于 1927 年底开办，后改名为"大宗汇票"。1928 年 2 月"正式运用于四邑及其他各地"。银行委托邮局转汇转递时，向邮局开列一张有收款人姓名、地址、汇款金额等信息的清单。邮局根据清单开列两联汇票。一联寄交收款人，另一联寄交收款人所在地邮局，由"侨眷凭汇票到邮局领取侨批"。当华侨

---

① 姚曾荫：《广东省的华侨汇款》，商务印书馆，1943 年，第 15 页。

② 《侨汇锐减》，《中山侨报》，1946 年 12 月 30 日。

③ 《梅县邮局派员落乡推销节约储蓄券》，《中山日报（梅县版）》，1940 年 10 月 17 日第 2 版。

④ 姚曾荫：《广东省的华侨汇款》，商务印书馆，1943 年，第 16 页。

163

要求"凭像取款"时，银行在清单上注明"凭像兑款"，并将侨眷相片一并转交。国内邮局支付侨款时需要核对相片。1937 年广州邮政局办理的华侨汇票总金额为 246 000 万元，办理的国际汇票总金额为 529 700 万元。[①] 太平洋战争爆发后，国际汇票业务受到很大冲击，"昔以银行或商号寄汇款项者，进而转移于邮政侨汇。故华侨汇票日益发达"[②]。

1942 年 2 月初，粤省邮局公布《寄递国际邮件》最新办法：

一、自太平洋战事扩大后，所有普通商店和民众寄递到中立国之信函（如澳门、法国、西班牙等）仍由广州寄递出口。寄往任何参战各国的邮件则一律停止收寄。

二、其余外洋各处的平常邮件，均由最近规定的邮路寄曲江或梧州转昆明邮局再发由该邮路运递。

三、寄欧美各国航空邮件（除苏联由重庆经转外），发往桂林起航，飞运仰光转交英国海外航空线运至南非洲为止，再由普通邮路运递。其（指各地侨信）自欧美寄递我国的复函，目前亦以这一条路线比较妥当。

由于以上各路线的规定，各地侨信的畅通不会受丝毫的影响。但因交通困难及战争关系，寄往国外的平常信函恐怕在时间上会多延搁。

除华侨汇票和国际汇票外，邮局还开办了一些颇有特色的侨汇业务。1943 年 7 月，梅县邮局开办了美金储蓄券及美金储蓄远期汇票业务。"美金节约建国储蓄券到期时付给即期美金本息，通过汇票或电汇至美国支取美金。储户可于购券时即申请发给美金本息。远期汇票分为一年期、二年期及三年期，由储户自行指定。到期时储户如不需美金即兑取法币，按购券时原折合率计算。"[③]

二、邮政管理局的经营网络

广东邮政管理局先后与香港、新加坡、仰光、巴达维亚华侨银行，新加坡中国银行，马尼拉中菲汇兑信托局，澳门信行公司，曼谷马丽丰金行，悉尼新南威尔士银行等签订代理协议。1937 年 7 月，广州邮政管理局与越南西贡东亚银行签订了代理协议，由东亚银行将侨汇列单通知广州邮政管理局，并将国内汇票寄往

---

① 姚曾荫：《广东省的华侨汇款》，商务印书馆，1943 年，第 15、42 页。
② 袁丁：《民国政府对侨汇的管制》，广东人民出版社，2014 年，第 152 – 153 页。
③ 《梅县邮局办理美金储蓄券及美金储蓄远期汇票广告》，《汕报（梅县版）》，1943 年 7 月 9 日第 2 版。

邮局代派代兑。该项业务"办理以来，侨胞称誉"[1]。

1938 年初，广东邮政管理局与香港和澳门部分批信局订立合约收揽侨汇。同年下半年又分别与菲律宾交通银行、西贡东方汇理银行订立合约，办理菲律宾各埠以及法属安南各埠华侨汇票业务，并与华侨银行订立合约办理南洋群岛以及海防等埠华侨汇票。1939 年 7 月与澳门民信银号订约办理澳门侨汇。[2]

广州沦陷后，广州湾成为粤西的主要侨汇中心。由于麻章有公路经过广西、贵州到达重庆，因此，抗日战争时期的麻章是中国大后方出海要道之一，战略地位十分显著。广东省邮政管理局将设在麻章的遂溪邮局由三等邮局升格为二等邮局，并在遂溪邮局"设侨汇转汇局承转由香港发来的全国华侨汇款"[3]。

在南洋，广东邮政管理局的邮政侨路主要有两条。一条由华侨银行和东方汇理银行进行接驳。根据该局与华侨银行签订合约："凡侨汇经华侨银行汇入粤省各地者，由华侨银行发给通知单，交邮局代付款项。邮局逐笔记账，年终清算轧现，故该局侨汇数额亦至庞大。"在对侨眷服务方面，该局在寄递银信时"对于侨汇款项无论穷乡僻壤地方，款汇多少均派专差送交，收款人不取分文"，同时"代侨胞家属调查海外侨民状况"。[4] 太平洋战争爆发后，"南洋群岛及荷属与缅甸仰光等埠的华侨银行及各小埠的华侨银行代理，安南各埠的东方汇理银行及各小埠的东方汇理银行代理均与邮局通汇。在上述各银行购汇华侨的汇票，即可循最快捷的邮路汇入，由邮局将款直接邮至取款人住址。惟泰国曼谷的汇票现暂停兑付"。

另一条由交通银行接驳。"菲律宾各埠交通银行及其代理均由邮局通汇，除在该行购买华侨的汇票可照常寄由邮局派送外，并可购买支票寄回，收款人随时可到各地邮局兑款。"

美洲邮路主要由中国银行接驳。"美国纽约埠中国银行亦与邮局通汇。该行在美洲各埠（中南美洲加拿大等处）均有代理。侨胞向该行购买邮转汇单，即可由航空寄回我国各地邮局按址派送汇款。"由于该局与海外各银行机构的业务"商洽圆满，复得各当地政府允给种种便利。所以（其美洲邮政侨汇）绝对安全快捷"[5]。

1942 年 5 月，台山邮局陆续收到"从美国纽约发往（台山）之航空信件"，这些侨汇"途经昆明桂林，需时约四十余日"。由于"美洲、南洋、澳洲各地华

① 《广东年鉴》（第十五编），广东年鉴编纂委员会，1941 年，第 73 页。
② 袁丁：《民国政府对侨汇的管制》，广东人民出版社，2014 年，第 78 - 79 页。
③ 陆能柱：《广东旧邮政见闻》，《广东文史资料精编（第 3 卷）》，中国文史出版社，2008 年。
④ 《广东之金融货币》，《两广战时经济》，第四战区经济委员会，1941 年第 1 期。
⑤ 《侨汇侨信还照样畅通》，《大同日报》，1942 年 2 月 12 日第 4 版。

侨汇款甚多"，台山邮局不得不"召回已遣散之侨汇组邮员按址分送侨属"。①

"为便利旅美营生之邑人汇款接济家属"起见，1946 年 9 月，中山邮局"与北美大通银行及其美洲各地联行直接通汇"。1947 年 5 月"与美洲各银行商订，如遇华侨请求汇款，可以美金为本位开发汇票，俾侨眷于收到汇票后，向邮局按照当时比率伸合国币兑付"②。此合约签订后，中山邮局经营的侨汇数量大为增加，"收到的侨汇通知书达二亿元以上"，因邮局工作人员应接不暇，"所属各乡前来兑付侨汇的侨眷只能久候了"。中山邮局为减少侨汇兑付时间"特备了三辆单车（自行车），专供随时查保之用"。③

1941 年 1 月，广东邮政管理局所经营的侨汇为 322.7 万元。1945 年 12 月，广东邮政管理局和邮政储金汇业局广州分局分别"举办免费代寄慰问侨胞家书"业务，并"印就信封信笺十万份，分发各地邮局代办，以备侨眷领用"。④ 其间，邮政储金汇业局广州分局共收到侨眷慰问信三万多封。该局分四批将慰问信"发交香港邮政储金汇业局转寄欧美南洋等埠"⑤。

三、邮政储金汇业局的主要侨汇业务

邮政储金汇业局于 1930 年 3 月成立后，承办邮政管理局原来经办的储金汇兑业务。凡中央银行、中国银行和交通银行三大银行没有设立分支机构的地方，政府的一切款项均由邮政储金汇业局转饬当地邮局代为办理。初创时其业务范围仅限于商业繁盛区域及通商大埠，后来经营范围逐步扩大。1935 年邮政储金汇业局改隶邮政总局后，既办理国内汇兑业务也办理国际汇兑与侨汇业务，并利用其所具有的邮局与银行的双重身份，开办了颇有特色的侨汇业务。为适应"本省各地侨汇之发展"需要，粤省"各县市邮政分局之邮汇事宜"自 1947 年 4 月起，"改隶邮政储金汇业局广州分局"。⑥

邮政储金汇业局的汇兑业务繁多，除了"电报汇票、高额汇票、航空汇票、普通汇票，定款汇票，小款汇票"⑦外还推出"侨票业务"。侨票业务是将已有的票汇和信汇业务进行重新组合而形成的一种新的侨汇业务。国外代理银行及其分支机构受理侨票后，将侨票、存根和回批以及华侨的家信一并寄往邮政储金汇

---

① 《美洲侨汇畅通　航空信大批抵邑》，《台山民国日报》，1942 年 5 月 3 日第 3 版。
② 《邮局兑付美洲侨汇订定印鉴登记方法》，《中山民国日报》，1947 年 5 月 1 日第 2 版。
③ 《美洲侨汇涌到，邮局应接不暇》，《中山民国日报》，1947 年 5 月 21 日第 2 版。
④ 《粤邮局将举办免费代寄侨胞家书》，《中山日报》，1945 年 12 月 20 日第 3 版。
⑤ 《星侨首批汇款四万万元　日内可抵穗分发》，《广东省前锋日报》，1946 年 1 月 10 日第 3 版。
⑥ 《各县市邮汇由储汇局办理》，《广东商报》，1947 年 4 月 4 日第 3 版。
⑦ 《邮政储金汇业局台山分局开幕预告》，《大同日报》，1943 年 6 月 19 日第 1 版。

业局香港分局。香港分局根据邮汇区域的划分通知内地相关邮汇局进行分发兑付，并将收款人的签收、回批等寄回原汇银行转交汇款人。

邮政储金汇业局"在国外未设有分支处。惟与若干（国外）银行（有业务）联络。在中国交付汇款时汇率较中国银行为廉。故侨胞光顾者至为踊跃"①。抗日战争期间"广东邮汇局每年侨汇约达四千万元之谱"②。"战后中国银行国外分支行先后复业"，"该局对国外邮汇业务"除在"美国较逊于中行外，其他南洋等地仍保持过去成绩"③。1946 年初，新加坡华侨银行致电邮政储金汇业局广州分局，称"广东复员后首批侨汇四万万五千万元经已在途中，该批汇款以汕头琼州两地为最多，广州四邑两地次之。此项巨款约于旧历年尾或明年春可汇抵穗"④。这批"南洋华侨抗战（胜利后）第一批汇款，系交托星洲华侨银行寄返祖国"，"付船运来"广州，在旧历年关前"转付侨眷"。⑤ 同年 11 月底，"邮政储金汇业局除已办理储金侨汇外"还办理出口商货物出口结汇业务。⑥

四、邮政储金汇业局的侨汇经营网络

邮政储金汇业局的侨路可分为南洋、香港和美洲三条。

（一）南洋的邮汇侨路

1938 年秋，邮政储金汇业局香港分局与新加坡华侨银行订立契约。"华侨银行设立银信部，（在南洋）广收零金汇款"，"委托我国内地邮政局代为付款"。"凡我国内通邮之地，设有邮政分局者均可代交（华侨银信），同业委托亦可代为交付。"⑦ 邮政储金汇业局对"南洋一带侨胞汇回侨款钱银书信，一律派人按址送到住所，不折不扣"⑧。

1941 年邮政储金汇业局在粤省设立分局，内设侨务股办理侨汇业务。"在太平洋战争（爆发）以前，南洋侨胞汇归国内的汇款几乎全由邮汇局办理。随后战事日趋紧张，该局由南洋撤回香港，再由香港撤回内地。"⑨ 1943 年 5 月初，

---

① 《侨眷汇票有了　要兑现却难》，《前锋日报》，1946 年 9 月 28 日第 3 版。
② 《广东之金融货币》，《两广战时经济》，第四战区经济委员会，1941 年第 1 期。
③ 《侨汇锐减》，《中山侨报》1945 年第 3 期。
④ 《星侨首批汇款四万万元　日内可抵穗分发》，《广东省前锋日报》，1946 年 1 月 10 日第 3 版。
⑤ 《南洋首批侨汇业经寄抵香港》，《广东省前锋日报》，1946 年 1 月 29 日第 6 版。
⑥ 《江门邮汇局办理结汇》，《前锋日报（六邑版）》，1946 年 11 月 21 日第 3 版。
⑦ 《星洲十年》（星洲日报十周年纪念特刊），星洲日报社，1940 年，第 578－579 页。
⑧ 《中山邮局、邮政储金汇业局》，《中山民国日报》，1948 年 8 月 23 日第 4 版。
⑨ 《侨汇锐减》，《中山侨报》，1946 年 12 月 30 日。

"邮政储金汇业局总局为发展农务、加强侨汇与便利侨眷起见，在梅县增设储汇分局"①。1944 年 6 月 "大埔邮政储金汇业局开业，办理各种储金汇兑、简易人寿保险及一切银行业务"②。

（二） 由香港转汇内地的邮汇侨路

邮政储金汇业局在香港经营侨汇业务的 "汇率低于银行牌价和市场兑换价"，并提供各种便民服务。例如，"把现款送上门，（侨眷）不须经过支取或找换手续" 即可领取侨款。投送时对 "收款人有怀疑，可由乡长、村长或左右邻舍的口头证明。如确找不到上述各种证明人时，侨汇专差只要察看收款人家内所奉祖先神主牌确系与收款人同姓者，亦可交付。收款人如系不识字，侨汇专差可以代写回批，由收款人加盖指模为据"。③ 该局还 "雇佣了不少的临时雇员、侨汇视察员、侨汇专差" 等对各地侨汇状况进行调查，对服务质量进行跟踪改进。

（三） 美洲的邮汇侨路

内地各侨乡邮政储金汇业局根据实际情况，分别与美洲各银行开展多层次的委托代理。1946 年 9 月邮政储金汇业局新昌办事处设立后，将台山县属各地 "划入该处兑款区域"。"侨胞在美国大通银行或其联行购买赤纸时，如声明汇至新昌储金汇业局兑款者，则存根将由大通银行直寄该处兑付，收款手续简单快捷。"④ 邮政储金汇业局中山分局 "与北美大通银行通汇迅捷，款额不限"。"所有北美大通银行及加拿大各联行开发本局仄纸均可随到随付，十足支现。" "所有美洲加拿大各地银行开发各地邮政机构之仄纸均可凭保垫付，酌收千分之二十托收手续费。"⑤

邮政储金汇业局广州分局经办的美加两地侨汇 "均委由大通银行代理"。美国大通银行 "每日对华侨在美各银行所汇之款" 进行统计后，"电知上海大通银行，再由大通银行通知上海邮金总局转知" 广州分局，广州分局根据所掌握的美洲侨汇的最新动态，及时调整经营策略，最大程度地吸纳美洲侨汇。由于各种委托代理业务的完善，邮政储金汇业局广州分局虽然在 "国外没有设立分局"，也可以经营美国和加拿大的华侨汇款业务。⑥

---

① 《邮储汇局增设梅县分局》，《中山日报（梅县版）》，1943 年 5 月 10 日第 2 版。
② 《邮政储金汇业局》，《中山日报（梅县版）》，1944 年 6 月 6 日第 2 版。
③ 陆能柱：《广东旧邮政见闻》，广东省政协文化和文史资料委员会：《广东文史资料精编（第 3 卷）》，中国文史出版社，2008 年，第 136 页。
④ 《新昌储汇局明日开幕》，《大同日报》，1946 年 9 月 15 日第 2 版。
⑤ 《中山邮局、邮政储金汇业局》，《中山民国日报》，1948 年 8 月 23 日第 4 版。
⑥ 《美加侨汇》，《越华报》，1946 年 10 月 5 日第 1 版。

由于"广州邮政储金汇业局对于经付国外华侨汇款向称迅捷，故侨汇由该局兑付者为数甚多"[①]。1946 年 10 月，该局办理的"华侨汇款以美国加拿大为最多"[②]。是年 12 月，该局共收到汇纸 543 张，汇面总金额为 1.6 亿元。其中"加拿大占百分之七十七，其余百分之二十三属于美洲，南洋一带俱无"[③]。随着经营规模的不断扩大，邮政储金汇业局广州分局"办理侨汇（业务的机构）已遍及各地乡镇"。1947 年 4 月，该分局对国际汇票的办理流程进行了简化。"通知书超过邮程日期仍未寄到，持票人可凭殷实店保先行兑付。"[④]"如在本局存户，票汇进账毋须觅保，如无法觅店保可托由侨务处代收，或由侨务处证明，本局并将侨务处代收侨汇按月登报通知"以示公允，并"增加办理人员，提高工作效率"。[⑤]

五、"东兴汇路"

"太平洋战事爆发后，海外交通遮断"[⑥]，除"毗邻昆明及东兴两地之越（南华）侨仍源源汇款归国"外，"孤悬海隅"的澳门也有少量侨汇汇入，[⑦] 其他各地"汇款（几乎）中绝"[⑧]。

防城东兴镇位于中越边境。抗战时期，中国农民银行、广东省银行、华侨银行、广东省邮政储金汇业局、光裕银行、福建华侨建设公司、泰国进步银信局、金边老奇香等云集于此，构建起一条特殊的"东兴汇路"。

"东兴汇路"以越南的海防与河内为中转站，主要线路有越南"西（贡）堤（岸）线路"、越南金边线路、老挝线路以及曼谷线路。粤省线路有两条，一条从东兴经钦州、合浦、遂溪、湛江、高州、信宜至云浮、四会、清远、从化、河源、紫金、揭阳转入汕头，另一条从东兴往钦州、南宁、韶关、兴宁、揭阳转入汕头。

各侨汇经营商号将所持有的货币换算成贡纸后，派专人前往河内或海防与收汇商号进行结汇，由收汇商号将侨款委托开往岳山的轮船买办带到芒街，交给驻东兴的各个代理商号，由代理商号交相关侨汇经营商号。

---

① 《市邮储局催领侨汇》，《前锋日报》，1946 年 10 月 3 日第 3 版。
② 《美加侨汇》，《越华报》，1946 年 10 月 5 日第 1 版。
③ 《粤侨汇上月份总计一亿六千万》，《岭南日报》，1947 年 1 月 13 日第 7 版。
④ 《邮储汇局简化侨汇》，《中山民国日报》，1947 年 4 月 14 日第 5 版。
⑤ 《侨汇逃港多》，《广东商报》，1947 年 5 月 12 日第 8 版。
⑥ 《广东省之侨眷贷款》，《金融导报》，（马）坝省地方银行联络通讯处，1944 年创刊号。
⑦ 《广东省银行史略》，广东省银行编印，1946 年，第 17 页。
⑧ 《广东省之侨眷贷款》，《金融导报》，（马）坝省地方银行联络通讯处，1944 年创刊号。

　　"东兴汇路"形成后，越柬老泰等国侨汇纷至沓来，粤省的侨汇数量激增。各商号用侨汇购买战备物资和紧缺商品运到柳州套取利润。其中，广东省银行的经营最为完善。1942年该银行东兴办事处每月经解的侨汇为400万~500万元。[1]1943年该办事处的"华侨汇入款达三千九百余万元"[2]。该银行委托商人将侨汇带到柳州套汇，通常情况下每千元可获利12元。套汇后将侨款从柳州以每千元15元的汇率汇往东江各地，或以每千元20~30元的汇率汇往闽南各地。中国农民银行与货运管理处合作，将吸收的侨款交货运管理处抢运物资，倒卖后以所得款项支付侨款，余额则成为利润。为了获得更多的侨汇，该银行将东兴汇往柳州的汇率降为每千元5~8元，柳州汇往东江各地的每千元降为14~15元。

　　异地套汇存在一定的经营风险。如1943年七八月间柳州货价大跌，商人贩运的货物无法脱售，侨汇商号因无法如期支付侨款而声誉大损。

　　① 钟承宗：《地方银行与战时金融政策》，《广东省银行季刊》，广东省银行研究室，1942年第2卷第3期。

　　② 《一年来之广东金融》，《广东省银行季刊》，广东省银行研究室，1943年第3卷第1期。

第六章 侨汇的社会经济功能及侨汇买卖

"金融为经济之枢纽"①，"侨汇为金融的中心"②。侨汇在近代中国的社会经济中处于核心地位。

第一节 侨汇的社会经济功能

"所谓侨汇，就是我国侨胞在海外劳动或以资本取得工资或利润而汇回祖国的款项。"③ "接济家用此为（华侨）必然之举。"④ 侨汇对近代中国社会经济的作用有两个方面：一是弥补国际贸易逆差，二是接济国内侨眷生活。

一、侨汇对国际贸易逆差的弥补

根据 1946 年出版的《美国华侨年鉴》记载：从 1864 年到 1913 年的 50 年间，中国的对外贸易输出额为 695.5 亿海关两，输入额为 932.4 亿海关两，"输入超过输出二百三十六亿九千万海关两"。民国以后，除了第一、第二次世界大战期间中国对外贸易输入与输出的差额较少外，其他年份的输入额均远大于输出额。因此，近代中国是一个名副其实的国际贸易入超国。

大量入超虽然严重影响了中国国内的工农业生产，但中国并没有因此而"破产"。这除了得益于外国资本的投资与消费外，还归功于"华侨汇寄本国之汇款及归国时所带款项"⑤。"华侨汇款直接关系侨胞家属生计，间接关系国家资源"的利用。⑥ "侨汇（既）是平衡我国国际收支的重要项目"，"是补充我国外汇基

---

① 《发刊词》，《广东省银行月刊》，广东省银行经济研究室，1937 年第 1 卷第 1 期。

② 《广东金融管理实施问题》，《商业道报》，广东省商会联合会经济研究委员会，1948 年第 1 卷第 2 期。

③ 《现阶段的金融政策》，《广东省银行季刊》，广东省银行经济研究室，1941 年第 1 卷第 4 期。

④ 章文林：《汇业与我侨》，《新加坡汇业联谊社特刊》，新加坡汇业联谊社，1947 年，第 96 页。

⑤ 陈汝舟：《美国华侨年鉴》，中国国民外交协会驻美办事处，1946 年，第 331–332 页。

⑥ 《邮局投派侨胞汇款各县团队应妥护送》，《中山日报（梅县版）》，1940 年 10 月 31 日第 2 版。

金的主要来源"①，也是"平衡华侨家庭收支的有力因素"②。

"粤省与海外交通最早"③，粤侨"分布海外为数之众甲于全国各省"④，其"侨胞遍殖世界，尤以南洋、东印度、美洲等处为数最多"⑤。"各地华侨颇多，汇款回国者为数亦巨。"⑥"广东省的繁荣很大程度上归功于华侨汇款。广州为中国九大都市之一，与南洋各地及内地各省有广泛的贸易往来，每年汇款进出数额巨大。汕头为华南商埠之一，临近闽赣而接潮梅，也有一定的对内贸易空间。"⑦"粤省工商业之繁荣，人民经济之灵活，大半赖有大量侨款挹注"，"欲谋吾粤经济工商业之发展，首在使侨汇灵活"。⑧粤省侨汇对中国的国际贸易逆差影响显著。

1936年，《中山文化教育馆季刊》曾对"最近五年华侨汇款"与国际贸易额进行比较。"1931年，粤省侨汇为3.46亿元，国际贸易额为1.24亿元……1935年，粤省侨汇为2.68亿元，国际贸易额为0.75亿元。"⑨结果表明，在1931—1935年的五年间，粤省"以每年之侨汇抵偿国际贸易之入超，均绰绰有余裕"，"单以粤侨汇款抵补之数，每年已能达（全国国际贸易额的）百分之三十至八十"。⑩民国学者杨寿标在《华侨与广东经济》一文中也有相同的结论。

"战前我国平均每年的侨汇有三亿四千万元，依当时汇率折算美金为一亿元，而广东一省则占全国侨汇总额的百分之八十以上。"⑪"每年（从南洋汇入国内的侨款）平均三万万元，其中广东一省汇款已占全部侨款的百分之七十以上。"⑫"据粤海关统计，1931—1937年，我国侨汇总额平均每年为6亿元，粤侨汇额占85%，共约5.1亿元。依当时汇率，折合美元为8 500余万元。"⑬1938年汇入中国的侨汇总额为6亿元，其中有85%是通过粤省汇入的。⑭粤省侨汇之多"足以

---

① 刘佐人：《侨汇问题》，《金融与侨汇综论》，广东省银行经济研究室，1947年，第36页。

② 刘佐人：《批信局侨汇业务的研究》，《金融与侨汇综论》，广东省银行经济研究室，1946年，第66页。

③ 《孙部长电邹宋彻底整粤财政与金融》，《金融周报》，1936年8月5日。

④ 《广东省银行史略》，广东省银行编印，1946年，第15页。

⑤ 《广东之金融货币》，《两广战时经济》，第四战区经济委员会，1941年第1期。

⑥ 《孙部长电邹宋彻底整粤财政与金融》，《金融周报》，1936年8月5日。

⑦ 《交通银行史（第二卷）》，商务印书馆，2015年，第200页。

⑧ 《粤侨汇未畅通》，《广东七十二行商报》，1946年8月10日第6版。

⑨ 吴承喜：《最近五年华侨汇款》，《中山文化教育馆季刊（秋季号）》，1936年。

⑩ 《粤省华侨汇款问题》，《金融物价月刊》，广东省调查统计局，1936年第1卷第5期。

⑪ 陈宪章：《两年来广州的金融》，《珠海学报》，珠海大学编辑委员会，1948年第1集，第10页。

⑫ 詹朝阳：《粤侨经济概况与侨资运用》，《新加坡汇业联谊社特刊》，新加坡汇业联谊社，1947年，第121页。

⑬ 《广州市工商业经济金融状况及意见书》，《广州市商会周年特刊》，第8页。

⑭ 黄枯桐：《侨胞与经济建设》，《粤侨道报》，广东省政府粤侨事业辅导委员会，1946年第1期。

堵塞我国贸易入超之漏洞，平衡国际收支"①。"粤省侨汇除抵补国际收支外，大部分复流入各省，其补益于全国国民经济。"粤省"以一省之侨汇而占全国经济地位之如此重要"②。

当然，粤省本身也是国际贸易入超大省。抗日战争爆发前十年"广东每年入超约在一万万元之间"。虽然"广东连年巨额入超而不至民穷财尽"③，侨汇在其中起到至关重要的作用。"粤省工商业之繁荣，人民经济之灵活，大半赖有大量侨款挹注。"④汕头一向是入超之区，"百数十年仰赖海外华侨大批汇款之输入以资挹注"⑤。邻近的梅县"向来依靠华侨汇款接济"⑥，"梅县金融向仰给华侨汇款为挹注"⑦。琼崖地区"不论是对外贸易还是国内贸易，皆系输入超过（输出），其差额往往靠华侨汇款填补"。"入超赖于华侨寄款以弥补，此可算是本（海南）岛贸易经济之一大特征。"⑧四邑地区"每届播种时节，华侨汇款若停顿，则耕稼无以开始，农民必受深切之痛苦"⑨。

侨汇弥补了粤省国际贸易逆差，接济了侨眷生活，并成为粤省侨乡社会信用的组成部分。1939年7月，广东省银行发放侨胞家属信用借款时，对"曾连续两个月内在本行收过侨胞汇款二次以上，而有证明函件"的侨眷免除借款担保。1942年3月，该行发放侨眷贷款时，要求贷款人"先持本人南洋寄回信件三封，或有其他可资证明者，来行证明确系华侨家属"才能提出申请。⑩1946年，中国银行在四邑等地发放侨眷贷款时，要求"凡四邑及附近各地侨眷，过去确有侨汇经中国银行承汇"才能办理。⑪

二、侨汇受世界经济的影响

侨汇具有两大特征：一是受世界经济的影响显著，二是对侨乡经济的影响显著。

① 《广东之金融货币》，《两广战时经济》，第四战区经济委员会，1941年第1期。
② 《粤省华侨汇款问题》，《金融物价月刊》，广东省调查统计局，1936年第1卷第5期。
③ 陈宪章：《两年来广州的金融》，《珠海学报》，珠海大学编辑委员会，1948年第1集，第10页。
④ 《粤侨汇未畅通》，《广东七十二行商报》，1946年8月10日第6版。
⑤ 吕普润：《汕头币制沿革史略》，《星华日报五周年纪念特刊》，1936年7月10日第4版。
⑥ 《侨汇·物价·筹码与物资战是》，《汕报（梅县版）》，1943年1月9日第1版。
⑦ 《省行梅县支行举办侨胞家属信用借款》，《中山日报（梅县版）》，1939年7月8日第2版。
⑧ 冯河清译辑：《海南岛政治经济社会文化辑要》，南洋英属琼州会馆联合会，1946年，第101页。
⑨ 黄文滋：《华侨汇款与广东经济》，《华侨问题专号》，广州大学社会科学研究社，1937年，第21页。
⑩ 《侨属贷款》，《中山日报》，1942年3月1日第3版。
⑪ 《改善侨贷之商榷》，《大同日报》，1946年6月23日第3版。

（一）第一次世界大战期间的侨汇变动

第一次世界大战期间，华侨主要侨居的南洋和美洲均处于战争范围之外。南洋和美洲各地工商业在"一战"前后均有所发展，华人商号的经营效益良好，华侨就业机会较多，汇入粤省的侨汇数量也有所增加。此间"南洋华侨每年输入国内之现金达二万万元，美洲华侨最盛时，每年输入者五千万元"①。

战争的爆发导致英法等欧洲国家的货币大幅度贬值，推动了马来亚、泰国和越南等国土产品价格的上扬，引起南洋各埠货币贬值。而中国物价稳定，银圆价值高于南洋货币。由于中国"硬币银圆价值甚高，新加坡海峡钞票三元余只等汇寄华银一元"②，而泰国"暹罗银水甚低，汇回唐山一百铢银得 20 元之间"③，各种利好因素使南洋的华侨商号获利颇多，华侨纷纷汇款国内接济家眷。粤省侨汇业一片繁荣。广州的五洲银号、荣升批局等相继开张营业。广州余仁生药业局的经营范围不断扩大，在国内广泛设立分号或代理店而盛极一时。④"在南洋不景气未降临之前十余年，梅县人'走水'的最多"，水客人数达到 600 余人。⑤

（二）世界经济衰退期间的侨汇变动

1917—1927 年，"香港金山庄增至二百八十多家。其中有数家生意较旺的，每逢旧历年底以前，每日所派侨汇达二至三万元"⑥。1925—1926 年，南洋经济一片繁荣使粤省侨汇大幅增加。由于侨汇兑付者众多，"非延长兑换时间，则兑换者未能便利"。广州中央银行决定自 1925 年 8 月 26 日起，"每日下午延长兑换时间两小时，俾民间兑换得以便利"⑦。向来依赖于南洋经济的琼崖侨汇不断增多，仅"星洲琼侨汇款回国者，年达千万元以上"⑧。

1927—1929 年，世界经济危机爆发初期汇入粤省的南洋侨汇激增。广州新增批信局超过 10 家。随着世界经济陷入困境，南洋"失业工人触目皆是"⑨。"华侨被迫回国返乡者甚多，汇款大为减少。"⑩ 梅县水客人数"遭受不景气的影

① 丹徒、李长传：《华侨》，中华书局，1927 年，第 172 页。
② 陈炎勤：《侨汇与国币》，《新加坡汇业联谊社特刊》，新加坡汇业联谊社，1947 年，第 100 页。
③ 石坚平：《四邑银信中的乡族纽带与海外移民网络》，《北美华工与近代广东侨乡社会》，广东人民出版社，2016 年，第 88 页。
④ 陆青晓：《解放前广州的侨批业》，《广州金融》1994 年第 5 期。
⑤ 《梅县的南洋水客》，《中山日报（梅县版）》，1940 年 2 月 25 日第 3 版。
⑥ 刘征明：《南洋华侨问题》，国立中山大学社会研究所编辑，金门出版社，1944 年，第 191 页。
⑦ 《中央银行延长兑换时间》，《七十二行商报》，1925 年 8 月 28 日第 5 版。
⑧ 《星洲十年》（星洲日报十周年纪念特刊），星洲日报社，1940 年，第 586 – 590 页。
⑨ 《失业华工归国》，《台山民国日报》，1931 年 6 月 20 日第 3 版。
⑩ 《今非昔比之四邑经济状况》，《广州日报》，1934 年 10 月 22 日第 3 张。

响就逐渐减少了"①。侨汇大幅减少导致外币价格大幅上扬。1929 年 4 月，梅县一元叻币的收购价为 13.6 元国币,② 是十年前的 15 倍。1930 年，世界"金贵银贱，外国汇水日形高涨，为空前所没有，香港一般银业界之做炒家生涯，若专买空者，无不大受打击。虽具资本额雄厚，亦受牵连"，银号"倒闭者不下三四十家"③。

1931—1933 年，由新加坡汇入粤省的"侨汇每年约为二万万元，等于入超总额百分之四十左右"④，粤省经济受到沉重打击。"南洋经济崩溃后，琼侨汇回之款项逐年减少"，最少年份"仅为正常年度一个月的侨汇量"。⑤ 海口侨汇业的"营业为之锐减"，利润不断下降。⑥ 海口"金融极形拮据"⑦，社会经济陷入困境。1933 年汇入海口市的侨汇"约七百余万元，而兑出香港、广州、上海等处者在一千万元以上"，"琼崖金融因此而枯竭"。⑧

侨汇期待⑨

---

① 《梅县的南洋水客》，《中山日报（梅县版）》，1940 年 2 月 25 日第 3 版。

② 《金银业行情》，《梅县日日新闻》，1929 年 4 月 2 日第 2 版。

③ 《金价的影响》，《广州日报》，1930 年 6 月 18 日第 6 版。

④ 吴慎修：《侨汇是国家经济动脉》，《新加坡汇业联谊社特刊》，新加坡汇业联谊社，1947 年，第 92 页。

⑤ 《人民万分穷，侨汇欣幸逢，年关三十余万，救济市金融》，《琼崖实业月刊》，广东省建设厅琼崖实业局，1934 年第 5 期。

⑥ 黄振彝：《不堪回首去年海口市之营业概况》，《琼崖实业月刊》，广东省建设厅琼崖实业局，1934 年第 4 期。

⑦ 《人民万分穷，侨汇欣幸逢，年关三十余万，救济市金融》，《琼崖实业月刊》，广东省建设厅琼崖实业局，1934 年第 5 期。

⑧ 黄振彝：《海口市商业概况之鸟瞰》，《琼崖实业月刊》，广东省建设厅琼崖实业局，1934 年第 4 期。

⑨ 《侨汇期待》，《大同日报》，1945 年 10 月 1 日第 4 版。

1933 年，汕头侨汇业发生三次崩溃。"第一次在阴历的清明节后至端午节前，银号钱庄之倒闭者十五六家。第二次在夏秋之间，源大、咸茂、济盛等钱庄倒闭。第三次在阳历的年末，光发、智发、鸿发等六家（钱庄）亦告破产。在三次崩溃中，（汕头侨汇业）负债额统计在六百万元以上。"① 南洋"华侨因经济破产，失业激增"。"由南洋汇回的款项差不多减了三分之二。""从前每年由南洋汇回潮汕的款项，总约在五千万元以上"，1934 年"减少至二千万元"，"广州厦门各处（侨汇）亦莫不激急减少"②。1935 年上半年，汕头的社会经济进一步恶化，对外贸易输入额"较往年同期增多二百余万元"，农产品价格大幅下跌使农民苦不堪言。③

"佛山为南海经济中心"④，其社会经济主要依赖于对外贸易业务。世界经济大衰退使佛山的对外贸易额大幅度减少，商号拖欠银号的贷款达 30 多万元。24 家银号因无法收回贷款而倒闭，剩余的 18 家银号为了收缩银根"均持不放揭主义"，停止发放贷款和提供按揭服务。"为了节省皮费计，各银号伙伴均被裁去过半。"⑤ 佛山的社会经济陷入瘫痪。

由于"华侨被迫回国返乡者甚多，汇款大为减少，四邑经济遂大为拮据"。"邑人购买力薄弱"，"商店之关歇者极多"，四邑"商业遂一落千丈"。"行走于四邑与省城之间的航运业务亦每况愈下，载运货物较前减少十分之三"。⑥ 而省城广州也难逃一劫，1933 年广东省银行等发生挤兑后，"广州市内兆荣等十二家银号，岭海（银行有限）公司及大中储蓄银行等也相继破产"⑦。商办广东银行的倒闭引发了近代中国第二次银行停业倒闭的高潮，"一时间搅动得整个金融界人心惶惶不可终日"⑧。

"南洋的经济基础是建筑在树胶和锡的上面，树胶和锡一生摇动，社会经济便受绝大的影响。"⑨ 而当树胶和锡的价格上扬时，南洋的经济便会复苏。1934 年南洋经济开始复苏，四月份"星洲之树胶价格"由原来"每担二三元涨至三十余元"，大批"旧时在南洋失业之潮梅人民"纷纷"出洋赴星"谋生，前往南

---

① 钱汉先：《中国金融恐慌的检讨》，《星华日报》，1935 年 8 月 11 日第 13 版。
② 萧冠英：《南洋华侨与中国》，《星华日报三周年纪念刊》，1934 年，第 109 页。
③ 《半年来本市对外贸易入超近千万元》，《星华日报》，1935 年 8 月 10 日第 8 版。
④ 人丁：《战后佛山银钱业之厄运》，《商业道报》，广东省商会联合会经济研究委员会，1948 年创刊号。
⑤ 《佛山银号之营业近况》，《越华报》，1934 年 5 月 7 日第 5 期。
⑥ 《今非昔比之四邑经济状况》，《广州日报》，1934 年 10 月 22 日第 3 张。
⑦ 钱汉先：《中国金融恐慌的检讨》，《星华日报》，1935 年 8 月 11 日第 13 版。
⑧ 李一翔：《近代中国第二次银行停业倒闭高潮初探》，《上海档案史料研究（第八辑）》，上海三联书店，2010 年，第 77 页。
⑨ 浪漫：《一九二九年》，《星洲日报周年纪念刊》，1930 年，第 43 页。

洋"各轮船运载咸有人满之患"①。1935 年初南洋"树胶和锡的价格逐渐提升。不论是胶园还是矿场均有工人不敷分配之势"。各埠政府大量招用华工。"吉隆坡政府将每月华工入口限额由一千名增至四千名，并源源不断地招募印度工人前来工作。（但）华工仍感缺乏。"② 大量华侨返回南洋谋生，带来大量的侨汇。

1936 年 3 月开始，英美等国的货币价格不断上扬抬高了侨汇的实际价值。广州的"外汇、港纸、中钞狂涨不已"。"以香港银十元兑换十五元三角四分之广东银元"，"跌至十五元七角"③，港纸上涨了 3.6%。6 月 2 日，在不到 24 小时内，广州侨汇价格"狂涨尤为剧烈"，连一些侨汇买卖高手也不敢贸然出手，"城内各大小银号多数不敢明盘，（只是）派员四处打听行情而已"。场外侨汇买卖异常活跃，从事黑市侨汇买卖的"暗议拉手买卖工作者日渐倍增"。④ 在汕头，香票价格"涨风尤坚"，带动了叻纸、安南纸、荷纸、暹纸等南洋货币价格的上扬，毫洋和银圆等国内货币价格坚挺。⑤ 9 月份各地侨汇价格达到全年的最高值。⑥ 10 月粤省的国际贸易输入额为 1 110 万元，输出额为 730 万元。入超额约为 373 万元，比上一年减少入超 64 万元。⑦ 11 月各地侨汇数量跌到全年的最低值。在中央银行、中国银行和农民银行的全力维持下，上海外汇市场的买卖价格基本被控制在中央银行外汇牌价的区间内，⑧ 各地侨汇价格基本保持稳定。1936年汇入国内的"侨汇达五万万二千万元，等于入超的百分之二百二十"⑨。中国国际贸易入超比上年减少了一亿多元，减幅达 31.5%。

（三）第二次世界大战期间侨汇的变动

1938 年世界外汇汇率高企，"谋生异地之华侨""遂乘此外汇高涨之际，努力搜集现款汇寄返国"。上半年"由海外各埠华侨汇寄返国之公私款项经由香港各银行转汇者，其总数超过国币一千万元。其中有十分之六汇入广东内地，其余一部分转往福建，一部分转往汉口"⑩。粤省侨汇"以本省旅居美属各埠之华侨

① 《星洲树胶涨价后，潮梅人民南渡极多》，《汕报（汕头版）》，1934 年 4 月 4 日第 6 版。
② 《切实指导出国侨民》，《梅县日日新闻》，1935 年 4 月 9 日第 2 版。
③ 《改大洋制粤对原则赞同》，《金融周报》，中央银行经济研究处，1936 年第 1 卷第 22 期。
④ 《当局安定金融办法》，《环球报》，1936 年 6 月 5 日，第 2 次刊。
⑤ 吕普润：《汕头币制沿革史略》，《星华日报（五周年纪念特刊）》，1936 年 7 月 10 日第 4 版。
⑥ 《交通银行史（第二卷）》，商务印书馆，2015 年，第 227 页。
⑦ 《十月份粤省对外贸易》，《星华日报》，1936 年 12 月 12 日第 3 版。若此处输入额与输出额无误，则入超额应约为 380 万元，原文献如此，不改动。
⑧ 《交通银行史（第二卷）》，商务印书馆，2015 年，第 227 页。
⑨ 吴慎修：《侨汇是国家经济动脉》，《新加坡汇业联谊社特刊》，新加坡汇业联谊社，1947 年，第92 页。
⑩ 《侨胞汇款归国激增》，《越华报》，1938 年 10 月 13 日第 2 版。

汇寄返国之款占数最多"①。汇入广州的侨汇数量由 1937 年的 2 659.9 万美元增加到 3 551.1 万美元，年增幅达到 33.5%。

全面抗战爆发后，美洲与"祖国交通中断，香港来货已绝"，美洲华侨的生活受到影响。但海内外华侨华人同仇敌忾、英勇抗战的精神赢得了美国人民的尊重，他们对中国存有"敬慕（之情），多欲得中国物品存念"为荣，"唐山杂货"价起。战前广东凉茶在美国的售价"不过三五七角，战时涨至四五元美金。各大城市经营国货古玩店"生意兴隆，"各地侨胞执此业者可利市三倍"。"旅美华侨之经济状况至为丰裕，无论任何一业均有相当之发展。"美洲侨汇大量增加，汇入我国的侨汇"大部分为美洲侨汇"②。根据"美国邮局报告，该年（1939）旅美华侨汇归中国款额共二千五百万美元。按照当时的汇率每元美金伸算国币十八元计算，得国币数肆万万五千万元"③。"美国华侨为数虽仅七万七千人，且大多是低薪阶级。自 1937 年以迄 1945 年，已向国内汇回三千万美元，接济难民。"④

而"旅居南洋各埠侨胞（也）以近来汇价高涨，纷纷汇款回国"。"梅县广东省银行本年（1939）六月至十月之华侨汇款"较去年同期增加了 330 万元。而 10 月份的侨汇收入又比 6 月份翻了一番，达到 100 万元。⑤

"自太平洋战事爆发后，海外交通遮断，汇款中绝，粤省经济深受影响。"⑥南洋部分地区也加强了对华侨汇款的管制。例如，"泰国对侨胞汇款颁行限制办法，以每人每月汇款额不能超过五十铢为限。因此侨胞汇款归国大受影响"⑦。梅县以往"阳历一月适逢农历岁晚，汇入侨款当在五百万元以上，惟是期侨汇不及往年之半，至多不过二百万元左右"⑧。台山"往昔仰赖南洋一带侨汇接济之侨眷，生活早已陷入困境，甚至有饥馑而死"⑨。"往昔依靠侨汇而繁荣之市镇，如潮梅及粤南四邑等地，侨眷生活亟待救济方能维持。"⑩

抗日战争胜利后，南洋各埠政府继续加强对侨汇的监管。1946 年初，英国政府认为华侨"每人每月可汇海峡殖民地币百元之数过巨"，令新加坡当局对侨汇数量进行限制，华侨"每月至多仅能以海峡殖民地币四十五元汇往中国"，对

---

① 《侨胞汇款归国激增》，《越华报》，1938 年 10 月 13 日第 2 版。

② 刘佐人：《当期侨汇问题》，《广东省银行月刊》，广东省银行经济研究室，1947 年第 3 卷第 1 期。

③ 刘征明：《南洋华侨问题》，国立中山大学社会研究所编辑，金门出版社，1944 年，第 224 页。

④ 《美洲华侨捐款达三千万美元》，《前锋日报（广州版）》，1946 年 5 月 11 日第 1 版。

⑤ 《梅省行统计侨胞汇款》，《中山日报（梅县版）》，1939 年 11 月 7 日第 2 版。

⑥ 《广东省之侨眷贷款》，《金融导报》，（马）坝省地方银行联络通讯处，1944 年创刊号。

⑦ 《泰国限制侨胞汇款》，《汕报》，1942 年 8 月 6 日第 2 版。

⑧ 《广东省各县金融情况汇报三十二年一月份》，《调查资料》，广东省银行经济研究室，1943 年第 3 卷第 2 期。

⑨ 《台山侨汇沟通问题》，《大同报》，1945 年 3 月 13 日第 1 版。

⑩ 《广东省之侨眷贷款》，《金融导报》，（马）坝省地方银行联络通讯处，1944 年创刊号。

"已汇出者各退回海峡币五十五元，以求平衡"。后因退回侨款的"银行手续过于繁杂"而取消。但"因为过去数星期内（华侨）汇出之款为数甚多，乃定今后两月内暂行停汇兑"。① 由于"年来侨汇中断，华侨在海外积存的资金很多"②，加上"马来亚、暹罗、新加坡、菲律宾一带侨汇则未受汇率金融波动之影响"，汇入粤省的南洋侨汇仍然"大有增加。此项汇款以琼崖、湛江、汕头、潮梅（地区）为大宗，四邑其次"。1946 年 9 月，汇入粤省的南洋侨汇为 14 亿元以上，"十月份仅华侨银行转邮局发汇者有十五亿元，其他之驳汇由水客银行办理，估计合共二十亿元以上"。③ 1946 年 1—10 月由新加坡汇往粤省的侨汇为 86 亿元国币，1947 年上半年由新加坡及马来联邦汇返国内的侨款达 1 320 万叻币。④

"美（国）财部解冻外国在美资金，并放弃对华汇款管制后，纽约各私营商业银行已开始经营对华汇款。"⑤ 1945 年下半年到 1946 年 2 月，中国银行在四邑地区"每月所兑付之侨汇数目即逾三十万万元"⑥。1946 年 10 月中国银行江门办事处经办的侨汇 7.77 亿元，"其中以新会、鹤山、中山县属占多。罗定县属次之"⑦。1947 年 3 月，中国银行所经收的侨汇为 170 余亿元国币，其中纽约一地汇入的侨汇为 100 亿元国币。同一时期"通过各地民信局及私营金融机关集中香港转入潮属闽南之侨汇，仅南洋各属已达六百亿元以上（折合美金数逾五百万元）"⑧。

抗日战争时期"侨眷家用接济断绝，前有金饰或卖或押，早已罄其所藏"。抗战胜利后"四邑侨汇畅通，游资日形充斥，一般'金山婆'收得汇款后，多作藏金运动"。"'金山银'汇返多者求田问舍，少者除藏储粮食外即补充金饰。"⑨ 四邑的"每一个墟市都已繁荣起来了。在台城、新昌、荻海、斗山和白沙等墟市里，都有数目可观的金铺和兼营找换的商店。黄金外币的行情，这里也和广州一样早晚变化着，行家跑出跑入，买卖着。各种大小行号都堆满从大都市运回的货物"⑩。"侨汇的畅通"使"四邑侨眷一若涸水游鱼，渐睡醒"。"衰落市面活现生机，尤以金铺商店一若雨后春笋纷纷开设，装修粉饰，勾心斗角"，

① 《安定侨眷生活　美侨汇比率提高》，《广州商情》，1946 年 1 月 21 日第 1 版。
② 《华侨在马来》，《前锋日报（六邑版）》，1946 年 11 月 4 日第 3 版。
③ 《美洲侨汇多逃香港　我正谋改善吸收》，《前锋日报（六邑版）》，1946 年 11 月 15 日第 3 版。
④ 陈炎勤：《侨汇与国币》，《新加坡汇业联谊社特刊》，新加坡汇业联谊社，1947 年，第 98 页。
⑤ 《美银行办理对华汇款新汇率》，《广东省前锋日报》，1946 年 1 月 18 日第 2 版。
⑥ 《侨汇与黑市悬殊，美侨汇多经港》，《广东省前锋日报》，1946 年 2 月 23 日第 3 版。
⑦ 《侨汇大量减少》，《前锋日报（六邑版）》，1946 年 11 月 10 日第 3 版。
⑧ 《请废官定外汇率以减轻经济危机》，《广东商报》，1947 年 5 月 8 日第 8 版。
⑨ 《三埠游资多　黄金过十万》，《广东省前锋日报》，1946 年 1 月 8 日第 6 版。
⑩ 老乡：《黄金外币装饰下的台山》，《四邑通讯》，台开新恩四邑青年联谊社，1947 年第 1 期。

"布匹商店星罗棋布，颜色娇艳夺目"。"四季服色，红白分明，招引仕女如云，购妆益者有之，添置四季衣服者有之，（商店）门前生意车水马龙，言价绝不计较。只见红色关金（券）张张飞舞。"① "六邑（'四邑'加上中山、鹤山两县）的购买力突然提高，油糖什货，日用衣服器具，酒楼茶室，货如轮转，一般老板们都赚了几个钱，商业可以说是盛极一时，各种商业中特别是金铺，犹如雨后春笋般涌现，成为商业的主要部门。'炒金'的风气一时传遍乡村，六邑的金市有时竟影响到省港两地。"

第二次世界大战改变了美洲侨汇的用途。"二战"前"美洲华侨汇款归国之用途，作家庭消费或产业投资者占百分之六十，其余则为汇给中美出口商的货价"。大部分的美洲侨汇用于改善侨眷生活，发展侨乡经济。战争期间及战后，"从（美国）东部汇出作家用或投资之款占汇款总额的百分之八十"，用于国际贸易"购货用之汇款"最多不超过10%。②

第二节　侨汇的买卖

侨汇买卖是指水客、批信局、银行等将华侨托带的侨款购买各国货币、仄纸等，利用各国货币间的汇率差价进行投机的过程。侨汇买卖是一种高风险和高回报的买卖，参与其中既有"在微中取利，但亦有在微中失利"。同样是"卖出港单，有时在港汇价格变动中获利，但亦有因变动而受到意外的损失"。③

侨汇买卖也严重影响了侨眷生活。1946年至1947年春，"国币汇率日益退缩，瞬息之间悬殊极巨"，南洋侨汇价格跌宕起伏。部分批信局为获取利润而将"侨胞托寄银项迟缓付邮，积压滞留"挪作买卖。导致侨眷收到侨款后"一切物价已大变动，（侨眷）所接款项亦无形贬其价值"。④

一、南洋批信局的侨汇买卖

（一）南洋批信局对粤省联号的费用支付

南洋批信局大多与粤省批信局有代理关系，或为派发银信处、联号，或为分

① 《台城喜忧镜头》，《侨通》1946年第3、4期合刊。
② 区琮华：《美洲华侨与侨汇》，《广东省银行季刊》，广东省银行经济研究室，1941年第1卷第1期。
③ 刘佐人：《侨批局侨汇业务的研究》，《金融与侨汇综论》，广东省银行经济研究室，1946年，第65页。
④ 苏孝先：《批信局应具之道德》，《新加坡汇业联谊社特刊》，新加坡汇业联谊社，1947年，第73页。

支店。泰国暹京的陈华兴信局以梅县利源庄、兴宁利元庄、畲坑申展泰、南口星聚公司、汕头利元庄、香港利元庄，广州恒济银号以及上海国华银行为"派发银信处"。新加坡的丰盛合记以琼州海口聚合昌、加积聚合昌、广州聚丰公司、香港聚丰公司以及上海聚丰公司为联号。①

部分粤省批信局则入股南洋批信局。例如，饶平县黄冈镇承汇侨批的"商号与南洋批局有股份关系，故得承汇侨批"。抗日战争前夕，黄冈镇8家批信局通过入股和抵押方式，每年从南洋批信局揽得侨款140余万元。②

南洋批信局定期向粤省联号或分支店发放批款、支付批佣，以及承担各项损益。宣统元年（1909），潮汕籍华侨曾仰海在泰国曼谷创建"振盛兴"，并于1908年分别在汕头市和澄海县设立"振盛兴"。由泰国"振盛兴"总局每周向汕头或澄海发批一次，每次平均三五百件批信，批款在数千至三万银圆之间。③

支付批佣的方式有薪给制和佣金制两种。南洋总局向汕头联号和分支店支付批佣通常采取薪给制。总局向联号店员支付薪水不支付佣金。1937年初，汕头"批信局分号经理人之报酬，系照普通商家惯例按月论薪，约自二十元至五十元。代理人则照汇款额计算酬金，其酬率每千元五六元不等"④。

而对梅县以及海口等地的联号和分支店则通常采用佣金制。南洋总局按照批佣的大小，以"九六佣"或"一点一佣"进行清算。"九六佣"即每100元收取佣金4元。"一点一佣"即以批信局所在地为中心，一定距离后加收0.5元，以此类推。例如，在县城收取0.4元佣金，到了乡镇则要收取0.9元佣金。"各种佣金由国外批局承担，每一节令或半年或年底找结，非为收款人负担。但回批的邮费照例向收款人收回。"⑤ 因此，梅县"批信局分号经理人或代理人及送银人均无何项报酬所得"。河婆镇"批信局分号经理人或代理人所得报酬，大都系按每经办汇款一百元得酬一元计算"⑥。

粤省批信局"代理南洋批局分送侨款"所产生的"一切损益完全由南洋批局承担"⑦。因此，国内批信局在收款凭条中往往注明"交通未便批款先派，如有错误原银追回"等字样。

粤省批信局代理美洲侨汇所获得的批佣比南洋高一些。"美洲商号或香港金

①　《丰盛合记》，《新加坡汇业联谊社特刊》，新加坡汇业联谊社，1947年。
②　《广东省各县金融情况汇报》（三十一年七月份），《广东省银行季刊》，广东省银行经济研究室，1942年第2卷第3期。
③　陈春声：《近代华侨汇款与侨批业的经营》，《中国社会经济史研究》2000年第4期。
④　袁丁：《民国政府对侨汇的管制》，广东人民出版社，2014年，第71页。
⑤　刘佐人：《批信局侨汇业务研究》，《金融与侨汇综论》，广东省银行经济研究室，1947年，第61页。
⑥　袁丁：《民国政府对侨汇的管制》，广东人民出版社，2014年，第71页。
⑦　姚曾荫：《广东省的华侨汇款》，商务印书馆，1943年，第28页。

山庄对中山四邑一带代理号所付的佣金，约为其在国外所收汇费的三分之一或十分之四。"① 规模较大的批信局经营美洲侨汇的佣金收入相当可观。1947 年，台山慎信银业药行的佣金收入达 4.5 万元。②

（二）南洋批信局对侨汇买卖的管理

"批信局主要是靠汇率投机获利。"③ 由于批款的传递有一定的时间差。从南洋批信局接受侨款，到汕头及海口批信局在当地卖出港单（即香票），通常有五天以上的耽搁，美洲银信被耽搁的时间更长。其间各国货币汇率可能发生变动，使批款的实际价格发生变化。因此批款被耽搁既使"南洋批局冒很大的汇兑风险"④，也带来了各种预期收益。为了减少风险，南洋及香港批信局对侨汇买卖都十分谨慎。例如，香港有信银庄每天都打探侨汇行情以决定是否进行买卖。⑤南洋的侨汇行情由当地银行或批信局发布。各报价机构或批信局力求所报"行情准确"⑥。

南洋批信局严格管控国内联号或分号的侨汇买卖。在汕头，"做南郊（即与南洋贸易者）的生意和做汇批（旧式底汇兑业）"的银庄，"只能听南洋生意的行情来计划自己的经营"。⑦ 粤省联号或分号在进行侨汇买卖前必须将当地的汇价即时电告南洋。不过，国内批信局一般会将当天汇兑公会或市面通行的最低价格报送南洋。"实际卖单价与所报卖单汇价的差价即为国内批局的主要收益。"⑧

南洋批信局对各地行情报价进行分析，得出各种损益后通知国内联号进行侨汇交易。国内联号进行买卖之前大多已收到南洋或香港的电报，对价格走势早已心中有数。当香票供不应求时，汕头批信局根据入口商的资金需求，以及市场的价格变动情况适时抛出香票。当香票供大于求时，汕头批信局便将香票带往香港，在香港侨汇市场上出售，取得现金后携返汕头。

二、粤省批信局的侨汇买卖

在粤省，不同的侨汇区域有不同的买卖方式，但互相影响。

① 刘佐人：《当前侨汇问题》，广东省银行经济丛书，1946 年，第 10 页。
② 参见《广东省志·金融志》，广东人民出版社，1992 年，第 290 页。
③ 袁丁：《民国政府对侨汇的管制》，广东人民出版社，2014 年，第 51 页。
④ 姚曾荫：《广东省的华侨汇款》，商务印书馆，1943 年，第 19 页。
⑤ 陈达：《南洋华侨与闽粤社会》，商务印书馆，1938 年，第 84 页。
⑥ 参见《菲律宾粤侨民锋社成立三周年纪念特刊》，1948 年。
⑦ 云章：《到南洋去》，《潮州留省学会年刊》1924 年第 1 期，第 21 页。
⑧ 姚曾荫：《广东省的华侨汇款》，商务印书馆，1943 年，第 28 页。

（一）广府地区的侨汇买卖

广府地区的侨汇买卖十分繁荣。作为华南地区"货币证券贸易场"①，广州银业公市在康熙十四年（1675）前后便形成。侨汇买卖除各种南洋和美洲货币外，还有各银行发售的仄纸，主要是"通天仄纸"和"港币汇票"②。

四邑侨胞"汇款归国均以仄纸寄回家中，由香港外商银行付款，侨属接到仄纸，或赴香港兑现，或就近售与当地银号商店"③。当地银号商店买进仄纸后将其中的一部分就地转售，用所得的款项购买火油及洋杂各货，以维持日常营业。其余部分由其伙友带至县城或大墟镇上转售，以获得更大的价差。

县城墟镇的银号、药店及杂货商铺大多兼营侨汇转送和收购仄纸业务，经营规模最大的是银号，其次是火油行、米商及中西药行等商号。这些商号将收购的仄纸转卖给当地进口商，或者委托水客带至江门或广州出售，有些将仄纸用挂号信寄到香港的往来号委托代收。

"江门一埠为四邑咽喉之地，并为南路商业之枢纽。"④ 其银业的经营规模及资力远较四邑其他地区大，四邑各地的银号和商号在银根短绌、急需用款时便将所收购的仄纸转卖给江门同业。"在江门行情与广州行情相同或较广州有利时，此种情形尤盛。""由于此种原因及地理环境的关系，江门便成为一个仄纸买卖的居间市场。"⑤

中山县的侨汇交易主要集中在孙文西路一带，经纪人受各银号的委托进行侨汇买卖，收益分成有按五九算，也有按六一七算。⑥

"四邑各地间的汇兑行情完全根据邻近较大墟镇或县城的行情，但普遍都比县城或大墟镇的行情降低五点左右。"批信局大都设有多个电话，例如，中国信托有限公司台山分公司设有同声电话、长途电话和电报挂号等。批信局通过这些"行情电话"进行信息交流及异地买卖，"在汇率变动频繁时，每天（在广州、江门和四邑）三地间的行情电话多达三四次"。⑦

---

①　《稳定金融基础　货币证券贸易场成立　买卖规则亦经拟定》，《广州日报》，1937 年 1 月 26 日第 3 版。

②　《侨汇逃港数目惊人　月达五百亿》，《前锋日报（六邑版）》，1946 年 12 月 15 日第 3 版。

③　钟承宗：《地方银行与战时金融政策》，《广东省银行季刊》，广东省银行经济研究室，1942 年第 2 卷第 3 期。

④　《今非昔比之四邑经济状况》，《广州日报》，1934 年 10 月 22 日第 3 张。

⑤　姚曾荫：《广东省的华侨汇款》，商务印书馆，1943 年，第 7 页。

⑥　《扑灭金融黑市!》，《中山民国日报》，1947 年 5 月 25 日第 2 版。

⑦　姚曾荫：《广东省的华侨汇款》，商务印书馆，1943 年，第 5 页。

1. 广州行情对各地侨汇买卖的影响

广州银业公市行情主要辐射广府地区，对汕头地区的侨汇买卖也有一定的影响。各地侨汇买卖对广州行情的依赖性很大，各地报纸所设置的侨汇买卖专栏大多以"广州行情"为参照，对当地侨汇买卖的现状和走势进行述评。这些述评要么妙语生花、情意绵绵，要么杀气腾腾、寒气逼人、耐人寻味。

1946 年 9 月 6 日，四邑地区"金融行市波动渐趋平稳"，"早盘开行，港赤（仄纸）先成交六九〇，二盘六八九，再盘六八八，此种状态已显示疲淡"。"午市将到，省报六八八。""转入晚市后，好友四出活动，希图作釜底添薪，极力捧抬。无奈广州突降为六六九。因此，（好友）虽然护花有意，花却凋谢。""美钞镇定，虽然有好有淡，上落甚微，在三一五〇间盘旋，通天金仄（仄纸）徘徊左右，寸步不离。"① 第二天，"早市港赤成交为六七三"。"清茶过后，好友实施攻势，平地生波，市势突然转旺，赤纸（仄纸）扯起六七八"。"惟据省港报淡，（好友）枉费心神，仅作昙花一现，便成泡影，转趋淡降，在六七四间徘徊。转入晚市，广州报六五五，因而急剧下降，泻至六五〇收市。"②

9 月 12 日，四邑各地"外币闪缩一张一弛，以港赤最为着意，闪动最大。早盘成交六九五，最高达六九六"。后因台山与广州之间的电信线路"交通梗阻，各钱庄和省港通驳困难，价格即跌落，午后缩回六九二左右徘徊"。"美钞步步为营，稳打稳扎，微感秀气，盘旋于三一五〇间，通天金单二二〇〇〇。"③

9 月 17 日，台城金融市场上"赤纸早盆（盘）为六七七，午间报醒，成交至六七八。好友一扯，再升为六八一。一路好意正甜。到晚市为六八三"④。到了 9 月 20 日，"港仄早盆（盘）成交为六九三"，"午后突破七字"大关。到了"三时左右，据广州报为七二五，依是扶摇直上，一路光明"。⑤

9 月 21 日，"仄纸昨早盆（盘）成交为六九三，徐徐上扬，午前突破七字，由七〇二，而七〇三，再升为七〇五。三时左右，据广州报为七二五，依是扶摇直上，一路光明，直升至七一五，晚景依然鲜红。省城尾市为七二六，此间一直涨至七二二收市"⑥。翌日"港赤昨早盆（盘）收尾略为好转，成交为七二四。好淡友乘机勾心斗角，互相角逐。因而期货成交最多，有五日期货成交七二五，有十日期货在十日内出货者为七二六，一直至午市，市情不进不退，作牛市状。

---

① 《港币又吹淡风　油糖米市疲慢》，《大同日报》，1946 年 9 月 6 日第 2 版。
② 《商场一片淡风　港币继续下泻》，《大同日报》，1946 年 9 月 7 日第 2 版。
③ 《外币闪缩一张一弛　谷米杂货稳定》，《大同日报》，1946 年 9 月 12 日第 1 版。
④ 《金融力报上扬，米市一蹶不振》，《大同日报》，1946 年 9 月 18 日第 2 版。
⑤ 《外币疾飞猛晋　黄金微露笑容》，《大同日报》，1946 年 9 月 21 日第 2 版。
⑥ 《外币疾飞猛晋　黄金微露笑容》，《大同日报》，1946 年 9 月 21 日第 2 版。

午后各行庄周转欠灵，现钞挟市，略为趋淡，跌回一二百元。初入晚市突转清醒，回升为七七。刹那间，省（广州）江（门）报价颇紧，突飞猛涨，越过七四〇，尾市再涨至七四五收市"①。

2. 抛售美汇拯救中央银行

1949 年 9 月，广州中央银行"在美国订铸之银元，每元成本价依照国际市场银价四毫五美钞计，加上铸造费、保险费已达五毫美钞，若再加上由美运返国内之运费每元一毫五分计，每元银圆的发行价格已达六毫五美金，折合港币已达四元"。当时广州市面"每元银元（的交换价）只为港币三元二（角）左右"，委托"美国（的银行）铸造银元，每元蚀本达港币六毫五至七毫之多"。② 在美国铸造银圆亏本极多，而"穗中央银行因银元来源不继，无法供应（市面）支付。虽欲购买（银圆），但又无港币支付"。广州中央银行决定在香港抛售美洲侨汇换取港币回穗购买银圆。于是派要员"乘机前往香港抛售存港美钞美汇，套吸港币来穗购买银元，以应（市面）支付"。③

此时广州现金价格已跌破三千元大关，连那些在侨汇市场上兴风作浪的"好友也噤若寒蝉，未敢再加染指"，广州侨汇市场"一度沉静"。此时市面盛传"西北某部仍有五千两省金，托由十三行××银行沽出，全部购入港单，驳往香港购金套美汇买火车之用。惟××银行不便直接参加买卖，故又转托（广州）抗日路某记钱庄沽出，再由×祥（银号）购入港单"。而"香港某金铺即为某（人）经营，并得沪帮及省帮好友大户之支持，乘势址吸现货达二万余两之多"。广州侨汇价格又"涨势狂烈，频频报起"。④ 广州中央银行乘机购买银圆才免遭厄运。

（二）潮梅汕及琼崖地区的侨汇买卖

潮汕地区侨汇买卖的主体比较复杂，除了好友与淡友以外，还有买帮与卖帮、买客与卖客、存帮与吸客等之分。批信局、水客、交通银行、中国银行和广东省银行等都参与侨汇买卖，但交易量和影响力都不如广府地区的侨汇买卖。

汕头侨汇买卖市场设在汕头银业公所内。⑤ 春节期间银业公所"循例休业五天，一律停止交收"。"休业期间，对于经批认之票"予以展期。需要展期交收的期票人要按规定付给"收票人日息"。1947 年初的利息为"每日价三元"，但

① 《美钞港币昨续激涨》，《大同日报》，1946 年 9 月 22 日第 2 版。
② 《在美订铸银元蚀本》，《广东省前锋日报》，1949 年 9 月 7 日第 5 版。
③ 《央行派员赶港抛售美汇》，《广东省前锋日报》，1949 年 9 月 13 日第 5 版。
④ 《黄金晚盘突暴升》，《广东省前锋日报》，1949 年 9 月 17 日第 5 版。
⑤ 《昨日银市价》，《星华日报》，1937 年 5 月 13 日第 11 版。

对于"非批认期票不得贴息"。① 各商号进行侨汇买卖前需"缴纳按柜金",并根据交易情况"逐晚补价",以确保"按柜金"达到规定金额。②

汕头侨汇买卖市场与香港以及南洋各埠的侨汇买卖市场关系密切。香港的潮帮批信局根据香港同业的交收惯例,制定了旅港汕头南洋各埠汇兑同业交收章程:"一、汇兑交收俱照银行规则办理。二、星期日一律无交收。三、星期一至星期六交收至下午两点截止。四、星期一至星期五止下午两点半以前接信则有交收,过期则否。星期六上午十一点半以前接信则有交收,过期则否。五、星期一至星期五南洋各埠即票下午二时半以前向批认,即日交收;过时认批则越日交收。星期六南洋各埠即票上午十一点半以前向批认,即日交收。过期则候星期一交收。六、星期六下午及星期日各轮船到香港。如有期票并即交票则可向批认。认后如有即交者候至星期一交收。"

梅县地区侨汇买卖主体是批信局以及水客。侨汇"汇兑升水不多"。1938—1939 年,梅县侨汇市场上荷币和叻币价格基本保持在 46~48 元,港纸买卖价格为 25.3~26.2 元,汕票价格为 1 442~1 443 元。交易主要是兴宁、梅县等地与香港之间的侨汇,买卖规模很小。"侨汇经此偷漏者,仅占客属侨汇之一部分。"1940 年兴宁、梅县等地进口商对港汇需求量不断增多。批信局"大量批出(港汇),利用升水所得在国外抑低国币汇率,藉为营利上之竞争手段"。银行的侨汇汇入因此大受影响,"更直接加重国币在国外市场之低落"。③

"琼属各地批信局经手的侨汇有两种来源。一为经由国内银行直接汇至海口的侨款。一为从南洋各地将侨款用种种方法汇至香港,然后再在海口卖港单所取得的款项。"海口批信局大多兼营旅馆业务,规模较大的只有 13 家,并以"通成汇庄"为共同组织,直接代理南洋侨款兼营进出口业务。"各号(承揽侨汇后)在海口开发的港单亦十有八九售予通成(汇庄),由通成号待机转售予其他汇庄或进口商。"海口汇兑业同业公会不直接参与侨汇买卖,只是"每日由各会员汇庄聚议一次,讨论及探听行情","其买卖市场亦分散而无集中及固定的场所"。进出口商需要港单时与汇兑庄进行交易。1937 年海口批信局采用卖出港单方法所经手的侨款约为 300 万美元。④

1. 香票市场

潮梅汕地区银业商人习惯炒盘,"从前以炒赌叻纸为多"⑤,1930 年下半年汕

---

① 《侨批业放春假五天 到期批票展缓交收》,《星华日报》,1947 年 1 月 18 日第 3 版。

② 冯光剑:《半年来汕头金融概述》,《星华日报》,1936 年 7 月 10 日第 9 版。

③ 《广东之金融货币》,《两广战时经济》,第四战区经济委员会,1941 年第 1 期。

④ 姚曾荫:《广东省的华侨汇款》,商务印书馆,1943 年,第 27、39 - 40 页。

⑤ 冯光剑:《半年来汕头金融概述》,《星华日报》,1936 年 7 月 10 日第 9 版。

头银业商人"赌叻纸之风甚炽，盈亏消长之间为数极巨"。汕头市政府"恐银商此举有影响市面金融"而禁止赌买叻纸。汕头"银业公所亦经遵令"执行，"赌叻"之风有所收敛。

1931 年初"叻纸价格突涨不已"，"波澜起伏。银商遂复出而炒盘，大举买空卖空"。"因情势之变而急转直下，叻纸价之趋跌亦颇惊人。""银商之赌叻纸者，因叻纸之激涨暴跌，情势极紧，胜负数目之巨，亦不逊于前。"① 8 月叻纸买卖价格波动更大，"叻市（甚至出现）上午价涨""下午返跌"的惊人一幕。② 于是各商号纷纷"改炒香纸（香票）"，而且买卖金额同样巨大，"每次买空卖空数目恒在十数万元"。③ "香纸"价格成为潮梅汕地区社会经济变动的风向标。

"汕头对各港的贸易、金融""全以香港为中心。譬如新加坡汇来的批款不是直接汇兑，完全是间接汇到香港。因此，香港和新加坡的贸易比汕头大得多，所以款项来往亦以香港为集中地。汕头方面要计算香汕价差额，再计算新加坡和香港币价差额，从这两种差额才能求出汇兑标准价"。④ 汕头的出口商品大多通过香港运往南洋，进口货物如"南洋爪哇的糖，越南的鱼干，泰国的大米，新加坡的锡和椰子又多以香港为汇聚地"⑤。成交时"卖者以港单授予买者"。如果持有不同的货币则以香港汇票进行换算。因此"叻纸、安南纸、荷纸、暹纸四项向来折算为香票"。⑥ 汕头商人收到香票后将其售予香港的银庄或钱庄，银庄或钱庄又将香票售给进口商，如此循环往复。部分汕头商人将香票带回汕头，在汕头香票市场上出售。

香票是香港汇票的简称，也称为港单、香纸等。汕头侨汇市场称为"香票市场"，香票市场交易的主要有叻纸、荷纸和暹纸等南洋货币，光银、铜仙等国内货币，以及商库证等汕头商号自行发行的支付凭证。

汕头银庄或钱庄根据香票市场的行情和价格走势向外发布侨汇的买卖价格。1932 年，汕头义发银庄发布的侨汇产品价格有 26 种，其中包括光洋等货币或支付凭证。这些看似与侨汇毫无相干的货币或支付凭证，其价格涨跌的背后却是侨汇供求关系的变动。1935 年 8 月中元节前夕，汕头香票市场上光洋的价格上涨至 120 元，香票价格也上涨至 1 500 元。⑦ 随后，100 多万元的"暹罗、宝叻、安南等港侨批抵汕"。中元节是海外华人的传统节日，也是南洋批款汇返汕头的旺季。

---

① 《银业商大赌叻纸》，《汕报》，1931 年 1 月 14 日第 7 版。
② 《经济》，《星华日报》，1931 年 8 月 22 日第 7 版。
③ 冯光剑：《半年来汕头金融概述》，《星华日报》，1936 年 7 月 10 日第 9 版。
④ 飞鸿：《汇兑浅说》，《潮梅商会联合会半月刊》，1929 年第 1 卷第 3、4 期合刊。
⑤ 戴建兵：《中国近代研究——白银核心型的货币体系》，中国社会科学出版社，2017 年，第 100 页。
⑥ 冯光剑：《半年来汕头金融概述》，《星华日报》，1936 年 7 月 10 日第 9 版。
⑦ 《中元节近，本市金融变动一瞥》，《星华日报》，1935 年 8 月 11 日第 8 版。

由于需要大量现钞支付批款，"各批局遂吸买光洋，备赴内地分发批款"，使光洋和香票的价格大幅上扬。

移民潮的出现也会引起香票价格的变动。1947 年初，从汕头前往泰国的华侨日益增多，华侨出洋需要换取暹纸，暹纸需求旺盛拉动了暹纸价格的上扬。1月 8 日"暹纸因交易多，且受往暹旅客抢购，价格上红十元"①。当时正值农历春节，大量侨批涌入需要大量现金进行兑付，汕头"市面（现金）流通益感困难"。汕头中央银行召集"各行局及市商会常务理事"研究对策，议决"在（中央银行）钞票未运到之前，暂先发给本票，十足行使，俟钞票抵汕始将本票收回，以安商场而维营业"。② 批信局为获得现金头寸而大量买卖期票。7 月底汕头香票市场"银根晨市仍呈呆势。乃至午后，湖南轮由（香）港抵汕，运回一批侨汇。各业（批信局）头寸（不足）急欲搜觅，（香票市场）暗息再升。十五天期（货）做高七寸，十天期做高六寸二，五天期升至五寸半，短天期仍做三寸半"③。汕头香票市场侨汇买卖的激烈程度可见一斑。

2. 银行救市

1935 年，国民政府实施法币改革后规定法币不得兑换银圆但可以购买外汇，并允许中央银行、中国银行和交通银行三大银行无限制买卖外汇，以实现政府对外汇市场的调控。④ 交通银行要求侨汇交易员"平时要留意外市行情，关注金银汇价等"以适应市场要求。⑤

1936 年 12 月，中国外汇市场受到第四次投机性冲击。汕头"香票市况滞销，萎靡不振"。12 月 7 日，"'利庄'以 33 元（即每千元国币兑换 33 元香票）兑出三万元（香票）后，即被'炳春庄'食入"，香票价格"步升为 33.5 元，34 元，35 元。交易至此，交通银行兑出数万元（香票），将香票价格"升至 37.25 元，结价 36 元。企硬"。⑥ 8 日，由于"新糖收成欠佳，糖票短缺，大批侨批又未抵汕"，"香市活跃，成盘挺至 39 元。因各大银行均无食入，香票价格继续上扬。收市价 43.5 元。较前涨多 7.5 元"。⑦ 11 日，因"糖批票仍未有大批到汕"，"香票市况萎缩"。但广东省银行所发行的大洋券已运抵汕头，"交通银行抛出 12 万元（香票救市），（使香票价格）又回至 41.75 元"。⑧ 第二天，"票

---

① 《赤金盘价仍下挫》，《星华日报》，1947 年 1 月 8 日第 5 版。
② 《商会请四行局发行本票济急》，《星华日报》，1947 年 1 月 12 日第 5 版。
③ 《各货交易不旺》，《汕报（梅县版）》，1947 年 8 月 1 日第 3 版。
④ 《交通银行史（第三卷）》，商务印书馆，2015 年，第 58 页。
⑤ 《交通银行史（第一卷）》，商务印书馆，2015 年，第 211 页。
⑥ 《什行畅销香市初疲后活》，《星华日报》，1936 年 12 月 8 日第 11 版。
⑦ 《多方刺激下票市坚俏》，《星华日报》，1936 年 12 月 9 日第 11 版。
⑧ 《省申单俱微缩，票市又呈萎缩》，《星华日报》，1936 年 12 月 12 日第 11 版。

市初市尚无好转",广东省银行"继续食入,(使香票价格)势趋硬态",随后再次"食入数万元,(使香票价格)升至44元",此外"中国银行(也)办入二三万元,(使申票)收市(价格升至)11.5元"。① 13 日,西安事变的消息传到汕头,"举市哗然,人心极其怆粹。故 14 日银行杂行均暂停交易"②。"15 日晚市交易所场内,传蒋(介石)脱险","人心转呈兴奋","香票行情为 65 元。继翼利、万利、增元、光茂等庄多欲买入,继续挺硬为 70 元,最高为 74 元"。"期间因'存帮'(买入者)鉴于冬至节关逼近,华侨批票将陆续抵汕",票源充足势必导致香票价格下跌。于是将所持有的香票抛出,"香票价格趋低为 72 元。最低为 64 元,尾市回硬为 66 元"。③

第三节　黑市侨汇买卖对社会经济的影响

1938 年 3 月财政部出台新的外汇管理规定后,政府对外汇申请的审核更加严格,急需外汇的企业和个人通过官方渠道获得申请的可能性不大,只能以高于官方牌格购买外汇。一个不受政府管控的外(侨)汇黑市逐步形成。参与买卖的既有一般的商人,也有政府官员。抗战时期,中山县长张惠长在沙坪镇开设嘉南行办理侨汇代转业务,中山侨眷大多将侨汇转入嘉南行。张惠长令人将侨汇囤积起来,抗战胜利后"以一元美金作法币二十元之比率,发还侨眷"。当时中央银行美汇兑换国币的价格为 1∶2 020。张惠长每发还一美元侨汇即可赚取 2 000 元的利润。此事曝光后各地"侨眷为之哗然,邑人无不愤激"④。

一、黑市侨汇形成的主要原因

(一)外币汇率的变动

1919 年"暹罗银水甚低,汇回唐山一百铢银得 20 元之间"⑤,一元暹币兑换 0.2 元国币。1940 年"一元暹币换国币 4.4 元"。1946 年"暹币五十元约值法币 12 500 元"⑥。28 年间暹币兑换国币的价格上涨为最初的 1 250 倍。

① 《大户略有吸进,票市呆中带硬》,《星华日报》,1936 年 12 月 13 日第 11 版。
② 《昨日金融恢复交易,票市涨后受挫》,《星华日报》,1936 年 12 月 16 日,第 11 版。
③ 《变化无常　香市续挺》,《星华日报》,1936 年 12 月 17 日,第 11 版。
④ 《如此"父母官"!》,《文萃》1935 年第 24 期。
⑤ 石坚平:《四邑银信中的乡族纽带与海外移民网络》,《北美华工与近代广东侨乡社会》,广东人民出版社,2016 年,第 88 页。
⑥ 《赴暹侨胞情悲惨,月限汇款五十元》,《大同日报》,1946 年 9 月 6 日第 2 版。

20 世纪 30 年代，300 元叻币兑换中国光银 100 元。① 1939 年初，100 元叻币兑换 468 元国币。② 1940 年 5 月，100 元叻币兑换 880 元国币。③ 1940 年 13 元叻币汇兑 100 元国币。④ 1947 年 2 月，1 元叻币兑换 4 450 元国币。⑤ 十多年间叻币对国币涨幅达 1 483.3 倍，高额利润吸引了不少商号及个人铤而走险。

（二）官方牌价与黑市价差巨大

1946 年 2 月底，广州美汇黑市价达"每美元兑换法币二千元，而国家牌价所规定之侨汇兑付率尚不足为黑市价之三分之一"，"旅美华侨于汇款时须蒙受国际损失"⑥。12 月下旬美汇黑市与国币的兑换价格在 1 : 7 000 至 1 : 8 000 元之间，"而官价仍为三千三百五十元"，"相差超过一倍"。

1947 年 3 月 8 日，广州中央银行港汇的牌价为 1 元港币兑换 2 200 元法币，"个人兑换仍限每次五百元，机关团体申兑暂行停止"。同日"香港市价为现钞十万兑港币 48 元"。粤港两地 1 元港币价差为 116.67 元法币。⑦ 中国银行不得不"改低港币收兑牌价，该行买入港仄价格亦随之缩成 1 200 元，美仄买入价为 10 200 元，英金买入价为 32 500 元，价均稍落"⑧。同时提高侨汇收购价格，使美汇、英汇和港汇的收购价分别比同种外汇价格提高 1 450 元、4 300 元和 150 元。⑨ 受此冲击，3 月 25 日，广州中央银行"奉令停止兑换美钞港币"，只"办理结汇及买入汇票"业务。⑩

1948 年 2 月下旬，官方"美汇牌价从 3 350 元提高至 120 000 元，初比黑市美钞尤高，故侨汇略增。八月以后，外汇政策再度改变。外汇牌价斟酌市价予以弹性的调整"。因此"九月起，以国币数字看，侨汇似较踊跃。但至十二月弹性的外汇牌价又相去黑市达百分之百（即黑市侨汇价格比弹性外汇牌价高出一倍），故侨汇又形锐减"⑪。

省属各地侨汇黑市也存在差价。1 美汇在广州黑市的兑换价为 8 000 元国币，

---

① 《琼崖侨汇话兴衰》，《新加坡汇业联谊社特刊》，新加坡汇业联谊社，1947 年，第 119 页。
② 《梅县商业行情》，《中山日报（梅县版）》，1939 年 1 月 5 日第 3 版。
③ 《梅县商业行情》，《中山日报（梅县版）》，1940 年 5 月 6 日第 2 版。
④ 陈炎勤：《侨汇与国币》，《新加坡汇业联谊社特刊》，新加坡汇业联谊社，1947 年，第 98 页。
⑤ 林树彦：《现阶段侨汇之病及补救办法》，《新加坡汇业联谊社特刊》，新加坡汇业联谊社，1947 年，第 70 - 71 页。
⑥ 《侨汇率与黑市悬殊　美侨汇多经港》，《广东省前锋日报》，1946 年 2 月 23 日第 3 版。
⑦ 《港币牌价再减每元值二千二》，《中山民国日报》，1947 年 3 月 10 日第 3 版。
⑧ 《港币贬值影响输出，央行牌价减低证实》，《中山民国日报》，1947 年 3 月 9 日第 2 版。
⑨ 《中行外汇同时改低》，《中山民国日报》，1947 年 3 月 10 日第 3 版。
⑩ 《广州央行停兑外币》，《中山民国日报》，1947 年 3 月 24 日第 2 版。
⑪ 陈宪章：《两年来广州的金融》，《珠海学报》，珠海大学，1948 年第 1 集，第 102 页。

在四邑等地仅能兑换 7 675 元国币，相差 325 元。于是各地投机者将美汇带到广州出售以获得利润。

二、黑市侨汇对社会经济的影响

抗战胜利后，每年汇入粤省的侨汇为 1 亿~1.5 亿美元。这些侨汇"多由侨批局及地下钱庄吸收，其余由特许外汇银行结汇者不及十分之一"①，对社会经济造成了很大的影响。

（一）侨汇大量逃往香港

"由于（银行）侨汇挂牌市价与黑市价差过巨，侨胞带回款项亦大部分滞留香港。""侨胞与侨眷为保持币值稳定，常收藏原币，甚至侨胞本人亦逗留港澳而不愿踏进国门"，使美洲仄纸大量滞留香港，"港币得此项美汇之支持，其币制较英镑尤为坚固"。② 港币的升值吸引了更多的美洲侨汇"以港仄（的形式）汇返"。1946 年 12 月，从广州"逃港资金达四百余亿元，较十一月增加一百亿元"。③

（二）国家侨汇收入锐减

由于国内侨汇"牌价过低，黑市（价）太高"④，"为了避免损失起见，（侨胞）不得不将款交由外国银行汇回祖国，所得美金汇票（通天金仄）或香港汇票（港行仄纸）均可照（黑）市价折合国币"⑤，使国内银行和邮局的侨汇收入大幅减少。1946 年 2 月以前中国银行每月侨汇收入为 500 万美元。3 月开始，由于外汇价格放开，中国银行的侨汇业务量逐月减少。11 月底只有 200 万美元，收入减少了五分之三。而粤港之间"通过黑市侨汇市场逃避之侨汇每月达一千万美金"⑥。1946 年"由广东中国银行解付的侨款达五百三十亿元左右"⑦。1946 年下半年中国银行广州分行经办的侨汇在国币计算的金额上有所增加，但折为美元却在不断减少。"约有十分之八侨汇逃往香港之外国银行"，使粤省侨汇"突呈锐

---

① 《广州金管局工作概况》，《广东日报》，1948 年 5 月 1 日第 5 版。
② 《中国银行分行改进侨汇》，《中山民国日报》，1946 年 12 月 29 日第 2 版。
③ 《国内资金逃港日益猖獗》，《中山日报》，1947 年 1 月 9 日第 3 版。
④ 《侨汇逃避恶化》，《中山民国日报》，1946 年 12 月 16 日第 2 版。
⑤ 刘佐人：《当前侨汇问题》，《广东省银行月刊》，广东省银行经济研究室，1947 年第 3 卷第 1 期。
⑥ 《侨汇逃避恶化》，《中山民国日报》，1946 年 12 月 16 日第 2 版。
⑦ 詹朝阳：《粤侨经济概况与侨资运用》，《中山民国日报》，1947 年 3 月 24 日第 2 版。

减"①。1947 年广州中国银行"所获侨汇仅一千九百余亿元,实值一千一百余万美元,仅及(抗)战前每年一亿美元之十分之一"②。

侨汇黑市买卖"过分活跃"扰乱了外汇市场的正常秩序。广东省银行被迫与特约代理店解除合约。"侨批内汇全流入黑市"使汕头的小额钞票严重短缺,"市面交收"非常困难,引发银行挤兑。③

为了避免"有偷运法币转购港纸之牟利情弊发生"④,粤港当局多次沟通,并"由香港政府饬在港金融界切实遵守,对民信局寄返之'白票'不再付现"⑤,但收效不大。

(三) 侨眷生活大受影响

侨汇黑市价格的冲击以及严重通货膨胀的蔓延,使通过官方渠道兑换的侨汇实际价值不断减少。1947 年 9 月,广州某路局职员何某收到"其叔父由美汇来美金千元。何乃持其汇票向广州央行收款。照黑市计算,该款可以兑得国币八百万元。但照(银行)挂牌汇率支付,仅得三百万元,亏蚀十分之六,且须携备麻包(袋)领取钞票。何某自忖并非需应用,不甘受此损耗,再三筹思后,率辞拒绝收,藉使千元美钞退还叔父,函请其叔父再由美国汇来香港"⑥。

第四节 因买卖侨汇而破产的银行

参与侨汇买卖,"固可获利,然亦易蒙受意外的损失"⑦。1933 年,台山县属各墟市银号因炒卖侨汇,造成资金周转失灵而"纷纷倒闭"⑧。赤坎广荣昌金铺经理关良平日大量买进港仄,1941 年初适逢"港币价格暴跌,损失惨重,走投无路而自杀身亡"。一些大型商业银行也因参与侨汇买卖而倒闭。

① 《中国银行分行改进侨汇》,《中山民国日报》,1946 年 12 月 29 日第 2 版。
② 《广东金融管理实施问题》,《商业道报》1948 年第 1 卷第 2 期。
③ 《汕市侨批内汇全流入黑市》,《环球报》,1948 年 8 月 21 日第 8 版。
④ 《法币头寸不敷,央行停兑外钞》,《中山民国日报》,1947 年 3 月 13 日第 3 版。
⑤ 《民信局承做侨汇 当局将切实制裁》,《粤中侨讯》,广州中国银行侨汇股,1948 年第 15 期。
⑥ 《针对华南经济特殊底政策》,《广州报》,1947 年 9 月 19 日。
⑦ 姚曾荫:《广东省的华侨汇款》,商务印书馆,1943 年,第 45 页。
⑧ 《祝县银行成立》,《大同日报》,1946 年 9 月 16 日第 3 版。

一、商办广东银行

商办广东银行由美洲华侨与香港殷商共同筹建。1912 年 2 月在香港开业，是首家在香港注册成立的华资银行，也是一家"年中生意以美洲华侨存款为多"的华侨银行。"岁中美洲华侨汇驳存贮，多为该行是愿。"① 被誉为"南中国最有信用之民办银行"②。其在上海、广州、汉口、暹罗和旧金山等地设有支行。1934 年设立的台山分行是当地较早开办的私营银行。

商办广东银行创办时资本金为 200 万元港币，后来扩充至 500 万元。第一次世界大战期间，该银行趁世界金价暴跌、黄金和白银价差巨大之机，将原来的港币全部折成英镑后再次增股，使资本总额增至 120 万英镑。"一战"结束后世界金价回升到原位，该行资本金已达 1 000 余万元港币，比初创时翻了一番。

20 世纪 30 年代，世界经济大衰退使各国华侨经济走向崩溃，美洲华侨的收入大幅度减少，商办广东银行的"存款日少，提款日多"。1934—1935 年，"华侨由该银行提回的款项达九千八百万元"。"海外华侨失业人数增多，接踵而归"国内者日增。"华侨汇款归国者渐稀"，商办广东银行"所有华侨之汇兑均告短少"。美国放弃金本位制、推行新的白银政策后，白银价格上扬而黄金贬值。华侨纷纷将"以前存放于行中的现款"取出以购买白银。"且以经济状况恐慌乃发生挤兑，（广东银行存款）有提无存，现金遂告缺乏。"1935 年 9 月 4 日，商办广东银行广州分行宣告倒闭，在当地政府和银行业同业公会的监督下进入清理程序，并组成债权人团协助追索存款。广州分行倒闭时"现金为二十万元，行址价值数十万元"，"以此变卖赔偿各债权人尚得七成之数"。③ 商办广东银行广州保险箱库在法院、省财政厅、省会公安局、上海银行等的监督下，"依照原定发还程序"，将所存钱物发还给储户。④ 商办广东银行台山分行也同一天宣告倒闭。随后，商办广东银行总行向香港法院提出破产申请，请港英当局派员到行查核负债与资产等账项。设在香港的"广东银行储宝箱（9 月 6 日）依时开放，往取物件者亦较前日为守秩序"。⑤

商办广东银行的倒闭引发了近代中国第二次银行停业倒闭的高潮，"一时间

---

① 《广东银行与四邑人士》，《环球报》，1935 年 9 月 9 日第 2 张第 2 页。
② 《广东银行停业后复业问题》，《环球报》，1935 年 9 月 7 日第 1 张第 4 页。
③ 《商办广东银行昨突告停业》，《广州民国日报》，1935 年 9 月 5 日第 2 页。
④ 《广东银行保险箱开始发还》，《广州民国日报》，1935 年 9 月 16 日第 3 版。
⑤ 《广东银行停业后复业问题》，《环球报》，1935 年 9 月 7 日第 1 张第 4 页。

搅动得整个金融界人心惶惶不可终日"①。《银行周报》发表署名文章,认为该银行"一旦结束(营业),(其)附项债权成数必低,且亦非经十余年不能完妥"②,银行债权人的利益必定受损。中国银行董事长宋子文认为"广东银行为华侨所首创,已有二十余年之历史,过去成绩,原甚超著,中以世界不景气之侵袭,当局应付失宜,遂告停业","维持该行即所以帮同繁华百粤,亦即所以恢复粤人商业信誉之端"③。

银行债权人出于自身的权益,以该银行"以前信誉尚佳"为由,极力主张该银行改组后复业。在宋子文等社会名流的撮合下,中央银行、中国银行和建设银公司三大金融机构对商办广东银行的重组"荷允尽量帮忙"。

1936年11月23日广东银行总行在香港复业。复业当天到场祝贺的社会名流达数百人,场面"极一时之盛",存款者纷至沓来,开业仅一个小时存款总额便超过600万元。两天后广州分行复业,"董事长宋子文亲到主持开幕式,曾养甫(广州市市长)、宋子良(广东省财政厅厅长)、顾翊群、邹芷湘暨财政金融界领袖百余人到行致贺"。12月15日上海分行和汉口分行同时复业,场面盛况空前。宋子文、吴铁城等莅行主持。"本市中外各界人士前往道贺。由总经理张荣溥以下全体行员招待,并于五楼设茶点款待。该行旧有存款半数认作股本,半数发给无抵押债票,均已分寄。而上午收到新存款达五百余万,下午合计,合达千万元"。④ 其中因宋子文的关系中国银行存入300万元。

1946年1月,广州分行复业后"办理存款汇款及银行一切业务"⑤。1947年4月,该银行在香港、广州、上海、汉口及美国三藩市(旧金山)同时向优先股东派发1942—1946年第一优先股息和1942—1943年第二优先股息。⑥

二、工商银行

工商银行1917年在香港创办时,资本金主要来源于上海和香港的前"仁社"社员、同盟会会员以及北美华侨的集资。"工商银行为华侨唯一金融机关,素以

---

① 李一翔:《近代中国第二次银行停业倒闭高潮初探》,《上海档案史料研究(第八辑)》,上海三联书店,2010年,第77页。

② 《广东银行复业问题》,《银行周报》,上海银行周报社,1935年10月15日。

③ 《宋子文氏发表书面谈话——广东银行过去与将来》,《金融周报》,中央银行经济研究处,1936年第2卷第23期。

④ 《宋子文氏发表书面谈话——广东银行过去与将来》,《金融周报》中央银行经济研究处,1936年第2卷第23期。

⑤ 《广东银行广州分行复业启事》,《广东省前锋日报》,1946年1月8日第1版。

⑥ 《广东银行有限公司股东公鉴》,《广东商报》,1947年4月3日第2版。

稳健不冒险为宗旨。"1925 年广州分行设立后"营业日形发达，美洲及南洋一带华侨汇款多由该行调剂办理"。1928 年 6 月因"原址不敷（侨汇业务）应用"，迁往广州"金融中心之十三行"继续营业。①

上海分行行长容某交游颇广，与当地银业巨子炒卖侨汇获利颇巨。20 世纪 30 年代，世界经济大衰退使上海分行的侨汇买卖亏损日多。容某打算通过不断增加投资来弥补资金缺口。但投入越多损失越大，最终引发商民恐慌发生挤兑。上海分行电告香港总行"请汇资前往接济，以冀挽回危关"。消息传到香港，引起了商民对该银行信用的怀疑，工商银行在香港的 200 多万元被挤兑一空。为了挽救上海分行，香港总行还是向上海分行"汇往十数万元"。不过"以此十数万元"来挽救上海分行只是"杯水车薪，无济于事"。上海分行"再电港总行汇款二三百万元救济急需"，但香港总行已经无能为力了。其办公大楼已被按揭以换取在港各大银行的借款。"六月三十日，香港各华人银行多有接到上海电告，谓上海工商银行形势已甚严重。"② 因此没有一家银行愿意向工商银行借款。

上海分行和香港总行先后倒闭后，广州分行出现了信用危机，"被提去二三百万，而存款其间者只有数十万元"。在资金入不敷出的情况下，"开平商会主席黄槺珊因筹办开平义学"，将存放在广州分行的十多万元存款提走，广州分行只剩下"西纸八千余元"，不得不宣布停业。③

三、正和银行的倒闭

正和银行的前身是重庆正和钱庄，1944 年 6 月改组为正和银行。1947 年在广州和香港设立分行。香港正和银行开业后参与侨汇投机买卖。该行以 7 ~ 9 港元的价格从泰国大量买入侨汇，汇往汕头后以 15 元的价格出售以谋求暴利。在不到半年的时间里，该行在泰国买入的侨汇高达 300 亿元。正和银行旗下的正和远洋贸易公司也在南洋进行侨汇买卖。该公司的侨汇买卖有港币现钞和港币期货两种。现钞买入价为"一对九千元"，而"注明须隔两月后才能如行情支付"的期货，"除了另加利息外，更提至一对一万四千余元"④。

随着国民党政府的节节败退，国币大幅度贬值，"该银行（因为侨汇买卖）须贴本甚巨，汕头办事处由香港正和银行汇出巨款接济"，导致香港正和银行的

---

① 《工商银行新行落成》，《广州民国日报》，1928 年 6 月 14 日第 9 版。
② 《工商银行停业》，《中行生活月刊》，中国银行总理处，1930 年第 1 卷第 1 期。
③ 《正确原因为上海分行倒闭影响》，《广州日报》，1930 年 7 月 4 日第 6 版。
④ 《鉴于正和银行停业　处理侨汇益感重要》，《国华报》，1947 年 8 月 10 日第 6 页。

银库被掏空。1947 年 8 月 7 日，香港正和银行宣布倒闭。① 随后，上海正和银行与广州正和银行相继宣布停业。香港"银业界估计该银行因经营暹罗侨汇所亏折之数目可能达港币二百万元"②。正和银行的倒闭使"整个香港金融市场均震动不安"③，各地"侨胞所受损失极大"。"暹罗华侨经营之银号以及汕头之联号多间亦遭池鱼之殃极大，侨汇之损失约一百三十亿元。"④ 香港、泰国和汕头三地"银号倒（闭）风叠发，期货满期挤兑"。没有受到牵连的"民信局也竞相收低汇率以吸收期货"。在各地"投机炒家推波助澜"下，"对美汇最高（汇率）为国币五万元值一美元"，导致香港、泰国和汕头三地的"国币头寸告急"。⑤

受此影响，正和银行广州分行濒临倒闭。中央银行广州分行、广州金融管理局等出手救助，正和银行股东大会决议，自 1948 年 1 月 1 日起恢复广州分行的对外营业。是年 7 月，"正和银行呈准改名为珠江商业储蓄银行"，并在广州太平南路设立总管理处和广州分行。在梧州、重庆、昆明设立分行，在康定设立办事处。⑥

---

① 《港正和银行停业后　债权团迄未出现　存款仍存观望》，《国华报》，1947 年 8 月 9 日第 4 页。
② 《经营暹罗侨汇亏折达二百万》，《国华报》，1947 年 8 月 8 日第 4 页。
③ 《正和银行昨受中央银行检查》，《国华报》，1947 年 8 月 8 日第 4 页。
④ 《鉴于正和银行停业　处理侨汇益感重要》，《国华报》，1947 年 8 月 10 日第 6 页。
⑤ 陈炎勤：《侨汇与国币》，《新加坡汇业联谊社特刊》，新加坡汇业联谊社，1947 年，第 108 页。
⑥ 《正和银行奉准更改名称公告》，《越华报》，1948 年 10 月 6 日第 4 版。

第七章　广州华侨汇业的历史地位与作用

"广州为南中国之重要口岸，商人对于国外贸易从事最早。"① 在国外贸易的推动下，广州成为中国最早有侨汇业记载的城市之一，广府人全球移民的特征使广州成为中国唯一既可"用批信方法汇款"，也可"用伖纸方法汇款"的城市。广府地区的"侨汇活动皆以广州作中心"②，"华南侨汇多由广州转汇"③。广州银业公所"交易繁多时挤拥不堪，其叫嚣之声不亚于纽约、伦敦及巴黎的交易所"④。1949 年 12 月初，广州市军事管制委员会财经接管委员会同时颁布的《五项重要管理办法》⑤，首次将"侨批"和"侨批业"写入地方法律法规，使广州成为第一个为"侨批"和"侨批局"定名的城市。

第一节　广州华侨汇业的历史溯源

"广府人或广州人"，"为来自广州市及广州湾一带之移民，在近代出海华侨中，广府人开端最早，彼等大都由香港澳门等地来至南洋，其中更有前往大洋洲、南北美（洲）等远地者"。⑥ "广州为华南重镇，以与外洋通商最早之故，人民之移出海外为数极众。"⑦ 越南华侨"分为五大帮，即广州帮、客家帮、福建帮、潮州帮、琼州帮。其中以广州帮势力最大"⑧。菲律宾华侨中"广东籍约占百分之二十，以中山及番禺县人为最多"⑨。美国华侨"以广州附近为多，分为三邑（南海、番禺、顺德），四邑（新会、新宁、恩平、开平）等"群体。⑩

---

① 《民国十八年五月份金融概略》，《广州金融商情月刊》，广东省政府统计事务处，1929 年。
② 姚曾荫：《广东省的华侨汇款》，商务印书馆，1943 年，第 2 页。
③ 《贬值影响已成过去　经港侨汇复常》，《大同日报》，1949 年 10 月 3 日第 5 版。
④ 区季鸾：《广州之银业》，国立中山大学法学院经济调查处丛书，1932 年，第 95 页。
⑤ 《五项重要管理办法》，《国华报》，1949 年 12 月 9 日第 1 版。
⑥ 章渊若、张礼千主编：《南洋华侨与经济之现势》，商务印书馆，1946 年，第 7 页。
⑦ 江英志：《广州市立银行的新使命》，1937 年，第 102 页。
⑧ 《越南华侨生活之苦况》，《海口市商会月刊》，海口市商会，1936 年第 4 卷第 6 号。
⑨ 区琮华：《美洲华侨与侨汇》，《广东省银行季刊》，广东省银行经济研究室，1941 年第 1 卷第 1 期。
⑩ 丹徒、李长傅：《华侨》，中华书局，1927 年，第 131 页。

"檀香山华侨皆广东人，而广州人尤多。多经营商业"，"而服务于欧美银行公司中者亦多"。① 欧美银行公司先进的经营理念很早就传入广州。

一、史乘记载最早的批信局

侨汇业形成的时间没有确切的史料记载。民国学者认为，美洲侨汇业"证诸史册约滥觞于十九世纪六十年代"②。南洋"批信局是由民信局代带钱银汇兑方面蜕变出来，约在十九世纪末年分立。据史乘记载，在一八八二年已有批信局存在"③。因此侨汇业最迟于19世纪60年代便形成。

"华侨最初之大量南移，始自唐末黄巢作乱之时。""当时广州为（中国）对外贸易之中心地。外人中以阿剌伯（阿拉伯）人为主，华南居民中遂有大批随同阿剌伯人逃避海外。当时华南人避难之处，即为苏门答腊岛上阿剌伯人活动中心地之三佛齐亦即今之巨港。该地与广州当时已有每年一度之定期航船。"④ "广州为我国南部最大的都会，与南洋文化沟通最早"⑤，南洋侨汇业对广州的影响颇大。与南洋"批馆大致是钱庄的一部分"相似，⑥ 广州的批信局大都以银号的形式出现。广州银号也叫银业、钱业或银钱业等，是广州本土的金融商号，经济实力"稳居广州七十二行之首"⑦。广州银业最迟可溯源至明末清初，"忠信堂"出现时便形成了。但广州侨汇业的记载则出现在鸦片战争爆发后。

1849年前后，在广州经营生烟丝出口业务的朱广兰在南洋开设广州朱广兰熟烟庄，并从1869年开始兼营华侨银信业务。朱广兰熟烟庄凭借其熟烟丝的质优价廉将侨汇业务从南洋拓展到美洲。抗日战争期间，"旅美侨农……仍用老式之竹烟筒吸朱广兰熟烟，或廖芸生切（广东土制便宜烟丝）"⑧。一些四邑籍美洲华侨回国时将整箱朱广兰熟烟带返侨乡。台山三益碉楼至今仍然藏有一个清朝时期从美国旧金山带返的写有"广兰名烟"的大木箱。美洲华侨以四邑籍人士为多数，在朱广兰熟烟的影响下，四邑银业大多与烟土私运有关。"江门镇为四

---

① 丹徒、李长傅：《华侨》，中华书局，1927年，第124页。

② 姚曾荫：《广东省的华侨汇款》，商务印书馆，1943年，第9页。

③ 刘佐人：《批信局侨汇业务的研究》，《金融与侨汇综论》，广东省银行经济研究室，1947年，第55页。

④ 章渊若、张礼千：《南洋华侨经济之现势》，商务印书馆，1946年，第15页。

⑤ 谢六逸：《二十五年来我国之新闻事业》，《（巴城）新报二十五周年纪念特刊》，1935年，第41页。

⑥ 刘征明：《南洋华侨问题》，国立中山大学社会研究所编辑，金门出版社印行，1944年，第188页。

⑦ 《广州市银业沿革及复员后之概况》，《广州市钱银商业同业公会元旦特刊》，广州市钱银商业同业公会，1948年，第1页。

⑧ 区琮华：《美洲华侨与侨汇》，《广东省银行季刊》，广东省银行经济研究室，1941年第1卷第1期。

邑交通之咽喉，故四邑金融多数集中该处。"① 但江门"银业资本极少，除铺底外所余资本不过一二千元"，运营资金主要来源于烟土生意。"假如说广东是华南的一大走私地，那么江门便是广东的一大走私地。"② 江门银业"实藉此为私运烟土机关"③。

除了烟土出口贸易，广州的纱绸出口贸易对侨汇业的形成与发展同样起到举足轻重的作用。"粤省出口货以茧丝为大宗，向藉银号信用放款以扩展营业。"④ 1889 年在广州经营纱绸出口的岑兴记银号开始兼营安南（今越南）银信业务，同期在广州专营美洲银信业务的还有汇安庄等银号。⑤

1875 年鸿雁寄在广州荣阳大街 83 号开业后，以香港的鸿雁寄、良记、顺栈、同利炳，澳门的祥发等为支局经营华侨银信业务。同年在广州开张营业的还有逢生隆等 5 家信局。⑥ 1878 年玲记在广州荣阳大街 87 号开业后，以香港的同利炳、简讵记、元益，汕头的森昌盛为支局经营华侨银信业务。1879 年朋信在广州德兴街 15 号开业后，以香港的陈锦记、恒发为支局经营华侨银信业务。1880 年祥利合记在兴隆南路 48 号开业后，以香港的顺利、恒发为支局经营华侨银信业务。1883 年荣记在广州一德路 253 号开业后，以香港的同利炳、简讵记为支局经营华侨银信业务。1886 年友信在广州荣阳大街 47 号开业后，以香港的陈锦记为支局经营华侨银信业务。1887 年福昌在广州同文路 32 号开业后，以香港的鸿雁寄为支局经营华侨银信业务。

荣阳大街、德兴街、兴隆南路是广州西关著名古街道，位于西堤二马路附近，是广州十三行街区的一部分。广州沦陷时被日军焚毁。抗战胜利后，"广州银行公会拟在西堤二马路灾区（今广州文化公园）建设银行区，号召全市银行集中该区建筑（银行大楼）以资繁荣市容"⑦。

因此，光绪年间广州批信局已形成了错综复杂的侨汇经营网络，经营范围包括香港、新加坡、槟榔屿、马来亚以及芙蓉（马来西亚南部城市）等地，而且经营状况良好。1928 年，广州鸿雁寄、玲记、朋信等 7 家批信局经办的南洋银信为 22.6 万件。⑧

同期的南洋批信局接驳广府银信业务也趋于完善。1887 年 10 月 14 日，新加

---

① 《召开维持金融会议》，《侨通》1946 年第 3、4 期合刊。
② 《江门走笔》，《广东商报》，1947 年 4 月 13 日第 3 版。
③ 《江门商业情形之概况》，《广州市商会报》，1925 年 2 月 23 日第 5 版。
④ 《一年来各商业同业公会工作概况》，《广州市商会周年特刊》，1947 年，附录第 2 页。
⑤ 陆青晓：《解放前广州的侨批业》，《广州金融》1994 年第 5 期。
⑥ 陆青晓：《解放前广州的侨批业》，《广州金融》1994 年第 5 期。
⑦ 《银行区建设不成》，《广东七十二行商报》，1946 年 8 月 17 日第 6 版。
⑧ 袁丁：《民国政府对侨汇的管制》，广东人民出版社，2014 年，第 48 – 50 页。

坡文兴信局在新加坡《叻报》上刊登《创设广惠肇文兴信局告白》称，文兴信局"寓于文行堂药店，专代汇寄唐山广、惠、肇等处书信、银两"，"代收诸君银信自叻（新加坡）到香港"，"代收诸君寄往四乡或外府县之银信"。在传递时间上，"代收诸君银信到香港交者，则限二十天"，"如到省（广州）则限二十五日。其中或有加快亦属未定"。[①]"批信局成为南洋与汕头、海口、广州、厦门、福州、香港间特殊的侨汇机构。"[②]

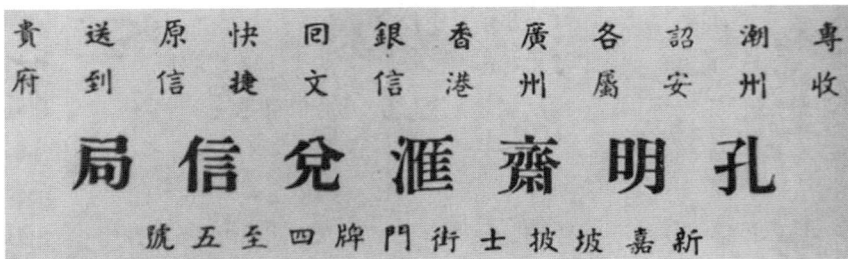

新加坡孔明斋汇兑信局广告（局部）

广州批信局经营美洲银信业务历史悠久。19世纪60年代，美国旧金山有永用、合和、广州、勇和、三邑及恩和等六家会馆，会馆名称"分别代表当时广东省的六个县份"[③]。美国卡拉宽尼亚埠（加利福尼亚）设有番（禺）顺（德）会馆。[④] 美洲华侨会馆在香港或广州设有联号，在中山四邑等地设有代理处将华侨的信款带返国内。

道光年间，一名从广州出发经珠江口到达美国旧金山的华侨回忆道："余家无担石，非外出谋生，必难生存。盖饿死家园，无宁出外求生。""因村有（水）客复美国"，"结婚未及旬月，便（随水客）来美洲"[⑤]。1861年，刘亚女被美洲水客以三两银从广州卖到美国旧金山。根据卖身契约定，"到了金山，有银即交与邓友懋亲收"[⑥]。因此，广州水客的商业运作最迟于19世纪中期已相当成熟。

---

① 袁丁：《民国政府对侨汇的管制》，广东人民出版社，2014年，第20页。

② 刘佐人：《批信局侨汇业务的研究》，《金融与侨汇综论》，广东省银行经济研究室，1947年，第55页。

③ 姚曾荫：《广东省的华侨汇款》，商务印书馆，1943年，第9页。

④ 《老华侨福寿双全》，《国华报》，1931年7月10日第3版。

⑤ 司徒献：《少小离乡老大回》，《纽约华侨餐馆工商会游河特刊》，纽约华侨餐馆工商会，1922年，第14页。

⑥ 金叶：《文献收藏不总"高大上"》，《广州日报》，2016年5月1日第6版。

二、中国最早的"客邮"

1834 年，英国商务监督律劳卑在广州开办了中国最早的客邮"英国邮局"。英国邮局有邮戳可查的时间是 1864—1922 年，这 58 年也是近代中国海外移民的高峰期、华侨银信数量的激增期。

1876 年，马来亚当局在新加坡、槟城和马六甲开设邮局。"华侨凡寄赴国内之信件银款必经上述各邮局寄发之。其手续程序为由此邮局将所汇集之信项寄往厦门汕头，分投至内地各侨眷，并收集回文交与发邮地各侨界。"1887 年邮局的"收汇范围扩展至广州"，使广州成为接驳南洋银信的主要邮政驿站。1889 年通过马来亚邮局寄往粤闽两省的华侨银信为 118 万封。① 1897 年大清邮政在广州开设支局，管辖广州府、惠州府、阳江府、高州府、雷州府、肇庆府等地的邮政业务。1931 年 11 月广州支局改称为广东省邮政管理局。

广州是外国银行最早进入中国的城市。道光二十五年（1845），英国丽如银行在广州设立分行为外商银行进入中国的滥觞。广州丽如银行主要从事国际汇兑业务，为英国、印度与中国之间的国际贸易提供金融服务。外国银行在广州推行买办制度。1921 年总行设在德国柏林的德华银行在广州聘请代理人，"专理买卖汇驳存储德币马克，无论电汇或邮汇往德京柏林或洛他担（即鹿特丹）均随客便"②。

广州是最早使用外国银行汇票进行国际贸易的城市。1919 年，总行设在纽约的美国友华银行广州分行"与美国六家著名银行联合"，"专图远东与美国商务之发展"，除办理银行业务外还从事"进出口押汇放款，收买中外汇票及电汇各埠"等业务。③ 所谓的押汇是指"凡货物寄付外埠。商人当发货时，由卖主按其货物之价值发出逆汇票，连同提单保险单，以其货物作抵押，请求银行将该汇票贴现"④。因此，清末民初在广州使用外国银行汇票进行国际贸易已相当成熟。

中国保险业发源于广州。嘉庆六年（1801）英国商人在广州成立临时保险协会，合伙经营外轮公司和洋商在对外贸易过程中的海上保险业务，是中国第一家外商保险公司。道光十五年于仁洋面保安行在广州营业，成为中国最早的中外合资保险公司。早期的保险公司大多兼营华侨银信业务。光绪三十年（1904）元月，香港同益延寿火烛燕梳按揭汇兑积聚有限公司"专保省城（广州）"等埠的

① 陈炎勤：《侨汇与国币》，新加坡汇业联谊社，1947 年，第 100 页。
② 《德华银行复业先声》，《广东七十二行商报》，1921 年 2 月 17 日第 6 版。
③ 《美国友华银行广告》，《广东七十二行商报》，1919 年 11 月 6 日第 6 版。
④ 戴东培：《港侨须知》，香港永美广告社，1933 年，第 246－247 页。

火险业务，"兼办小吕宋、新加坡以及省港澳汇兑银两"。①

三、首个为"侨批"定名的城市

华侨银信在历史上有多种称谓。② 侨汇业的"名称（也）颇不一致"③。"信局的名称从批馆、批局、汇兑信局逐渐改为民信局，至抗战胜利后改称为银信局，解放后又改称为'侨汇业''侨汇庄'"④，经历了一个漫长的历史进程。

1949 年 12 月，广州市军事管制委员会下设的财经接管委员会颁布《五项重要管理办法》⑤，首次将"侨批""侨批业"和"侨批信局"称谓和业务界定写入地方法律法规。在《华南地区侨批业管理暂行办法》出现了"侨汇批信局""侨批业"和"侨批信局"三种称谓。在《华南区外汇管理暂行办法施行细则》中出现了"专营侨汇之私营侨批局"称谓。在《华南区私营银业管理暂行办法》中对银钱业和侨批业进行了界定："私营银钱业系指私人资本经营的商业银行银号钱庄而言，其专营侨汇之私营侨批业另定管理办法。"同一时期在广州成立的"华南外汇交易所"规程中规定："凡经中国人民银行核准之指定银行及侨批局均为本所之交易员。"⑥

从此，"侨批"和"侨批局"逐步成为官方认可的正式称谓。华侨汇业从"地下"走向公开，成为国家认可的正当行业。

因此，广州华侨汇业史载时间（1869 年）与福建晋江（1871 年）⑦、广东汕头（1875 年）⑧ 及海南海口（1882 年）⑨ 相近。广州是外国邮局、银行和保险公司较早经营侨汇业务的城市，也是国内首个为"侨批"和"侨批业"定名的城市。

---

① 《香港同益延寿火烛燕梳按揭汇兑和聚有限公司》，《岭东日报》，光绪三十年七月十三日第 1 版。

② 焦建华：《福建侨批业研究》，厦门大学出版社，2017 年，第 ⅱ 页。

③ 刘佐人：《批信局侨汇业务的研究》，《金融与侨汇综论》，广东省银行经济研究室，1947 年，第 54 页。

④ 中国银行泉州分行行史编委会：《闽南侨批史纪述》，厦门大学出版社，1996 年，第 6 页。

⑤ 《五项重要管理办法》，《国华报》，1949 年 12 月 9 日第 1 版。

⑥ 《外汇交易所规程》，《国华报》，1949 年 12 月 8 日第 2 版。

⑦ 王付兵：《侨批档案文献的价值》，《中国侨批与世界记忆遗产》，鹭江出版社，2014 年，第 58 页。

⑧ 陈春声：《近代华侨汇款与侨批业的经营》，《中国社会经济史研究》2000 年第 4 期。

⑨ 刘佐人：《当前侨汇问题》，广东省银行经济丛书，1946 年，第 57 页。

第二节　广州侨汇中心形成的基础

"海内的侨批局网络以厦门、汕头、广州为枢纽。其中闽南侨批业以厦门为枢纽，潮汕地区以汕头为枢纽，广府地区以广州为枢纽。"① 广府地区"侨汇活动皆以广州作中心"②。

一、千年商都的国际贸易基础

"海运初通，外船大都集中于广州和厦门。"③ 以广州为起点的"海上丝绸之路"实现了广州与世界各地海上运输大循环，④ 也实现了广州与世界各地侨汇的大融通。1918 年前后，粤省"华侨所办南洋一带之贸易额每年不下十几亿元"⑤。"南洋各地的零售商店多为侨胞经营"，"广州商品南销甚得地利人和的便利"。⑥

进出口商号在广州进行国际贸易时"常购买侨汇来支付货款"⑦。广州商品在南洋销售后，进出口商将货款存入当地批信局，"作每次侨批汇款之抵押金"⑧。而南洋"批局必须存款项于（香）港联号，待侨款汇港后又当做存款"。"港币一旦贬值，影响本市（广州）出入口商业至大。"⑨ 为减少对现金的依赖，各地批信局之间通过省单和港单进行结算。

省港单为"银号汇款的提单，相当于银行的仄纸"。"省单是由港汇省之汇单，港单是由省汇港之汇单。"⑩ 每年 4—7 月是广州进口贸易的旺季，各地对省单需求旺盛，刺激了省券（广东省地方货币）价格上扬。在广州用港币购买省券通常比香港便宜，大量港币涌入广州。1932 年 4 月，汕头义发银庄"广州单"

---

① 叶芬蓉、刘伯孳：《闽南侨批业运作机制和自成体系的论析》，《中国侨批与世界记忆遗产》，鹭江出版社，2014 年，第 187 页。

② 姚曾荫：《广东省的华侨汇款》，商务印书馆，1943 年，第 3 页。

③ 区琮华：《劝导华侨投资几个问题》，《广东省银行季刊》，广东省银行经济研究室，1941 年第 1 卷第 2 期。

④ 霍建国：《中国对外贸易史》，中国商务出版社，2016 年，第 169 页。

⑤ 《华侨银行问题》，《中国与南洋》，暨南学校，1918 年第 2 期。

⑥ 《广州游资的集散地》，《穗商月刊》，广州市商会，1948 年创刊号。

⑦ 区予吾：《当前的华侨汇款问题》，《商业导报》，1948 年第 5、6 期合刊。

⑧ 《广东省各县金融情况汇报》（三十一年七月份），《广东省银行季刊》，广东省银行经济研究室，1942 年第 2 卷第 3 期。

⑨ 《港币贬值》，《前锋日报》，1946 年 9 月 7 日第 6 版。

⑩ 刘佐人：《港粤金融的交流对于全国经济的影响》，《金融与侨汇综论》，广东省银行经济研究室，1947 年，第 12 页。

收购价为每千元 766 元，"香港单"收购价为每千元 1 089.5 元。① 农历十月至十二月是琼崖国际贸易"生意最旺时期"，当地进出口商号将侨汇兑换成省单前往广州办货回埠应市。② "四邑一带的入口货物几乎全部来自广州，故当地对于省单的需求亦至为殷繁。"③ 1946 年"广州一地省港单的买卖，每天总额即达数十亿至百余亿之巨"④。

近代"广州与上海、天津同为中国三大通商口岸"，"连接港澳接近南洋"，使广州"不特为对外贸易之吞吐口，亦是华侨之汇合地，在经济上具有特殊情形者"⑤，政治上也有明显优势。清政府和民国政府都将广州作为侨务管理的主要城市。"咸丰九年（1859），清政府曾在广州、天津、厦门、宁波等处设立出洋问讯局。"⑥ 1924 年国民革命政府在广州设立了第一个侨务局。同年 5 月"省城（广州）发生疫症"。广东省交涉员公署根据驻广州法国领事馆的通知，要求"华人领取护照前往法属越南地者，须先赴广州法国医生处检验身体、发证，方能来署领照"⑦。广东省交涉员公署被裁撤后，"所有潮梅出洋华侨护照……改由广州发给"⑧。

广州为"南中国海外交通中心点，各地华侨（组织）均在本市设立办事处，以为侨民通讯及援助侨民之机关"。美洲同盟会、南非洲华侨联合会、南洋荷属华侨联合会、南洋同侨实业俱乐部、菲律宾华侨团体会等在广州设有办事处。⑨ 各地华侨在广州设有侨乡会、联谊会等。"私立四邑华侨中学因得侨领暨各界人士热烈赞助"，以广州"维新路（今连新路）台山会馆为校址"，于 1946 年 2 月开学。⑩

大批华侨集中广州后出国谋生并得到各种资助。1946 年 9 月底，2 000 多名"转回原居留地各埠之侨胞"从广州出发，前往香港"乘丰庆轮启程赴仰光"。所需车船路费"以及其登岸时前往宁阳会馆及武帝庙的招待伙食（费）"均由华侨组织及侨领捐助。⑪ 10 月，400 名"第二批赴美侨胞"从广州大沙头车站"赴

---

① 《义发银庄行情表》，《星华日报》，1932 年 4 月 3 日第 3 版。

② 《港汇势跌，货物入超，源源而来，金融输出》，《琼崖实业月刊》，广东省建设厅琼崖实业局，1934 年第 5 期。

③ 姚曾荫：《广东省的华侨汇款》，商务印书馆，1943 年，第 7 页。

④ 刘佐人：《争取南洋侨汇问题》，《金融与侨汇综论》，广东省银行经济研究室，1947 年，第 67 页。

⑤ 《广州游资的集散地》，《穗商月刊》，广州市商会，1948 年创刊号。

⑥ 黄警顽：《华侨对祖国的贡献》，棠棣社，1940 年，第 107 页。

⑦ 《往法属安南者须先验身体》，《广东七十二行商报》，1924 年 5 月 21 日第 6 版。

⑧ 《外部准汕仍发潮梅出洋华侨护照》，《广州日报》，1930 年 6 月 15 日第 3 版。

⑨ 《广州市华侨团体之调查》，《美洲同盟会月刊》，广州美洲同盟会，1927 年第 1、2 期合刊。

⑩ 《四邑华侨中学开始正式上课》，《前锋日报》，1946 年 2 月 24 日第 5 版。

⑪ 《首批复员缅侨二千安抵仰光顺利登岸》，《前锋日报（广州版）》，1946 年 10 月 23 日第 3 版。

（香）港转搭玛莲妮斯号（海）轮赴美（国）"。他们"多数系自费者。其中旅费未备者可向（广州沙面）美（国）领事馆贷（借）船脚（费用）一百七十五元美金，另由穗至港车上费用一万元国币"①。11月底，江门侨务局为使"经审查合格的南洋各属华侨"尽快出洋，"电令所辖区内各属华侨协会转知该县南洋各属适合复员华侨，先行到广州市三元里华侨招待所集中。由招待所供给膳宿，听轮随时遣送"。②

大批归侨从海外辗转回穗返乡。1946年1月，1 300多名粤籍澳大利亚侨工"经由盟邦派船转送回华"，由香港"转程来省"后安置在"龙津路第四平民宿舍"。③ 5月，140名"旅日粤侨乘轮抵（达广州）市，暂住在东山梅花邨空屋"④。8月底，3 000多名美洲华侨抵达香港取道广州返乡。"该批华侨以美洲及加拿大两属居多，为数在二千五百人之普。其次檀香山及小吕宋亦有四百余人。其中以四邑、中山、鹤山、南海、新会等县之侨胞为多。"⑤ 粤省侨务处除了"与香港当局商请临时拨出房屋以作招待所"外，还"雇佣大批汽车运送华侨回穗"，派出"大量警察到码头维持秩序"。同时"与铁路当局船务公司等商洽，予（华侨）以乘船之便利"⑥。1947年1月，850名新几内亚归侨由香港抵达广州，"彼等多为香港广州等地居民"⑦。12月，1 200多名美洲华侨"取道美国三藩市返国"抵达香港，其中旅居加拿大者为600余人，"其余尚有三藩市等地侨胞五百余人"，并于1947年元旦期间从"广州江门返抵四邑"。"该批归侨所带行李甚多"，"三埠广州间轮渡与台（山）开（平）间汽车电船多载运侨胞行李"。⑧

粤省"侨务处鉴于归国侨民因久居海外，对内地情形多不明了，甫抵国门即感人地两疏，彷徨无措，恐有码头苦力商索伕费，及关卡检查麻烦，致生误会"。从1946年8月1日起"逐日派员赴由（香）港抵省（广州）轮渡辅导归侨登岸"。⑨

"广州轮渡"成为侨眷寄托想念的载体。每当"旅美四邑华侨陆续返国"的时候，侨眷纷纷涌向当地码头。"每睹广州轮渡到埠，华侨鱼贯上岸"，唯独不

① 《华侨一批明日赴美》，《前锋日报（广州版）》，1946年10月20日第3版。
② 《南洋复员华侨快到广州集中》，《前锋日报（六邑版）》，1946年11月21日第3版。
③ 《一千三百余人经于一日抵港》，《广东省前锋日报》，1946年1月3日第3版。
④ 《旅日粤侨百余昨晨抵达广州》，《广东省前锋日报》，1946年5月22日第2版。
⑤ 《美洲华侨三千余人约期月底即可抵穗》，《广东七十二行商报》，1946年8月11日第4版。
⑥ 《华侨三千余人八月底可抵穗垣》，《中山月刊》1946年第3期。
⑦ 《难侨血泪》，《前锋日报（六邑版）》，1947年1月10日第3版。
⑧ 《侨胞纷纷归乡》，《前锋日报（六邑版）》，1947年1月6日第3版。
⑨ 《侨务处派员赴码头辅导归侨登岸》，《广东七十二行商报》，1946年8月1日。

见海外亲人身影时，侨眷往往感慨万千。"归帆已到夕阳落，数尽归侨不见君"，成为一大憾事。①

　　当时"在中国南部有两句极流行的话，就是'金山丁''南洋伯'"。"'丁'是头脑简单，随便可欺。'伯'是笨伯，糊里糊涂之谓。"② "揾丁"成为利用别人的愚昧进行欺骗的代名词。广州的华侨商号和酒店鳞次栉比。各华侨商号和酒店为返国华侨提供各种帮助，以免受骗上当。1925 年 9 月开业的广州新华侨酒店"以华侨的资本，以华侨的经验经营侨居生活"。各地商民"唯住新华侨酒店，可得都市里一切的一切——心旷神怡；唯住新华侨酒店，可免都市里一切的一切——被人'揾丁'"③。广州的城市建设兼备全球特色。"台山之往美国者为最多，故台山城之建设亦带有美国色彩。汕头之往南洋者较众，因而汕头货品运销南洋一带为最盛。"而"广州一地之商业，不论大小资本之商店，皆有华侨之权势"④。各种新型股权关系在广州应运而生。1946 年"旅美华侨郑炳舜、梅友卓在美集股向美福特公司"购买得"最新式流线型之公共汽车三百辆"在广州投入营运。这个与广州政府合作的项目，出资方可"获得十五年之专利权，而以溢利十分之二为市府建设"。⑤

二、实力雄厚的金融基础

　　粤省银行、银号及汇庄虽然发达，但大多"集中省内几个大商埠及侨汇特多的县份"⑥，并以广州为数最多。20 世纪 20 年代"广州有金铺 59 家，银行 13 家，汇庄 26 家，银业 381 家"⑦。1937 年粤省 56 家国内银行中有 35 家在广州，4 家在汕头，3 家在海口；8 家外国银行中有 7 家在广州，1 家在汕头。⑧ 抗日战争胜利后广州有国内银行 44 家，银号 28 家。⑨

　　广州银号分为顺德帮和四邑帮两大帮派。顺德是近代中国茧丝的主要产地，

---

① 《归帆已到夕阳落，数尽归侨不见君》，《前锋日报（六邑版）》，1946 年 1 月 16 日第 3 版。
② 梁绍文：《南泽旅行漫记》，中华书局，1924 年，第 27 页。
③ 《新华侨酒店新张广告》，《国华报》，1925 年 9 月 16 日第 1 页。
④ 黄文滚：《华侨与广东经济》，《华侨问题专号》，广州大学社会科学研究社，1937 年，第 21 页。
⑤ 《台山侨领协助广州建设》，《大同日报》，1946 年 9 月 6 日第 2 版。
⑥ 刘佐人：《批信局侨汇业务的研究》，《金融与侨汇综论》，广东省银行经济研究室，1947 年，第 28 页。
⑦ 李宗黄：《模范之广州市》，1929 年。
⑧ 杨越：《抗战以来广东银行业的演进》，《广东省银行季刊》，广东省银行经济研究室，1941 年第 1 卷第 4 期。
⑨ 《广东金融管理实施问题》，《商业道报》，广东省商会联合会经济研究室委员会，1948 年第 1 卷第 2 期。

丝绸产品大量销往南洋，顺德帮银号接驳南洋侨汇相当有实力。"四邑帮银号主要由开平、新会、台山及恩平等四县籍的归国华侨经营"①，与美洲侨汇有千丝万缕的联系。因此"广州钱业的业务极其发达"②，"尤以接驳四邑潮汕等地侨汇款及各偏僻地区的汇兑为著称"③。

广州银行与国内外银行构成错综复杂的经营网络。东亚银行广州支行"专做按揭储蓄、中外汇兑生意。凡欧洲美洲日本各国俱有代理，南洋上海并有支行"④。总行设在台湾台北的华南银行在广州、新加坡、三宝龙、海防、西贡、龙贡等地设有分行。商办广东银行、广州兴中商业储蓄银行、广州储蓄银行等在台山设立分行，专营美洲华侨银信业务。广州五华实业信托银行在香港、台山、新昌以及上海开设分行"经营中外各埠汇兑，日益普及；汇费格外从廉，尤为快捷"⑤，"接理外洋书信银两交收快捷"，"各种交易格外克已"⑥。广州合德银行在江门、香港、上海和梧州开设分行，接驳华侨银信业务。⑦ 南方银行"专驳四邑香港澳门中山小吕宋及内地各埠汇兑"⑧。

广州市立银行于1937年11月开办侨汇业务后，与广东省银行、中国银行、江苏农民银行、浙江地方银行、上海银行、"新加坡华侨银行总行及其港沪分行及世界各国之各分支等，分别缔结通汇合同"，并在国内各大商埠设立侨汇代理处所接驳各地侨汇。⑨

批信局维持正常经营所需现金数目"即数倍于所需外汇的数量"⑩。银行办理"侨汇款项的解付"现金也很多。广州是华南地区现金调拨中心。1946年广州的"投资与负债总额为12 546亿元。国内银行业占去93%，计12 615亿元；银号业占7%，计931亿元；用于投资的仅占总额1%，计24亿。⑪ 其余大部分

① 区季鸾：《广州之银业》，国立中山大学法学院经济调查处丛书，1932年，第75页。
② 《广东金融管理实施问题》，《商业道报》，广东省商会联合会经济研究委员会，1948年第1卷第2期。
③ 谢绍康：《论钱业的特点及其前途》，《商业道报》，广东省商会联合会经济研究室委员会，1948年第1卷第2期。
④ 《东亚银行广州支行广告》，《七十二行商报》，1923年4月3日第9版。
⑤ 《广州五华实业信托银行》，《美洲同盟会季刊》，广州美洲同盟会，1928年第1卷第10、11、12期合刊。
⑥ 《五华信托实业银行广告》，《台山民国日报》，1930年9月8日第3版。
⑦ 《广州民国日报》，1923年8月1日第4张第2版。
⑧ 《南方银行》，《新闻报》，1929年2月28日第2张第3页。
⑨ 江英志：《广州市立银行的新使命》，1937年，第102页。
⑩ 林树彦：《现阶段侨汇之病态及补救办法》，《新加坡汇业联谊社特刊》，新加坡汇业联谊社，1947年，第70–71页。
⑪ 此处百分比与具体数据不对应，原文献如此，保留原貌。

资金则多用于汇兑"，而"侨汇转驳"又占了大多数①，侨汇资金超过一万亿元国币。1947 年初，由于"侨汇内汇为数颇多"，从广州解付的侨款"各月为数不过十五亿元上下。三月份所解付的侨汇款项为数却达九十余亿元。不经银行转汇的（侨款）其数当然更大。而这些侨款却无贸易的需要，均不外是供应侨眷生活费用的需要而已"，于是大量现金从广州流往"侨眷聚居的各县"。②

"我国寄往欧美（的）航空邮件向（来）由海路赴新加坡，始转航直达。"1936 年 5 月"邮政总局与英国皇家航空（公司）商定在广州封发航邮总包，以后寄往欧美航邮，可由中航公司及西南民航公司飞机运寄来广州，转英皇家线递往伦敦"，美洲邮件交"美国与澳门间定期飞行，亦定在广州封发航邮总包转往澳门互换"。③ 国际邮件及华侨银信不得不"舍近求远"通过广州口岸出入国境。1937 年，广州邮政管理局经收由南洋寄往琼州的侨信达 28.3 万封、侨款 424 万元。④ 美洲银信在中国和古巴境内均为陆路，从广州到哈瓦那为水路。一封银信回批"从广州出海至香港，向北航行至上海，东渡太平洋至日本横滨，再横渡太平洋，经过美国后进入加勒比海，到达古巴哈瓦那港上岸"耗时约一个月。⑤

三、粤港澳互通的地缘基础

"广州是华侨的故乡，接近港澳"⑥，在南洋，"广州人泰（大）半业锡矿及耕种，多居于马来联邦"，而"马来半岛之富有为南洋之冠"⑦。"除新加坡等地侨汇固定要经过香港汇拨外，其余经由船行及私人拨返之现款，通常也有一部分要带至香港的纸币市场兑现"⑧，使"香港成为海外和海内之间的侨汇中转站"⑨。1946 年从广州汇往香港的"侨汇每月达一千万美金，为数之巨至足惊人"⑩。1949 年 9 月底汇入香港的美洲和南洋侨汇仍然畅旺，香港"某一四邑之银号一日间收到美洲方面汇单（仄纸）一百二十余宗，款额达四万美元之巨"。"本港

① 《广东金融管理实施问题》，《商业道报》，广东省商会联合会经济研究室委员会，1948 年第 1 卷第 2 期。

② 《广州银根为什么紧》，《广东商报》，1947 年 4 月 3 日第 1 版。

③ 《欧美邮件在广州转寄》，《七十二行商报》，1935 年 5 月 9 日第 2 张第 1 页。

④ 姚曾荫：《广东省的华侨汇款》，商务印书馆，1943 年，第 39 – 40 页。

⑤ 李柏达：《世界记忆遗产：台山银信档案及研究》，暨南大学出版社，2017 年，第 248 页。

⑥ 《广东金融管理实施问题》，《商业道报》1948 年第 1 卷第 2 期。

⑦ 丹徒、李长傅：《华侨》，中华书局，1927 年，第 74、76 页。

⑧ 姚曾荫：《广东省的华侨汇款》，商务印书馆，1943 年，第 17 页。

⑨ 叶芬蓉等：《闽南侨批运作机制和自成体系的论析》，《中国侨批与世界记忆遗产》，鹭江出版社，2014 年，第 187 页。

⑩ 《侨汇逃避恶化》，《中山民国日报》，1946 年 12 月 16 日第 2 版。

（香港银号）所能收到的美元侨汇可达七十万美元之数。""各经办银号批局"所得新加坡侨汇"每日约可收到二百五十万元港元之数"。①

作为"毗连港地的华南巨埠"②，广州侨汇"变化直接间接都受香港所影响"③。广州"各批信局大都在香港设有分号、联号或代理机构，香港陈锦记、陈炳南、鸿雁寄等批信局或商号还同时兼办数家广州批信局之批信，其合作或代理关系应是很密切的"④。广州汇隆银号与香港恒生银号、上海生大信托公司互为"汇驳联号"。广州广信金铺与广州湾赤坎的天宝金铺、香港诚信金铺、澳门祥信金铺互为联号，"兼营汇兑找换"业务。⑤ 广州昆昌钱庄与香港恒生银号、永丰银号，澳门大丰银号、恒益银号，广州湾大丰银号，上海生大信托公司互为联号，"专营各埠汇兑"业务。⑥

永昌银号又称为永昌叻庄。1942 年该银号与香港利成银号、澳门祥源银号、顺德容寄的联昌银号、韶关曲江的隆昌行、中山石岐的信昌银号、广州湾的联安银号、柳州的百利烟行互为联号，"专营找换汇兑"业务。⑦ 1947 年该银号与广州豫昌银号、新加坡永昌金铺、香港荣昌汇兑庄互为联号，"汇兑两粤南洋各地银信"业务。1949 年该银号与石叻永昌金铺、庇能新昌金铺、吧生其昌金铺、吉隆坡利昌金铺、芙蓉永昌隆金铺等 18 家南洋批信局，以及香港郑锦发批局、荣昌汇庄等互为联号，经营南洋侨汇业务。⑧ 其旧址现为广州市文物保护单位。

广州批信局通过香港批信局在海外招股以扩大经营。经广东省建设厅批准备案，1929 年广州华侨兴业储蓄公司委托香港德荣银号、广州永生银号和成发银号为收股处，向"外埠招股"⑨。

香港批信局在广州设有分局或联号接驳侨汇。香港道亨银号在广州设立分行经营"汇兑找换"业务。⑩ 永泰银号以"广州市钜福号、联安号，澳门恒益银号、恒盛金铺"为通讯处，经营侨汇业务。⑪ 嘉彰庄专营"星洲、暹罗、汕头、

① 《贬值影响已成过去 经港侨汇复常》，《大同日报》，1949 年 10 月 3 日第 5 版。
② 《港穗汕工商近状》，《南洋周报》1949 年第 25 期。
③ 《广东金融管理实施问题》，《商业道报》，广东省商会联合会经济研究室委员会，1948 年第 1 卷第 2 期。
④ 袁丁：《民国政府对侨汇的管制》，广东人民出版社，2014 年，第 116 页。
⑤ 《天宝金铺》，《大光报》，1942 年 4 月 4 日第 2 版。
⑥ 《澳湾大丰银号》，《大光报》，1942 年 7 月 30 日第 2 版。
⑦ 《联安银号》，《大光报》，1942 年 7 月 30 日第 2 版。
⑧ 《香港邮工》，香港邮务职工会宣传部，1949 年第 1 期。
⑨ 《华侨兴业储蓄公司启事》，《七十二行商报》，1929 年 8 月 10 日第 8 版。
⑩ 《香港中山侨商会特刊》，1946 年。
⑪ 《香港永泰银号》，《广东省前锋日报》，1946 年 2 月 14 日第 1 版。

广州国内各埠汇兑"业务。① 均源汇兑庄经营"两广汇兑快捷妥当",同时承接"同业委托代理"业务。② 香港宝丰银业有限公司"专做汇兑华侨银两"业务,在广州设立宝丰银业粤局,接驳香港、广州、四邑三地之间的华侨银信业务,在台山蟹岗埠设立分行,对"外洋汇款邮费带工酌量收取,纸水时价如数奉还"。③

香港银行在广州的侨汇经营同样繁荣。香港华商银行"兼营按揭汇兑",在广州和上海设有分行,在安南西贡设有汇理处,在美国纽约、旧金山等地设有代理处,④"故汇兑四通、交收快捷,凡经营洋行办庄或供给子弟出洋者甚望赐顾"⑤。香港东亚银行在广州十三行 32 号设立支行"专做中外汇兑生意,藉以利便同胞。凡欧洲美洲日本各国俱有代理,南洋上海并设有支行"⑥。广州支行升格为分行后迁往广州兴隆马路。⑦ 1923 年 8 月,香港国民商业储蓄银行广州分行在西堤二马路开业⑧,"专做按揭、汇兑、储蓄定期活期存款等生意",凡储户均可获得该银行送出的"新式储蓄银箱"一个。⑨ 1936 年香港汕头商业银行广州分行在拱日东路 54 号开业。⑩

商办广东银行于 1912 年 2 月在香港创办,是首家在香港注册成立的华资银行。在广州、上海、汉口及旧金山、纽约、暹罗等地设有分行。⑪ 1947 年 4 月同时在香港、广州、上海、汉口及美国三藩市向优先股东派发 1942—1946 年第一优先股息和 1942—1943 年第二优先股息。⑫

工商银行 1917 年创办于香港。1925 年设立广州分行后"营业日形发达,美洲及南洋一带华侨汇款多由该行调剂办理"。"工商银行为华侨唯一金融机关,素以稳健不冒险为宗旨。"⑬ 创办后改变了美洲侨汇的经营格局,"过去美洲华侨的汇款绝大部分由外国银行办理。自工商银行成立后,特别是(该银行)整顿业务后,对北美华侨的影响日益增加,广大华侨认为它是华侨银行,多把汇款转

① 《香港邮工》,香港邮务职工会宣传部,1949 年第 1 期。
② 《香港邮工》,香港邮务职工会宣传部,1948 年第 5 期。
③ 《香港爱群人寿保险有限公司广州分行开幕纪念刊》,1937 年。
④ 《香港华商银行广州分行广告》,《羊城报》,1912 年 5 月 24 日第 1 页。
⑤ 《华商银行》,《七十二行商报》,1924 年 5 月 22 日第 9 版。
⑥ 《东亚银行广州支行启事》,《美洲同盟会会刊》,广州美洲同盟会,1927 年第 3、4 期合刊。
⑦ 《信用银行一览表》,《广州日报》,1934 年 10 月 22 日第 4 版。
⑧ 《广州民国日报》,1923 年 8 月 2 日。
⑨ 《香港国民商业储蓄银行广告》,《广州民国日报》,1923 年 11 月 1 日。
⑩ 《香港汕头商业银行广州分行开幕》,《广州民国日报》,1936 年 1 月 1 日第 3 版。
⑪ 《西堤商办广东银行》,《七十二行商报》,1929 年 8 月 1 日第 8 版。
⑫ 《广东银行有限公司股东公鉴》,《广东商报》,1947 年 4 月 3 日第 2 版。
⑬ 《工商银行新行落成》,《广州民国日报》,1928 年 6 月 14 日第 9 版。

至该行办理"①。1928 年 6 月，广州工商银行因"原址不敷（侨汇业务）应用"，迁往广州"金融中心之十三行"。② 工商银行"厚集资本开办多年，信用久著于海内外，而对于华侨之招来尤加注重。故在香港总行及上海分行特设侨务部以与侨胞接洽"。对美洲华侨"买单寄来香港总行"之侨汇，"自当妥为转驳汇交"至"内地各墟镇，以利便侨胞汇款回乡"。当华侨将"定期存款或储蓄存款""寄来即当原船发回凭薄，依期付息"。"若储蓄款项以为子弟留省（广州）读书随时支取之用，省城分行亦能如命妥办。"③

"澳门商行办庄等在国内采购土产运澳外销，须先向港埠结购外汇方能起运。"1946 年，澳门商会函请"广州银行联合会及中央银行两机关，迅速在澳门设立结汇办事处以利商运"。中央银行粤分行电令广东省银行粤行"转饬该澳（门）分行复办结汇事宜"，恢复广州与澳门间的结售汇业务。④

粤港澳成为一个完善的侨汇区域。菲律宾益兴行设立汇兑部"接理省港澳佛广东内地银信"业务。道生堂参药行设立广胜汇兑局，在香港、广州和澳门设立分号"接汇四邑内地各埠银信"业务。

第三节　广州批信局的经营特征

广州批信局具有行业构成庞杂、经营范围广泛、受国内外经济变化影响明显等特征。

一、行业构成庞杂

"广州市因接近香港且属侨汇之枢纽，故在战前一般银钱业甚为繁荣，除银行外尚有银钱业商号约三百家。"⑤ 部分批信局为躲避政府监管没有在邮政局注册，取得侨汇营业执照，其中包括岑东升、余仁生、荣升、益栈、有信、广利、广源、南栈、广安以及成和等。⑥ 而广州余仁生是广府地区经营南洋侨汇最早、资本最雄厚、组织最为庞大的批信局之一。其总部设在新加坡，在暹罗、安南等

---

① 郭小东：《近代粤省二十余家商办银行述略》，《银海纵横——近代广东金融》，广东人民出版社，1992 年，第 154 页。

② 《工商银行新行落成》，《广州民国日报》，1928 年 6 月 14 日第 9 版。

③ 《工商银行》，《美洲同盟会季刊》，广州美洲同盟会，1928 年第 1 卷第 10、11、12 期合刊。

④ 《广东省银行澳门分行将恢复办理结购外汇》，《中山民国日报》，1946 年 11 月 24 日第 2 版。

⑤ 《穗工商业状况》，《前锋日报（六邑版）》，1946 年 11 月 23 日第 3 版。

⑥ 袁丁：《民国政府对侨汇的管制》，广东人民出版社，2014 年，第 48 – 50 页。

地有代理号，香港及广州有分局，其国内营业区域遍及粤省中部各县，① 在上海设有分店，在新昌、台山、中山、东莞、惠州、番禺、信宜、顺德、清远、鹤山、新兴、三水、四会、花县、高州、高要、增城、南海等地有 18 家分店。抗战胜利后，"国内批局亦有二百家左右，其中以汕头、海口、厦门、广州等处为最多。如余仁生庄规模至为宏大，力量非常雄厚，各地均有其分号"②。

批信局可分为"脚夫信局"和"轮船信局"两种。广州一些旅店为番禺轮船信局的接驳点或邮箱。1933 年 3 月广州东亚大酒店承接了香港陆海通有限公司送达的盖有"番禺（广州）轮船信箱邮件"邮戳的华侨银信。③

广州银钱业"内部组织多采合伙组织，间亦有独资经营的，且股东向（来）颇多亲友关系，对钱庄多负有无限责任"。"对于客户接触较频，内容详悉，（客户）殷实与否了如指掌。（当）客户有所需求，无不立即解决且处理业务手续简捷，故客户多乐与往来。"④

广州的金铺也经营银信业务。广州金城金铺代收"各国仄纸，花旗金单"，荣升金铺"代理南洋各埠汇兑银两"，广信行"代客买卖兼理汇兑"。"全市 200多家金饰店中也有不少兼营外币和侨汇买卖。"⑤ 部分书局及涉外机构也经营华侨银信业务。广州光东书局在四邑台城设立分局"兼接理外洋书信，各江汇兑"。中美旅行社广州分社除"招待侨旅"外，还经营"侨汇信托"业务。⑥

二、经营范围广泛

广州批信局与南洋批信局有密切的业务往来。"二战"前"暹罗首府曼谷一地"有"广帮（批局）五家"。⑦ 新加坡除广利银行、余仁生、春泰茶庄、永昌金铺和福安号等广帮批信局外，还有永生、大东亚、环球和统一等 13 家兼营银信的广帮客栈。⑧ 新加坡万和成汇兑信局"专收潮州、梅县、大埔、兴宁、广州、福建、琼州银信"。永利华公司百货商店"收汇琼、港、穗各地民信"。菲

---

① 姚曾荫：《广东省的华侨汇款》，商务印书馆，1943 年，第 11 页。

② 刘佐人：《当前侨汇问题》，广东省银行经济丛书，1946 年，第 15 页。

③ 李柏达：《世界记忆遗产：台山银信档案及研究》，暨南大学出版社，2017 年，第 32 页。

④ 谢络康：《论钱业的特点及其前途》，《商业道报》，广东省商会联合会经济研究室委员会，1948年第 1 卷第 2 期。

⑤ 《广州金管局工作概况》，《广东日报》，1948 年 5 月 3 日第 5 版。

⑥ 《中美旅行社广州分社广告》，《中山月刊》，广州市中山同乡会，1947 年复刊第 2 期。

⑦ 刘佐人：《当前侨汇问题》，广东省银行经济丛书，1946 年，第 15 页。

⑧ 《星洲十年》（星洲日报十周年纪念特刊），星洲日报社，1940 年，第 636 页。

律宾三益什货附设汇兑部"兼接汇兑省港内地"银信。[1] 1946 年 3 月，菲律宾昌兴公司将菲律宾中山小学女生捐赠的 700 万元国币，通过广州道亨银号汇交广东省主席罗卓英。[2] 同年 10 月，"菲律宾粤籍华侨将第一批募得捐款国币二千万元"，通过"菲港昌兴汇兑信托局电汇罗主席，以为救济灾黎之用"[3]。

金城金铺广告[4]

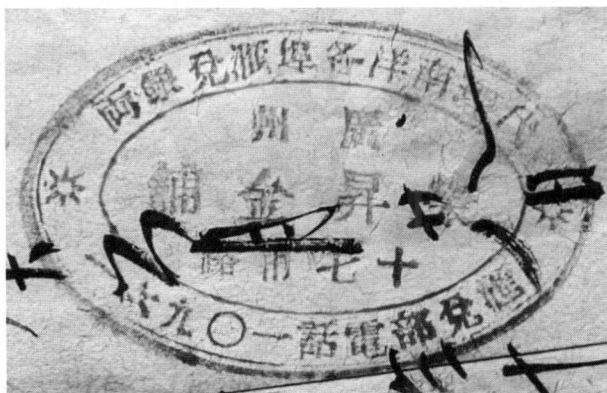

荣升金铺实物印记

---

① 《菲律宾粤侨各团体联合会复兴纪念刊》，1946 年。
② 《菲律宾粤侨各团体联合会复兴纪念刊》，1946 年。
③ 《菲侨捐国币二千万电汇罗主席救灾黎》，《前锋日报（广州版）》，1946 年 10 月 24 日第 3 版。
④ 《金城金铺》，《岭南日报》，1947 年 1 月 3 日第 5 版。

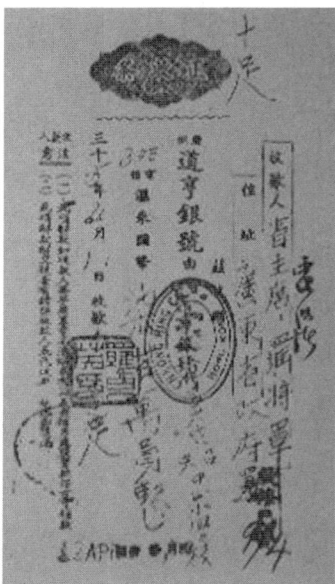

广州道亨银号侨款收据实物①

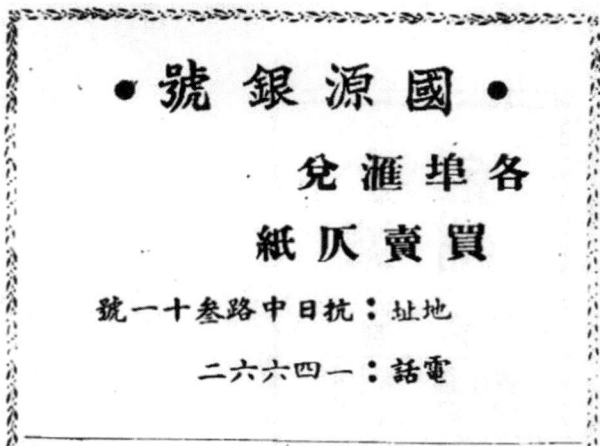

广州国源银号广告②

　　广州批信局与南洋批信局互为联号，或为其分号或派发银信处。广州何信昌庄与越南堤岸的何信昌互为联号，接驳越南华侨银信业务。广州聚丰公司与新加坡丰盛合记，香港聚丰公司，琼州、海口和嘉积三地的聚合昌以及上海聚丰公司互为联号，③ 接驳南洋华侨银信业务。抗日东路（今和平东路）的国源银号、恒隆银号分别与香港恒隆银号、开平赤坎的民信银号、长沙的恒生银号互为联号④，"专做四邑、广州、香港各埠汇兑，代客收仄，买卖港单金条"等业务。⑤ 广州恒济银号为泰国暹京的陈华兴信局的"派发银信处"。广州道亨银号为新加坡杨人月金铺汇庄在国内的代理商号。⑥

　　广州是金山庄货物进出内地的集散地。1949 年 11 月初，"广九铁路往返深圳之客货混合列车货物寄运挤拥，每列车运载（货物）达三四百吨，因车卡不敷容量，顿积待运甚众"。"积压（在广州）大沙头待运者多为金山办庄箱头货

---

①《菲律宾粤侨各团体联合会复兴纪念刊》，1946 年。
②《国源银号》，《经济评论》1946 年第 1 卷第 2 期。
③《新加坡汇业联谊社特刊》，新加坡汇业联谊社，1947 年。
④《广州市商会周年特刊》，广州市商会，1947 年，第 10 页。
⑤《广州恒隆银号广告》，《前锋日报》，1946 年 2 月 18 日第 6 版。
⑥《新加坡汇业联谊社特刊》，新加坡汇业联谊社，1947 年。

物，以水结、荔枝干、牛皮、山货等为多。"①

广州批信局的通信设备精良，有的在"室内（安装了）十多个电话，还有与各地通讯的私设电台，三数分钟内可以得到上海和香港的来回消息"②。"永泰隆银号私设的电台是超短波小型收发报机装置，其性能效果很好。"③ 广州批信局随时与海外批信局沟通信息，并迅速传递给省属各地批信局。广州佑安银号在番禺市桥，佛山，顺德勒流、容奇、大良，中山石岐，江门等地开设了八家分店。天华银号与台山天华银号互为联号接驳美洲银信业务。"佛山银铺与广州银业界因有交收之关系"，佛山"多数殷户将所存现金移运省城"储存。④ 顺德大良的慎言银号，黄连西市（今顺德勒流）的信隆银号，陈村的大德银号、用和银号、祥和银号、裕元银号等都是广州银信的接驳点。

广西容县的善和号侨汇庄是广州翰鸿福、正和堂、和安庄、永昌叻庄、北记庄、森昌庄以及德昌行等在广西的代理商号。20 世纪 30 年代在海口从事广州银信接驳的商号有七八家。1934 年海口代理商号经办的广州侨汇在 1 000 万元以上。⑤

广州侨汇为各地代理商号带来丰厚利润。广西容县夏广胜"代广州汇庄分解侨汇所获的佣金，可维持全店几个工友的生活、工资和铺租"⑥。各地批信局纷纷入驻广州。1927 年 4 月，台城的岭海银行广州分行在广州"开张甫数月，各埠互订来往者极多"⑦。梅县金生银庄"向来仅做暹罗一部分批信汇兑"。1933 年 6 月"因扩大营业，特设分庄于各通商大埠"，并以广州德泰银业公司为代理处。⑧ 1935 年 2 月，金生银庄在广州开设金生庄经营南洋侨汇。⑨ 梅县陈富源汇兑庄"专营广州、上海、汕头、香港以及南洋各埠汇兑，无论信汇汇票均极快捷"⑩。梅县建丰汇兑庄"备足资本，专营粤港汕沪及南洋各属电汇、票汇、信汇、信托一切银业生理"，在广州、佛山、梧州、南宁、惠州以及梅县五属均设代理店。⑪

汕头商业银庄在梅县设立分庄"专营银业及国内外汇兑"业务，与"英荷

① 《大量输出金山庄货物堆积广九站待运》，《国华报》，1949 年 11 月 12 日第 2 版。

② 《广州"华尔街"》，《环球报（晚刊）》，1946 年 10 月 18 日第 2 版。

③ 邱庆铺：《解放前几年的广州金融投机活动》，《广州文史资料》，1982 年第 26 辑。

④ 《佛山商业与金融之现状》，《广州民国日报》，1929 年 1 月 24 日第 6 版。

⑤ 黄振彝：《不堪回首去年海口市之营业概况》，《琼崖实业月刊》，广东省建设厅琼崖实业局，1934 年第 4 期。

⑥ 封祖逸：《容县侨汇庄简况》，《八桂侨史》1987 年第 2 期。

⑦ 《岭海银行有限公司》，《美洲同盟会月刊》，广州美洲同盟会，1927 年第 3、4 期合刊。

⑧ 《金生银庄扩大营业广告》，《梅县日日新闻》，1933 年 6 月 7 日第 1 版。

⑨ 《金生银庄增设汕头分庄启事》，《梅县日日新闻》，1935 年 2 月 24 日第 1 版。

⑩ 《陈富源汇兑庄》，《梅县日日新闻》，1936 年 10 月 13 日第 8 版。

⑪ 《建丰汇兑庄营业广告》，《梅县日日新闻》，1930 年 11 月 11 日第 2 版。

各属处处均有联络,利便非常"。1930年9月该银庄分别与孟加锡的中原庄、泗水的元茂庄、巴城的李义丰、勿里洞的万春堂、毛里寺的嘉隆庄等21家南洋批信局互为联号。在广州、江门、东莞、广西等地"均有股实字号(银号)代理送交"南洋银信。业务办理快捷,"用电汇者即日兑交,买汇票者见票即兑,由信汇驳者无论各属(市)区乡村远近一律送交,担保无失。无论多少一体欢迎,随到随交,决无延误"。华侨"赐汇时""当即汇交。限日换取收款人回单"①。

省属部分私营侨汇联营机构,如台山县城区私营侨汇联营处、三埠镇私营侨汇联营处、赤坎私营侨汇业联营处及梅县私营侨批业联营处等在广州设有办事处。

1928年由广州寄往香港的回批为22.5万件。1929年广州收到香港批信7 115件,海峡殖民地批信1 815件,由广州寄往香港的回批总包为4 972件。广州沦陷前夕,永昌、南栈、有信、联兴、天宝、灵芝谷及余仁生等批信局仍办理了44封南洋批信。部分区域的银信业务被广州批信局所垄断。广安号、保安和号及幸福华侨通讯处专营番禺的美洲银信。余仁生银号专营粤省中西部地区的南洋银信。② 1948年1月底,广州金融管理局在"故衣街裕大银号顾客韩某身上检获⋯⋯电报底稿一纸,该收条载明收到国币一亿七千余万元"③。广州批信局的经营规模之大可见一斑。

"广州的银行除四行两局及省市银行外,其余地方及私营银行多为川、湘、浙、赣、闽等省银行的分支机构,对广东及各县地方情形不熟悉。"④ "广州工商业的资金融通、贷款汇兑、侨汇转驳及丝茶等特产的运销,向非国家行局及商业银行所能协助。而均为本市钱业补助的成绩。"⑤ 国家行局及商业银行在与"贸易对象的侨汇沟通"中"未能办理驳汇,只有依靠广州市内的钱业了"⑥。因此,即便是银行和邮局林立,广州批信局的经营规模在粤省也是屈指可数的。

三、行业发展受国内外经济变化影响明显

广州侨汇业源于国际贸易,国内外经济的发展变化对广州侨汇业的影响明

---

① 《商业银庄汇兑广告》,《梅县日日新闻》,1930年9月12日第1版。

② 姚曾荫:《广东省的华侨汇款》,商务印书馆,1943年,第3页。

③ 《金管局捕捉银虱》,《环球报》,1948年1月27日第4版。

④ 谢绍康:《论钱业的特点及其前途》,《商业道报》,广东省商会联合会经济研究室委员会,1948年第1卷第2期。

⑤ 《广东金融管理实施问题》,《商业道报》,广东省商会联合会经济研究委员会,1948年第1卷第2期。

⑥ 谢绍康:《论钱业的特点及其前途》,《商业道报》,广东省商会联合会经济研究室委员会,1948年第1卷第2期。

显。第一次世界大战期间，广州五洲银号、荣升批局等相继开张营业。广州余仁生药业局在国内广泛设立分号或代理店，业务范围不断扩大，成为盛极一时的批信局。[①] 世界经济危机爆发导致粤省侨汇数量激增，广州新增的批信局超过 10 家。随后世界经济陷入困境，"广州厦门各处（的侨汇收入）亦莫不激剧减少"[②]。

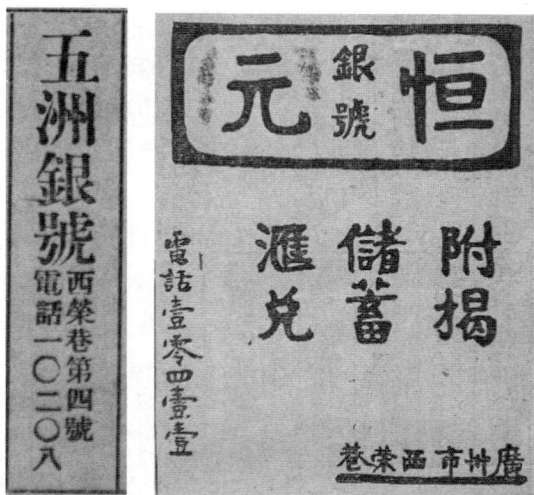

广州五洲银号和恒元银号广告[③]

抗日战争期间，广州的沦陷使中国的海上运输线路被完全切断。[④] 广州银号或偃旗息鼓转营他业，或迁往内地继续经营。例如，广州信昌银号于 1935 年在十三行西荣巷开业后"经营找换汇兑"，广州沦陷后该银号不甘被压榨，"将所业结束。由前经理将股本盈余分派清楚后，撤退内地"继续营业。抗战胜利后"复员回穗，爰集新股，扩增资额，租定十三行 66 号门牌经营汇兑找换"业务。[⑤]"因侨汇官定挂牌与黑市汇率悬殊太甚，致令批信局收受侨汇甚为旺盛"。[⑥] 回穗复员的银号达 120 多家。广州侨汇业务"以汇隆及道享等银号吸收者较多"[⑦]。"经当局迭次取缔后"，1946 年 4 月"存在者仅得五十余家，且大半尚未

① 陆青晓：《解放前广州的侨批业》，《广州金融》1994 年第 5 期。
② 萧冠英：《南洋华侨与中国》，《星华日报三周年纪念刊》，1934 年，第 109 页。
③ 参见《广东七十二行商报二十五周年纪念号》，1930 年。
④ 《正面战场的继续作战》，《中华民国史 第九卷（1937—1941）上》，中华书局，2011 年，第 207 页。
⑤ 《信昌银号启事》，《前锋日报》，1946 年 2 月 21 日第 1 版。
⑥ 襄才：《侨汇杂论》，《新加坡汇业联谊社特刊》，新加坡汇业联谊社，1947 年，第 92 页。
⑦ 姚曾荫：《广东省的华侨汇款》，商务印书馆，1943 年，第 37 页。

获得核准经营侨汇，只代办行号交收及四乡接驳，殊难发展"。广州批信局"业务一落千丈，大有今非昔比之概"。"余仁生银号向（来）经营港澳沪叻等地汇兑为业，近亦因未能获准办理侨汇无法维持"，于1948年4月宣布"自动停业"，并"呈报金管局依法清理"。[1] 虽于两个月后复业，但以"经营红花油、白树油、选制各项丸散"为主，暗中兼营侨汇业务。[2]

在广州批信局正常的侨汇业务不断萎缩的同时，中国银行广州分行经办的侨汇数量激增。"过去每月为数不过数十亿元，近月来已增至百余亿元。"1947年4月上中旬"已达到二百亿元"[3]，使"广州的金融市场与其它商品市场比较，形成了强烈的对比。商品市场门可罗雀，而金融市场则门庭若市，大有众人皆衰我独尊之概"[4]。

广州批信局与广州各大银行之间，在侨汇经营上形成了此消彼长的不正常状态。

第四节　广州水客的经营

广州是国内水客"巡城马"的集散地。巡城马穿梭于广州、香港及广府其他地区之间，给侨眷带来种种便利。新会侨眷出售仄纸"不一定交（当地）银行或钱庄"，而直接"带到经常行走于广州与新会之间的船上找寻'水客'"，"将仄纸（及手续费）交与该船的账房汇收，托'水客'带去（广州）。水客有该船的账房记账担保，所收各款全靠信用，并无收据发还"[5]。芦苞市（今佛山三水）"由南洋汇返之侨款多先汇返香港，然后由水客带返内地，或由香港各商店转汇本市商号代交"[6]。

1938年3月，财政部宣布禁止携带包括一切中外钞票在内的五百元以上钞票出境，一些携带港纸赴港的水客改为携带仄纸。广州"仄纸价格（因需求量大增）竟超过港纸的市价之上，即发生贴水的现象。四邑各商号、银号把购进的仄纸，随时委托水客携往广州或香港出售牟利"[7]。

国内"水客人数众多，行踪至无一定，其姓名地址又非邮员所能探悉"。1927

---

① 《钱银业业务一落千丈　余仁生号停业清理》，《广东商报》，1948年4月1日第8版。
② 《广州余仁生药行复业》，《广东商报》，1948年6月25日第8版。
③ 《中行侨汇激增》，《广东商报》，1947年4月22日第3版。
④ 《广州经济近况》，《中山民国日报》，1946年7月23日第4版。
⑤ 刘征明：《南洋华侨问题》，国立中山大学社会研究所编辑，金门出版社，1944年，第188页。
⑥ 《芦苞经济情况》，《广东省银行季刊》，广东省银行经济研究室，1941年第1卷第2期。
⑦ 中国银行广州分行史编写组：《广东中国银行历史资料汇编（1919—1949）》，1998年，第85页。

年前后行走于香港、广州及广府地区之间的巡城马为 300 余人。每人每天经派的批信约为 200 件，普通批信每封收费 4 分，批信回执每封收费 12 分。[①]

侨汇跑差由广东邮政管理局雇佣，有正式雇佣和临时雇佣两种。入职时需由殷实商号作担保，工作期间穿着制服。邮政储金汇业局的侨汇跑差制服 "其式样与颜色可仿照信差制服或邮差号坎办理。惟为免与信差邮差等混淆起见，所有制服之帽章及银扣等标志与号坎上字样请另行设计，以资识别"[②]。

第五节　广州银业公市的影响

一、历史溯源

康熙十四年（1675）前后，广州银业公市设市于西关珠玑路连珠里忠信堂内，当时称为银业公所，一直为忠信堂的营利机构。1925 年 "为利便同业间之集合买卖起见，即于西荣巷二十号开设银市，作为全行买卖场所"[③]。1937 年初改组为 "货币证券贸易场"[④]，又称为 "金融贸易场"[⑤] "十三行金银市场"[⑥] 等。"广州市买卖仄纸的业务集中于十三行一带。"[⑦]

鉴于市面上操纵纸币买卖之风日益盛行，1914 年 3 月广州都督府会衔民政司发布公告：银业之间买卖只准在广州银业公市内开盘，每日准开两市：午市为正午 12 时，早市为下午 4 时。每市为二三个小时，时间一到便摇铃开市。改组为 "货币证券贸易场" 后，"每日上午十点开市，至十二点四十五分闭市；下午二点开市，至四点四十五分闭市。如届时有交易未终者，得延长时间，但不得超过十五分钟。一经第二次摇铃即须停止买卖，宣布闭市。如有违背定章，在场逾时买卖，处罚一百元"[⑧]。

---

①　袁丁：《民国政府对侨汇的管制》，广东人民出版社，2014 年，第 131、112 页。

②　袁丁：《民国政府对侨汇的管制》，广东人民出版社，2014 年，第 87 页。

③　《广州市银业沿革及复员后之概况》，《广州市钱银商业同业公会元旦特刊》，广州市钱银商业同业公会，1948 年，第 1 页。

④　《稳定金融基础　货币证券贸易场成立　买卖规则亦经拟定》，《广州民国日报》，1937 年 1 月 26 日第 3 版。

⑤　《大事记》，《广东省银行月刊》，广东省银行经济研究室，1937 年第 1 卷第 1 期。

⑥　《十三行市场成交渐多》，《国华报》，1949 年 10 月 20 日第 4 版。

⑦　姚曾荫：《广东省的华侨汇款》，商务印书馆，1943 年，第 7 页。

⑧　《稳定金融基础　货币证券贸易场成立　买卖规则亦经拟定》，《广州日报》，1937 年 1 月 26 日第 3 版。

广州银业公市的门禁非常严明，交易人员须凭省财政厅颁发的"金银入市证"，佩戴有公会标识的襟章才能进入银业公市。金银入市证要"分别填明店号或姓名住址，入市证章字号呈厅再核"才能生效。停业的会员银号"拒绝入市买卖"①。1934年4月"领有金银入市证"的银号有136家。② 怡昌等7家已"执行制止营业"的银号被禁止入市交易。被禁止入市交易的银号如"有秘持证入市交易者，须由银业公会负完全责任"③。1937年，省财政厅核准入市交易的经纪人有60~80人。④

经纪人大多提前一小时进入公市并自由买卖。开市前10分钟各种交易已呈白热化。经纪人分为"好友"和"淡友"，买入者为好友，卖出者为淡友。他们携带日记簿、铅笔等随时记录，记录内容古怪离奇，为业外人士所不知晓。各项成交价格"标贴于公市内前座右隅墙壁上，如多数不同意即酌改，至无异议时即作议定"。议定价格随后编成《金银行情单》向外发布。⑤ 各地银市据此制定当地的侨汇买卖价格。在广州银业公市价格的拉动下，巨额侨汇在各地流动。

广州银业公市"交易繁多时挤拥不堪，其叫嚣之声不亚于纽约、伦敦及巴黎的交易所"⑥。买卖成交后无须订立单据，双方各守信用，不得反悔。

没有取得金银入市证的"银蠹"和"剃刀门楣"等只能在场外交易。"银蠹"是对没有取得买卖资格的金融投机者的称谓。他们聚集在广州十三行和太平路一带，使十三行这条"广州'华尔街'"成为闻名遐迩的黑市侨汇买卖街区。"十三行（路）虽然并不长，也不宽"，"但它所起的作用却和纽约的华尔街一样，时时震撼着广州"乃至"华南（地区）人们的神经，控制着人们的生活"。在"十三行总能见到一群人，左手拿着一小簿子，右手拿着一支铅笔，匆忙地来，匆忙地去"。其背后是银号、找换店、金铺等侨汇业商号。他们"轻轻地在纸上一划，把算盘珠子一扬，把电话一摇，把电文一发，即可拨动市货摇动物价，立即成为巨富"。⑦

"剃刀门楣"是对没有取得合法营业执照的黑市侨汇商号的称谓，包括路边钱兑店、找换店及"标明港币价（格）"的香烟贩商等。⑧

---

① 《严禁停业找换店入市》，《越华报》，1934年5月2日第5版。

② 《财厅拟制发银业水牌》，《越华报》，1934年4月29日第4版。

③ 《制止银店入市买卖》，《越华报》，1934年5月8日第5版。

④ 《找换业拟组买卖场》，《越华报》，1937年5月11日第6版。

⑤ 黄毓芳：《简述广州银业公市情况》，《广东文史资料精编（第3卷）》，中国文史出版社，2008年，第219页。

⑥ 区季鸾：《广州之银业》，国立中山大学法学院经济调查处丛书，1932年，第95页。

⑦ 《广州"华尔街"》，《环球报（晚刊）》，1946年10月18日第2版。

⑧ 《杜绝非法炒卖 扑灭地下钱庄》，《越华报》，1949年12月6日第2版。

"剃刀门楣"是特殊历史时期的产物。广州"经营银业商号（抗）战前统称
'银号'，并均须向（省）财厅领有营业牌照，方准加入银业公会为会员"。广州
"陷敌期内设立之银业商店，伪府规定一律改称'钱庄'，不得沿用'银号'"。
因此，广州钱币找换店"与银钱庄号无异，多以买卖外币黄金公债及办理汇兑为
主要业务"。抗战胜利后"十三行向以钱庄（为）称号者，纷纷觅取旧牌照，改
易店名，以延续营业"。① 但国民政府"为严肃管理金融市场起见，（认为）找换
店拟无单独存在之必要"而拒绝颁发营业执照。② 无法改易店名的找换店被迫转
入"地下"，成为"剃来剃去，剃出剃入，剃尽人间财宝聚大团结，集中刀口向
官决"的"剃刀门楣"③。"此辈业集中在十三行、太平南、抗日东路等处"④，
联手操控广州的黑市侨汇价格。

二、对各地银市的影响

"四邑各县城及大墟镇买卖厂纸的汇价，系根据当天广州及江门同业的行情
报告"确定的。⑤ 广州银业公市在演变过程中所形成的各种交易规则又为各地银
市所运用。

（一）对香港金银贸易市场的影响

"香港与本省仅一衣带水之隔"，"港庄与穗庄密切及长久历史实非外力一时
所能根断"。⑥ "广州银业公市是广州唯一的金银贸易市场，与香港金银业贸易场
相类似。"⑦

香港金银贸易场于民国元年（1912）开设时"定额二百六十家银号做会员。
每家会员缴行底港币伍佰元，年纳常费两元。正式会员每家可派四个代表入场买
卖"。"新开的银号想入场买卖，就只好待某一家会员银号倒闭的时候，出重价
跟它（倒闭银号）承顶入市证"才能进场交易。"没有入市证的银号、找换店和
个人"可交纳5%的保证金，"委托会员入场代买代卖"。

香港金银贸易场"每晨八时半开市，至上午十一时半散市。下午一时半开
市，至四时半散市。星期六下午和星期日整日都休息"，"以国币和港币两者的

① 《"银号"准暂照常营业　"钱庄"展限结束清理》，《前锋日报》，1946年2月22日第6版。
② 袁丁：《民国政府对侨汇的管制》，广东人民出版社，2014年，第273－274页。
③ 《剃刀门楣联谊会》，《环球报》，1949年4月6日第3版。
④ 《杜绝非法炒卖　扑灭地下钱庄》，《越华报》，1949年12月6日第2版。
⑤ 姚曾荫：《广东省的华侨汇款》，商务印书馆，1943年，第5页。
⑥ 《香港限制内汇透视（下）》，《广东商报》，1947年4月15日第8版。
⑦ 区季鸾：《广州之银业》，国立中山大学法学院经济调查处丛书，1932年，第95页。

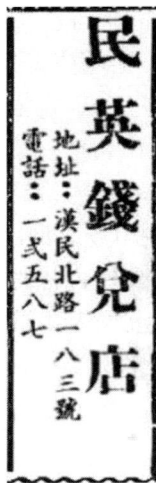

民英钱兑店①   剃刀门楣②

比价来做买卖"。"认为国币有上涨可能而买入"者为好友，"认为国币有下降可能而抛出"者为淡友。"在这里做买卖的人用不着拿出现金"，"在小册子里记上和某某买入（或卖出）若干。这个买卖便算成功了"。

总体上说，香港金银贸易场的交易形式和交易规则与广州银业公市类似。但作为国际金融贸易中心的香港，其金银贸易场的规模和通信设备是广州银业公市所无法比拟的。香港金银贸易场"场内的走廊窗口密密地排列着一百多副自动电话机。每一副话机都有人专司收发之责。他们不断地向各有关银号报告当时行情，也不断接收店里来电买入或卖出若干的命令"，"左右了香港的金融市场"，甚至"左右了整个华南的金融行情"。③

（二）对汕头香票市场等的影响

广州银业公市的交易规则在省属各地侨汇交易中仍然适用。汕头香票市场"只有携有入场证之会员方能进场（交易），否则只能委托会员代理买卖。每日上午十至十一时为开市时间，交易款项须当天受授，不得逾期；每日下午一时至六时为交收时间，至时买者以现款付给卖者，卖者以港单授予买者。交易以口讲为凭，价格及数额议定后则登记在案"④。

———————————

① 《民英钱兑店》，《环球报》，1947 年 1 月 4 日第 1 版。
② 《剃刀门楣》，《漫画广州》，广州国行出版社，1949 年，第 5 页。
③ 《金银业贸易场巡逻礼》，香港《华商报》，1941 年 4 月 13 日第 4 版。
④ 姚曾荫：《广东省的华侨汇款》，商务印书馆，1943 年，第 27 页。

汕头香票市场的规模无法与广州银业公市相提并论。1947 年中国银行汕头支行在报告中称："此间市面情形与穗市不同"，侨汇交易数量并不大，"倘一日间要购数千元（港币），必须逐家搜购方能奉成"。"汕市市面之狭小，我行高价收购港钞有投机之嫌。"

由于"广府地区的美洲侨汇数额远远多于汕（头）梅（州）琼（海南）和闽南地区的南洋侨汇，并且广府地区的美洲侨汇多以港币外币汇票（港仄或美仄）的形式分散于各侨眷手中，（并随时可）在香港转售，这就使广府地区的侨汇作为外汇的地下市场又远较汕梅琼和闽南地区为大"。因此，外逃侨汇资金"虽不是全部经穗市，却也大部分是经穗市的。这就使各地汇入广州（的资金）汇率特高，而从广州汇出各地（的资金）汇率特低，甚至补贴 30% 以上"。① 尽管汇入汇出价差较大，但大量游资仍然源源不断涌入广州。1948 年 4 月上半月涌入广州的资金不下数万亿元。仅 4 月 16—17 日两天，涌入广州的游资就达 5 000 亿～6 000 亿元法币。②

（三）穗市行情对各地银市（侨汇交易）的影响

"星期日广州外币无市"③，广州银业公市不向外发布价格行情。虽然各地墟镇侨汇市场照常营业，但"各钱庄也取其闲情逸致，不买也要摆个姿态"④。1946 年 12 月 15 日"星期天广州金融市（场）休息。（中山）石岐黄金及外币一致下跌"⑤。1948 年 2 月 1 日"因值星期日，穗市无盘，省电停报"，开平三埠金融"炒家不敢盲进，是以趑趄不前，皆存观望之心"⑥。

1946 年 10 月初，台山"金融市场经过一场狂风暴雨，有的拾得巨风柴，有的却受倒树榻屋之损失"⑦。13 日，台山"金融行情狂风渐过转入牛皮，惟在好淡友的勾心斗角角逐中不免有轻微闪缩，炒家多作静观态度，买卖两闲"。"十点左右，市略有醒意，好友极力捧台，徐徐上扬。""午市企稳，虽未能有力上涨，惟好友正准备活动，睇好者多，存仓不予放出，至市场颇为冷静。"⑧ 16 日，台山"淡风吹遍市场，毫无光彩。港仄昨早盘成交为九二七，随后在左右闪

---

①　刘佐人：《港澳经济的交流于全国经济的影响》，《金融与侨汇综论》，广东省银行经济研究室，1947 年，第 10 页。

②　袁丁：《民国政府对侨汇的管制》，广东人民出版社，2014 年，第 268 页。

③　《外币市道牛皮，米市续向下泻》，《大同日报》，1946 年 10 月 14 日第 2 版。

④　《金融独风渐过，米市涨势转软》，《大同日报》，1946 年 10 月 13 日第 2 版。

⑤　《昨日商情》，《中山民国日报》，1946 年 12 月 16 日第 1 版。

⑥　《港纸呈俏醒　海味颇疲捱》，《开平日报》，1948 年 2 月 2 日第 3 版。

⑦　《金融转疲弱，谷米向上扬》，《大同日报》，1946 年 10 月 9 日第 2 版。

⑧　《金融独风渐过，米市涨势转软》，《大同日报》，1946 年 10 月 13 日第 2 版。

缩"，"淡友大量抛出，市情一推倒下，好友不敢抬头"。① 17 日 "午市急速直
泻，有似狂澜不可抑止，瞬间回九字以内。午后冷落可怜，炒家莫敢雪中送炭，
仅以冷眼相看，毫无惜玉意图。晚市好友实施青睐，市转清醒，力扳回五六点
子"②。18 日 "黄金外币猛向下泻，好友频呼'吃芋仔'。所谓升得高，跌得低。
港仄随因吃不消再降一点子"③。

第六节　对"订交粤双毫"的探究

华侨汇款回国时将款项交当地批馆，"批馆即将款折成华币。一面付给汇款
者收据一纸，汇款者则留下家信一封"；一面在"封面上批明汇款数目"及在国
内兑换时所支付的货币类型。④ "南洋（华侨）所汇寄之侨款"有指定银圆、唐
银或中央币等硬通货支付，⑤ 也有"订交粤双毫"。美洲银信大多提及"双毫"
的分配及用途。

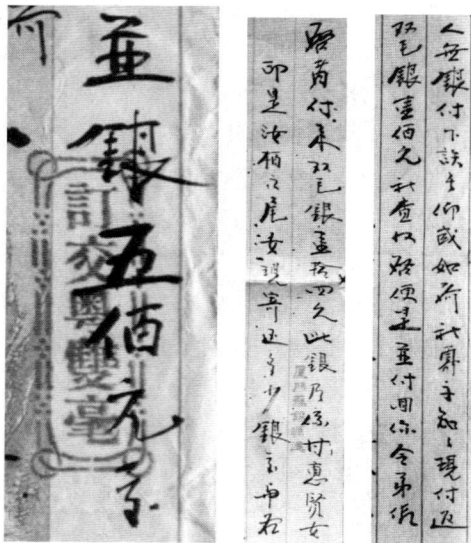

"订交粤双毫"的银信封及提及"双毫（毛）银"分配及用途的家信局部

① 《外币猛向下降，米市又转生硬》，《大同日报》，1946 年 10 月 16 日第 2 版。
② 《金钞昨均猛泻，港币朝软晚硬》，《大同日报》，1946 年 10 月 17 日第 2 版。
③ 《金钞继续猛泻，港币剧降后醒》，《大同日报》，1946 年 10 月 18 日第 2 版。
④ 刘征明：《南洋华侨问题》，金门出版社，1944 年，第 188－189 页。
⑤ 陈炎勤：《侨汇与国币》，《新加坡汇业联谊社特刊》，新加坡汇业联谊社，1947 年，第 100 页。

国内批信局按照封面上订交的货币类型支付侨款，同时收取"带工费"。带工费的多少视银信传递距离远近或金额大小而定，"粤双毫"是带工费的一种计价标准。例如，岭海银行广州分行根据银行汇票（银赤）金额的大小收取带工费。"每张银赤在五十元以上者，每百元收工银双毫三元正；每赤在五百元以上者，每百收工银双毫二元五毫正；每赤在一千元以上者，每百收工银（双毫）二元正。"①

作为一种辅币，粤双毫之所以能脱颖而出，成为华侨指定的支付货币，与近代粤省特有的"毫洋制"密不可分。毫洋制也称为银毫制、毫银制、毫币制和小洋制等。这种"其实就是双毫本位"②的货币制度源于粤省、盛行于粤桂两省而通行于中国南部大部分地区。

一、粤双毫产生的历史背景

广州为华洋辐辏交集之地区，贸易繁盛而币制紊乱。1854 年墨西哥鹰洋经广州流往国内各地。1910 年在中国流通的外国银圆约有 11 亿枚，墨西哥鹰洋占了三分之一。由于"国内通货银圆极杂，标准重量每元为七钱或七钱二分。计有墨西哥之飞鹰，日本大正之苍龙旭日"等。外商可"以九成之墨币易我十足之纹银"③，导致白银大量流往国外。而"外国洋元大量在国内流通，无异于外币是中国通货一样，（使中国）每年对外漏卮不少。为了挽回国家权利"，光绪十三年（1887）正月二十四日两广总督张之洞奏请清廷试铸银圆。④ 光绪十六年四月二十六日粤官钱银局开铸七二正版龙洋，开创了中国机器铸造银币之先河。

广东七二正版龙洋仿照鹰洋制式，因其铸有蟠龙一条而俗称龙银或龙毫。主币成圆称为龙圆或大洋，辅币称为龙毫或毫洋。根据《开办官银钱局行用铜元银元票详定章程》，"粤省通用银圆有成圆毫子之分"。粤官银钱局会同善后局出示晓谕令商民一体遵行。"一成元等于两个中元、五个双毫、十个单毫或二十五个五仙，每一个单毫等于 100 个制钱，按十进位计算，无须公估及过秤。"

广州龙毫问世前，香港单毫（一角）和 5 仙（半毫）已在粤省各地流通。"广州造币厂铸造的龙毫龙圆因与港毫港元联系，成色与港毫相仿。港小洋多造单毫，而双毫极缺。广铸龙银双毫面世后，首先流入香港市场行用达二十余年"，

---

① 《岭海银行有限公司》，《美洲同盟会月刊》，广州美洲同盟会，1927 年第 3、4 期合刊。

② 李泰初：《广东铸币数量与成色之研究（一）》，《广东省银行月刊》，广东省银行经济研究室，1937 年第 1 卷第 2 期。

③ 《论各埠钱庄迭倒之原因》，《广东劝业报》1908 年第 57 期。

④ 人之：《银元的今昔》，《穗商月刊》，广州市钱商业同业公会，1949 年第 4 期。

弥补了香港小洋设计上的缺陷，逐步成为一种基准货币。"在光绪三十年以前，广毫对港毫及汇丰钞票一向保持平衡，价值无所高低。"① "光绪三十四年，英公使以香港地邻粤省，粤铸小银元（双毫）因无限制而致香港商务大受影响，照会度支部咨粤停铸小银元。文到，当即被度支部驳回。"②

"一战"爆发后，港英当局为"稳定港纸币值，乃禁止广东双毫在香港市面使用，且对于双毫与单毫之出口，均予以限制"③。但粤双毫"时值（大多）紧随物价而升涨，几与国币贬值成反比"。"港澳两地搜求银币（双毫）颇为殷切"④，其价格稳中有升。1941 年 4 月，香港金融市场每元粤双毫兑换 0.757 元港币⑤，8 月升至每元兑换 0.769 元港币⑥，升幅为 1.59%。因此粤双毫在香港禁而不止。

近代"广东素号首富之省"⑦，物产丰富而物价低廉。通行各地的大洋在粤省的商品交换中难以派上用场，在实际使用中也诸多不便。"因大洋既有种种之别，而印花夹铅等劣质大洋市面亦为数不少，受授之间，每枚均须检验，殊为烦琐。且携往银行存贮者，尤感困难。盖银行办公皆有一定之时间（限制），在此时间内，点收大洋之能力，既属有限，而超过此时间，银行则概不收受，又须重行携返"家中。因此粤省商民莫不喜毫洋"而恶大洋"⑧。"大元（大洋）一项，广州向少行使"⑨，"成元（大洋）或储藏或改铸，市上已少流通"⑩。

在实际使用中"中元（5 毫）亦非必要，逐渐减少"。"五仙及单毫体积过小过薄，容易磨损"，使用时尤感不便。而双毫币面设计合理，符合实际需要，而且"双毫（含）银质较低，（铸造发行）有利可图（官方）逐大量铸造"。于是"双毫畅行"，"遂代替了主币"⑪。"一切商场支付交收，悉以双毫 5 枚合成 1 元作为单位。广东金融从此与外省不同，而自成系统。在此后的数十年间，广东通货均以毫银作为主币行使，一切经济生活，无不受其支配"⑫。更重要的是，

① 沈琼楼：《广州市濠畔街和打铜街的变迁》，《广州文史资料》1963 年第 1 辑。
② 熊理：《粤币史要》，《广东省银行月刊》，广东省银行经济研究室，1937 年第 1 卷第 1 期。
③ 周斯铭：《五十年来的广东金融概况》，《广东文史资料精编（第 3 卷）》，中国文史出版社，2008 年，第 3 页。
④ 《国币贬值 双毫涨价》，《前锋日报（六邑版）》，1946 年 11 月 18 日第 3 版。
⑤ 《今午金融行情》，《华商报》，1941 年 4 月 14 日第 4 版。
⑥ 《今午金融行情》，《华商报》，1941 年 8 月 18 日第 4 版。
⑦ 沈琼楼：《广州市濠畔街和打铜街的变迁》，《广州文史资料》1963 年第 1 辑。
⑧ 《外国货币及汇兑市情》，《广州金融商情月刊》，广东省政府统计事务处，1929 年 11 月。
⑨ 《大洋涨价之种种原因》，《广州民国日报》，1928 年 6 月 13 日第 5 版。
⑩ 秦庆钧：《民国时期广东财政史料（1911—1949）》，《广州文史资料选辑》1983 年第 6 辑。
⑪ 秦庆钧：《民国时期广东财政史料（1911—1949）》，《广州文史资料选辑》1983 年第 6 辑。
⑫ 周斯铭：《五十年来的广东金融概况》，《广东文史资料精编（第 3 卷）》，中国文史出版社，2008 年，第 12 页。

"自从双毫普遍化以后，广东（人）的生活程度（水平）因为（货币）单位（的降低）无形中提高了"①。

广东开铸双毫时粤官银钱局②曾向英国汇丰银行贷款 300 万元作为铸造基金，但 300 万元"仅能济急一时。官钱银局（因）没有充足基金来购入生银作铸造双毫的原料，（便通过银号）向外商购入大批银砖，善价转售予清粤官钱银局"。当"官钱银局要把双毫发行出去，则由一群银号办庄为之接纳推出"。直到"北京邮传部向日本正金银行借到一笔款项分发各省应用"，粤"官钱银局的基金较为充裕，可直接与外商定购大量生银"铸造双毫后③，粤官银钱局与银号在双毫铸造上的利益瓜分才慢慢停止。因此，粤双毫从铸造发行之日起便打下了官商和谐共处的烙印，具有深厚的社会基础。

"自粤省创铸银币后，各省纷纷仿铸。光绪二十五年（1899），清廷以各省设局太多，成色分量难免参差，不便民用，着各省需用银圆，归并广东湖北两省铸造"④，这在客观上确保了粤双毫的流通地位。粤"双毫铸造较各省为多，不特流行全省，且通用于各省之间"⑤。光绪十六年至宣统三年（1890—1911）间，粤双毫的发行量为 7.25 亿枚，是成元的 38.6 倍、中元的 3 162.8 倍、单毫的 6.13 倍、5 仙的 69 139.7 倍。

双毫由辅币跃升成为实际流通中的主币，显然违背了龙洋发行的初衷。光绪三十三年，粤督周馥以市面上毫洋充斥、影响市场秩序为由，令广东官银钱局停铸双毫。1910 年清廷在《币制则例》中规定："中国国币单位，着即定名曰圆。暂就银为本位。以一元为主币，重库平七钱二分"。1912 年广东官银钱局在《官银钱局规复兑换银毫告白》中称："凡商场交易以及完纳钱粮俱以纸币为本位，银毫为辅助"。"银毫系属辅币，仅行用于不及一元之数。"⑥ 1914 年 2 月，北京政府颁布了《国币条例》，宣布废两改元。但"粤省视作主币者，则为二毫银币。国币条例所定一元大洋主币（在粤省）亦不流通"⑦。为了应付北京政府，粤省"仅袭取法币之名，以省市银行所发之毫券为法币，其发行准备，并不照中

---

① 李泰初：《广东铸币数量与成色之研究（一）》，《广东省银行月刊》，广东省银行经济研究室，1937 第 1 卷第 2 期。

② 当时文献中，"官银钱局"与"官钱银局"常混用，此处除引用文献外，统一用"官钱银局"。

③ 潘陆朋：《汇丰银行与陈廉伯操纵银业的活动》，《广州文史资料》1963 年第 1 辑。

④ 整理金融专员办事处：《中华民国十七年国税管理委员公署整理广东金融之经过》，1928 年，第 87 页。

⑤ 熊理：《粤币史要》，《广东省银行月刊》，广东省银行经济研究室，1937 年第 1 卷第 1 期。

⑥ 《官银钱局规复兑换银毫告白》，《民生日报》，1912 年 8 月 1 日第 3 版。

⑦ 整理金融专员办事处：《中华民国十七年国税管理委员公署整理广东金融之经过》，1928 年，第 88 页。

央规定办法"①。粤双毫在社会经济中的地位与作用"虽政府迭令更改而莫止"②。

民国元年（1912）粤省发行双毫的数量为 0.8 亿枚。两年后开始发行粤单毫。粤大洋则迟至 1915 年才开铸。③ 从各种毫银发行时间的安排上，双毫在社会经济生活的地位和作用可见一斑。毫洋成为"粤桂两省的省币"，"分（广）东毫、（广）西毫、中山毫及光绪年间的龙毫等四种。在民国二十六年以前为两广的流通币。当时两广毫子筹码够用，大洋很少流通"。④ 湖南、福建、云南部分地域也以双毫为本位。 "上海人每天看见的二角银币也差不多都是广东铸造的"。⑤

粤双毫的发行受国际政治经济变化的影响。"一战"期间交战各国打得筋疲力尽，对华供应的银条大为减少，导致广东造币厂铸币原料短缺。1916 年，粤双毫的发行量为 144 850 枚，为 1914 年的 0.34%；1917 年停铸粤双毫；1918 年粤双毫的发行量增加到 816 000 枚，为 1914 年的 1.95%。对粤双毫发行数量的研究是民国时期一个经济热点。"据《中国金融论》所载，广东'双毫'从民元到民十年间（1912—1921），发行的数量就达十亿零五千五百万枚之巨。"⑥ 由广东省银行经济研究室编印的《广东经济年鉴》认为，1912—1931 年广东造币厂共铸双毫 3.7 亿元（即 18.5 亿枚）⑦。抗战前夕，在粤省市面上流通的双毫的金额约为 3 亿元，达到 15 亿枚。⑧

粤双毫的价格是国家银行制定货币兑换价格的一个标准。1936 年 7 月初，广州毫洋价格由 575 元涨至 680 元。27 日，中国银行总行"接收粤行之电告为八百一十五元，即毫洋千元可易法币八一五元。总行方面以纵然激涨亦无一跃而增至一百余元之巨数，故遂宣告停汇。同时再电（粤）分行询问真相。刻已于二十八日晚接得电告，粤汇为六八五元，较以前又多五元，前日之电实属错误"。中国银行总行"于二十九日晨起已照常继续通汇，其行情为六八五元"。⑨ 国民党政府败退大陆前，中央银行决定以双毫为基准货币单位在广州发行金圆券。当时社会上流通的双毫主要有广州双毫、广西双毫和汕头双毫三个版本。由于"广州

① 《孔部长电邹宋彻底整理粤财政与金融》，《金融周报》，中央银行经济研究处，1936 年第 2 卷第 6 期。
② 熊理：《粤币史要》，《广东省银行月刊》，广东省银行经济研究室，1937 年第 1 卷第 1 期。
③ 《广东省志·金融志》，广东人民出版社，1992 年，第 52 页。
④ 《银子·毫子·铜镭》，《工商日报》，1949 年 7 月 2 日第 4 版。
⑤ 章乃器：《中国货币金融问题》，生活书店，1936 年，第 32 页。
⑥ 章乃器：《中国货币金融问题》，生活书店，1936 年，第 34 页。
⑦ 秦庆钧：《民国时期广东财政史料（1911—1949）》，《广州文史资料选辑》1983 年第 6 辑。
⑧ 李泰初：《广东铸币数量与成色之研究》（一），《广东省银行月刊》，广东省银行经济研究室，1937 第 1 卷第 2 期。
⑨ 《粤汇继续增高涨至六百八十五元》，《金融周报》，中央银行经济研究处，1936 年第 2 卷第 6 期。

双毫为正双毫成色较好，广西双毫和汕头双毫成色较低且不一致。于是规定以（广州双毫为基准）毛重按成色 68% 折合纯银，每市两兑给金圆券 3 元"①。在 1949 年 8 月 23 日至 9 月 22 日间，中央银行广州分行收兑的双毫达 13.8 万元。

1946 年 9 月底，广州侨汇市场"新旧双毫每元跃涨至"1 680 元。② 台城侨汇市场的双毫"因市情不动寂寂无闻，不为人们所注意，暂作休息状态"③。11 月底，开平侨汇市场的双毫涨至 1 730 元。④ 12 月底，开平侨汇市场的美元、英镑、港币、黄金等的买卖价格均有下跌，"唯独新旧双毫报醒报一九八（1 980 元）"⑤。三个月内，粤双毫的交易价格上涨了 17.9%。

二、粤双毫在海内外的流通

在粤省，"商场交易，政府收支概以毫币为主体，而中央银行分行之兑换券亦以毫币为准备金"⑥。1923 年 10 月，广州"填筑海珠"堤岸时向社会公开招标，要求投标人先缴交"押票毫银一万元。投得者即将该款抵缴产价。投不得者立将押票毫银发还"。同时发布了海珠堤岸地块的售卖方式。"一俟填筑工竣，除街道面积外，所得净地核定底价每井毫银一千元，以超过底价最高者得。"⑦ 各地的地价也多以毫银标价。抗日战争前夕，"珠江三角洲的沙田……每亩值三百元毫洋"，租田耕种时每亩"每年最高只需八九元毫洋的租钱"⑧。

广州银号支票和定期存款证券等均以"广东双毫银"为单位。1929 年 3 月，广州市银业行银业公会、忠信堂通告全行业："纸币与双毫一体并用"，"对于应交双毫者得以纸币代交，该收银店不能拒绝收银毫"，"所有收银收条，内书明中央纸币或双毫均有同等效力"⑨。在汕头，"毫洋地位在市面即占有相当之势力，交易场亦颇流通"，并以"广东造币厂之光绪元宝双单毫以及民国双毫"为主。⑩

1913 年 5 月，粤汉铁路有限总公司以"每股实收广东双毫银五元整"的价

---

① 《广东省志·金融志》，广东人民出版社，1992 年，第 148 页。
② 《金融又波动》，《前锋日报》，1946 年 9 月 29 日第 6 版。
③ 《金融醒中回淡 杂货市情荏弱》，《大同日报》，1946 年 9 月 19 日第 2 版。
④ 《国币贬值 双毫涨价》，《前锋日报（六邑版）》，1946 年 11 月 18 日第 3 版。
⑤ 《港币再被挫 独双毫报醒》，《前锋日报（六邑版）》，1946 年 12 月 21 日第 3 版。
⑥ 整理金融专员办事处：《中华民国十七年国税管理委员公署整理广东金融之经过》，1928 年，第 88 页。
⑦ 《填筑海珠大计划之进行》，《广州民国日报》，1923 年 10 月 1 日第 6 版。
⑧ 刘征明：《南洋华侨问题》，国立中山大学社会研究所编辑，金门出版社，1944 年，第 229 页。
⑨ 《广州市银业行银业公会、忠信堂启示》，《国华报》，1929 年 3 月 26 日第 3 版。
⑩ 吕普润：《汕头币制沿革史略》，《星华日报（五周年纪念特刊）》，1936 年 7 月 10 日第 4 版。

格向社会公开发售股票。① 客户可以通过在当地外国银行存款，将广东毫银兑换成所需要的外币，相当方便。1919 年，中法实业银行省城（广州）分行"存款均可用广东毫银及各国金银币，以上各项均可随时附取。以何国金银币兑换何种款项均由各客自择"②。1924 年，华商银行广州分行将"存款息价"分为毫银和港纸两种。"若为毫银，周息二厘。若为港纸，周息三厘。"③ 岭海银行的定期存款仅收"双毫或港纸"两种。④ 华南银行广州分行"存款有活期定期之别，利息俱优；交收有港币毫银之分。零星存款每千元日息港纸壹毫壹分七仙"。商办广东银行广州分行"存款利息优先，港纸银毫任从尊便"⑤。台山的亚洲公司以双毫银为货币单位发售"附贮票"以吸收客户存款。

在桂省，"广西各属市场向来所用银币，均以广东通用银毫为本位"⑥。官方定期向社会发布《各县米价及毫币与铜元比值报告表》，以促进各地商品流通。其中"米价以一百斤计，毫币与铜元比值以一元计"⑦。广西公路局发布的桂林汽车站乘车时间价目表"以毫币计"⑧。广西省政府统计室公布的桂林市批发物价以"毫币元"为计价单位。⑨ 桂林高升大酒店结账时"一律（以）桂钞，毫币计算"⑩。在钦县（今钦州），广东"省券可以通用，法、国币及港币等时价与省港相差不远。至于各区镇及乡间交易"，"用双毫及白银亦有之"。⑪

广西的城市开发也以银毫标价。1937 年 5 月，广西省建设厅"建筑宜山洛寿河引水桥涌等项工程"时向社会公开招标，"有意愿承建该项工程者"，"携带营业执照到厅验明，缴纳押图金毫币五元领取图则章程"。⑫

1937 年，广西省银行在《各种存款规程》中以毫币为单位，对 10 种存款类别进行了定义："凡初次以毫币二百元以上存入本行，随时凭解款簿支票存取者，名为往来存款。凡初次以毫币五十元以上存入本行，随时凭存折存取者，名为特别往来存款。凡以毫币一百元以上存入本行，到预定期限支取本息者，名为定期存款。凡以毫币五百元以上存入本行约定日期分次取息，到期取本者，名为定期

---

① 《他的股票上"大腕云集"》，《广州日报》，2016 年 6 月 21 日第 6 版。
② 《广州中法实业银行广告》，《广东七十二行商报》，1919 年 11 月 6 日第 1 版。
③ 《华商银行》，《广东七十二行商报》，1924 年 5 月 22 日第 9 版。
④ 《岭海银行有限公司》，《美洲同盟会月刊》，广州美洲同盟会，1927 年第 3、4 期合刊。
⑤ 《华南银行广告》《西堤商办广东银行》，《七十二行商报》，1925 年 8 月 1 日第 8 版。
⑥ 《桂省府整理金融》，《潮梅商会联合会半月刊》1929 年第 1 期，第 14 页。
⑦ 《各县米价及毫币与铜元比值报告表》，《广西日报》，1937 年 5 月 1 日第 6 版。
⑧ 《广西公路局桂林车站乘车时间价目表》，《广西日报》，1937 年 4 月 11 日第 5 版。
⑨ 《桂林市批发物价》，《广西日报》，1939 年 7 月 27 日第 4 版。
⑩ 《桂林高升大酒店》，《广西日报》，1937 年 5 月 1 日第 4 版。
⑪ 《本省各地经济状况》，《广东省银行月刊》，广东省银行经济研究室，1937 年第 1 卷第 1 期。
⑫ 《广西省政府建设厅招投工程通告》，《广西日报》，1937 年 5 月 15 日第 1 版。

取息存款"，等等。

粤桂两省银行以各自的通用银毫为本位发行货币或股票。1924年，孙中山"令核中央银行基金公债条例"："以广东省通用毫银一千万元为额"发行"中央银行基金公债"。[①] 1926年5月，广西银行在梧州改设为广西省银行后，"以广西通用银毫为本位"发行货币。[②] 1928年6月，各地盛传"两粤行将改用大洋，致毫洋价格益遭低跌"[③]。1929年初，因"桂省银币较粤省低折甚多。于一切事业之发展，实有无限阻硬"。粤桂两省政府"经多次磋商，决定将（广）西省改用广东通用银毫，并将（广西）本省嘉禾毫改铸（成广）东毫"。"广西财政厅为促进两粤币制统一起见，特拟具计划，令饬广西省银行改用广东省通用银毫为准备金，将前（广西）铸嘉禾毫银限三个月内收回。于五个月内交粤省改铸（广）东毫（银）。在改铸期内，（广西）省银行纸币暂时停止兑现。"[④]

1929年广州筹设丝绸银行时向社会公开发售股票，"（核）定资本额为五百万元，分五十万股。每股十元。以广东通用银毫为本位"[⑤]。

国内各"公营行局在极力推广法币的过程中，港币、广东的银毫券仍广泛流通，甚至公营侨汇机构也以毫券或港币兑付侨票。在邮政局的侨汇统计账目上就专列有港币和毫券账"[⑥]。

"粤省与海外交通最早，工商业素称发达。各地华侨颇多，汇款回国者为数亦巨。"[⑦] 毫洋制成为海外华人社会的一种计价方式。1922年，美国纽约的四海楼消费价格为"四毫经济餐，五仙一盅饭"。东方理发所"剪发五毫，剪发及剃须六毫五仙，剃须二毫"。[⑧]

华侨寄递银信时大多指定以粤双毫为支付货币。1933年，加拿大温哥华华侨托水客携回台山的银信封面注明："信银为港币50元，折双毫银71.5元，扣去带工0.5元，实得双毫银71元。"[⑨] 国民政府实行货币改革后取消了各省地方银行纸币发行权。禁止华侨汇款以白银支付，对以法币支付的侨汇给予政府津贴。1935年11月泰国华侨银信局公所发布启事，提醒"各批局分批须用法定纸

① 《中行公债条例之原则》，《广州民国日报》，1924年8月12日第6版。
② 徐枫等：《中国各省地方银行纸币图录》，中国社会科学出版社，1992年，第52页。
③ 《大洋涨价之种种原因》，《广州民国日报》，1928年6月13日第5版。
④ 《统一两广币制之计划》，《广州民国日报》，1929年3月1日第6版。
⑤ 《丝业研究会建议筹设丝业银行之内容》，《广州民国日报》，1929年1月22日第6版。
⑥ 袁丁：《民国政府对侨汇的管制》，广东人民出版社，2014年，第289页。
⑦ 《孔部长电邹宋彻底整理粤财政与金融》，《金融周报》，中央银行经济研究处，1936第2卷第6期。
⑧ 《纽约华侨餐馆工商会游河特刊》，纽约华侨餐馆工商会，1922年，第9页。
⑨ 李柏达：《世界记忆遗产：台山银信档案及研究》，暨南大学出版社，2017年，第23页。

币，不得再分白银"，"侨批概以法定纸币交付"。① 但粤双毫不在禁止之列，1937年2月，由哈瓦那寄往台山的一封银信上指定以粤双毫支付50大元，另请代买腊鸭2只、茸片1包。②

第七节　研究广州侨汇业的意义

"广州是广东最大的都会，侨汇大部分都经由此地返汇，所以我们研究广州的金融，对这构成广东金融经济特质的侨汇是不能有所忽视的。"③ 尽管广州侨汇业的地位和作用相当显著，并成为近代中国的侨汇中心之一。但研究成果并不多见，主要原因有四个：

其一，明清政府对华人出洋谋生和经商等行为采取禁止和惩罚并重的政策。侨汇业没有得到官方认可，相关内容难以载入官方档案。

其二，银信内容具有私密性，难以公之于众。

其三，侨汇业的形成与发展具有民间性。批信局、银信局以及水客在漫长的演变过程中，与银行和邮局形成了复杂而又微妙的竞争与依存关系。

其四，华侨银信所带来的侨汇具有国际性。无论是晚清政府、北洋政府还是国民政府都有垄断侨汇经营的政策欲望，希望通过扶持银行和邮局等官办机构，来取缔那些"根深蒂固"的批信局和水客，但都未能如愿以偿。地处华南政治、经济和金融中心的广州侨汇业，不可避免地卷入各种矛盾纠纷之中，其生存与发展必然受到各种限制和打压。1934年"全国邮政大致完成，政府为取缔与公营专利的邮政局相竞争的民信局，限令在二十三年（1934）底，所有民信局停止营业。在大都市里，除很小的'派报社'还有偷偷代人带信外，往日鼎盛的民信局没有了踪影"④。抗战胜利后，广州"各银钱业商号纷纷复业。惟因政府公布收复区银钱业复业办法太严"，到1946年11月底"回市复业者只有八十余家"，"经财政部核准复业补办登记注册者仅十一家"，⑤ "令广州银号深感窒碍难行"⑥。

抗战胜利后，"因侨汇官定挂牌与黑市汇率悬殊太甚，致令批信局收受侨汇

---

① 《华侨银信局公所重要启事》，泰国《民国日报》，1935年11月18日第3版。
② 李柏达：《世界记忆遗产：台山银信档案及研究》，暨南大学出版社，2017年，第23页。
③ 陈宪章：《两年来广州的金融》，《珠海学报》，珠海大学编辑委员会，1948年第1集，第101页。
④ 刘佐人：《批信局侨汇业务的研究》，《金融与侨汇综论》，广东省银行经济研究室，1947年，第54页。
⑤ 《穗工商业状况》，《前锋日报（六邑版）》，1946年11月23日第3版。
⑥ 《广州市银业沿革及复员后之概况》，广州市钱银商业同业公会，1948年，第1页。

甚为旺盛"①。1947 年 12 月财政部广州金融管理局成立后，认为"粤省侨汇每年约合美金一亿元至一亿五千万元之谱，但多由侨批局及地下钱庄吸收，其余由特许外汇银行结汇者不及十分之一"②。于是加大了对没有取得经营执照而从事侨汇经营活动的银号的打击力度。1948 年初，广州金融管理局以非法买卖侨汇为由对余仁生银号进行查封。对在"余仁生银号中检获的港币兑换清单十六份"带走"研核"。③

由于"批信局须向邮局登记领照方许营业，批局于声请登记时应填声请书，且缴纳手续费国币五元，经邮局查明属实方可登记"④。为规避政府监管，广州侨汇业大多以银号、找换店、金铺、杂货店以及书店等形式兼营侨汇业务。与潮梅汕和四邑地区相比较，广州侨汇业更具复杂性和多样性，其史料更具隐蔽性，搜集和整理的难度也更大，对广州侨汇业的研究也就更具有独特的价值。

---

① 襄才：《侨汇杂论》，《新加坡汇业联谊社特刊》，新加坡汇业联谊社，1947 年，第 92 页。
② 《广州金管局工作概况》，《广东日报》，1948 年 5 月 1 日第 5 版。
③ 《金管局捕捉银虱》，《环球报》，1948 年 1 月 27 日第 4 版。
④ 姚曾荫：《广东省的华侨汇款》，商务印书馆，1943 年，第 17 页。

后　记

　　作为一名南洋归侨的后代，每当我从祖辈手中接过各种已停止使用的南洋货币时，总会浮想联翩，由此逐渐对钱币收藏与研究产生一种强烈的兴趣。1993年被《中国青年报》学校教育部聘为特约通讯员，其间至1995年，应《南方日报》之邀，我在该报金融版开设"硬币漫话"专栏，其中的部分文章被《人民日报》《工人日报》等转载。以此为背景，我写成了散文《币缘》，后被收录于作家出版社1996年出版的《青春活力与花卉》散文集中。广州市文史馆馆员龚伯洪先生对我作过人物专访，以《钻进"钱眼"苦求知》为题发表于1996年4月20日的《羊城晚报（海外版）》。

　　2015年，我撰写的《侨批业：一条由亲情串起来的海上金融丝绸之路》一文在《广州城市职业学院学报》上发表，收到一定的社会反响，我因此认识了福建省侨批收藏家黄清海先生。2016年，在云南省红河州举办的第三届"中国侨乡研究"学术研讨会上，我有幸认识五邑大学副校长张国雄教授。他鼓励我从金融的角度去认识和把握华侨银信的本质与内涵，并指明了具体的研究方向。在他的帮助下，我将手头上的侨批银信实物与查阅到的近代金融行业内部史料、刊物做比较，着重对其跨洋金融的特征与脉络进行研究。我利用参加各种学术研讨会的机会，先后到云南的红河，福建的漳州、厦门、泉州，广西的梧州、钦州，海南的琼州、文昌，广东的江门、潮汕地区、梅州等侨乡进行实地考察。

　　海外移民是侨批银信形成的社会基础，没有海外移民就没有侨批银信；侨批银信是海外移民的动力来源，没有侨批银信，海外移民就难以持续进行。近代中国人向海外移民的区域相当广泛，民国时期部分华侨问题研究人员用"海水到处有华侨""世界上有人烟的处所必定有华侨的足迹"等来形容华人海外移民区域的广泛性。海外移民区域的广泛性，决定了对侨批银信这种汇款与通信功能二合一的跨洋金融汇兑定名的复杂性，无论是官方还是民间都无法准确地对其进行定名。正如广东侨批银信收藏家麦国培先生所言：广府地区称侨批为"银信"，但有"银信"字样的印刷品、章戳或实物却极为罕见，反而印有"侨批"字样的实物却很常见。潮汕地区的侨批实物中，印刷品、章戳中有"银信"字样的实物则很常见，而有"侨批"字样的实物则相对少见，但潮汕地区习惯称之为

"侨批"。不仅如此，以"侨批"为定名的相关系列地方法律法规的国内颁发地，是在广州。因此，"侨批"是近代华侨和侨眷共同留下的一项世界记忆遗产。对"侨批"的定名是一个相当复杂的过程，很难以某种地方方言解释清楚。这也是新加坡信通汇兑信局"专收中国各属侨批"，而福安汇兑信局"专收祖国闽省银信"的原因所在。拙著第一章《华侨银信》主要探讨的正是这个有趣的问题。

仄纸银信不仅广泛流通于美洲与广府地区之间，在南洋与潮梅汕、闽南地区也有厚重的历史。"华侨购得之仄纸通常皆用挂号信寄至国内各地"。这种挂号信在美洲称为"担保信"，在南洋称为"保家信"。仄纸是抗日战争时期侨汇汇入的主要载体，也是抗日战争胜利后侨汇外逃香港的主要载体。第二章《仄纸的银信特征》对此作了详细的阐述。

近代水客是华侨中的特殊群体，他们既是华侨又是商人，漂洋过海来到南洋和美洲等世界各地。水客与海内外批信局、银行邮局，以及侨乡政府的依存关系，使之成为中国形成时间最早、经营时间最长的海洋金融行商。第三章《水客的行商特征》以抗日战争时期粤东南洋水客为中心，从水客的形成、经营惯例及生存方式三个方面，阐述了水客的金融行商特征。

第四章《批信局的经营方式》阐述的重点是南洋批信局与美洲金山庄。第五章《银行和邮局的经营方式》主要阐述了海内外银行的侨汇贷款业务、侨款支付业务，以及海内外银行金融机构之间、银行与海内外批信局之间的委托代理业务。

广州是中国最早有华侨汇业记载的城市之一，广府地区"侨汇活动皆以广州作中心"，"华南侨汇多由广州转汇"，可惜关于广州侨批银信的研究成果并不多见。在"第五届印尼华商研究国际论坛"上，我提交了题为《近代广府东南亚侨批的交割与买卖》的论文，得到厦门大学沈惠芬副教授的充分肯定。第六章《侨汇的社会经济功能及侨汇买卖》即是该论文的修订版。在"2019 年广州地方志理论研讨会"上，我提交的《近代广州侨汇中心形成的基础及其影响》受到关注，被评为优秀论文一等奖。第七章《广州华侨汇业的历史地位与作用》，即是在该文基础上作了进一步的修改完善。

拙著的部分章节被分别收录于《广州十三行与海上丝绸之路研究》、《海洋文明研究（第 7～8 辑）》、《广州史志研究（2019 年）》、《当代广州学评论》（第 4～5 辑）、《广府文化》（第 6～10 辑）等学术论文集（或集刊）。还有一部分以《广州史志参阅》形式送中共广州市委、广州市政府领导阅示。

尽管我在编写过程中力图将枯燥晦涩的学理论证简明化，并通过原始史料的有机连接、相互印证，来还原历史本来面目。但由于拙著涉及的史料来源广泛

（部分为行业内部史料），而所述内容的专业性较强，加之本人没有受过严格系统的科班学术训练，不足之处在所难免，敬请读者批评指正。

拙著承蒙张国雄教授审定书名并在百忙中作序，广州大典研究中心赵晓涛博士对部分内容进行了修改核实，在此表示衷心感谢！在拙著编写过程中，还得到广州大学杨宏烈教授、厦门大学王付兵副教授、上海师范大学薛理禹副教授、暨南大学铸牢中华民族共同体意识研究基地研究员秦云周博士、江门市华侨历史学会副会长黄柏军先生、台山银信协会陆国长先生的指导和帮助，在此一并致谢！